ESPH科学教育丛书

国家社科基金『十三五』规划2016年度教育学一般课题（BHA160086）

迈向科学实践：新世纪小学科学课程改革的国际比较研究

小学科学课程国际比较研究

潘洪建 —— 著

教育科学出版社

·北京·

出　版　人　郑豪杰
责任编辑　王峥媚　刘佳雯
版式设计　京久科创　郝晓红
责任校对　贾静芳
责任印制　叶小峰

图书在版编目（CIP）数据

小学科学课程国际比较研究 / 潘洪建著. -- 北京：
教育科学出版社，2024.12（2025.4重印）. --（ESPH
科学教育丛书）. --ISBN 978-7-5191-4315-2

Ⅰ. G623.62

中国国家版本馆CIP数据核字第2025BL4414号

ESPH科学教育丛书

小学科学课程国际比较研究

XIAOXUE KEXUE KECHENG GUOJI BIJIAO YANJIU

出版发行	教育科学出版社			
社　　址	北京·朝阳区安慧北里安园甲9号	邮　　编	100101
总编室电话	010-64981290	编辑部电话	010-64989521
出版部电话	010-64989487	市场部电话	010-64989009
传　　真	010-64891796	网　　址	http://www.esph.com.cn
经　　销	各地新华书店			
制　　作	北京京久科创文化有限公司			
印　　刷	唐山玺诚印务有限公司			
开　　本	787毫米×1092毫米　1/16	版　　次	2024年12月第1版
印　　张	26.25	印　　次	2025年4月第2次印刷
字　　数	490千	定　　价	88.00元

前　言

　　小学科学是小学开设的一门重要的基础课程，其设计与实施水平直接关系到未来公民的科学素养。21世纪以来，许多国家特别是发达国家加快了小学科学课程改革的进程，其主要表现是更新科学课程标准，修订科学教材，改革科学课程的教学。我国2001年颁布了《全日制义务教育科学（3—6年级）课程标准（实验稿）》，2017年底颁布了修订后的《义务教育小学科学课程标准》，2022年颁布了《义务教育科学课程标准（2022年版）》，为小学科学课程与教学改革提供了依据和指南。通过查阅已有成果的文献综述，我们发现，小学科学课程国际比较研究涉及科学教育发展历史、科学课程标准、科学课程实施、科学课程评价等方面。其中，对科学课程标准（大纲）文本的比较与分析较多，对科学课程实施、科学课程评价关注较少。在研究重点与研究深度上，缺乏对小学科学课程内容选择、组织与呈现方式系统而深入的比较研究。从比较的国别来看，对美、英等发达国家的研究较多，而对"发展中国家"如印度、埃及、巴西等国小学科学课程的介绍与研究很少。对英语国家研究较多，对小语种国家（如法语、德语、西班牙语、阿拉伯语国家）研究很少，比较研究的国别存在不平衡问题。同时，研究成果显示，中外小学科学课程比较研究论文较多，但专门的比较研究专著甚少。

　　本研究的基本思路：在翻译、评介16国最新小学科学课程标准、教材及相关文献的基础上，吸收国外小学科学课程改革的最新成果，把握国外小学科学课程改革现状、特点与趋势，基于科学实践的视角，重新审视小学科学课程的目标、内容、实施与评价，提出优化科学课程改革的对策与建议。

　　本研究以小学科学课程改革为对象，比较国别主要涵盖欧洲、北美洲、南美洲、亚洲、非洲、大洋洲六大洲，共16个国家。参照联合国开发计划署（UNDP）编制的"人类发展指数"，将研究国别分为一流发达国家、中等发达国家、发展中国家三种类型。一流发达国家包括美国、英国、德国、法国、芬兰、日本，共6个国家；中等发达国家包括加拿大、澳大利亚、韩国、新加坡、俄罗斯，共5个国家；发展中国家除我国外包括印度、埃及、南非、巴西，共 4 个国家，对我国小学科学课程改革与发展的分析穿插其中。本研究采用文本分析法、比较研究法、调查研究法、实地考察法，系统梳理了 21 世纪以来国际小学科学课程改革的进展、成就与问题，总结了小学科学课程改革的基本经验，概括了小学科学课程改革的共同规律和总体特点，对不同国家小学科学课程改革的异同及其原因进行了深入的剖析。最后，基于"科学实践"视角，透视国际小学科学课程改革的共同趋势，力图为我国小学科学课程改革提供借鉴。

"他山之石，可以攻玉"，本研究收集、翻译、整理与分析了上述国家科学课程标准、教材、试卷、论文、著作等资料，涉及英语、德语、法语、俄语、日语、韩语、阿拉伯语、西班牙语、葡萄牙语 9 种外国语言，获得了较为丰富的研究资料。通过回顾国际小学科学课程改革与发展历程，开展中外小学科学课程目标、内容、实施、评价的比较研究，纵览 21 世纪以来国际小学科学课程改革的现状和特点，试图揭示科学课程改革的内在规律。本研究涵盖的国家、语种较多，视野广阔，资料丰富，内容鲜活，可望为我国小学科学课程改革与发展提供国际视野和外域经验。本研究坚持逻辑与历史的统一，既有纵向的历时审视，又有横向的共时比较，还有基于科学实践的未来展望，对于优化小学科学课程标准研制与教材编写、丰富小学科学教学理论与实践具有积极意义。

本书可望拓宽小学科学课程设计视野，优化小学科学课程实施与评价，完善小学科学课程开发理论。本书可供一线小学科学教师与教研员、科学教育研究者、教育专业的本科生与研究生阅读，为他们提供较为丰富的研究资源与国际视野，促进小学科学课程的深度开发。

由于本研究涉及众多国别、语种，对一些资料的翻译与把握可能存在不妥之处，同时，受经费、时间与精力的限制，国外资料的占有仍不够充分，可能影响研究结论的概括性。此外，作者能力与水平有限，研究成果还有待深化。因此，期盼读者批评指正，以便推进该课题的研究。

本研究为 2016 年度国家社科基金项目"迈向科学实践：新世纪小学科学课程改革的国际比较研究"（课题编号：BHA160086）的研究成果。

潘洪建

2024 年 6 月 18 日

目 录

第一章

小学科学课程发展的历史考察

国家发展水平的衡量指标主要有三项：人均国内生产总值（人均GDP）、人类发展指数（Human Development Index，HDI）、综合科技实力。

人均国内生产总值。世界经济合作与发展组织主要依据一个国家的经济发展程度确定该国的发展水平，即以人均国内生产总值来界定国家是否发达。如果一个国家经济发展水平较高、技术较为先进、生活水平较高，则被视为发达国家（Developed Country），如美国、英国、日本、德国、法国、意大利和加拿大等。其他国家则为落后国家或欠发达国家。但是，人均GDP仅仅是一个国家的经济发展指标，未能涵盖其他方面的发展状况，不能代表一国整体发展水平。

人类发展指数。为了克服GDP仅仅关注经济发展的局限，1990年，联合国开发计划署（UNDP）编制了"人类发展指数"（HDI），用以衡量各个国家与地区的发展水平。HDI的基本构成指标为三项：出生时预期寿命、教育水平、收入水平，通过一些较为容易获得的数据和科学的计算方法，得出"人类发展指数"，HDI超过0.8为极高人类发展水平的国家，介于0.7—0.799之间的为高人类发展水平的国家，以此反映出不同国家和地区的发展状况。联合国开发计划署发布的《2010年人类发展报告》称，2010年发达国家或地区的数量上升到44个，其中，经济合作与发展组织中的发达经济体共28个国家，非经济合作与发展组织中的发达经济体共16个国家或地区。《2020年人类发展报告》显示，在189个国家与地区之中，HDI为0.8以上的国家有芬兰（0.938），新加坡（0.938），英国（0.932），加拿大（0.929），美国（0.926），日本（0.919），韩国（0.916），法国（0.901），俄罗斯（0.824）等，共66个国家。HDI在0.7-0.799的国家有巴西（0.765），中国（0.761），南非（0.709）等，共计53个。HDI在0.55-0.699的国家，如圭亚那（0.682），印度（0.645）等，共计37个。此外，还有HDI在0.55以下的国家33个。HDI将经济指标与社会指标相结合，更加强调人文发展，较为稳定、客观，但不包括经济发展状况，而经济发展对其他方面的发展具有重要的制约作用。

对于发达国家（高度发达国家、中等发达国家）、发展中国家和最不发达国家，人们有着不同的理解与划分标准。

在本书中，发达国家是指经济发展水平高、技术先进、生活水平高的国家。发达国家的经济特点：生产力水平高度发达，国内生产总值和人均国内生产总值远高于其他国家，产业结构先进，第三产业在国民经济结构中的比重普遍在60%以上；经济运行机制比较成熟，市场机制和市场体系比较健全，有比较完善的宏观调控体系。根据《世界概况》的认定，达到发达国家的指标，需要符合以下条件：经合组织（OECD）高所得会员国（HIE OECD）、OECD下属开发援助委员会会员国（DAC）、美国中央情报局界定的发达经济体（CIAAE）、国际货币基金组织界定的发达经济体（IMF AE）、世界银行界定的高收入经济体（WB HIE）、联合国开发计划署发布的人类发展指数极高（HDI≥0.9）的经济体、生活质量前30名以上的国家（QoL Top 30）。此外，全球发展中心也对发达国家进行了界定（CDI）。根据这些组织和机构提出的标准，全球只有22个国家和地区同时达到这些要求（张英洪，2013）[202-203]。

根据发达程度，发达国家又包括高度发达国家、中等发达国家和新兴发达国家。

发展中国家又称为欠发达国家，即诸项发展指标低于发达国家总体水平。

由于一个国家的教育发展总体状况与该国经济、科技、社会发展水平关系密切，参照人均国内生产总值、人类发展指数与综合科技实力等项目，结合相关研究成果，我们将科学课程比较研究的对象国区分为三类：一流发达国家、中等发达国家和发展中国家。本章主要梳理这三类国家科学课程的发展历程，概述其基本特点。

一、一流发达国家的小学科学课程

一流发达国家在经济、社会、科技领域发展水平较高，下面以美国、英国、德国、法国、芬兰、日本六个国家为例，概述一流发达国家小学科学课程的历史发展及其特点。

（一）美国、英国、德国、法国、芬兰、日本的小学科学课程

1. 美国小学科学课程

（1）美国小学科学课程的发展历程

19 世纪中叶以前，科学虽曾以某些形式成为小学教育的一个部分，但很少有国家和地区独立设置科学学科。1837 年，美国马萨诸塞州教育厅厅长曼恩主张公共教育，肯定科学的教育价值。1848 年，美国成立科学促进会，促进中小学科学教育的发展。1875 年，美国一些小学开设"实物课"。20 世纪初期，受杜威教育思想与进步主义教育运动的影响，美国小学课程中传统的读、写、算等比例下降，而体育、音乐、图画、户外活动等科目的比例显著增加。小学科学教育非常关注实际生活，注重科学知识的实际应用，课程内容一般包括生物科学、农业科学、物质科学和卫生科学四个部分（沈敏，2016）[300]。第二次世界大战后美国小学课程范围十分广泛，包括语言、数学、科学、艺术、健康、社会研究等。1957 年苏联人造卫星上天，对美国产生了强烈冲击。1958 年，美国国会通过了《国防教育法》，加强数学、科学和现代外语的教育，课程的理论性、系统性得以强化。从 20 世纪 60 年代开始，美国出现了三种广泛实施的小学科学实验课程："小学科学研究"课程（The Elementary Science Study，简称 ESS，1961—1971），"过程取向的科学"课程（Science–A Process Approach，简称 SAPA，1962—1972）和"科学课程改善研究"课程（The Science Curriculum Improvement Study，简称 SCIS，1962—1974）（梁志喜，2009）。20 世纪 80 年代初，美国掀起"高质量教育"运动，目的是加强学术基础课程，切实提高教学质量。1989 年，为了提升全体美国人的科学素养，美国科学促进协会（American Association for the Advancement of Science）发表《面向全体美国人的科学》（*Science for All Americans*），"2061 计划"从 1989 年开始提出，1993 年推广普及。1993 年，美国科学促进协会出版《科学素养的基准》（*Benchmarks for Science Literacy*），对 K–12 年级不同阶段 12 个主题的标准进行规范，规定了 2、5、8、12 年级学生应达到的标准。1996 年，美国颁布了历史上第一部科学教育标准——《美国国家科学教育标准》（*National Science Education Standards*），该标准提出了科学课程全面改革方案，囊括科学教学、教师专业进修、评价、内容、教育大纲以及教育系统等方面。《美国国家科学教育标准》

强调"面向全体学生"，坚持平等，追求卓越，视科学学习过程为学生积极主动的探究过程，学生通过探究应学会提出假设、积极思考各种可能的解释并进行检验（靳玉乐 等，2013）。有研究者将美国小学科学教育课程历史发展划分为四个阶段：萌芽阶段（第二次世界大战前）、快速发展阶段（第二次世界大战后至20世纪60年代末）、全面推进阶段（20世纪70年代至80年代末）和日趋成熟阶段（20世纪90年代以后）（王小静，2011）。

（2）美国小学科学课程改革现状

21世纪初，旨在提高学生文化知识和科学素养的改革不断涌现，经过数年的研发与咨询，2010年，美国公布了《州共同核心标准》（*Common Core State Standards*），这是美国一份具有划时代意义的课程文件，过去各州自主设计与编制课程的局面开始改变，共同国家课程观念开始形成。2011年，由美国国家研究理事会（National Research Council）研制并发布《K-12科学教育框架：实践、跨学科概念和核心概念》（*A Framework for K-12 Science Education：Practices，Crosscutting Concepts，and Core Ideas*），并于2012年公开出版。2013年，美国国家研究理事会、美国科学教师协会（National Science Teachers Association）、美国科学促进协会（American Association For the Advancement of Science）和多州的教育工作者，经过3年的研发，共同制订了美国《新一代科学教育标准》（*Next Generation Science Standards*，NGSS），它是面向K-12年级学生的全国性科学教育标准。该标准主要围绕数个学科：物质科学、生命科学、地球与空间科学、工程设计。从学前到12年级按照学段编定小学、初中和高中科学课程，科学课程核心内容都按照年级、主题进行编排，从科学与工程实践、学科核心概念、跨学科概念三个维度进行设计。

2. 英国小学科学课程

（1）英国小学科学课程的发展历程

英国是最早实现工业革命的国家，科学技术发达，教育水平世界一流。英国的科学教育起步较早。19世纪末，英国教育家斯宾塞与赫胥黎关于科学对心智发展与经济进步价值的阐述，为英国科学教育的发展奠定了扎实的理论根基。同时，受科技迅速发展的推动，科学教育得到广泛关注，以读、写、算基本技能为主导的小学教育格局受到冲击。1904年，英国教育委员会颁布《初等教育规则》，英国小学课程扩展到文法、书法、文学、地理、历史、科学常识、图画、歌唱、体育、手工等科目，小学科学成为必修课程。1931年，以哈多为主席的调查委员会发表《初等学校》报告，检讨了传统小学课程教学存在的问题，倡导在小学课程中实施"在活动中获得经验"的教学方法，以适应科技时代发展的需要。1944年，英国颁布《1944年教育法》，确定了教育体系的基本框架，7—11岁儿童的初等教育走向完善。20世纪60年代，受美国进步主义运动思潮的影响，儿童中心思想广泛传播，备受教师推崇。1967年，《普洛登报告》发表，该报告坚持儿童中心原则，并指出，儿童是教育的中心，每个儿童是独特的个体，是自己学习的主人，因此应突破学科界限，实行综合教学与开放教育。该报告打破了课程传统的组织方式，但也带来了一些问题。20世纪70年代，中东石油危机爆发，英国经济衰退，经济效率意识增强，人们纷纷指责学校教育质量低下，儿童中心主义课程受到批评，并引发了一场关于国家统一课程的大辩论（1976年到1977年）。1987年欧洲共同体通过《欧洲统一条例》，加快了欧洲一体化进程，亦对学校教育产生了影响。经过十余年的酝酿和准备，1988年7月，英国政府颁布《1988年教育改革法》，强化国家课程的权威，实现了中小学课程的统一。国家统一课程包括10门：数学、英语、科学、历史、地理、技术、音乐、艺术、体育及现代外语（中学阶段），其中，数学、英语和科学为核心课程，其余为基础课程，科学首次成为学生必修的基础课程。该法案还规定了四个关键学段，并对每个学段学生的成绩目标、教学大纲和评定安排进行了规定。1989年，英国颁布了该国历史上首部国家科学教育课程标准——《国家科学教育课程标准》。《1988年教育改革法》改变了各自为政的教育局面，实现了英国课程的统一，加快了课程改革的步伐。但随着国家课程的实施，一些问题不断暴露出来，诸如教师短缺、忽视弱势群体的利益、教育质量下降等，引发了社会的不满与学界的批评。教学要求过细、达成目标过多、学习评价困难等问题，导致1993年联合抵制学科考试事件的发生，课程调整势在必行。

　　20世纪90年代，英国政府对国家课程进行了调整，但成效并不明显，未能解决教育质量下滑问题。1997年，布莱尔当选英国首相，提出解决学校中的两极分化问题，开始新一轮的课程改革，将国家课程修订为：12门必修课（英语、数学、科学、设计和技术、信息和通信技术、历史、地理、现代外语、艺术与设计、音乐、体育、公民），确立了四个跨学科的学习领域。在1998年的修订之前，科学课程仍与英语、数学一样，作为必修的核心课程。修订后增加了课程的灵活性，重视教师的课程自主权，关注学生的未来发展。新课程从 2000 年开始实施。

（2）英国小学科学课程改革的现状

2010 年，英国联合政府上台后，又开始了新一轮的课程改革，主要是为了消除社会公众特别是企业与大学对中小学教育的不满，解决教师为考试而教和学生为考试而学的问题，同时，维护英国的国际地位，促进科技的发展，培养更多的科学家与工程师。2011 年 1 月，英国政府宣布对中小学国家课程大纲进行修订。2013 年 9 月，英国教育部颁布《英国国家课程框架文件》，以下简称《课程框架》①，2014 年开始实施。2014 年，英国对国家课程提出的改革措施主要有三项：缩减国家课程内容，给教师更多教学自主权；改革考试和评价制度，加强基础知识学习，给学校自主设计学生评价的自由；改革 GCSE 和 A Level 资格考试（李建民，2015）[38]。该《课程框架》成为英国新一轮课程改革的指南与纲领性文件。

就科学课程而言，面对实施中的问题，英国 1989 年的《国家科学教育课程标准》历经多次修订，1991 年对科学课程的目标进行了调整；1995 年压缩了科学课程的内容，并简化成绩评估的项目。这些改革措施有针对性地弥补了国家课程中的不足，缓解了课程实施中的矛盾和压力（胡献忠，2001）。进入 21 世纪，英国着手对 20 世纪 90 年代的课程进行新的修订与完善，英国教育部 2012 年颁布《国家科学课程：关键阶段 1—2 草案》（*National Curriculum for science*: *Key Stages 1 and 2 – Draft*），对小学科学课程的目标、内容、评价等问题进行了规定。该文件成为 21 世纪小学科学课程开发与课程教学的指南。

3. 德国小学科学课程

（1）德国小学科学课程的发展历程

德国是世界上最早实施义务教育的国家。1642 年，学校法令颁布，开设博物课，以乡土内容为教学的出发点，1787 年普鲁士政府成立教育部，实现了教育国家化，普遍建立初等教育的初级学校。课程设置方面，除了传统的读、写、宗教教育、唱歌、算术外，还增加了自然、历史、农村和城市生活常识。1872 年，宗教、教育、卫生事务大臣法尔克（FALK）签署《普鲁士国民学校和中间学校的一般规定》，建议国民学校中高年级开设自然课。1920 年，魏玛共和国通过《基础

---

① 英国小学教育分为 KS1 与 KS2 两个阶段，KS1 阶段为前两年；KS2 阶段为后四年，其中 KS2 分为低高两级，各两年。小学教育年限共六年。

学校法》，建立了统一的初等教育机构，包括四年制基础学校和四年制高等国民学校，基础学校（小学）设置宗教、德语、乡土科、写字、算术、音乐、美术、手工（女生缝纫）和体育。此后德国小学开始设置乡土课或乡土常识，将几个科目综合在一起实施合科教学，其内容包括自然科学、地理、历史。1959年，德国教育委员会颁布了《改组和统一公立普通学校教育的总纲计划》，要求小学乡土常识要以"使学生接近自然科学"为主要认识方式，培养学生初步的理解力。20世纪60年代之后，德国开始对基础教育进行全面改革。1970年2月，德国教育审议会通过《教育结构计划》，决定在小学开设物像（Sachkunde）课，以取代传统的乡土课。物像课是德国特有的一门课程，一般采用综合课的形式进行教学，内容广泛，专注于帮助学生建立对当地环境和自己国家的历史和地理的了解，主要涉及公民教育、宗教及家庭、工作、闲暇、消费、传媒、交通等有关社会知识和自然科学、技术的内容。物像课的目标是，在教学中给儿童提供各种经验，引导儿童进行有意识的探索，学习系统知识，深化对自然界和社会现象的理解，掌握可验证现实生活中各种现象的方法。同时，通过创造可引起浓厚兴趣的环境来培养儿童认识事物、认识社会、学习文化的能力，以及表达能力、收集并整理信息的能力、推理能力、把握各种关系的能力和操作能力（冯增俊 等，2006）[93-94]。20世纪70年代，小学和中学的教学法也从死记硬背转变为更多地鼓励学生主动学习，以便让学习者自己发现周围世界的重要方面。

20世纪80年代，物像课的内容得到拓展，包含了更多的内容，如生物、物理、化学、技术、地理、交通安全、社会学习等多个领域。这些学习领域中涉及的事实都是儿童日常生活中所接触到的。

（2）德国小学科学课程改革现状

21世纪以来，德国基础教育有新的发展。以巴伐利亚州为例，该州小学课程包括宗教/道德、外语、德语、数学、家乡和常识、音乐教育、艺术教育、工艺、体育、个人和共同发展。巴伐利亚州将小学的学习内容划分为三大领域：语言学习，主要是德语，也包括初步的外语学习；自然和社会科学，让学生对自己生活其中的家乡和社会、自然环境有初步的认识和理解；艺术学科，涉及艺术教育、工艺和体育等内容。不过，在巴伐利亚州的小学，一二年级不进行分科教育，而是设置专门的基础课程，实施综合教学，其内容涉及德语、数学、家乡和常识、音乐、艺术等内容（秦琳，2015）[69-70]。小学一般为1至4年级，但汉堡、西柏林、勃兰登堡和不来梅的小学为 1 至 6 年级。

在德国，小学科学常常被称为 Sachunterricht，作为综合学科进行教学。Sachunterricht 结合了生物学、化学和物理学以及来自技术、地理、历史和社会科学等的问题。初中科学也采取综合学科的形式，高中科学教育分属生物学、化学和物理三个不同的学科（Eilks et al., 2012）。许多州颁布了科学教学大纲，如 2000 年巴伐利亚州颁布了《小学家乡学与自然常识大纲》，它致力于学生的个性特点与知识水平的相对平衡，科学知识和实际生活这两根轴线构成了教学计划的基本结构。实际生活的主题来自孩子们的真实生活，科学知识的教学范围和程度则是从科学的角度阐述实际生活中的各种现象。科学课程是一门综合性学科，它涉及地理、社会、经济学、生物学和自然科学等领域，学科的内容很广泛，它和语文、数学并列为三门核心课程，从小学一年级起开设，是德国小学富有特色的一门课程（陈晓萍，2007）。2008 年，德国北莱茵-威斯特法伦州中小学与继续教育部颁布了《自然与科学常识（Sachunterricht）课程教学计划》，该计划对科学课程的任务与目标、范围和重点、技能期望以及成绩评估进行了较为详尽的规定与说明，推动了小学科学课程的改革与发展。

4. 法国小学科学课程

（1）法国小学科学课程的发展历程

1833 年，法国颁布了教育基本法《基佐教育法》，提出小学开设物理和博物。1850 年，小学课程内容得到发展，科学及实用科学受重视（沈敏，2016）[3]。19 世纪 60 年代，随着带有科学大众化作品的小学图书馆的创设，科学教育于法兰西第三共和国伊始被正式引入小学课程。1882 年 3 月出台的《费里法案》指出科学教育旨在培养小学生形成"科学态度"，阐述了自然科学、物理和数学教育的必要性，及其在农业、卫生、工业艺术和手工业中的应用。1887 年小学开始设置"实物课"（leçons de choses），强调通过观察进行实用知识的学习，这是法国现代小学科学课程的雏形。1923 年小学第一、二周期（阶段）课程名称没有变化，第三周期（阶段）变为"物理与自然科学的实用常识"。1923 年改为"物体课"，20 世纪 30 年代设自然科学课，教学内容大致包括物质科学、自然科学、卫生、家事、农业和园艺等。1945 年颁布的《官方训令：小学阶段的阅读、写作和语言》《1945

年小学课程大纲》和 1956 年颁布的《初等教育官方训令公报》，以及《1985 年小学课程与教学大纲》以不同方式确定了小学科学教育的地位，明确了小学科学的目标与内容。1957 年更名为"观察练习课"。1969 年实施"三分制"，重组历史、地理以及科学，开发儿童智力，从法律上确认了科学教育在小学的地位。科学教育隶属于觉醒活动，即开发儿童智力和观察能力的活动，包括历史、地理、科学、手工艺等。1985 年，法国修订了小学教学大纲，设置"科学与技术"，范围包括物理、化学、生物、天文等方面的常识，以及工艺制作。《1995 年小学课程大纲》规定了学校科学和技术教育的具体内容。1996 年启动了"动手做"行动，该行动旨在重新推动小学阶段的科学教育。

（2）法国小学科学课程改革现状

通过对美国科学教育的考察与对法国小学科学教育的观察，法国科学院院士、诺贝尔物理学奖获得者乔治·夏帕克（Georges Charpak）教授和法国科学院发起"动手做"计划，其基本思路是让学生亲自参与对物体、自然物质与现象的研究，让他们通过直接的观察和实验来解释自然现象，激发学生的想象力，提高学生的理解力，增强学生的思维能力和语言表达能力。2000 年，该计划被法国国民教育部采纳，掀起"动手做"运动，这一行动再度唤起了科学教育的蓬勃活力。

法国学生的学习分为 4 个周期，其中，3—6 岁幼儿园阶段为周期 1，6—11 岁为基本技能周期即"周期 2"，11—15 岁为开发阶段即"周期 3"（CE2、CM1 和 CM2）。幼儿园招收 3—6 岁儿童（周期 1），小学学制为 5 年，招收 6—11 岁儿童（周期 2—3）。基本周期 2（包括小学第 1、2 年）中，第一年叫 CP（预备班），第二年叫 CE1（基础班），主要的优先事项是学习法语和数学，其次是外语、探索世界的活动、艺术实践（视觉艺术和音乐教育）、艺术史、体育。基本周期 3（包括小学第 3、4、5 年）中，第三年叫 CE2（基础班 2），第四年叫 CM1（中级班 1），第五年叫 CM2（中级班 2），主要课程涉及文学、历史、地理、实验科学和技术、信息和通信技术、艺术等。小学教育的目标是让每个学生在 5 年内学会读书和写字以及计算，同时接受历史、地理、实验科学等不同学科的启蒙教育（陈元，2004）[35]。中学分为两个阶段，即初中四年，高中三年。2006 年颁布的《知识、能力共同基础》与 2015 年颁布的《知识、技能和文化共同基础》对中小学课程改革提出了新的要求。2018 年颁布的《科学与技术：第三周期方案》对小学科学课程目标与内容作出新的修订。科学教学可以将每个人引入周围的社会，使每个人都能掌握和理解他们所生活的世界。科学即科学方法和科学价值观，它能使人们以最基本的方式理解和解释世界及其现象，获得尽可能接近可观察事实的知识。科学和技术课程旨在帮助学生了解他们周围的世界，并理解理性和非理性之间的区别。在学校教育结束时，所有学生必须对环境有一个连贯的想法，能够自己思考，正确推理，并获得批判精神。

5. 芬兰小学科学课程

（1）芬兰小学科学课程的发展历程

芬兰从1921年起实行九年制义务教育。20世纪80年代芬兰开始对基础教育进行大胆改革，芬兰全国教育委员会通过制订一系列法案，研制国家核心课程等途径进行教育改革，指导全国基础教育课程开发与实施。芬兰重视教育，不放弃每一个孩子。1998年的《基础教育法》（*Basic Education Act*），对国家总体的教育目标、教学语言、地方政府的责任、教育核心科目、课程时数分配、教学评估等，都作出了明确的法律规定，该法律的颁布成为芬兰国家核心课程研制与实施的基本依据。经历系列教育实践和改革，芬兰基础教育已经具备国际一流的水平，自2000年经济合作与发展组织（Organization for Economic Co-operation and Development，OECD）开展国际学生评估项目（PISA）以来，芬兰科学教育成绩一直名列世界前茅，引发全球关注。

2014年《基础教育课程的基础知识》（*Perusopetuksen Opetussuunnitelman Perusteet*）规定，小学1—2年级开设的核心课程有母语和文学、第二种母语、外语、数学、环境科学、宗教、生命视图信息、音乐、视觉艺术、手工艺品、学生指南等。3—6年级开设：母语和文学、第二种母语、外语、数学、环境科学、宗教、生命视图信息、历史、社会科学、音乐、视觉艺术、手工艺品、学生指南等。

在科学教育方面，芬兰有着悠久的传统，特别重视实用科学知识的教学。自1866年以来，教育手工一直是男孩和女孩的必修课。芬兰技术教育在国家课程指导方针中被称为"技术工作"，它要求学生使用不同材料、机器、工艺、技术和工具设计和制作产品。人们确信，这些经历能培养学生的知识、个人素质和心智运动技能。芬兰人普遍认为，技术教育中使用设计和构建的方法可以提高学生的创造力、灵活性、勤奋性、主动性、解决问题能力、自我形象和为工作做准备

（Alamäki, 1999）。

（2）芬兰小学科学课程改革现状

20世纪80年代初，芬兰综合学校为7至16岁的学生提供义务基础教育，学制为六年，分为1—6年级。21世纪以来，芬兰加快了教育改革的步伐，2004年发布的《基础教育国家核心课程》包括小学科学课程标准，成为小学科学课程实施的指导性文件。2011年芬兰政府发布教育改革与发展的纲领性文件《教育和研究发展规划2011—2016》，对芬兰教育改革与发展作出了规划和部署。芬兰科学教育成就显著，2000年以来的6次PISA测试（内容包括阅读素养、科学素养、数学素养）中，连续三次总分第一，但2013年PISA测试结果中，芬兰教育跌落神坛，科学成绩位居第五名，总分位居第12名，这一失利让芬兰开始反思芬兰教育的现状，以此为契机，2014年12月发布了最新的《基础教育国家核心课程》，并规定各地学校2016年秋季开始正式实施新的国家核心课程，正式开启了新一轮教育改革序幕（段素芬，2017），推动了小学科学教育改革的进程。

6. 日本小学科学课程

（1）日本小学科学课程的发展历程

日本近代科学（理科）教育源于西方，始于1872年的明治维新。1872年《学制》规定小学开设物理基础、生物学基础。1925年设立"理科"，改革传统的分科教学体系，注重联系儿童生活进行科学教育。日本寻常小学修业年限为六年，开设修身、国语、算术、日本史、地理、理科、唱歌、体操等课程，高等小学修业期限为两年，学习科目有公民、修身、国语、算术、日本史、地理、理科、图画、手工、唱歌、体操，男生另加实业科（农、工、商任选一科或一科以上），女生增加家务、裁缝两科。第二次世界大战以后，日本政府非常重视科学教育。1957年的《关于振兴科学技术教育的方针政策》申明了科学教育的重要性，重视系统知识的学习，保持科学教育的一贯性（水原克敏，2005）[305-321]。1959年6月，日本中央教育审议会发表《关于振兴小学校、初级中学及高级中学理科教育的具体方针政策》，实施"能力中心"原则，旨在提高学生的科技能力，加强基础知识，并将现代科学成果编进了教材。但课程内容要求过高，难度过大。1977年日本中央教育审议会对小学《学习指导要领》进行修订，强调协调发展的人性，精选基础的教育内容，实行宽松的学校生活以及发挥教师的自发性（臧佩红，2010）[200-215]。课程编制注重教育内容的精选、自我教育能力的形成、问题解决学习，以及获得生存方法、习得生活规范等改革。20世纪80年代初，日本正式提出"科技立国"的口号。1989年，日本中央教育课程审议会发表《学习指导要领》修订稿。此次改革主要包括推进教育的个性化、培养个性化人才，推进教育信息化，重视基础知识与技能教育，重视学生解决问题的能力和体验性学习，培养学生思考、判断、自学的能力，注重学生科学素养的培养。20世纪90年代，增强"科学素养"成为教育的指导方针，且在1996年中央教育审议会发表的《面向21世纪我国教育的发展方向》咨询报告中指明中小学科学教育的方向（戴婷婷，2014）。1998年12月，日本文部省颁布了《学习指导要领》，提出在"宽松"教育环境中培养学生的"生存能力"，该纲要将"综合学习时间"列入课程体系，课程结构由以往的"学科""道德""特别活动"变为"学科""道德""特别活动""综合学习时间"4个板块。上课时间由六天调整为五天，课时数减少70节。

（2）日本小学科学课程改革现状

2004年，日本中央教育审议会报告书《理科的现状、课题及改革的方向性》指陈理科课程面临的系列问题。2006年12月，日本国会第156次会议上通过了《教育基本法》的修订案，并公布实施。为了配合两个法案的修订，2008年日本文部科学省对学习指导纲要进行了修订，修订后的《学习指导要领》提出要培养学生"扎实的学力"，解决"宽松教育"导致的基础学力下降问题（李伟，2013）。

2008年日本文部科学省颁布新的《学习指导要领》，该纲要以科学和数学为中心，增加了课时数，充实学习内容。其中的理科部分，确立了小学科学教育的新标准。《学习指导要领》（2008）中的课程为：低中高年级课程种类不一，低年级：国语、算术、生活、图画手工、体育；中年级：国语、算术、社会、理科、音乐、图画手工、体育；高年级：国语、算术、社会、理科、音乐、图画手工、体育、家政（孟引变，2010）[114]。除了上述科目，还有道德活动、外语活动（第5、6学年开设）、综合学习时间（第3、4、5、6学年开设）、特别活动等活动类课程。其中，理科课程从小学三年级开始开设。2017年，日本又颁布了最新修订后的《学习指导要领》，对2008年的《学习指导要领》进行了完善。

（二）一流发达国家小学科学课程改革的特点

纵观美国、英国、德国、日本等国科学课程的改革与发展，可以看出，发达国家小学科学课程的历史发展具有以下特点。

1. 科学课程开设起步较早

发达国家科学课程的设置起步早。在德国，1787 年普鲁士成立教育部，管理本邦教育行政事宜，在初等学校除了设置读、写、算术、宗教课，还增设了自然、历史、农村和城市生活常识等内容。英国 1870 年的《福斯特法》（*Forster Act*）建立了英国公立小学教育制度，植物学成为学校的"特殊"学科，得到中央政府的拨款资助。1972 年，德国高级小学开设自然课。在法国，1887 年小学开始设置"科学课"（1923 年改为"物体课"，1957 年更名为"观察练习课"）。在日本，1872 年颁布《学制》，规定小学开设物理基础，高小开设博物学基础、生理学基础、化学基础，1925 年设立"理科"。可见，大多数发达国家均在 19 世纪中后叶开始设置科学课程，其中普鲁士设置时间更早。可以说，较高的经济发展水平为科学课程的开设提供了经济条件，同时，经济发展也需要科学课程的开设。此外，科学课程的开设还与政府对科学与教育的重视程度有关，如普鲁士是世界上最早实施义务教育的国家，科学课程的设置也早于其他国家，尽管当时普鲁士的经济、科技水平不及英国，但普鲁士看到自身与英国的差距，试图通过发展教育缩短与其他国家的差距，因而科学教育的起步更早。

发达国家科学课程设置较早也与科学家、教育家的重视与呼吁有关。如英国教育家赫胥黎指出，假如要寻找科学教育的极大好处的话，那么，主要的是，这样的教育应当是实际的；也就是说，学生的心智应当直接与事实发生联系，他不仅仅是知道一个事情，而且能运用他自己的智慧和才能去看一看这个事物是这样的而不是那样的。科学教育的最大特点，就是使心智直接与事实联系，并且以最完善的归纳方法来训练心智，也就是说，从对自然界的直接观察而获知的一些个别事实中得出结论。由于科学教育具有这样重要的特点，其他任何教育是无法替代它的。赫胥黎是从科学对个人发展的价值来讨论科学教育，更能激发人们对学习科学的热情。法国法官拉夏洛泰反对以拉丁文为主要学习内容，强调学习科学知识。他认为，当孩子年龄还小，天生的好奇心还没有被社会传统磨掉的时候，不对他讲授科学就会错过唤起他们对科学有持久兴趣的最好时机。我们就在这一阶段中失去了许多有前程的科学新兵（陈元，2004）[105]。

2. 科学课程在课程体系中的地位较高

通过对发达国家小学科学课程发展的历史考察可以发现，发达国家的科学课程地位较高，仅次于数学、语言，享有较高的课程地位。在美国，为了确保美国在自然科学方面的优势地位，1958 年的《国防教育法》强化了课程的理论性、系统性，科学课程受到特别关注。1996 年颁布的《美国国家科学教育标准》，加强了美国国家统一课程的建设，提升了全美科学课程的整体质量。英国《1988 年教育改革法》规定，科学与英语、数学并列，作为核心课程，是每个学生必须修习的最基本的课程，科学课程所占比例较高。科学课程这一核心地位至今没有改变，从小学到高中，科学课程均是英国学生学习的最基本的核心课程之一。在法国，科学与技术课程也很受重视，是必修的基础课之一。日本的科学教育的课时仅次于日语和数学。科学教育的改革与发展提高了国民的科学文化素质，促进了科技人才的培养，推动了科学技术的发展，这与一些发展中国家忽视科学教育、科技水平低下的状况形成鲜明的对照。

3. 科学课程改革频繁

发达国家科学课程改革频繁，几乎每 10 年左右就会进行一次较大规模的改革，力图通过改革解决科学教育的问题，提升科学教育的质量。如法国在 1985 年修改了小学教学大纲，设置"科学与技术"，范围包括物理、化学、生物、天文等方面的常识，以及工艺制作。1995 年，法国中小学开始实施名为"动手做"的中小学科学教育改革计划，在小学阶段开设"做中学"科学课程。新世纪初，为适应21 世纪教育发展的新形势，弥补学生基础知识的不足，2003 年 9 月 15 日，时任法国总理拉法兰组建了由克劳德·德洛担任主席的学校未来全国讨论委员会，研究、描述未来 15 年法国教育系统变革的图景。该委员会 2004 年 10 月 12 日向教育部提交《为了全体学生成功》的最终报告，并提出"必不可少的共同基础"的核心概念。"必不可少的共同基础"是由知识和能力的整体构成。这一基础包括掌握法语、掌握数学基本知识、具备自由行使公民责任的人文与科学文化、至少会运用一门外语、掌握信息与通信的常规技术。2005 年，法国政府通过了未来 20 年教育发展框架——《面向未来学校的方向与计划法》，并于 2005 年 4 月 23 日由法国总统正式颁布。随后，修订教学计划，2008 年，法国开始实施新的教学计划。2015 年，法国又对教学计划进行了修订。英国的《1988 年教育改革法》颁布后，20 世纪 90 年代经历了多次调整，1998 年英国实施新的课程，2013 年 9 月又颁布了《英国国家课程框架：关键阶段 1—4》，对 1998 年的课程进行了较大的修订。芬兰于 1998 年制订《基础教育法》，该法案成为芬兰国家核心课程研制与实施的法律依据，2004 年发布《基础教育国家核心课程》，2014 年出台新的《基础教育国家核心课程》，几乎每 10 年进行一次课程改革。同样，日本在不同时期多次修订《学习指导要领》，第二次世界大战后先后出台八个学习指导要领：战后新教育时期（1947 年、1951 年）；学科中心主义时期（1958 年、1966 年）；宽松教育时期（1977 年、1989 年、1998 年）；培养扎实学力时期（2008 年），几乎每 10 年修订一次课程。正如有学者指出的那样，《学习指导要领》的数次修订，左右了课程的方向和变化。经过战后的注重经验主义的新教育时期，进入学科中心主义的时期，又转向注重对学生实行宽松的和个性化教育的阶段，出现"钟摆"现象（田辉，2015）[11]。一流发达国家频繁的科学课程改革尽管产生了一些问题，但从整体上看，改革推动了科学课程的深化与发展，提高了发达国家小学科学课程的质量与水准。

二、中等发达国家的小学科学课程

中等发达国家主要包括加拿大、澳大利亚、新西兰、俄罗斯、韩国、新加坡等。下面主要以加拿大、澳大利亚、韩国、新加坡、俄罗斯五国为例进行介绍。

（一）加拿大、澳大利亚、韩国、新加坡、俄罗斯的小学科学课程

1. 加拿大小学科学课程

（1）加拿大小学科学课程的发展历程

加拿大是一个联邦制国家，实行教育分权，各省自行制订基础教育政策，颁布中小学课程标准。1966年，加拿大联邦政府成立科学委员会（Science Council of Canada）。1975年，安大略省政府将科学列入小学科目，但和艺术课、社会课一样，科学课并未受到重视。1978年，安大略省颁布小学科学课程大纲，规定了小学科学教育的目标与内容，但由于多种原因，该大纲未能真正实行。1984年加拿大联邦政府科学委员会发表里程碑式文件《面向每个学生的科学：为明日世界培养加拿大公民》（*Science for Every Student：Educating Canadians for Tomorrow's World*），该报告强调学校科学教育的目的是培养学生参与技术社会的政治和活动、深入研究科学技术能力，发展学生的智力和道德，使他们为理性的独立个体、为现代化的工作做准备。1986年安大略省发表《科学发生在这里》报告。20世纪80年代，加拿大将STS（科学—技术—社会）作为科学教育的重要目标，开发 "Science Plus" 的STS课程，影响了世界科学教育改革。STS教育的基本思想在于将科学教育与科技发展、工农业生产、社会生活紧密结合，促进学生对科学知识的掌握与应用，将学生培养成具有良好科学素养的人才。STS课程后来进一步发展为STSE（科学—技术—社会—环境）教育，重视四者的联系，正确处理科学技术对社会和环境的影响（陆真 等，2007）。1995年安大略省推进科学课程改革，发布 "科学与技术成绩评价项目"，该项目包括共同构建一至八年级科学技术教育课程框架，制订评价指导，向教师提供科学技术课程和评价方面的在职培训。1997年加拿大教育委员会出台第一个国家科学教育纲要《K-12科学学习目标共同框架》（*Common Framework of Science Learning Outcomes K-12*），明确提出科学教育的目的是培养学生的科学素养，该文件成为统领与协调加拿大理科课程改革的纲领性文件。1998年安大略省颁布《安大略课程：1—8年级科学与技术》（*The Ontario Curriculum，Grades 1-8：Science and Technology*），并于同年9月正式实施。

（2）加拿大小学科学课程改革现状

作为加拿大经济政治中心，1998年安大略省相关部门发布了一至八年级科学

与技术课程标准，安大略省科学协调与咨询委员会和科学教师协会 2006 年共同颁布《立场文件：科学的本质》（*Position Paper：The Nature of Science*）。2008 年颁布最新一版的《安大略省课程：1—8 年级科学与技术》（*The Ontario Curriculum, Grades 1-8：Science and Technology，revised，2007*），其基本目标为将科学与技术和社会与环境相联系，发展学生进行科学探究和解决技术问题的技能、策略和思维习惯，理解与科学技术有关的基本概念。安大略省科学教育已形成体系，在 1—8 年级开设"科学与技术"，并在这个课程内增设"技术教育"。

2. 澳大利亚小学科学课程

（1）澳大利亚小学科学课程的发展历程

澳大利亚联邦（The Commonwealth of Australia）简称澳大利亚，最早的学校教育是殖民地初期的宗教学校。殖民地时期（1788—1850），澳大利亚小学课程以读、写、算和宗教为主，没有科学课程。1851—1900 年，澳大利亚致力于世俗、义务和免费的教育，维多利亚、南澳大利亚、昆士兰等殖民区颁布义务教育令，确立了科学知识在学校中的地位，开设了数学、语言、地理、历史、自然科学等课程。1901 年取得独立后，澳大利亚致力于促进教育机会均等和延长教育年限。维多利亚州政府 1901 年发布报告指出，小学课程的目标旨在发展学生的智力、才能和性格，为此应开设绘图、手工、基础科学、农业、烹饪等科目。各州小学一般都开设了自然研究课程。第二次世界大战后，澳大利亚致力于建立民主化、多样化的现代教育体系，基础教育课程改革由分离主义走向集权化，由地方课程走向国家课程（汪霞，2000）。20 世纪 60 年代，澳大利亚实施地方课程，中小学课程由地方决定，无统一课程的规定。20 世纪 80 年代初，澳大利亚全国课程发展中心发布报告《澳大利亚学校的核心课程》（*Core Curriculum for Australian Schools*），尝试建立真正全国统一的、覆盖全部学校教育阶段的课程。报告认为，"核心课程"的生活经验和知识领域包括道德标准，社会、文化和公民，工作、闲暇与生活作风，环境，文字与非文字的交流方式，数学、科学与技术，艺术和工艺，卫生和体育。1986 年 6 月，澳大利亚政府又颁布了《加强澳大利亚的学校》（*Strengthening Australian Schools*），决定加强全国性的合作，开始提出建立全国统一的课程。1989 年，澳大利亚教育理事会通过了《霍巴特宣言》，提出了全国性课程的十大目标，确立了课程的基本框架，为各州课程设置提供了基本依据。为了加快国家课程建设步伐，1991年颁布了一份课程计划，对8个学习领域作出说明和规划，它们分别是艺术、英语、健康及身体教育、外语、数学、科学、社会和环境研究，以及技术（阮晓菁，2002），但每个领域课程的框架结构、基本理念、内容安排、评价标准及评价方式，均由各州自行确定。

（2）澳大利亚小学科学课程改革现状

21世纪以来，澳大利亚教育的基本目标是追求教育公平，提高教育质量。2003年，时任教育部长布伦丹·纳尔逊（Brendan Nelson）提出实施全国统一课程，呼吁联邦政府建立全国课程。2006年，澳大利亚课程研究协会发布《21世纪全国课程制订指引》，2008年12月，澳大利亚所有教育部门共同发表《墨尔本宣言》。随后连续研制、发布了各个学科的国家课程标准。2010年3月公布了幼儿园（1年级的前一年）至10年级科学课程标准即《澳大利亚课程草案（K-10）：科学》（*Draft K-10 Australian Curriculum：Science*）（以下简称"澳大利亚2010年《科学》"），规定了不同学段科学教育的内容与要求，该标准2011年正式实施。目前，澳大利亚现行国家课程体系为幼儿园至12年级课程。其中，幼儿园开设英语、数学、科学、历史和地理五门课程，小学1—6年级开设英语、数学、科学、历史、地理、艺术（舞蹈、戏剧、媒体艺术、音乐和视觉艺术）、设计与科技、数码科技、健康和体育课程。此外，3年级开设公民教育课程，5—6年级开设经济与商业课程。

3.韩国小学科学课程

（1）韩国小学科学课程的发展历程

韩国的现代学校始于朝鲜王朝末期，其主要类型有基督教学校、国家设立的学校、民间设立的学校。1895年至1909年，私立学校发展很快，民族意识觉醒。1910年，日本占领韩国，韩国成为日本的殖民地。在此期间，教育的目的就是培养日本"良民"，普通学校的教学科目除了修身、国语、算术，还有国史、地理、理科等，中小学教育发展受到很大的限制。1948年，韩国独立，实行九年义务教育，并按照美国模式制订教学大纲，编制教学科目。截至2006年，在小学课程领域，韩国经历了大大小小的七次课程改革：第一次改革是1954—1963年以学科为中心的课程改革，建立了自己的课程体系；第二次改革是1963—1973年以生活为中心的课程改革；第三次改革是1973—1981年以学问为中心的课程改革；第四次改革是 1981—1987 年以设置综合课程为特色的课程改革；第五次改革是 1987—1992 年着眼未来发展的课程改革；第六次改革是 1992—1997 年面向 21 世纪社会的课程改革；1997 年又启动了以学习者为中心的课程改革（冯增俊 等，2006）[189]。就科学课程而言，韩国科学课程经历了强调发现学习、探究能力、问题解决能力到科学技术素养、科学素养和创造精神培养的转变。

经过 50 年的努力，韩国完成了九年义务教育普及，实现了教育领域中的"平等"理念。20 世纪 90 年代，韩国在公平的基础上注重英才教育，开始对教育质量的追求。1995 年颁布《5·31 教育改革方案》，进一步推进教育改革。2000 年 1 月，韩国教育部颁布《英才教育振兴法》，设立专门的英才学校与英才班级，设置系列英才教育课程，英才课程包括基本课程、深化课程和选修课程，其中深化课程又包括语文、社会、数学、科学、英语五个科目，强化科学、外语、艺术、体育等领域精英人才的培养。科学英才学校的课程设置分为学科领域（包括必修、基本选修、深化选择）、研究活动与特别活动（索丰 等，2015）[16]。

在科学课程领域，1949 年韩国颁布《教育法》（含科学教育），1955 年韩国科学教育委员会制订教育课程（EC），1963 年至 1998 年，进行了七次修订。纵观韩国在第二次世界大战后的几次课程改革，可以说，平均 5~10 年便进行一次改革，课程目标、结构、内容一直处于变革之中。20 世纪 90 年代末，面对亚洲金融风暴与科技、经济、产业、就业结构的变化，韩国又开始酝酿新一代的课程改革。韩国教育部 1997 年 12 月 30 日发布告示，决定用 3 年的时间修订课程大纲与教材。第七次课程改革是韩国教育史上最宏大、影响最深的课程改革。

（2）韩国小学科学课程改革现状

2000 年 3 月，韩国开始实施新的教育课程。新的课程改革要求将传统的以教科书为中心、以教育供给者为中心的教育体制转变为以教育课程为中心、以学习者为中心的教育体制。其方针为依据国民共同基本教育课程体系编制教育课程；考虑学生个别差异，编制不同水平的教育课程；陈述能力中心的目标并将具体内容的提示最小化；确立教育课程支援体系（孙启林，杨金成，2001）。小学课程以国民共同基本教育课程为主，包括三个部分：课程科目、能力培养活动（自选活动）和特别活动。修订原有 3—6 年级的科目设置，将以往的 10 个科目（国语、社会、道德、数学、科学、实科、体育、音乐、美术和外语）进行适当整合，引入"科目群"的概念，修订后的小学课程设置为国语、社会 / 道德、数学、科学 /

实科、体育、艺术和英语，共7个科目群。其中，"科学/实科"是科学与实科的整合，它打破了课程编排与实施的僵化现象，除了科目群，还设置了年级群课程，小学被划分为3个年级群，加强课程内容年级之间的关联。特别活动由自治活动、适应活动、开发活动、服务活动、例行活动等组成。自选活动由学科自选活动和创造性自选活动组成。2009年修订的课程将能力培养活动和特别活动整合为"创造性体验活动"。修订后的创造性体验活动的课时在1—2年级群有所增加，3—4年级群与5—6年级群有所减少（课时由238、272减少到204、204）。韩国现行小学课程由学科（或学科群）和创造性体验活动组成。1年级和2年级科目包括韩语、数学、道德生活综合、探究生活、快乐生活。主要科目（或科目群）包括韩语、社会研究/德育、数学、科学/实科、体育、艺术（音乐/艺术）和英语。创意体验活动包括自由裁量活动、社团活动、社区服务、职业相关活动。韩国科学课程包括3—10年级的连续的科学课程，涉及能量、物质、生命、地球等内容，涵盖了物理、化学、生物及地球科学等科目或领域，颁布了相对成熟的3—10年级科学课程标准。2015年，韩国教育部发布《中小学国家课程：韩国框架文件》（*The National Curriculum for the Primary and Secondary Schools*，*The Republic of Korea Framework document*），对2009年的课程标准进行了一些调整，如"科学/实科"改为"科学/实践艺术"，实践艺术包括技术与家政。

4. 新加坡小学科学课程

新加坡独特的教育制度、先进的教育理念、大量的教育投入和敏锐的改革眼光，成为东西方文明融合的典范。

（1）新加坡小学科学课程的发展历程

新加坡位于东南亚马来半岛南侧，20世纪60年代后新加坡进行了四次基础教育改革：1965—1978年推行免费教育和基础教育，提高劳动力素质；1979—1984年实行精英教育计划，提高基础教育的质量；1985—1997年，推行教育储蓄计划，优化基础教育；1998年实施走向理想的基础教育，关注能力水平低下的学生，注重培养学生的创造力和思考力。也有学者把新加坡教育发展划分为三个阶段："生存驱动""效率驱动"和"能力驱动"（Tan，2008）。20世纪90年代末，新加坡提出科学教育新前景，以迎接新千年的挑战，这些挑战包括变化、复杂性、沟通、约束、选择、跨文化和竞争（7C）。

1991 年，新加坡国家科学技术委员会成立，其主要任务是提高新加坡科技水平。新加坡科学教育特别强调三个目标：加强思想的训练，发展收集和评估事实、研究现象和问题的能力以及培养理性和创造性思维的能力；传授有关物理世界、生物、环境和人类未来的知识；为学生将来的职业做准备。

（2）新加坡小学科学课程改革现状

20 世纪 90 年代以后，面对新加坡科学教育中存在的问题，新加坡教育部为保证科学教育能满足知识经济的要求和挑战，提出了几项重要的新举措如技术改进计划、思维训练计划和国情教育计划。在重视能力导向的科学教育的推行背景下，2001 年，新加坡全面启动中小学的课程大纲修订工作。

就读国立小学的学生学习科目有英语、母语（中文、马来语或经批准的印度语言）、数学、科学等核心科目，学生要参加体育和音乐等课外活动，参与服务学习项目，参加社区参与计划。其中，科学课成绩是甄别小学生学业水平的重要指标之一。所有小学生六年级时都要参加全国统一的科学、英语、数学、母语测试，各科均 100 分，将总分转化为等级，作为升入中学的主要依据。科学课开设年级为 3—6 年级，周学时数分别为 3、4、5、5，五、六年级每周还有 2 节科学拓展课（针对优秀生）或补习课（针对后进生）（李万涛，2006）。

新加坡对 1991 年的科学教学大纲进行了修订，2007 年颁布新的《小学科学教学大纲》。2013 年又对 2007 年的《小学科学教学大纲》进行了局部调整与完善，颁布了 2014 年版的《小学科学教学大纲》。

5. 俄罗斯小学科学课程

（1）俄罗斯小学科学课程的发展历程

1786 年，沙皇政府颁布了《国民学校章程》，规定国民学校高年级学生学习自然史、建筑、机械、物理等内容。沙皇亚历山大一世颁布《国民教育暂行章程》（1803 年）、《大学附属学校章程》（1804 年），建立起完整的教育体系。1864 年，亚历山大二世颁布《初等国民学校章程》，旨在"确立宗教和道德认识，并推广初等实用知识"。1917 年"十月革命"后，苏维埃政权成立，建立"统一劳动学校"，改革分科教学。1923 年，苏联重建教学大纲，指出小学教育应授予儿童一定的正规知识和熟练技巧，如读和写的知识和技能、数的基本知识、自然界的基本规律、物理、化学和生物的基本概念、人体构造、自然地理和经济地理的初步概念等（汪霞，1998）[180]，实施综合单元教学，将教学材料综合为自然、劳动和社会生活三个部分，由若干单元联结起来，如卫生、天体、地球等。1927年，苏联编写新的教学大纲，将课程分为社会知识课程、地理课程、自然科学课程以及儿童生活课程。20世纪30年代和40年代，苏联实行分科教学，小学开设数学、俄语与文学、自然、社会知识、造型艺术、音乐、体育和劳动。1958年开始增加劳动课，加强学校与社会的联系，但这一做法降低了教学质量。1964年颁布新的课程计划，该计划重视教学与儿童的智力发展，取消了历史课和公益劳动课，增加了自然课的课时，自然课由原来从四年级开设改为从二年级开始讲授，课时比例由原来的2.8%提高到8%。1984年，苏联公布《普通学校和职业学校改革的基本方针》，改革课程设置，一至二年级增设"周围世界"（每周1学时），旨在使儿童初步认识自然和社会现象。三至四年级开设"自然常识"，以圆周式编排课程内容，作为中高年级自然科学学科的入门课程。

1991年12月26日，苏联宣布正式解体。随着苏联的解体，俄罗斯政治、经济、社会急剧转型。1992年7月10日，俄罗斯总统叶利钦签署《俄罗斯联邦教育法》，推进教育改革，并启动国家教育标准研制工作。1993年，俄罗斯联邦公布《俄罗斯联邦普通学校基础教学计划》，该计划将普通学校的课程分为不变部分和可变部分，不变部分为全国统一的必修课，主要包括俄语、语言和文学、艺术、社会科学、自然科学、数学、体育、工艺学等，占整个课时的比例为70%。可变部分为地方性选修、学生自由选修、针对学生个别差异的个别课或小组课，比例为30%左右。针对基础教学计划实施过程中学生负担过重等问题，1997年2月，俄罗斯公布《普通基础教育国家教育标准（草案）》，该草案规定了基础教育大纲必修课程最低限度、学生最大学习负担量和对学生及毕业生培养的水平要求。根据该文件，俄罗斯小学应开设的必修学科有国语俄语、语言和文化、社会科学、自然科学、数学学科、体育学科、工艺学科。1998年，《国家教育标准联邦部分（草案）》正式出版，该草案被称为俄罗斯基础教育第一代国家教育标准，原来的社会科学和自然科学改设为"周围世界"，以综合的方式培养学生对社会、自然、人生的整体概念，加强学科融合，减轻学生的学业负担。2004年3月俄罗斯颁布了新的《普通教育国家课程标准联邦成分》，它的制订有着深刻的文化因素和社会因素。教育现代化、人道化、人文化、个性化等思想，还有经济、政治、人口等因素都对其产生了重要影响（石少岩，2007）。教育标准是分联邦、民族—区域、学校三个层次制订的，在各层次的教育标准中按三个教育阶段确定各教育阶段的教学科目，再按不同的教学科目确定该教育阶段某一学科领域的教育标准。各教育领域的教育标准又分为目标、内容、要求三部分。

初等普通教育国家标准联邦部分规定的必修课程包括：俄语、文学阅读、外语、数学、周围世界、造型艺术、音乐、技术、体育。在技术学科的框架内三年级学生必须学习计算机实践（应用信息技术）课程。俄语和文学阅读有两种课程方案，分别为用俄语教学的学校和用地方语言（非俄语）教学的学校准备。外语课从二年级起开设。

（2）俄罗斯小学科学课程改革现状

2009 年，依据国家教育标准，俄罗斯教育科学部颁布了《俄罗斯初等、基础、中等（完全）普通教育师范教育计划》等文件，规范了中小学的教学计划和课程。根据相关文件，初等教育阶段即小学（学制 4 年）共设九门课程：语文（俄语、母语）、文学阅读（母语阅读）、数学和信息学、社会科学和自然科学（周围世界）、俄罗斯民族精神道德文化基础、艺术（造型艺术）、音乐、工艺学、体育。每门课程有着不同的要求，某个课程领域又有不同的任务规定，社会科学和自然科学（周围世界）的课程要求与领域任务要求为：了解俄罗斯在世界历史中的特殊地位，培养对民族成就、民族发明和民族胜利的自豪感；形成对自己的国家、家乡、家庭、历史、文化、本国的自然环境和现代生活的尊重态度；认识到周围世界的整体性，掌握基本的生态知识，在自然和人类世界中道德行为的基本规则，在自然和社会环境中健康行为的标准；掌握研究自然和社会的常用方法（利用从家庭资料中、周围人和开放的信息空间中获取的信息进行观察、记录、测量、实验、比较、分类等）；提高发现和建立周围世界中的因果关系的能力。

"周围世界"为综合性课程，从一年级开始设置，贯穿小学四年，一般为每周 2 学时，内容包括人、社会、自然、生活安全等各方面的知识。在课程中，1—4 年级学生必须获得有关环境和社会系统之间的整合和差异的知识，关于人类在环境中的作用以及个人与社会之间的相互作用的知识，关于俄罗斯的文化和历史（Sumatokhin1 et al., 2016）。"周围世界"课程涵盖人类与自然，个人与社会以及一般安全规则。如在关于"人"这部分，学生要学习如何预防疾病，如何表达请求、拒绝、感激、抱歉和祝福等。在"社会"部分，学生要学习如何分辨城市、乡村；了解什么是违法行为；各种发明创造的伟大意义；认识到"祖国"意味着什么，并能在地图上找到自己的国家；认识劳动的意义和尊重别人的劳动成果等（姜晓燕 等，2015）[73]。

总之，21世纪初以来，俄罗斯国家基础教育课程改革强化自然、社会与人之间的统一性，关注课程的整体性，体现了学科课程和综合课程相结合的特征，即人文化和人本性，有助于减轻学生的学业负担，完善学生的知识结构（肖甦 等，2004）。

（二）中等发达国家小学科学课程改革的特点

1. 科学课程的设置相对较晚

与一流发达国家相比，中等发达国家的小学科学课程设置一般始于20世纪前后。不过，实现工业化较早的国家（如俄罗斯、澳大利亚）在19世纪中后叶就开始在小学设置自然课程，向学生介绍自然科学的知识。而新兴的工业化国家（如韩国、新加坡）则于20世纪上半叶才开始在小学设置自然课程。这可能与国家经济、文化发展水平有关。如澳大利亚1901年开设基础科学，韩国1910年开设理科，新加坡1959年成为自治邦，1965年取得独立，国民教育包括科学教育才走上自主发展的轨道，因而科学课的设置相对较晚。

2. 小学科学课程改革进程不断加快

第二次世界大战后特别是20世纪80年代后期，受科学技术革命的影响，以及发达国家课程改革的影响，大多数中等发达国家加快了小学课程包括科学课程改革的进程。其中，新兴的发达国家课程改革频繁，如加拿大、韩国、新加坡的课程几乎每10年就要进行一次改革，这些国家不断调整教育发展战略，改革课程与教学，试图通过课程改革缩小其与一流发达国家的差距，解决教育存在的问题，不断提高教育质量，提升国民的科学素质水平。

3. 科学课程设置的起始学段有提前的趋势

以往的科学课程一般从小学三年级开始设置，即在学生具备一定的阅读、计算基础之后开始学习自然知识。第二次世界大战后，为适应科学技术迅猛发展的时代需要，提高国民的科学素养成为各国科学教育的基本目标，大多数中等发达国家开始将科学课程由三年级提前到一年级，学生从迈入小学大门起就开始学习自然知识了。有的国家如澳大利亚、加拿大甚至将科学课的设置提前到幼儿园，让幼儿接受科学教育。不过，小学低年级设置的科学课更加综合，更加生活化，如韩国小学低年级的科学课程不同于中高年级的科学课程，低年级的科学课叫"智慧生活"，与社会科学领域的"道德生活"、艺术领域的"快乐生活"对应，强调基于生活经验的综合学习，特色鲜明，非常适合小学生的发展水平与心理特点。

三、发展中国家的小学科学课程

发展中国家（或称欠发达国家），主要包括中国、印度、巴西、南非及其他非洲各国、其他亚洲国家（日本、韩国、新加坡除外）、东欧、拉丁美洲各国。下面主要以印度、埃及、南非、巴西、中国为例进行介绍。

（一）印度、埃及、南非、巴西、中国的小学科学课程

1. 印度小学科学课程

印度全称印度共和国（The Republic of India），位于南亚。近代印度教育的发展可大致分为殖民地初期的教育（1812 年以前）、东西方教育争论时期（1813—1854 年）、印度教育西方化时期（1854—1904 年）、民族教育的兴起和发展时期（1905—1947 年）（赵中建 等，2007）[8]。1947 年印度独立以后，印度教育发展迅速。

（1）印度小学科学教育的发展历程

1947 年 8 月 15 日，印度从英国的殖民统治中独立出来。独立初期，印度遵循甘地以手工劳动为中心的基础教育思想，建立了新的学制，大力发展基础教育。20 世纪 60 年代，印度首次提出在基础学校开设科学课程，科学课程设置于初等和中等教育阶段。1961 年，印度设立最高教育研究与培训机构"国家教育研究与培训委员会"，负责指导印度学校教学资料的开发。如一些地区开发了地方性的"科

学教学计划"（Hoshingabad Science Teaching Program，HSTP），影响较大。1966年科塔里委员会发布报告，建议实行 10+2+3 的学制结构，其中前 10 年为普通教育阶段，"+2+3"阶段亦称更高层次阶段。印度学者夏尔马（Sharma）在《10+2+3 的教育结构》一文中指出，"这一结构模式是改进现行教育状况的重要一步，将使教育同生产力相联系并有助于解决国家中受过教育的人的失业问题"（瞿葆奎，1991a）[307]。1968 年印度教育和社会福利部颁布《国家教育政策》为基础教育课程重建提供了基本框架与法律依据。依据该政策，1977 年印度政府颁布《十年制学校课程大纲，1977》（*The National Curriculum Framework, 1977*），以下简称《大纲》，其中，科学课程包括初小阶段的环境研究、高小阶段的科学（综合科）以及初级中等教育阶段的科学（选修一或选修二）。初小的"环境研究"包括自然研究、社会研究和健康教育、有益于社会的生产劳动。《大纲》明确规定了科学课程的内容，如六年级科学课程内容为测量方法、物质、分子结构、我们周围世界的变化、运动、力和压力、简单机械、宇宙、植物和动物的构造和功能、食物与健康、生物圈、人对动植物的依赖以及生态平衡、环境、处理和提升水质、能源。环境研究占初小总教学时数的 20%，科学（综合科）占高小总教学时数的 1/7（程莹，2005）。

1986 年，印度人力资源开发部发布新的《国家教育政策》和实施行动计划，该政策沿用了 10+2+3 学制结构，并提出建立一种包括核心课程和较为灵活课程的全国课程框架，其中的核心课程包括印度自由运动史、宪法、印度文化史、环境保护、消除社会障碍，并将这些课程内容渗透在各科目领域之中。该文件第八部分"教育内容和教育过程的重新定向"规定了印度学校课程内容的项目：文化展望、价值观教育、语言、书籍和图书馆、传播媒体和教育技术、劳动实习、教育和环境、数学教学、科学教育、运动和体育、青年的作用、评价过程和考试改革，揭开了以追求教育优质和教育机会均等为主导目标的教育改革的序幕。《国家教育政策》指出，"要加强科学教育以发展儿童那些已得到良好界说的能力和价值观如探究精神、创造力、客观性、勇于提问和美感等"；"要把科学教育计划安排成能使学生获得解决问题和作出决定的技能，发现科学同卫生、农业、工业和日常生活其他方面之间的关系。还要努力让众多仍未受正规教育的人接受科学教育"（瞿葆奎，1991a）[455]。由于 1977 年的课程大纲按照学科结构组织课程内容，学生课程学习效果远远低于预期，"教科书中心，教师中心，学科内容中心"引发了广泛的讨论。1987年，印度政府出台了实验性质的全国科学课程大纲。1988年，印度政府颁布了《国家初等和中等教育课程框架》。

（2）印度小学科学课程改革现状

在1988年《国家初等和中等教育课程框架》的基础上，依据相关研究成果，结合印度实际和世界科学课程设置的趋势，2000年1月，印度全国教育研究与培训委员会（National Council of Educational Research and Training，NCERT）公布《学校教育国家课程框架：一份讨论稿》，小学阶段的学习计划如下：初等小学教育共五年，一至二年级的课程内容为一门语言（母语或地方语言）、数学、健康和生殖科学。三至五年级的课程内容为一门语言（母语或地方语言）、数学、环境学习、健康和生殖科学。高等小学教育共三年，其课程内容为三门语言（母语或地方语言、现代印地语和英语）、数学、科学和技术、社会科学、工作教育、艺术教育（精美艺术：视觉和表演艺术）、健康和体育（游戏、运动、瑜伽功等）。2000年11月，印度全国教育研究与培训委员会颁布了《学校教育国家课程框架》（*National Curriculum Framework for School Education*，*2000*），以下简称《框架》，该《框架》较为详细地规定了科学课程的性质、科学课程的目标、内容范围，使印度科学课程的发展达到了新的高度（程莹，2005）。2001年，印度发布《普及基础教育计划》（*Sarva Shiksha Abhiyan*），把接受有质量的基础教育作为每个儿童的基本权利写入修改后的宪法（沈有禄，2011）[169]。2000年《框架》颁布后，审查发现，课程负担和考试"暴政"等棘手问题仍未得到解决，因而遭受不少批评。2004年11月17日，印度国家教育与培训委员会（NCERT）对2000年《框架》进行了修订，颁布新的课程框架，即2005年《国家课程框架》（*National Curriculum Framework*），以下简称NCF。NCF将小学课程分为八大领域：语言、数学、科学和社会科学、工作、艺术和遗产工艺、健康和体育以及和平。2016年，印度发布《小学课程：1—5年级》，对小学各门课程内容进行了较为具体的规划。

2. 埃及小学科学课程

埃及全称为阿拉伯埃及共和国，位于非洲东北部，地处欧亚非三大洲的交通要冲。古代埃及教育一度领先世界，但由于外敌入侵与政治动乱，出现长期停滞甚至倒退。19世纪80年代以后，埃及逐步沦为英国的殖民地。1922年2月28日，英国承认埃及为独立的国家，但同时宣布4项保留条件。经过激烈的斗争，1953

年 6 月 18 日，埃及正式宣告成立阿拉伯埃及共和国。独立以来，埃及一直重视教育，纳赛尔、萨达特和穆巴拉克历届政府均秉持"国家办教育"的理念，实行全民教育和义务教育制，一跃成为阿拉伯世界、中东和非洲的教育大国。

（1）埃及小学科学课程的发展历程

19 世纪埃及出现了体系化的世俗教育，英国占领时期（1882—1922 年），埃及的世俗教育仅仅包括 270 所小学和 3 所专业学校。英国占领时期的埃及教育旨在培养服从的职员，而不是造就国家急需的技术和科技人才。宗教教育很兴盛而世俗的国立学校中道德的和爱国的教育内容很缺乏，这也恰恰适应了当时埃及殖民统治者的需要（王素，2000）[26]。教育民族化时期（1922—1952 年），民族主义思想兴起，并对教育产生了深刻的影响。1923 年，埃及颁布宪法，规定对小学阶段儿童实行免费义务教育。1924 年，埃及颁布的义务教育法促进了小学教育的发展，1941 年统一了全国小学的教学大纲。该时期的学制包括初级小学学制和初等学校制度，学校类型繁多。其中，初级小学学制有初级小学（义务公立学校、初级小学、昆它布班级、农村初级小学）、继续教育等。纳赛尔时期（1953—1970 年），埃及政府宣布建立"没有剥削的社会主义民主合作制度"，小学义务教育由 4 年制改为 6 年制，开设的课程有宗教、阿拉伯语、数学、科学和卫生常识、体育、音乐、家政（为女孩设立）和农业（为男孩设立）。1966 年，埃及增设社会学课程，三年级开始设置，每周 2 节。20 世纪 50 年代到 60 年代，埃及产业结构变化，需要学校培养大量合格的劳动者，埃及在培养目标中提出要培养有生产技术的人，因而重视职业技术与科学技术教育。20 世纪 70 年代，埃及实行开放政策，实施大众教育，引进外资与国外技术，技术教育获得较大的发展。初等教育课程有阿拉伯语基础（读和写）、宗教、算术、普通科学和社会科学，另外开设美术、手工、体育和音乐。20 世纪八九十年代，对教育进行调整与改革，埃及教育成就显著。20 世纪 80 年代，小学课程设置为宗教教育、阿拉伯语、数学、美术、体育、音乐、历史、地理、公民、科学与卫生、自然科学（环境研究）、家政 / 农业、实践培训。1988 年 8 月 23 日，第 192 号部长决议设立"发展课程和教学材料中心"，编写教材。对中小学课程进行了改革，课程改革涌现了一些新的特征，如精简课程内容，删除不必要的和重复的内容，增加一些新的内容如交通意识、健康生活、国家安全、国际理解、儿童权利、技术教育的内容，同时，增加活动课时间，提出适当重视语言、历史的学习，小学四年级开始开设英语或其他外语课。1992 年以后，埃及实施九年义务教育，小学（基础教育）学制为 6 年（1—5 年级自动升级），12—14 岁为预科教育阶段（相当于初中 3 年，包括普通教育或技术教育），高中 3 年。埃及学生分别在 6、9、12 年级参加考试，获得相关证书。1993 年，埃及初等学校的学习科目为宗教教育、阿拉伯语、数学、一般信息与环境研究、科学与卫生学（三年级 2 节 / 周，四年级 2 节 / 周，五年级 4 节 / 周）、艺术教育、体育教育、音乐教育、技术与实践研究（四、五年级各 3 节 / 周）。阿拉伯语所占课时比例最大，一至五年级每周均为 10 学时。除了国家教育系统，还有一个由爱资哈尔管理的宗教学校系统（Arabic schools），在国家监督下运行，该系统覆盖了所有教育层次，服务于全国 10.3% 的学生。独立前的埃及，课程以宗教教育为主，独立后的埃及教育走向世俗化，开始设置科学课程，有时单独设置，有时与社会科学等课程合并设置。

（2）埃及小学科学课程改革现状

21 世纪以来，埃及为了实现教育优质化，建立了义务教育国家标准，包括全面、客观、灵活、社会性、持续、先进、易于评估、合作、道德性、支撑性、爱国等理念（王怀宇，2006）。

近年来，埃及教育部积极推进大学前教育改革，制订了《2014—2030 年大学前教育战略计划》。该战略计划包括幼儿园阶段、基础教育阶段（包括小学教育、中学教育、社区教育、特殊教育如天才残障等项目）多个项目，其中"小学教育环节"规定：小学课程让学生加强使用批判性思维的能力，加强研究、分析及生活能力，以及与信息和通信技术的融合；给所有小学适龄儿童提供优质的小学教育服务；保证给所有小学适龄儿童提供均等的优质的小学教育服务，并保证学生完成这一阶段的学习。该计划提出到 2016—2017 学年时，为学生提供在内容、教学方法及评估方面都与国际标准相接轨的课程；革新及发展阿拉伯语课程、社会课程，深化公民概念；在小学阶段所有年级发展实行评估体系，包括检测学习成果，以适应教室数量增多的现实及师生比。

埃及基础教育课程分为以下领域。

大众科学领域：包括自然学科、化学、生物；社会课程领域：包括地理、历史、国民教育及经济；语言研究领域：包括语言的一些分支，如阅读、文章、文学、语法、拼写及书法；宗教研究领域：包括圣训、经注、教法学、神论及先知生平；大众数学领域：包括计算、代数及几何；艺术教育领域：包括绘画、作品及音乐（迪娜，2015a）。其中，小学1—3年级学习的课程为阿拉伯语、英语、宗教教育、数学。小学4—6年级学习的课程为阿拉伯语、英语、宗教教育、数学、科学、社会研究。可见，科学课程开设相对较晚，开设学期为4—6年级。2011年，埃及共和国教育部发布《小学课程大纲总体框架》，明确了阿拉伯语、数学、科学、社会研究等科目的内容范围及其周学时数，各门课程开设时间均调整为1—6年级。

21世纪以来，埃及教育改革进程加快，基础教育跨入一个新的历史阶段。近年来，在总统阿卜杜勒·法塔赫·塞西的主导下，埃及政府出台了一项国家中长期发展规划——"2030愿景"，该规划提出了三个重要的战略目标：提高教育质量、开展全民教育和提高教育竞争力。在基础教育阶段，要求改善在国际竞争力报告上的教育指标排名；提高学生学习科技、数学、沟通能力以及实践能力的水平，使其成为具有国际竞争力的人才。同时，加大投入，到2020年教育支出和投资占GDP比例要达到5%，赶超发展中国家一般水平，到2030年要达到8%，赶超发达国家平均水平（孔令涛 等，2018）。该规划有助于埃及克服教育发展缓慢的状况，可望提升埃及教育的整体质量。

3. 南非小学科学课程

（1）南非小学科学课程的发展历程

南非长期奉行种族隔离政策，黑人和白人几乎是两个不同的世界。在种族隔离时期，南非建立了四种不同的教育体制，划分为19个不同的教育部，其中的11个部负责黑人教育，造成南非各族文化教育水准差异悬殊。"黑人教育存在的主要问题是入学率低，辍学率高，办学条件差，教师达标率低，且数量不足"（李建忠，1996）[205]。直到1994年民主选举之后，南非才废除种族隔离制度。南非新政府组建了全国统一的教育部，着手课程改革，修订教学大纲，编写中小学教材。1995年，南非颁布了《南非教育与培训发展白皮书》，1996年，南非颁布了《南非学校法案》《建立国家资格体制，实现终身教育》等法规，全面阐述了新政府对学校有关课程的政策与规范化的要求。南非政府结合国家的具体国情，开始了一项以学生学业成果为基础的课程改革。在此基础上，南非国家教育部对原有的课程标准进行修订，对课程科目进行合理化改革。1997年，南非政府发表《2005课程：21世纪的终身教育》报告，以下简称《2005课程》，宣布1998年开始全面实施新课程。

就科学课程而言，南非在实行种族隔离时期，南非政府的学校教育重点是关注白人教育，黑人和有色人种的教育是不被政府所关注的。白人学校的小学科学教育延续了欧洲的教育方法，主要采用实物教学，由于教师在科学方面所受到的训练不高，无法让学生真正掌握科学原理，多数教学只是描述现象，学生死记硬背的情况普遍存在。到了 20 世纪，随着科技革命在世界广泛传播，南非开始关注科学教育改革，把现代知识编进教材，提高小学科学教育的质量。废除了种族隔离政策之后，南非开始融入国际社会，与国际社会交往日益频繁，开始更多地接纳国际教育尤其是小学科学教育的新思想。

在南非，科学与技术属于基础课程，国家基础教育部将小学科学课程定位为促进和发展学生的科学和技术素养，为学习者提供能贯穿终生的、有意义的科学知识与技能的基础课程，足见南非政府非常重视科学教育。

（2）南非小学科学课程改革现状

1997 年南非政府启动的《2005 课程》不尽如人意，尽管课程设计的观念很新、起点很高，也符合新的社会与政治理念，然而全新的观念和话语体系、复杂的设计、笼统的说明，加上本身受教育水平就不高的师资队伍，导致这场课程改革实施了不到三年就无法推行了（王琳璞 等，2014）[127]。因此，2000 年，南非成立《2005 课程》评审委员会，着手对《2005 课程》的结构与设计、实施等进行评估，并根据评估结果提出了一系列建议。根据这些建议，2002 年 5 月发表学前班至九年级《国家课程声明（修订稿）》（*Revised National Curriculum Statement*）。该修订强化了"以学业结果为本"的教育理念，特色鲜明。目前，南非的国家课程由学习领域、关键性和发展性学业成绩指标、学习结果、评价标准和学习大纲所组成。学习领域共 8 个：语言、数学、自然科学、社会科学、艺术与文化、生活指导、经济与管理科学和技术学。这些学习领域是对传统不同学科的重新整合（李旭，2004）。在初级阶段，学前班至二年级，周教学时间为 22.5 小时，三年级的周教学时间为 25 小时。中级阶段四至六年级，周教学时间为 26.5 小时。

2011 年，南非颁布《R-9 国家课程声明》（*Structure of the Revised National Curriculum Statement Grades R-9*），该文件包含概述文件和八个学习领域的声明。学习领域是一个知识、技能和价值领域，具有独特的功能以及与其他知识领域和学习领域相联系。学习领域包括语言、数学、自然科学、技术、社会科学、艺术与文化、生活取向、经济和管理科学。每个学习领域声明都涉及人权、健康环境和社会公正之间的关系。根据《国家教育政策法》（*The National Education Policy Act*），每个学周的正式教学时间为 35 小时。科学（Natural Sciences）占 13%，技术（Technology）占 8%。

在科学课程领域，"以学业结果为基础"的教育是南非国家教育科学课程的最主要的特色。在"自然科学"领域之中，学习结果包括三个方面：科学调查，构建科学知识，科学、社会与环境。南非新课程建立在三种理论基础上，即以学业成就为基础的教育、杜威的实用主义哲学以及融合课程理论。其中，"以学业结果为基础"的教学理论是由斯派蒂提出的，是在 20 世纪 80 年代所流行的"以能力为基础"或"以绩效为基础"的教育上发展起来的（康建朝 等，2013）。一些教师认为，"能力"或"绩效"是教学或评估学生的基础。"以学业结果为基础"的教育要求教师清楚地知道课程结束时学生应达到什么样的结果，然后通过寻找、设计有效的内容与方法让他们接受教师所传授的知识，并努力达到这些结果（方展画 等，2004）。当结果出来后，由教师根据结果来评估学生的学习成绩。在学习过程中，教师和学生只负责学习，而不用关心是否能完成学习任务，直到学生能证实他们能达到事前规定的结果，才算学业合格。对于成绩优秀的学生来说，书本知识已经被他们所掌握，需要额外对他们进行教育，重点培养他们成长所需要的能力。"以学业结果为基础"要求教师知道课程结束时学生应达到的结果，教学内容与方法的有效设计应帮助学生掌握知识，教学活动结束后，教师根据学生的学习结果评估学业达成水平。一些研究显示，修订后的国家课程标准在课程安排上学科体系鲜明，在实践中的效果较好。

2009 年，祖马出任南非总统，开始了新一轮国家发展的战略计划。新一届政府将基础教育置于国家发展战略中最为优先的地位，将国家教育部一分为二，一为基础教育部，二为高等教育和培训部，同年出台《国家战略规划绿皮书》，制订新南非公立普通学校的课程政策。2010 年 1 月，祖马政府确定了 2010 年至 2014 年以结果为导向的国家发展战略的优先目标，焦点是教育质量的提高。2011 年，南非教育部又出台了《2014 行动计划》，这是一份有关基础教育的全面性阶段计划。为了保障教学的质量与有效性，南非进行了课程改革，2012 年用更加符合实际的《课程与评价政策声明：R–6 年级自然科学》（*Curriculum and Assessment Policy Statement: Natural Science Grades R-6*），简化了原先过于复杂的国家课程声明。该课程旨在确保儿童获取和应用对自己生活有意义的知识和技能。其目的是使学习者，不论其社会经济背景、种族、性别、身体能力或智力能力，具备自我实现所必需的知识、技能和价值观，以及作为自由的国家公民有意义地参与社会活动。

4. 巴西小学科学课程

巴西联邦共和国，简称巴西，是拉丁美洲国土面积最为辽阔的国家，享有"足球王国"的美誉。巴西是一个多民族的国家，移民来自欧洲、非洲、亚洲等地。20 世纪后半叶，巴西经济发展迅猛，1968—1973 年国内生产总值年平均增长 10.1%，创造了"经济奇迹"，跨入世界经济大国的行列。巴西移民众多，自然风光、文化亦颇具特色。

1822 年，巴西独立，成为君主立宪制国家。1824 年，巴西制订了第一部宪法，在宪法中提出"普通教育是公民的权利"，所有教育均免费，发展初等教育，建立了大批小学。1889 年，巴西建立共和国，采用联邦制。

（1）巴西小学科学课程的发展历程

共和国初期，巴西政府着重建立公立学校体系，形成了巴西现代教育制度结构。瓦加斯时期（1930—1945 年），强调国家对教育的权力与责任，成立了教育与卫生部，关注民众教育，引进国外教学思想，建立了杜威式的"新学校"，统一教学计划，实施大刀阔斧的教育改革。巴西整个国家的教育特征是在学校开设统一的课程和运用严格的教学方法；采取权宜措施来解决教育问题；教育主要为国家的政治服务，忽视对教育本身规律的探究。1934 年的巴西宪法规定：教育是人人享有的权利，在学校和家庭中提供教育是国家的责任。然而，由于诸多政治和经济原因，直到第二次世界大战时期，巴西一直没有真正推行义务教育。第二次世界大战后，巴西采取多种措施，开展普及初等教育工作。1961 年，巴西颁布第一部教育法——《全国教育方针与基础法》（*The Law of Guidelines and Bases for Education in Brazil*），确定了全国教育的目标，规定了教育的权利、免费义务教育、教学自由等方面的原则。根据该法令，教育是联邦、州、地区、市、企业、家庭以及整个社会的一种责任。这些单位的力量应该统一起来以促进和推动教育发展。巴西实施 7~14 岁的儿童义务教育，各级公立学校提供免费教育。巴西依靠立法保证教育经费，巴西的公共教育支出占国内生产总值的比重总体上呈现不断上升的趋势。巴西初等教育的入学率和在校生人数也逐年提高，"扫盲运动"对世界教育产生了深远的影响（王敏，2005）。

20世纪70年代，巴西将原先四年制的初中并入基础教育阶段，与四年制的小学合并为八年制学校，作为第一级教育（义务教育阶段）。中等教育作为第二级教育，设置了四年制综合中学，在实施普通教育的同时，开展职业技术教育（瞿葆奎，1991a）[606]。1971年，巴西政府颁布了在巴西教育史上具有重大意义的《初等教育和中等教育改革法》，确立了巴西基础教育的体制，规定基础教育分为两个阶段。第一级教育包括旧学制的小学和初中，共8年（学生年龄为7~14岁）。普通教育课程，一至八年级设置葡萄牙文、社会和科学三类核心课程。五至八年级加设职业课程。五、六年级设置工业、商业、农业和家事四门课程。七、八年级学生可选择最适合的一门职业课程，集中学习。完成第一阶段的学业后，一部分学生升学，大部分学生在八年级经少量职业训练后就业。新学制实行后，巴西教育和文化部计划在城市实现普及八年制教育，在乡镇和边远地区实现普及四年制教育。巴西的教育宗旨：（1）使全体公民都能够学习文化科学知识，以满足社会经济发展的需要；（2）大力发展教育，提高全民族文化科学水平，使教育与巴西经济大国的地位相一致。20世纪80年代以来，巴西教育发展的战略重点逐渐由高等教育转向基础教育，不断地对基础教育政策进行修正，推进了巴西基础教育的改革与发展，并在改革中确立了全国统一的基础教育课程。全国基础学校开设统一、公共、必修的核心课程。1995年，联邦教育部为基础教育各年级制订了统一的课程新标准，新标准强调，改变旧课程标准注重知识获取和记忆能力的现状，培养学生解决问题和逻辑推理的能力。1996年颁布的《全国教育方针与基础法》则更加明确了各级管理机构在基础教育课程上的审批职权，从而使全国统一的课程目标与各地的特殊情况相适应（黄志成，1998）。

在课程设置方面，共和国时期，巴西小学分为初小和高小两个层次，初小的学生年龄为7~13岁，初小又分为基础、中级、高级三个部分，其课程主要有阅读和写作、葡萄牙语、算术和公制、公民学、实物教学、绘画、体育、基础农业等。高小的学生年龄为13~15岁，主要课程：基础法语、基础数学、物理、自然史、地理、历史、法律、政治经济基础知识、音乐和军事训练等（黄志成，2000）[35]。根据1971年的《初等教育和中等教育改革法》，8年初等教育的核心课程由三个部分组成：交际与表达类课程，如葡萄牙语；社会科学课程，包括历史、地理、巴西社会政治组织；自然科学课程，包括数学、物理、生物等。初等教育后半段实施职业技术教育，五年级与六年级涉及 4 个职业技术领域，即工业、商业、农业和家政教育，每个领域有不同的课程。七年级和八年级学生选择其中一种进行学习。

（2）巴西小学科学课程改革现状

自 1995 年至 2004 年巴西政府实施新的基础教育改革计划后，巴西义务教育普及率高达 97%。2003 年 PISA 项目评价结果显示，巴西基础教育阶段学生在数学、科学等领域取得了长足的进展，在为何而学、把握世界本质、理论联系实践及批判能力等方面都有非常大的进步，学生在这些项目上的表现都优于 2000 年（陈亚伟 等，2006）。巴西重视小学科学基础教育，利用技术引进来推动本国的技术创新，进而提升巴西科学技术的整体水平（李春辉 等，2001）。

为了给中小学生提供共同的课程基础，2015 年，巴西政府成立了一个专家委员会，负责中小学课程文件的研制工作。在广泛征求相关人员与社会公众意见的基础上，由国家教育委员会主持，召开了三次听证会，对国家基础课程框架与内容进行完善，2017 年发表正式版本《国家共同课程基础》，供巴西中小学生使用。《国家共同课程基础》描述了每个学生应该知道和能够做的最基础的内容，定义了一套基本的、有机的和渐进的学习计划，规定了基础教育阶段所有学生都要学习的知识、技能与形成的能力基础，旨在建立一个公正、民主和包容的社会。

5. 中国小学科学课程发展

我国小学科学课程的正式设置可追溯到 1904 年的"格致"。1904 年颁布的《奏定学堂章程》是中国教育史上第一个正式颁布且在全国普遍实行的学校学制，也是新学堂科学教育进入制度化的标志。《奏定学堂章程》规定：初小一至五年级学生每周学习"格致"1 小时，高小学生每周学习"格致"2 小时。1912 年，《小学校令》将小学堂中的"格致"易名为"理科"。1923 年，《新学制课程标准纲要》将小学堂中的"理科"改名为"自然"（这一名称一直使用到 2000 年，2001 年《义务教育课程设置实验方案》改"自然"为"科学"）。1923 年发布的《小学自然（包括自然园艺）课程纲要》规定小学自然课程的目标为启发对于自然和自然现象的基本知识，使学生明了自然与人生有美术的、经济的、社会的、卫生的各种关系，有欣赏自然、研究自然和爱好田野生活的兴趣。有利用自然和种植，畜养的知能。1929 年、1932 年、1936 年、1942 年、1948 年，我国先后发布自然课程标准。

中华人民共和国成立后，1950年7月，教育部印发《小学高年级自然课程暂行标准初稿》。1956年《小学自然教学大纲（草案）》指出，小学讲授自然的目的是教给儿童初步的自然科学知识，促进儿童的全面发展。1963年、1977年、1978年、1986年、1988年、1992年先后发布教学大纲。其中，1992年国家教委颁布的《九年义务教育全日制小学自然教学大纲（试用）》，初步建立了一套适合我国国情的小学自然科学课程结构体系。2001年颁布的《全日制义务教育科学（3—6年级）课程标准（实验稿）》规定，课程名称改"自然"为"科学"，从小学三年级开始设置科学课。2017年，《义务教育小学科学课程标准》颁布，将科学作为基础性课程，起始年级改为一年级。经过修订与完善，2022年4月颁布了《义务教育科学课程标准（2022年版）》，小学科学课程发展揭开了新的一页。中华人民共和国成立70多年来，截至2022年，我国共颁布11个小学自然教学大纲与科学标准，科学课程不断完善。

（二）发展中国家小学科学课程改革的特点

1. 小学科学课程的设置较晚

相比于发达国家，发展中国家的小学科学课程设置较晚。发达国家一般在19世纪开始设置科学教育课程，起步较早。而在发展中国家，科学课程的设置时间大多是20世纪初叶甚至第二次世界大战以后，如中国的小学科学教育大致是在西方传教士来华办学时设置的，他们在教会学校的课程中安排了"格致""自然"等科目，尽管我国古代儒家经典中有一些关于自然名物的内容，但严格说来，这些内容不属于现代意义的科学教育。究其原因，可能与发展中国家的社会经济发展、传统文化、科技水平有关。由于经济发展水平低下，科技不发达、社会生产与生活对科学技术的需求较低，初等教育入学率低。或者由于种族歧视等，科学课程未能在一些发展中国家的小学开设。

2. 重视小学科学教育，科学课程的地位在逐步提升

如上所述，与发达国家相比，发展中国家的科学教育起步相对较晚，发展水平不高。但是，发展中国家特别是原为殖民地的国家独立或建国后大多重视科学教育，他们通过制订科技发展战略与科学教育规划等方式发展科学教育，试图通

过科学教育提高劳动者的科技素质，促进经济与社会发展。如埃及 1923 年宪法规定对小学阶段儿童实行免费义务教育，巴西 1934 年宪法将教育视为每个人的权利、国家和家庭的责任，通过社会的合作和促进，以期使个人充分发展，为实现公民身份和工作做准备。中国政府坚持"科教兴国"发展战略，大力发展科学技术与文化教育，制订了系列政策，推动科学教育的发展。发展中国家重视教育，在教育投入方面尽管总体水平与发达国家存在较大差距，但教育投入在国民生产总值以及财政支出方面，所占比例大多高于发达国家。例如，埃及独立后，十分重视教育，1995—1996 年的教育经费为 112 亿埃磅，占国民预算的 15.6%，占国民生产总值的比重为 6.7%。埃及计划 2030 年教育经费投入达到国内生产总值的 8%，赶超发达国家平均水平（孔令涛 等，2018）。较高的教育投入有利于保证科学教育的条件，推进基础教育特别是科学教育的快速发展。

四、小学科学课程发展国际概览

尽管自然课程在小学的开设有 200 余年的历史，但真正意义上的、正规的小学科学课程大多始于 20 世纪初叶（因为课程成为一个独立的研究领域是在 1918 年博比特《课程》一书出版之后）。哈伦（W.Harlen）将小学科学课程的发展分为三个阶段：第一阶段，20 世纪 60 年代初的课程改革。主要有美国的《小学科学学习》（ESS）、《科学课程改进研究》（SCIS）和《科学——一种过程方式》（SAPA），还有英国的《牛津基础科学计划》。每种课程都提出了自己的基本原理和基本的科学观点，编写了相应的教材，并在一些学校进行了初步的实施，但参与的教师甚少，影响范围有限。第二阶段，各国小学科学教育计划与课程材料开始适合当地的条件和需要，不是直接简单地采用他国的课程，如 1965 年的《非洲基础科学计划》（APSP），20 世纪 70 年代初尼日利亚、印度、以色列、斯里兰卡、日本的计划，20 世纪 80 年代末新西兰、新加坡、印度尼西亚的计划。第三阶段，除了教材编写，各国开始注重教学方法、教师培训和对科学教学需要的支持。例如，完善后的《非洲科学教育计划》（SEAP）汲取了早期的《非洲基础科学计划》，并制订了培训小学教师的培训计划，英国的《科学学习发展》（*Progress in Learning Science*）则更加实在，此后的计划还有美国的《统一科学教育联盟》，以及阿拉伯国家的《小学科学教学技能规定》等（江山野，1991）[368-369]。当然，这种划分主要是依据从课程（教学）计划角度进行的研究，比较粗略。20 世纪 90 年代以来，世界范围内小学科学课程又有长足进展。下面主要分析小学科学课程发展的共同特征。

（一）课程发展受多种力量推动

纵观多国小学科学课程发展的历程，可以看出，小学科学课程一直处于变革与发展之中，这种变革受到多种因素的推动。既有经济发展的驱动力、科学技术革命的推动，还有国家政治、文化发展的考虑，各种力量推动了小学科学课程的演进与革新。

1. 国家经济发展的需求

经济发展是推动科学课程改革与发展的根本原因。科学课程从无到有，从雏形到逐步成熟，从不受重视到成为基本课程、核心课程，主要的考量是国家经济发展的需要。工业革命、科技发展及其在生产与生活中的广泛运用，要求国家公民具备一定的科学知识，掌握必要的科学技术，才能适应科技时代的需要。英国教育和科学部、威尔士事务部在 1981 年颁布的《学校课程》引论中明确指出："在校儿童和国家的将来，在很大程度上取决于学校能为他们做些什么。在竞争日趋激烈的世界经济中，技术特别是计算机科学和信息技术的发展将带来越来越快的变化。与此同时，学校教育的质量也将变得越来越重要。就学校来说，学生受教育的质量主要取决于三个因素：教学质量、现有的资源和课程。"（瞿葆奎，1993b）[438]第二次世界大战后，科学技术发展迅猛，传统的常识形态的自然课已不能适应经济与科技发展的需要，引发了人们对自然课及其教学的反思与检讨，正如哈伦（W. Harlen）指出的那样，现代小学科学课程的发展，是由于 20 世纪 50 年代末对科学教育普遍不满而引起的。西方国家正在检验中学讲授的科学课程（江山野，1991）[368]。在此背景下，无论是发达国家还是发展中国家，为了促进本国经济的发展与科技进步，都加快了科学课程改革的步伐，出台相关政策，推动科学教育包括小学科学教育的变革与发展。

2. 对教育问题的反思

除了经济力量的推动，来自教育自身的思考亦促进了小学科学教育的改革。面对科技革命、经济发展的需要，一些政治家、教育家开始反思教育自身存在的问题，这些反思与检讨推动了科学教育的改革。如 1983 年 4 月，美国高质量教育委员会发表的《国家处于危险之中：教育改革势在必行》报告指出："我们的国家处于险境。我国一度在商业、工业、科学和技术上的创造发明无异议地处于领先地位，现在正在被世界各国的竞争者赶上。""当我们完全有理由为我们的大中小学在过去历史上取得的成就和为美国及其人民的福利作出的贡献而感到骄傲的同时，我国社会的教育基础目前受到日益增长的庸庸碌碌的潮流的腐蚀，它威胁着整个国家和人民的未来。上一代还难以想象的情况开始出现了——其他国家正在赶超我们教育上的成就。"（吕达 等，2004a）[1]1988 年 4 月，美国联邦教育部长 W.J. 贝内特向时任美国总统里根提交《关于美国教育改革的报告》，该报告的"我们的学生学到了什么？"部分关于"科学知识"的学习状况中指出："近年来美国学生的科学知识水平有一些提高。在 70 年代的多数年份里美国学生的成绩是呈下降趋势的。目前看来这种趋势已有所变化。将要发表的 NAEP 报告说明，1982—1986 年，学习科学的学生几乎'收复'了所有在 1977 年考试中丢失的'阵地'。在 NAEP 组织的考试中，黑人学生成绩上升的程度给人留下了特别深刻的印象。大学董事会组织的几次科学考试成绩表明，自 1979 年以来稍有进步，尤其是物理考试成绩的平均分上升了 17 分。然而，这些进步只在一般范围，幅度很小。在一次新的国际考试中，美国学生的科学成绩不妙：我们 10 岁学生的成绩只是一般，在 15 个国家的考试中名列第 8；然而我们 14 岁的学生的成绩却远远落后于世界各国同龄学生的成绩，名列 17 个参赛国的第 14，与新加坡和泰国不相上下。美国高年级学生，即学过指定课程的第二学年的高年级学生的科学课成绩就更糟了。在参赛的 13 个国家中，其物理成绩名列第 9，化学名列第 11，生物为最后一名。"（吕达 等，2004a）[338-339] 这种危机感引发了美国人的关注，推动了科学课程的改革。

在日本，1987 年临时教育审议会在《关于教育改革的第四次审议报告》中指出，教育改革是时代发展的需要，报告分析了日本在第二次世界大战后教育存在的问题，诸如：战后改革所强调的陶冶人格、尊重个性、自由的理念等，还有未被充分落实的方面。教育的划一性，主张极端的形式主义平等的倾向比较明显。考试竞争激烈，教育流于偏重分数、偏重知识，对于创造性、思维能力、表现能力重视不够。欺辱行为、逃学旷课、校内暴力等"教育荒废现象"，反映出学校教育本质性的弊端（吕达 等，2004b）[67]。这些分析直接影响了日本 20 世纪 90 年代的课程改革。2001 年的《21 世纪教育新生计划（彩虹计划）》描述了 21 世纪教育改革的背景，该文件指出，日本教育正面临前所未有的危机，第一，伴随着家庭平均子女的减少和城市化的进展，家庭与社区的教育能力显著弱化，日本教育中欺辱弱小、拒绝上学、校园暴力、班级崩溃、恶性青少年犯罪事件频发等问题愈加严重。另外，由于过分强调尊重自我，导致轻视公共利益的倾向蔓延，青少年封锁孤独的现象开始出现。第二，过分追求平均化，加之填鸭式的教育模式，导致教育过于整齐划一，适应儿童个性发展和能力的教育受到轻视。第三，科学技术的日新月异，经济的全球化、信息化等，使社会发生了巨大的变化，原有的教育体系已经远远落后于时代和社会的发展（吕达 等，2004 b）[354]。针对上述问题，该计划提出系列构想，包括 2002 年度投入 57 亿日元，实施《爱好科技、理科行动计划》，加强科技、理科教育等建议，影响了 21 世纪日本科学教育的政策与科学课程改革，促进了日本小学科学课程的发展。

中国科学教育改革亦是在反思原有课程问题的基础上展开的。谬里尔·保森（Muriel Poisson，2001）在《当代社会的科学教育：问题、挑战和困境》（*Science Education for Contemporary Society：Problems，Issues and dilemmas*）中指出中国科学课程面临的一些问题：课程以知识—学科为中心；重点是科学，而不是技术；关注知识获取，忽视应用科学知识和技能解决问题的能力的发展；将科学分为几个主要学科，意味着难以理解物理学、生物学、化学和地球科学之间的相互联系；科学背诵胜过"科学探究"；教师对培养学生科学态度、价值观、过程技能和高阶思维技能不够重视。这些问题随着我国基础教育课程改革的推进正在逐步得到改善。

3. 国际科学教育评估的影响

20 世纪 90 年代后，国际竞争加剧，不仅仅在经济、科技领域，教育领域的竞争也十分激烈，各国之间你追我赶，不甘落后。在科学教育领域，一些国际测试成绩成为衡量各国科学教育质量的重要标准，甚至具有风向标的作用。无论是政府官员、教育工作者，还是社会公众，都对科学教育的国际评估成绩十分关心，对测试结果尤为敏感。国际测试成绩的高低成为推动科学教育改革与发展的重要力量。如有研究指出，在 1997 年国际数学和科学评测趋势（The Trends in International Mathematics and Science Study，TIMSS）和 2000 年国际学生评价项目（Programme for International Student Assessment，PISA）研究出版之前，德国在很大程度上被认为拥有先进的、运作良好的教育体系，包括在科学教学方面也有典范成就。但 TIMSS、PISA 测试结果公布后在教育领域产生了巨大震动。德国在参与的经济合作组织国家中仅处于中等水平。于是，德国各级教育开始积极改革科学教学，其中一项改革是在 2004 年为初中科学教育制订了国家标准（Eilks et al.，2012）。2009 年的 PISA 测试显示，科学的最高分是由中国上海获得的。这一结果引发了英国政府、公众的高度关注，英国政府派遣代表团到中国上海学习、考察，研究中国经验，改进本国科学教育。2000—2009 年芬兰学生在 PISA 测试中连续获得高分，其得分一直高于其他参与国家，引起人们的广泛关注与浓厚兴趣，芬兰的科学教育模式与方法一时成为研究的热点，"芬兰楷模"被许多国家引进、效仿。四年一度的 TIMSS 与三年一度的 PISA 测试成绩及其结果成为各国科学教育关注的热点与反思科学教育的契机，可能由此引发新的科学教育改革，推动科学课程的发展。

4. 传统文化的影响

在英国，存在着绅士文化与非绅士文化的冲突，在以形成性格为目的、高尚的博雅教育与以功利为目的的实利教育之间存在着一条鲜明的分界线，绅士文化及其价值观渗透在公学、文法学校乃至大学之中。而非绅士文化则渗透在大众教育机构如小学、技术中学与现代中学之中。博雅教育偏重理智、文理学科，追求通才教育，而大众的教育则偏重技术的、职业的和其他实用的学科。正是受传统文化的强大影响，科学进入英国学校经历了一个较为长期的过程，才在英国中小学课程中获得一席之地。尽管现代科学兴起于英国，英国科学发展领先世界，但其学校的科学教育发展是缓慢的。

与英国类似，法国教育传统的基石是法兰西文化（又称"普通文化"），该文化"是杰出人物统治论的和非功利主义的。它以纪律、权威和柏拉图的知识概念为基础。它强调通才以及人的非物质的、精神的实在""更重视严格的理智训练的方式。注重掌握基本的'原理'，以及百科全书式的知识"（瞿葆奎，1993a）[182]。第二次世界大战后，为了适应经济与教育发展的需要，郎之万—瓦隆委员会于1947年发表研究报告，提出拓展普通文化的内涵，重新确认体力劳动、实践知识及其技术的价值，改变弱化科学技术教育的状况，同时强调教育必须为所有人打开通道，教育必须更民主化，不断提高全民族的文化水平。

在非洲等其他地方，情况大致如此。"根据批评家们的看法，由传教士、贸易商人和行政官员提供的殖民教育，企图摧毁殖民者原来的价值观，把殖民者的价值观强加于它。其动机无非在于剥削非洲，以此为殖民者谋利。值此期间，这种文化帝国主义削弱了当地土生土长的文化，破坏了非洲人的尊严和自尊，在他们中间制造了一种卑微感。"（瞿葆奎，1993a）[197]因此，独立后的非洲力图摆脱宗主国的影响，实现非殖民化，提出学校课程非洲化，既在人民中间形成对传统文化的认同感，同时吸收西方技术，实现现代化。当然，实施起来比较困难，有研究者指出，"作为公开宣布的政策——要创造出某些不同于殖民主义者遗留下来的东西，实现起来不是一件容易的事情。在大多数前殖民地的新国家中，教育制度渗透着许多原殖民地结构所具有的特征（学校的组织系统、考试制度、师资培训、大学以及课程等）。"（瞿葆奎，1993a）[198]印度种姓制度、殖民教育的实用主义和多元地方文化特征对印度科学课程产生不可低估的影响，如何平衡传统文化与科学技术之间的关系是印度科学教育面临的基本问题。总之，由于历史的原因，传统文化具有强大的历史惯性，这些文化与科学文化并非完全一致，在不同程度上影响、制约科学技术的传播和应用，亦影响着小学科学课程的改革与发展。

（二）课程改革走向法制化

各国特别是发达国家的科学课程改革与发展都是在一定的政策框架中运行的，通过相关教育政策与法规而予以实施，既有自下而上的研究报告，又有自上而下的政府文件，自下而上的革新与自上而下的改革相结合，共同推动科学课程的改革与发展。在社会层面，民间研究机构、个人发表研究报告或调查报告，为政府决策提供咨询与依据。在国家层面，为了推进小学科学课程的深入发展，许多国家通过发布研究报告、咨询报告，颁布课程文件如教育计划、课程方案、教学材料等形式，进行自上而下的课程改革。在课程政策方面，英国与美国的做法更具代表性。

在传统的英国小学教育中，科学教育没有受到普遍重视，学校教育的大量教学时间花费在英语和数学两门课程上，而对科学等其他课程给予的关注十分有限，这使得学生涉足科学实践的机会很少，对科学的好奇心和兴趣没有被充分激发。1988 年 7 月英国议会通过的《1988 年教育改革法》中，科学终于同语文和数学一起被列入英国小学的核心课程，在小学教育中获得了应有的地位（王岳，1992）。同时，英国通过课程实施调查、教育问题辩论与论坛，对学校教育中的问题进行公开讨论，专家发表不同的意见，并通过书刊、电视、电台广泛传播，促进公众参与，以便政府民主而科学地决策。英国还设置了专门的调查小组或咨询委员会，对中小学教育现状展开调查，发表调查报告，在此基础上形成有关问题的白皮书、蓝皮书，最后形成教育法案。将课程改革变成国家的意志，并按照特定的程序进行操作，既提升了课程改革的权威性，又确保了课程改革稳妥而健康地推进。与此类似，2009 年，德国各州文教部长会议签订了《加强数学—自然科学教育的建议》，提出加强数学、信息科学、自然科学和技术科学的教学，尽早培养学生对数学—自然科学的兴趣，加强课程学习与实践的联系，推动科学教育改革。

美国是一个典型的法制化国家，科学课程改革是其关注的重要领域。纵观世界各国科学课程改革历程，可以发现，美国的课程改革最为频繁，法制化特征最为明显。美国科学课程改革颁布了诸多报告、计划、框架、标准，引领着世界科学课程改革潮流。20 世纪 50 年代后，在美国科学教育领域，先后颁布的重要报告与框架文件有 1958 年的《国防教育法》、1983 年的研究报告《国家处于危机之中：教育改革势在必行》，1989 年美国科学促进会的《面向全体美国人的科学》，乔治·布什政府 1991 年签发的《美国 2000 年：教育战略》，1993 年美国科学促进协会出版《科学素养的基准》（*Benchmarks for Science Literacy*），1994 年克林顿政府的《2000 年目标：美国教育法》。1996 年美国颁布其科学教育史上第一部全国统一标准《美国国家科学教育标准》。2002 年布什政府发布《不让一个孩子掉队法案》，2010 年公布《州共同核心标准》，2011 年美国正式发布《K-12 科学教育框架：实践、跨学科概念和核心概念》（*A Framework for K-12 Science Education*：*Practices*, *Crosscutting Concepts*, *and Core Ideas*），奥巴马政府 2009 年发布"力争上游"计划，2010 年发布《教育改革蓝图》，2013 年美国颁布《新一代科学教育标准》。系列报告、规则、法律的颁布与实施使美国科学教育改革始终在法制的轨道上探索与运行。教育法案或战略规划的实施，促使美国科学教育始终建立在大量研究基础之上，充分体现了美国式的科学主义价值观念，提升了科学课程的地位，推进了科学课程的改革与发展。

第二次世界大战后各国小学科学课程改革简况如表1-1所示。

表1-1　第二次世界大战后各国小学科学课程改革简况

国别	科学教育相关文件	课程标准
美国	《国防教育法》（1958）；《普及科学——美国2061计划》（1985）；《科学素养的基准》（1993）；《K-12科学教育框架》（2011）	各州标准（略）《美国国家科学教育标准》（1996）；《州共同核心标准》（2010）；《新一代科学教育标准》（2013）
英国	《1944年教育法》《1988年教育改革法》	《国家科学教育课程标准》（1989）；《国家科学课程：关键阶段1—2草案》（2012）
德国	《关于普通教育的改革和统一的总纲计划》（1959）；《教育结构计划》（1970）；《1990年学制基本结构》	巴伐利亚州《小学家乡学与自然常识大纲》（2000）；北莱茵－威斯特法伦州《自然与科学常识课程教学计划》（2008）
法国	《官方训令：小学阶段的阅读、写作和语言》（1945）；《初等教育官方训令公报》（1956）；《知识、能力共同基础》（2006）；《知识、技能和文化共同基础》（2015）	《1945年小学课程大纲》；《1985年小学课程与教学大纲》《1995年小学课程大纲》《科学与技术：第三周期方案》（2018）
芬兰	《基础教育法》（1998）；《2011—2016年教育和研究发展规划》	《基础教育国家核心课程》（2004）；《基础教育国家核心课程》（2014）
日本	《关于振兴科学技术教育的方针政策》（1957）；《关于振兴小学校、初级中学及高级中学理科教育的具体方针政策》（1959）；《教育基本法》和《学校教育法》（2006）	《学习指导要领》（1977）（1998）（2008）（2017）
俄罗斯	《俄罗斯联邦普通学校基础教学计划》（1993）	《国家教育标准联邦成分（草案）》（1998）；《国家教育标准联邦成分》（2004）
加拿大	《面向每个学生的科学：为明日世界培养加拿大公民》（1984）	《K-12科学学习目标公共框架》（1997）；《安大略省课程：1—8年级科学与技术》（1998）（2008）等

国别	科学教育相关文件	课程标准
澳大利亚	《澳大利亚学校的核心课程》（1980）；《澳大利亚学校教育的共同和公认目标》（1989）；《澳大利亚年轻人教育目标墨尔本宣言》（2008）	《澳大利亚课程：科学》（2012）
印度	《国家教育政策》（1968）；《十年制学校课程大纲，1977》；《国家教育政策》（1986）；《普及基础教育计划》（2001）	《国家初等和中等教育课程框架》（1988）；《学校教育国家课程框架：一份讨论稿》（2000）；《国家课程框架》（2005）
南非	《南非教育与培训发展白皮书》（1995）；《建立国家课程框架，实现终身教育》（1996）；《2005课程：21世纪的终身教育》（1997）	《国家课程声明（修订稿）》（2002）；《R-9国家课程声明》（2011）；《课程与评价政策声明：R-6年级自然科学》（2012）
巴西	《国家教育方针和基础法》（1961）；《初等教育和中等教育改革法》（1971）；《全国教育方针与基础法》（1996）	《全国课程大纲》（1998）；《国家共同课程基础》（2017）
中国	《小学（四二制）教学计划（草案）》（1953）；《全日制十年制中小学教学计划试行草案》（1978）；《义务教育全日制小学、初级中学教学计划（试行草案）》（1988）；《九年义务教育全日制小学、初级中学课程设置计划（试行）》（1992）；《义务教育课程设置实验方案》（2001）等	《小学自然教学大纲(草案)》（1956）；《全日制十年制学校小学自然常识教学大纲(试行草案)》（1978）；《全日制小学自然教学大纲》（1986）；《九年义务教育全日制小学自然教学大纲（试用）》（1992）；《义务教育科学（3—6年级）课程标准（实验稿）》（2001）；《义务教育小学科学课程标准》（2017）；《义务教育科学课程标准（2022年版）》

　　大多数国家通过制订体现国家意志的科学课程标准或教学大纲，将课程标准与教学大纲作为实施课程改革的纲领性文件，强劲推进与实施，促进了小学科学课程改革与发展。同时，随着社会政治、经济与科技的变化，不断修订和完善课程标准与教学大纲。20世纪90年代以来，大多数国家课程标准与教学大纲变动更加频繁，日本、韩国等国的科学课程标准几乎每10年就要修订、更新一次，有的国家科学课程标准的更新速度更快，不到10年就有较大的修订，如美国、英国、中国、俄罗斯等。

（三）课程设置差异较大

从世界范围看，不同国家小学科学课程设置在起始时间、科目名称、内容架构、实施范围上存在较大差异。同时，各国小学科学课程的设置随着社会经济、时代、环境的变化也在不断调整、更新，如表1-2所示。

表1-2　各国小学科学课程的设置状况

国别	初始设置时间	课程名称	21世纪以来起止学段
美国	1875年	实物课、自然研究、科学	小学阶段
英国	1870年	植物学、科学常识、科学	1—6年级，关键期1—4年级
德国	1787年	自然、乡土课、物像课、自然科学、Sachunterricht	1—4年级
法国	1887年	直观教学课、物体课、自然科学、观察练习课、科学、科学与技术	第2—3周期
日本	1872年	理科	3—6年级
俄罗斯	1864年	自然、自然科学、周围世界	1—4年级
加拿大	—	科学、STS、STSE、科学与技术	K-8年级
澳大利亚	1901年	基础科学、自然研究、科学与技术、科学	小学阶段
韩国	1910年	理科、科学、科学/实科	3—6年级
新加坡	20世纪60年代	环境研究、科学	环境1—2年级，科学3—6年级
埃及	20世纪60年代	科学和卫生常识、自然科学、科学活动	3—5年级
巴西	1889年	科学、自然史、自然科学	—
印度	—	环境研究、科学	3—6年级
中国	1904年	格致、理科、自然、常识、科学	3—6年级，1—6年级

从课程设置起始时间上看，发达国家大多在19世纪后叶开始设立正式的小学

科学课程，部分中等发达国家与大多数发展中国家小学科学课程的设置时间是 20 世纪初叶甚至第二次世界大战以后。

从课程名称上看，各国小学科学的名称不尽相同，如自然、常识、植物、物体、乡土、自然史、环境、卫生、理科、科学、科学与技术等。也有国家小学科学课程名称颇为独特，如德国的物像课，法国的物体课、观察练习课，俄罗斯的周围世界。

从课程起止学段看，有的国家是在小学中年级与高年级开设科学课程，有的国家从小学一年级就开始设置科学课程，而部分国家特别是一些发达国家如美国、英国、澳大利亚从幼儿园（入学前一年）就开始设置科学课程了。当然，还有极少数国家在小学阶段不独立设置自然或科学课程，而是将自然科学课程内容渗透在其他学科之中，由其他学科去实施。我国 1952 年《小学暂行规程（草案）》规定，小学 1—3 年级不单独设立自然常识课，仅仅在小学高年级即 4—5 年级单独设课，低中年级自然课的内容并入语文，由语文教师实施教学，但语文教师本身教学任务繁重，无法胜任，直到 1981 年，小学三年级才开始单独设立自然常识课。

从课程内容来看，小学科学课程内容不断丰富，从自然知识扩展到科学知识，不仅知识内容丰富，还包括了科学技术，甚至将工程、环境、社会等内容也纳入其中，课程内容的范围与领域不断扩展。各类科学课程涵盖的学科逐渐增加，从小综合走向大整合。

第二章

小学科学课程目标比较

　　课程目标是课程设计的起点，也是课程实施的依据，亦是课程评价的基本标准。课程目标规定了课程开发的基本方向。中外科学课程比较首先要考察课程目标的异同，探析差异产生的缘由。只有对课程目标有清晰的比较，才能对科学课程实施与评价进行合理的阐释。

一、一流发达国家小学科学课程目标

　　英国、美国等一流发达国家社会、经济、科技发达，领先其他国家，科学教育大多亦处于世界领先水平，科学课程设计理念先进，关注学生科学素养的发展，值得研究与借鉴。

（一）美国、英国、德国、法国、芬兰、日本的小学科学课程目标

　　下面主要以美国、英国、德国、法国、芬兰、日本六个国家为例，分析其小学科学课程目标的构成及特点。

1. 美国小学科学课程目标

（1）美国科学课程的理念

　　课程理念是课程设计的基本理想。美国中小学科学课程理念体现在多个官方文本之中。1989 年，美国科学促进协会发表的《面向全体美国人的科学》、1996年美国国家研究理事会发布的《美国国家科学教育标准》、2002 年的《不让一个孩子掉队法案》（*No Child Left Behind Act*，NCLB）、2010 年奥巴马提出的《教育改革蓝图：对初等与中等教育法的重新授权》（*A Blueprint for Reform：The Reauthorization of the Elementary and Secondary Education Act*）均不同程度地表达了关于美国课程改革的理想。由美国州立学校理事会（Council of Chief State School Officers）和全国州长协会（National Governors Association）经过数年的研发与咨询，2010 年公布了《州共同核心标准》。参照该标准，2011 年美国国家研究理事

会颁布《K-12科学教育框架：实践、跨学科概念和核心概念》，以下简称《K-12科学教育框架》，2013年发布《新一代科学教育标准》，以下简称NGSS。它们从不同角度阐述了美国中小学课程的理念，主要内容如下。

教育的最高目标是为使人们能够过一个实现自我和负责任的生活做准备。科学教育——传授科学、数学和技术——是教育的一部分，这些知识有助于增进学生的理解，养成良好的思维习惯，使他们成为富有同情心的人，使他们能够独立思考和面对人生。（1989年《面向全体美国人的科学》导言）

科学教育要面向全体学生，学校的科学教育必须面向所有学生。不管其年龄、性别、文化与背景，也不论其学习能力、抱负、兴趣和动机，学校必须让所有学生都有获得高水平的科学素养的机会。学校应该向所有学生提供富于挑战的科学课程和学习机会。学习科学是一个主动的过程和"积极的学习过程"，学生必须动手、动脑，还应参与以探索为中心的学习过程，在学习中必须与教师和其他学生合作，学会解决问题。科学学习是学生自己亲自参与的过程，而不是简单接受知识的过程。学校的科学教育应反映那些赋予当代科学实践的理智传统和文化传统的科学素养，既涉及物理科学、生命科学和地球科学等领域的知识，也包括对科学的特性、科学事业的发展及科学在社会和个人生活中的作用等的认识和理解。科学知识的获得要经过实践的检验、逻辑推论以及批判性反思。学生在此过程中理解科学，认识科学对文化发展作出的贡献。（1996年《美国国家科学教育标准》）

所有的学生，无论他们将来在医院做技术人员，在高科技工厂工作，还是做博士研究，都必须接受扎实的K-12科学教育。（National Research Council，2006）

审视美国有关科学课程的文件，可以洞见美国科学课程理念主要有面向全体学生，发展科学素养，以科学探究为中心等。这些理念在一些州的科学课程标准中得到明确表述，如2006年马萨诸塞州小学科学课程理念包括：①面向全体学生。②增强学生对每个科学领域的基本概念、各领域关系及科学和技术/工程学基础概念的理解。③科学和技术/工程学与数学有机结合。④改进学生原有知识，避免误解。⑤调查、实验和解决问题是科学和技术/工程学的核心。⑥提高和发展学生的技能、知识素养。⑦促进学生取得最优学习效果。⑧通过评估指导教师教学和评价学生学习。⑨给予学生更多的机会融合科学和技术成果，并交流思想等（潘洪建 等，2018a）[46]。

（2）美国小学科学课程目标的表述

　　1996 年颁布的《美国国家科学教育标准》对科学课程目标的表述为：①对自然界有所了解和认识而产生充实感和兴奋感；②在进行个人决策之时恰当地运用科学的方法和原理；③理智地参与那些与科学技术有关的各种问题举行的公众对话和辩论；④在自己的本职工作中运用一个具有良好科学素养的人所应有的知识、认识和各种技能，提高自己的经济生产效率。2011 年《K-12 科学教育框架》指出，科学教育要提高学生科学学习兴趣，使他们进行跨学科学习与实践。正如诺贝尔物理学奖获得者、NGSS 早期倡导者卡尔·威曼（Carl Wieman）所说：成功的科学教育，目的在于改变学生的思维，让他们能够像科学家一样理解和运用科学。为了实现这一关键目标，NGSS 设计了课程学习的预期表现（Performance Expectations），即科学教育的具体目标。NGSS 横向上以学科核心观念作为依托，从四大领域（物质科学、生命科学、地球与空间科学、工程设计）分别列举每个领域的学科核心观念。纵向上，首先阐述年级目标，然后结合不同主题列举具体学习目标，将预期表现（课程目标）融合于学科核心观念之中，接着按照年级的不同，对同一主题下的预期表现（课程目标）提出不同的学段要求，同时阐述不同学科观念（学科内容）下具体的学习目标。下面以二、五年级为例加以展示与说明。

　　幼儿园到五年级目标：学生从幼儿园到五年级阶段要逐步了解四个学科核心概念：物质科学，生命科学，地球与空间科学，工程、技术和科学的应用。在低年级阶段，学生对周围世界的了解开始于识别模式，以及对所提出问题答案的寻求。到五年级结束时，学生有望展示与其所在年级相符的能力素质，包括搜集、描述、运用关于自然界和人工世界的信息。

　　二年级的预期表现旨在帮助学生明晰以下问题："陆地怎样变化及其变化的原因是什么？土壤和水体的种类有哪些？材料之间有什么相同和不同之处？以及材料的性能与功能之间有什么关联？植物生长需要的条件是什么？生活在某一地方的物种有多少类别？"二年级学生的预期表现包括《K-12 科学教育框架》中 PS1、LS2、LS4、ESS1、ESS2 和 ETS1 中的学科核心概念。

　　预计学生能够知道植物的生长条件，以及植物如何依靠动物来授粉或传播它们的种子。学生还应学会对比不同生态环境下物种的多样性。该年级学生应能够通过对不同材料的分析和分类，获知材料的外在特性。学生能够运用关于风和水可以改变地形的知识，比较减缓或阻止这一改变的解决方案。学生能够利用信息和模型来识别和描述该地土壤与水体的形态和类别，以及地球上储藏水资源的地方。以下跨学科概念被称为这些学科核心概念的组织概念：模式；原因与结果；能量与物质；结构与功能；稳定性与变化；科学、工程和技术对社会和自然界的影响。

在二年级的预期表现中，学生有望展示与其所在年级相符的能力素质，包括：开发和使用模型；计划和开展研究；分析和解读数据；建构解释和设计解决方案；参与基于证据的论证；获取、评价和交流信息。期望学生通过实践来展现其对核心概念的理解。

对于"物质及其相互作用"，学生可以通过以下表现来展示理解。

2-PS1-1. 计划和开展研究，通过材料可观察的特征对其进行描述和分类。[说明：观察可以包括颜色、质地、硬度和柔韧性。模式可以包括不同材料的相似特征。]

2-PS1-2. 测试不同的材料，获得数据并加以分析，明确哪些材料具有适合的特征，可以用于达成预定目标。★[说明：特征的例子可以包括强度、柔韧性、硬度、质地和吸光度][评价边界：评估的定量测量仅限于长度。]

2-PS1-3. 观察并证明由碎块建成的物体可以被拆卸并组成新的物体。[说明：碎块的例子可以包括块体、建筑砖或者其他小物件。]

2-PS1-4. 用证据论证，加热或冷却引起的变化有些可以逆转，有些则不能。[说明：可逆转的变化的例子包括水或黄油这类物体在不同温度下发生的变化。不可逆转的变化的例子包括煮鸡蛋、冻结植物叶片和加热纸。]

★这项预期表现通过实践或学科核心概念将传统科学内容整合到工程中。

在五年级的预期表现中，学生有望展示与其所在年级相符的能力素质，包括：开发和使用模型；计划和开展研究；分析和解读数据；使用数学和计算思维；参与基于证据的论证；获取、评价和交流信息。期望学生通过实践来展现其对核心概念的理解。

对于"物质及其相互作用"，学生可以通过以下表现来展示理解。

5-PS1-1. 开发一个模型来描述物质是由很小而看不见的微粒组成的。[说明：证据的例子包括通过充气膨胀一个篮球、用注射器压缩气体、把糖溶解在水中和蒸发盐水。][评价边界：评估不包括解释蒸发和凝结在原子尺度上的机制或定义看不见的粒子。]

5-PS1-2.测量并用图表示数量，以证明在加热、冷却或混合物质时不管发生何种类型的变化，物质的总重量是守恒的。[说明：反应或变化的例子包括通过相变、溶解、混合产生新的物质。][评价边界：评估不包括区分质量和重量。]

5-PS1-3.通过观察和测量，基于特征来识别材料。[说明：识别材料的例子包括小苏打和其他粉末、金属、矿物和液体。特征的例子包括颜色、硬度、反射率、导电性、导热性、磁力和溶解度；密度并不作为一个可识别的特征。][评价边界：评估不包括密度或区分质量和重量。]

5-PS1-4.进行研究以确定两种或两种以上的物质混合是否会产生新的物质。

（3）美国小学科学课程目标的特点

从目标系列来看，美国科学课程目标分为学段目标、年级目标、主题目标（预期表现），完整清晰，学段目标与年级目标较为粗略，但主题目标具体而精微。

从目标维度与类型看，课程目标维度十分清晰，除了对学科核心概念学习提出具体要求，也明确提出跨学科概念、科学与工程实践的学习要求。跨学科概念、科学与工程实践概念的提出尤为独特。科学课程目标取向大多属于行为目标与表现目标，并结合具体内容加以陈述。这些目标是对学生学习结束时所具有的行为表现的预期，从学生的行为表现可以推测其理解的程度。但似乎对情感目标缺乏必要关注。这可能与实用主义重视行为效果有关。

从目标层次看，关注科学课程深度学习。NGSS 没有列出所有的知识范围，而只是列举科学"大概念"，强调科学概念的深度理解和知识的实际应用，将科学知识运用于生活或工程设计之中，重视对科学的深入理解。

从目标表述看，目标与评价目标并列，课程目标具有较强的观察性、可测量性、可检验性。这样的目标设计既能为教学提供切实指导，又与课程评价直接关联，避免评价与教学的割裂，有助于提高评价目标与教学目标的一致性。

2. 英国小学科学课程目标

（1）英国小学教育目标与理念

英国统一的教育目标可追溯到 20 世纪 80 年代。1981 年，英国教育和科学部颁布了《学校课程》，提出学校教育的目的包括：①培养学生活跃、探索的头脑；培养学生合理地质疑、辩论和完成任务的能力以及各种身体机能。②帮助学生掌握在快速变化的世界中与成人生活和就业有关的知识和技能。③帮助学生学会有效地使用语言和数字。④逐步培养学生对道德价值观念的尊重和对其他种族及生活方式的包容。⑤帮助学生认识他们所生活的世界、认识国家、群体、个人之间的相互依赖关系。⑥帮助学生理解人类的成就和抱负（瞿葆奎，1993b）[440]。在此理念下，该文件规定了英国小学的教育目标："扩展学生对自身和所生活的世界的认识，并通过学习更多的知识，培养学生的技能和观念，帮助他们学会与人相处，并鼓励他们树立适当的自信心。"（瞿葆奎，1993b）[448]《1988 年教育改革法》指出，"（a）促进在校学生和社会在精神、道德、文化、心理和身体方面的发展；以及（b）为这些学生在成人生活的机会、责任感和经验方面做准备。"（瞿葆奎，1993b）[730] 英国政府随后提出公立学校为 5~16 岁儿童建立一种平衡和基础广泛的课程理想，这一理念为后来英国课程目标包括科学课程目标的表述奠定了基础。

英国课程自《1988 年教育改革法》公布后，历经数次调整与修订，1999 年英国政府提出国定课程修订方案，并于 2000 年开始陆续实施新的课程方案——《课程》（Curriculum）。2011 年，英国在"国家课程"官方网站上公布了更新版的国家课程文件，明确了国家课程的目标、价值与宗旨。2011 年颁布的《国家课程》（National Curriculum）首先表述了中小学教育的基本目标：促进高标准，特别是在听、说、读、写、算术和信息技术能力方面；提供享有从最初年段开始的连贯、广泛而均衡的课程的权利；培养学生积极的学习信念，并承诺学习；促进对下一代必要的知识、技能的传递和对社会价值的理解；为孩子的下一阶段教育与未来做准备；拓宽视野，以及提升有关参与国际工作、继续高等教育的抱负；让孩子更有意愿从事有关当地、国家与国际的事务；帮助孩子认识到个人的发展对于幸福和成功是非常重要的。接着表述了英国中小学课程的教育价值：课程应反映社会价值观，能够促进个人发展、使每个人拥有平等的机会、经济上的福利、健康和公正的民主，以及持续发展的未来。课程的价值追求涉及有关自己、有关我们的关系、有关我们的社会、有关我们的环境四个方面，其中，有关自己的价值包含个人精神、道德、社会、智力和身体的增长和发展。可以说，这种表述沿袭了《1988 年教育改革法》的基本精神。

（2）英国小学科学课程目标的表述

《2002 年英国教育法》提出："建立起能够促进社会和学生精神、道德、文化、智力和身体各方面发展的均衡的、宽基础的课程体系。"（吕达 等，2004c）[243] 这一表述成为英国科学课程的基本追求。2012 年，英国颁布了适合英格兰和威尔士地区的《科学——英国国家课程，关键阶段 1—4》（*Science—National curriculum for England*，*Key stage 1-4*），以下简称 2012 年《科学》，特别强调：培养小学生的基本素养和能力，激发小学生学习科学的兴趣与积极性，为每个小学生提供平等的学习机会，保障学生的学习权利，发展学生的个性。2012 年《科学》规定了学生在每个学段应学习包括科学探究、生命过程和生物、物质及其性质、物理过程四个领域的知识、技能并理解。2012 年《科学》开宗明义地指出，科学课程要提供机会促进学生精神、道德、社会、文化的发展。课程目标表述如下。

◇精神发展：学生通过感知自然、材料、物理世界，反思自身在其中所起的作用，并探究诸如生命起源等问题。

◇道德发展：使学生了解得出结论需要使用观察与证据，而不是使用成见或偏见；通过科学知识的应用以及对这些应用的利弊进行认识上的讨论，使学生获得道德发展。

◇社会发展：使学生了解观点及决策理由的形成如何受到实验证据的支持，以及使学生注意到对不同科学证据的解释如何被用来讨论社会问题，而获得社会发展。

◇文化发展：使学生认识科学发现和观点如何影响人们的思维、感觉、创造行为及生活，不同的文化如何影响人们对科学观点的接受、应用程度以及对科学观点的价值判断，使学生获得文化上的发展。

2012 年《科学》规定科学课程的总目标（Aims）如下。

确保所有学生：①通过生物、化学和物理这些特定学科，掌握科学知识和概念；②通过实践活动，理解科学性质、过程和方法；③具备科学知识，理解其用途及对未来和今天的影响；④通过科学课程的学习促进其他课程的学习。

2013 年《英国国家课程：科学学习计划——关键阶段 1—2》（*National curriculum in England*：*Science programmes of study*：*key stages 1 and 2*）阐述了小学阶段科学学习目标，即国家科学课程目标应确保所有学生：通过生物学、化学和物理学等特定学科发展对科学知识和概念的理解；通过不同类型的科学探究，帮助他们回答有关他们周围世界的科学问题，从而加深对科学的本质、过程和方法的理解；具备必要的科学知识，借以理解科学的内涵，了解科学在今天和未来的用途。为了实现上述目标，2012 年《科学》沿袭了《1988 年教育改革法》框架由成绩目标、教学大纲、评定安排构成的做法，明确规定学生在每一主要阶段结束时应掌握的知识、技能和理解力，列出了成绩目标，规定了学生在诸领域各自应该达成的目标。

科学知识和概念理解（Scientific knowledge and conceptual understanding）。学生需要理解和掌握一系列关键知识和概念，促进下一个阶段的学习与进步，因为肤浅的理解不会带来真正的进步；学生可能在过渡的关键时刻（如小学和中学之间）遇到困难，形成严重的误解，或在理解高阶内容方面有重大困难。同时，学生应该能够用共同的语言描述相关的过程和关键特征，并准确和熟练地使用技术术语。他们应该扩大专业词汇量，把数学知识应用到对科学的理解中，包括收集、呈现和分析数据。认识科学对社会和经济的重要影响，了解不同的背景知识，最大限度地调动学生投入科学学习的动机。

科学的本质、过程和方法（The nature，processes and methods of science）。"科学工作"规定了对科学的本质、过程和方法的理解。它不应该作为一个单独的内容来教授，而是将"科学工作"融入生物学、化学和物理学的内容中，重点放在科学探究的关键特征上，以便学生学会使用各种方法来回答相关的科学问题。这类科学调查应包括：随时间的观察，模式寻求，识别、分类和分组，比较及公平测试（受控调查），利用二手资源进行研究。学生应通过收集、分析和呈现数据来寻求问题的答案。一旦学生对科学有了足够的理解，可以有意义地参与更复杂的实验设计及其控制的讨论。

成绩目标（Attainment targets）。在每个关键阶段结束时，学生应了解、应用和理解相关学习计划中规定的事项、技能和流程。如在第一年和第二年，学生需使用下列实际的科学方法、过程和技能：提出简单的问题，并认识到可以用不同的方式来回答；通过使用简单的设备进行近距离观察；简单地测试；区分和分类；利用他们的观察和想法来提出问题的答案；收集和记录数据来帮助回答问题。

阶段目标（第一阶段）

在第一阶段，科学课程教学应该向学生介绍各种植物、动物（包括人类）、材料和物理现象。通过实践性工作，使用各种研究方法（包括使用的书籍和信息与通信技术），学生应该学习：①基本结构以及常见植物和动物的简单分类。②生命过程，包括动物的生长、繁殖和喂养，生长的植物。③栖息地，包括食物链。④日常使用的材料的简单物理特性。⑤光的本源。⑥黑夜和白天，太阳在天空中的运动。⑦使物体移动的力，加速和减速，改变形状。⑧科学传记，如查尔斯·罗伯特·达尔文的传记。

阶段目标（第二阶段）

该阶段的核心目标是拓展学生对周围世界的科学认知。学生应通过探索、讨论、实验和构思，对日常现象以及自然事物与生活环境之间的相互关系进行深入思考，并开始构建对功能、关系和相互作用的理解。通过"科学工作"将核心科学内容贯穿整个阶段的课程，以此实现学习目标（具体内容从略）。

"科学工作"，是通过实质性的学科内容的教学实现的。在一年级和二年级，"科学工作"包括以下方面：①使用简单的设备严密观察。②执行简单的测试。③识别和分类。④以多种格式记录调查结果。

2013 年颁布的《英国国家课程，关键阶段 1—2 框架文件》（*The National Curriculum in England，Key Stages 1 and 2 Framework Document*）中科学部分一、二年级的目标表述如表 2-1 所示。

表 2-1　英国小学低年级学生学习计划（programme of study）

主题	第一年（KS1）	第二年（KS2）
植物 （Plants）	·识别各种常见的野生植物和花园植物，包括落叶树木和常绿树木。 ·识别和描述多种常见开花植物，包括树木的基本结构。	·用简单食物链的概念描述动物如何从植物和其他动物身上获取食物，并识别不同的食物来源。
生物与它们的习性 （Living things and their habitats）	—	·探索并比较活的生物、死的生物和非生物之间的差异。 ·确认大多数生物生活在适合它们的栖息地，并描述不同的栖息地如何满足不同种类动植物的基本需求，以及它们如何相互依赖。 ·识别各种植物和动物的栖息地，包括微型栖息地。 ·用简单食物链的概念描述动物如何从植物和其他动物身上获取食物，并识别不同的食物来源。

主题	第一年（KS1）	第二年（KS2）
动物包括人类（Animals, including humans）	·识别各种常见的动物，包括鱼类、两栖动物、爬行动物、鸟类和哺乳动物。 ·识别各种常见的食肉动物、食草动物和杂食动物。 ·描述和比较各种常见动物（鱼类、两栖动物、爬行动物、鸟类和哺乳动物，包括宠物）的结构。 ·识别、绘制和标记人体的基本部位，并说明身体的哪个部位与哪一种感觉有关。	·请注意，动物，包括人类，都有成长为成年的后代。 ·了解并描述包括人类在内的动物的基本生存需求（水、食物和空气）。 ·吃适量的不同种类的食物，注意卫生，描述运动对人类的重要性。
日常材料（Everyday materials）	·区分物体和制造物体的材料。 ·识别各种日常材料，包括木材、塑料、玻璃、金属、水和岩石。 ·描述各种日常材料的简单物理特性。 ·根据各种日常材料的简单物理特性，将它们进行比较并组合在一起。	·识别和比较各种日常材料的适用性，包括特定用途的木材、金属、塑料、玻璃、砖、岩石、纸张和纸板。 ·通过挤压、弯曲、扭转和拉伸，了解由某些材料制成的实体的形状是如何改变的。
季节变化（Seasonal changes）	·通过观察四季变化，观察并描述与季节有关的天气，以及一天的长短是如何变化的。	—

（3）英国小学科学课程目标的特点

从目标系列看，英国的小学科学课程目标从宏观到微观，分为课程目标、学段目标、年级目标，三者共同构成一个不断细化、层次分明的目标体系。

从目标维度与类型看，两个维度的目标较为明确，分别是科学知识和概念理解，以及科学的本质、过程和方法。除了强调科学知识与概念理解，也重视科学方法与技能的教学。列出了不同学段科学工作的目标，将科学工作融于具体内容之中，实现了科学内容与科学方法、科学结论与科学过程的统一。正如2012年《科学》指出的那样，科学改变了我们的生活，对世界未来的繁荣至关重要，所有学生都应该学习科学知识、方法和用途的基本方面。应鼓励他们认识到理性解释的力量，并培养对自然现象的兴奋和好奇心。鼓励他们使用关键的科学知识和概念来解释正在发生的事情，预测事物发展，采取恰当的行动。目标取向以行为目标为主。

目标与评价相统一。2012 年《科学》列出了成绩目标（Attainment targets），规定了学生在诸领域科学课程学习之后应具备的知识、技能和理解力的预期标准，用以作为评价学生科学课程学习状况的主要依据，有利于发挥课程目标对教师教学与学生学习的指导作用。

3. 德国小学科学课程目标

德国教育有其独特的价值追求。1898 年，德国教育家利茨申明了德国学校教育的目的，即要把儿童培养成具有和谐、独立的性格，身心健康和坚强，能从事体力劳动和实际工作，能献身于科学和艺术，具有清醒、敏锐的思考能力，热情、勇敢和坚定的德国少年（瞿葆奎，1991b）[49]。1920 年，德国国家内务部长科赫在全德学校工作会议上的开幕词中强调了德国教育的价值理想，即培养学生的爱国热情、集体精神、劳动观念、容忍精神等品质。1973 年联邦德国教育总计划规定，为了适应未来社会的要求，初等教育课程修改不仅要着眼于基本学习目的，而且也要顾及下一步的学习目的，如引导学生进行发现法学习，独立学习和合作学习以及培养解决问题的能力（瞿葆奎，1991b）[636]。东西德统一后，1991 年召开了各州文化教育部长联席会议，通过了关于统一德国文化、教育与科学的《霍恩海姆备忘录》，试图使被分割的德国文化、教育与科学共同发展，同时将《马斯特里赫条约》作为德国教育改革的基本框架，奠定了 20 世纪 90 年代德国基础教育改革与发展的基础（李爱萍 等，2004）。

（1）德国小学教育目标

德国长期没有统一的基础学校课程计划，课程计划由各州自行拟订。进入 21 世纪，德国各州根据时代要求与社会文化、经济发展的变化拟订课程计划。2001 年，德国教育部颁布了纲领性文件《Klieme 框架》，各学科在《Klieme 框架》奠定的教育目标、能力模型以及评价体系的基础上制订相应的教育标准。2005 年，《德国科学教育标准》（*National Education Standards of Science in Germany*，NESSG）提出科学教育的目标在于发展学生的科学素养。巴伐利亚州 21 世纪课程改革聚焦于：向成长的一代传授广泛的、综合的基础知识，培养学生终身学习的能力和关键性的素养，包括解决问题的能力、迁移能力、灵活性、交际能力、合作能力、创造性、自主性和可信性（秦琳，2015）[58]。可见，促进儿童个性发展是德国小学教育的核心目标，强调基础知识的学习，注重激发学生多方面的兴趣，传授基本的读、写、算知识与能力，培养学生的创造能力、表达能力。

（2）德国小学科学课程目标

2005年，NESSG正式颁布。随后生物、化学、物理教育标准相继出台。这些标准以科学素养作为科学教育的首要目标，描述了学生在中学教育结束时应具备的能力。NESSG提出了科学教育愿景：了解科学是每个公民必备的技能，所有的德国学生无论其性别、种族、信仰或文化背景，都应有机会提高自身的科学素养。为实现上述科学教育愿景，NESSG构建了一个以科学能力（Competence of Science）为核心、以有限的核心概念（Key Concept）为主线、以成就水平（Level of Attainment）为评价指标的三维模型。该模型囊括了学生在高中毕业前应学习的科学学科的所有知识和技能，从上述三个不同角度对科学教育愿景进行细化和解释。在该模型中，科学能力维度细化为科学知识、认识论与方法论、交流能力和判断能力四个领域；核心概念维度明确了在中学教育阶段学生在物理、化学和生物领域应该掌握的学科核心概念；成就水平包括三个层次：水平Ⅰ（回忆、再现），水平Ⅱ（解释、应用），水平Ⅲ（建立联系、作出判断）（胡玉华 等，2016）。德国第一个国家物理、化学和生物教育标准发布以来，科学能力研究备受重视，一些学者讨论了教育标准中"科学能力结构"的概念及其课堂实践，也有不少学者讨论学生科学学习的能力模型等问题。

当然，NESSG主要针对中学的科学教育，小学科学课程标准仍由各州自行制订。如德国北莱茵－威斯特法伦州借鉴其他州的制订办法，并针对本州实际情况对原有教学计划进行相应调整，2008年德国北莱茵－威斯特法伦州中小学与继续教育部颁布了小学阶段《自然与科学常识（Sachunterricht）课程教学计划》，以下简称"北威州《常识》"，强调对年轻一代进行广泛、集中的教养，培养其成熟的个性和社会责任感，向其传授能整体性地认识世界和建立整体观念的基础知识，使他们具有基本的能力和技巧。课程培养学生：关注人的尊严；负责任地和自然、生活世界、资源打交道；学会团结社会团体；对于自然科学和技术要带有批判的、建设性的态度；形成文化和历史意义的意识，以及相关价值观和社会倾向的意识。北威州《常识》课程的总目标包括：以科学知识为未来学习的基础；发展生活中所需的技能；本质上要求有持续学习和发展观念与生活方式；形成相关价值观和社会倾向。

除了总目标，北威州《常识》在"任务与目标"部分中，在总目标下分设科学知识、科学能力、科学态度三个维度的具体目标，如表2-2所示。

表2-2　德国北威州自然课程目标维度

科学知识目标	科学能力目标	科学态度目标
学生的求知欲在生活世界中被唤醒。 全心洞察自然生物现象。 认识近、远距离地理标志。 了解重要的社会设施和社会契约，并遵守。 认识时间和其他文化、人种。	运用已有知识复习所学知识。 理解学习领域的关键问题，找到合适的解决方案。 使用已有经验并取得新的加工方法和形式。 培养校外合作、分工的能力。	发展勇于承担责任的态度。 树立对自然负责任的意识。 理解、尊重他人，尊重其他种族的文化与信仰。 培养积极的自我意识。

德国小学科学课程是一门综合性学科，涉及地理、社会、经济学、生物学和自然科学等领域，学科的内容很广泛。北威州《常识》共五个领域，每个领域均有各自的课程目标，下面着重介绍其中与自然科学关系密切的三个领域的目标，如表2-3至表2-5所示。

"自然与生命"领域：学生以各种感官感知自然现象和生活现象以及无生命的自然，发展自己的质疑态度和掌握探索与检验的方法。在与生物打交道时培养尊重的态度和责任感。

表2-3　北威州《常识》"自然与生命"领域目标

领域与关注点	入学阶段结束时的能力期望	第四学期末的能力期望
领域：自然与生命 关注点：物质及其转化	• 从自然中收集有生命的和无生命的材料，并按规范标准对它们进行分类（例如树叶、花朵、水果、石头、杯子）。 • 比较和检查材料及其特性（例如硬度、气味、颜色、溶解度、有生命/无生命），并描述其相似之处和不同之处。	• 研究有生命的和无生命的自然物质的可见变化，呈现并描述结果（例如，水的聚集状态、水果的干燥过程、固体物质溶解的可能性、通过燃烧转换物质的可能性）。
领域：自然与生命 关注点：磁与电	• 研究并描述磁铁的影响。	• 制作电路模型，描述和解释模型原理，遵守处理电力时的安全规则（例如设备、插座的使用）。

领域与关注点	入学阶段结束时的能力期望	第四学期末的能力期望
领域：自然与生命 重点：身体，感官，营养和健康	• 在日常情况下观察并描述自己的感觉。 • 确定并描述各个感觉器官的功能。 • 探索并描述不同的饮食习惯及其影响。	• 解释人体的结构和基本功能（例如血液循环、呼吸、消化）。 • 解释个人卫生、健康营养和健康生活的原则。 • 制订健康生活方式的规则和提示（例如营养、身体护理、急救）。
领域：自然与生命 关注点：动物，植物，栖息地	• 探索动物（例如宠物或动物园动物）的体质和生活条件，并记录结果。 • 观察并命名所选植物及其典型特征和栖息地（例如在学校环境中）。	• 描述动植物的生长。 • 描述动物、人类和植物的栖息地与生活条件之间的关系。
领域：自然与生命 重点：热，光，火，水，空气，声音	• 从水和空气、冷热、明暗实验中发现物质属性。 • 检查并描述水、热和光对人类及动植物的重要性。	• 计划并进行实验,评估结果(例如光、火、水、空气、声音的有关实验)。 • 描述自然的变化和代表性的发展阶段(例如水循环、季节)。

"技术与工作世界"领域：学生将认识到人类工作的重要性。他们从自己的生活中探索不同的工作条件和状况，相互比较并了解职业的发展。研究机械化的机会和风险，并权衡利弊。

表 2-4　北威州《常识》"技术与工作世界"领域目标

领域与关注点	入学阶段结束时的能力期望	第四学期末的能力期望
领域：技术与工作世界 重点：工作与职业	• 探索和描述学校周围的不同职业（例如房屋管理员）。	• 探索、比较和解释工作、收入和生活水平之间的联系（例如，以前一现在、其他国家）。 • 描述和比较工作条件（例如手工业、工业公司）。
领域：技术与工作世界 重点：工作与生产	• 比较男性和女性的工作领域。	• 探索、记录、比较和解释不同形式的工作（例如生产、服务）。

第二章　小学科学课程目标比较

续表

领域与关注点	入学阶段结束时的能力期望	第四学期末的能力期望
领域：技术与工作世界 重点：工具和材料	• 正确使用工具和材料。 • 检查简单的日常机械设备并描述其功能。	• 针对技术问题尝试不同的解决方案（例如动力传输、静力和稳定性、运动、加速度、制动、热、隔热）。 • 记录和描述技术发明，并评估其进一步发展对日常生活和环境（例如桥梁、车辆、机械）的影响。
领域：技术与工作世界 重点：机器和车辆	• 用结构化（例如套件）或非结构化材料制造车辆和机器，并测试其功能。	• 检查简单的机械设备和机器的结构和功能，并描述它们的作用方式（例如沙拉搅拌机、自行车、跷跷板）。
领域：技术与工作世界 重点：结构与构造	• 建立简单的建筑物模型（例如桥梁、塔楼）。 • 绘制和使用简单的模型图。	• 模型构造，描述和记录材料与构造之间的关系（例如桥梁、塔架）。
领域：技术与工作世界 重点：资源与能源	• 在实验中发现特性（例如水和空气、热和冷、光和影的特性）。 • 研究并描述水、热和光对于人类、动物和植物的意义。 • 计划并进行实验，评估实验结果（例如光、火、水、空气、声音）。 • 描述自然界的变化并展示发展阶段（例如水循环、季节）。	• 收集并记录不同形式的能量转换的示例（例如水、风、光、煤）。

"空间、环境和交通"领域：学生熟悉附近和遥远地区的地理特征，并将其用于定向。发展保护栖息地的意识。以负责的和合法的方式，参与道路交通。

表2-5　北威州《常识》"空间、环境和交通"领域目标

领域与关注点	入学阶段结束时的能力期望	第四学期末的能力期望
领域：空间、环境和交通 重点：学校与周边环境	• 探索学校路线和学校环境以及居住地点的重要设施，借助路线和停车场草图和标志来确定自己的方向，并加以注意。	• 使用地图等作为辨别方向的辅助工具（例如市区地图、其他地图、指南针、太阳的位置）。 • 探索和描述自己的栖息地和地区的结构（例如农村地区、农业、城市、工业区、旅游区）。

领域与关注点	入学阶段结束时的能力期望	第四学期末的能力期望
领域：空间、环境和交通 重点：居住和世界	• 了解其居住地的空间结构（例如地区、居住区、商业区、文化活动、休闲活动）。	• 比较、描述和记录自然赋予的和人为设计的空间特征（例如水、地表、植物、动物区系；住宅区、交通路线、工业）。 • 调查、描述和比较地理区域（例如北威州、德国、欧洲、世界）的变化。
领域：空间、环境和交通 重点：学校道路和交通安全	• 画粗黑点说明上学的路线。 • 观察并记录学区的交通状况。 • 记录交通标志，观察它们并进行比较。	• 安全应用交通规则，在交通情况下以标准方式行事。 • 从交通是否守法和环保的角度，描述、反思和讨论交通参与方的行为方式。
领域：空间、环境和交通 重点：交通区域和运输	• 解释视觉和听觉标志的含义以及适用的交通规则，并将其作为行人的交通信号应用于交通中（例如交通标志、交通信号灯、警告信号）。 • 检查和描述安全服装的特征。 • 在校内安全环境中演习交通课程（例如，在校园内骑踏板车和自行车）。	• 了解并利用公共交通工具，指出并反思其任务和重要性。 • 安全地掌握自行车骑行方式，参加自行车训练并以合法的方式参与交通。
领域：空间、环境和交通 重点：环境保护与可持续性	• 在课堂上对垃圾进行分类并说明。 • 调查减少垃圾的可能性并制订计划。	• 研究、测试和讨论资源的重要性和用途，并测试如何节约使用资源（例如水、能源、土壤、空气、纸张）。

"人与社区"领域：学生养成积极的态度，感知自己的兴趣和需求以及他人的需求，并自觉应对。参加有关利益的公平谈判，遵守规则和社会协议，并对自己和他人负责。向他人介绍社区的重要任务和机构，并考虑参与方式。（从略）

"时间与文化"领域：学生会逐渐意识到时间和空间。为此，学生探索自己生活中的发展和情况，检查并比较其他时间和空间的人们的生活习惯。学生在遇到其他文化的情况下，理解和尊重生活中的人和文化产物。使用媒体作为交流信息的手段，并检查媒体对历史和文化方面的正确再现。（从略）

（3）德国小学科学课程目标的特点

从目标系列看，德国科学课程有常识总目标、维度目标、学段末主题目标，不断分化，构成一个有序的目标体系。但缺少分年级的目标，只有小学四年结束时的能力期望。

从目标维度看，科学课程目标全面，包括科学知识目标、科学能力目标、科学态度目标。有研究者指出，德国小学教育关注：培养儿童爱国家、爱乡土、爱劳动的观念和具有爱好和平社会的美德；发展儿童的道德品质、精神风貌、身体素质，传授基本技能；培养儿童敬神和尊重人权的概念，促进其为社会作出贡献的勇气；培养儿童的人文主义、民主主义及自由精神；发展儿童固有秉性，加强对各种能力的培养；以欧洲文化及德国文化遗产的基础来陶冶儿童，使之在现代环境中增进其生活必需的知识和技能（白彦茹，2005）。可见，德国追求全面发展的教育目标，这在科学课程中也得以体现。

从目标设计看，德国科学课程特别重视科学过程与技能方法的训练，重视学生技能的培养，发展学生在生活中进行科学探究的能力，形成正确的价值观与社会意识。因为科学知识应为未来生活做准备，自然与科学常识应教给学生探索自然、学习知识的方法，学习的"过程"观把智慧技能和态度培养置于首要位置。总之，德国科学课程目标越来越坚持能力导向，强调知识的整体构建、重视综合素养和责任感的培养。

具体目标的叙述较为简略，未结合具体内容主题，像英国、美国那样描述学生在不同年级科学学习之后需要达成的具体标准。目标的操作性较差，难以对教学内容发挥实际的指导作用，这可能与德国关注科学思想的传统有关。

4. 法国小学科学课程目标

（1）法国小学科学教育的目的

法国教育关注学生的全面发展。2007 年法国教育部颁布的《科学与技术 3—5 阶段》指出，公共教育"指导学生获得学习所需要的素质，以充分发挥潜能，并为不断变化的、富有成效的民主社会作出贡献"。公共教育的目标是帮助每个学生：①培养智力、安全和责任感；②首先获得以母语，然后以另一种正式语言理解、口头和书面表达思想所必需的知识、技能和态度；③培养理解和使用数学、科学和技术概念所需的知识、技能和态度；④获得必要的知识、技能和态度，以维持良好的身心健康，并为建立基于正义、和平与尊重人权的社会作出贡献；⑤在将文化视为学习的重要因素的同时，获得与各种艺术和文化表达方式有关的知识、技能和态度；⑥认识到继续终身学习以更好地适应变化的重要性。所有这些目标构成学校课程编制的主要参考框架。促进创造氛围和学习手段，使年轻人能够掌握成为当今和未来社会一部分所需的技能。

就科学教育而言，最初的法国小学科学教育的目的是让学生观察和学习现存的一些事物，了解物理现象，物理、化学、生物之间没有严格区分。当时的科学课程的目的主要是"为生活做准备"，同时"培养学生的思维"。随着时代的发展，这种目标定位越来越不能适应社会发展的需要了。一些科学家、教育家发表文章，讨论科学教育的问题，讨论的重点更多地体现在下述问题：科学教育究竟是有助于培育精英，还是有助于对所有人的培养？科学教育究竟是针对专业教育、是为了进入工业化社会所做的一种"实用性"准备，还是旨在获取普遍文化知识和分析推理方法，促进国民教育？随着讨论的深入，人们对科学教育的目的与价值有了新的认识，培养学生的科学能力成为共识。1985年法国修订了小学教学大纲，"科学与技术"承担着科学启蒙教育的任务，它包括物理、化学、生物、天文等方面的常识及各种工艺制作活动。新大纲强调"科学与技术"课的目标在于使儿童获得有关科学活动（观察、分析、实验、演示）和工艺活动（构思、制作、加工）的方法，以及发展相应的品质：尊重事物存在的客观性，建立假设和证明的必要性，具有发明创造的兴趣（张崇善，1989）。进入21世纪，法国提出"必不可少的共同基础"。"必不可少的共同基础"是学生在16岁完成义务教育时，学校要保证全体学生具备必要的知识、技能和生存态度，包含着知识、能力和行为准则，是21世纪生活所必需的要素。"共同基础"的核心是每个学生开展学校学习、完成学业、应付个人与职业生活，以及公民生活时必不可少的知识和能力的整体，包括掌握法语，掌握数学要素，行使公民权利所需的人文与科学素养，起码会运用一门外语，掌握有用的信息与通信技术等。"共同基础"为小学科学课程设计提供了依据。

法国小学科学教育的基本目标是培养学生良好的科学态度，促进学生个性的全面发展，促使学生更好地社会化。特殊目标主要是培养学生的科学思维能力，包括进行科学研究的良好态度，掌握科学研究的具体方法，如观察、实验、测量等，促进学生认知能力的发展（李有发，1988）。1985年，法兰西学院向法国总统提交的正式报告《对未来教育的建议》指出，教育的目标是引导学生既自觉地尊重科学，同时又不把科学看作理性活动的终极形式，并对科学活动及其成果的某些使用保持必要的警惕，也就是说要对科学和科学的利用持批判的态度。学校教育应使科学所固有的理智的普遍性与历史科学的相对性结合起来，也可以使对科学理智的依赖和对文化理智的领域相互协调一致，加强学生认识上的灵活性和适应性（吕达等，2004d）[300]。该报告为科学课程编制奠定了基础。

（2）法国小学科学课程目标的构成

2018 年，法国颁布了《科学与技术：第三周期方案》，强调科学技术准则是对学生所处的世界初次进行全球性的、理性的、连贯的描绘。科学与技术课程的总目标：①知识与能力的构建，通过对各种科学技术方法的实施以及科学技术史的探索，来介绍科学技术与观点信仰之间的差异。采取多种多样的方法与措施（观察、操作、实验、模拟、建档……），培养好奇心、创造力、严谨性、批判精神、灵活的动手实验能力、记忆力、合作、学习的兴趣。②在科学探索中，学生通过运用知识才干发现新的推理模式，回答一些问题。在教师的帮助下，提出假设，定性或定量地验证它们。在技术探索中，熟练掌握那些满足在确定限制条件下的需求的技术项目的实施方法。③在口头或书面的、集体或个人的交流时，寻求科学所需的精确的语言，习得科学技术语言基础，简洁、精确地表达假设，提出问题，回答问题，利用信息或结果。

第三周期的教学大纲确定了科学课程的四个领域：运动、能源、信息；生命、多样性及其作用；材料和技术对象；地球、环境中的生物。每个领域包含数个概念，但能量概念贯穿每一个主题。第三周期结束时，四个领域的预期目标如表 2-6 所示。

表 2-6 法国小学科学课程的领域目标

运动、能源、信息	生命、多样性及其作用	材料和技术对象	地球、环境中的生物
• 描绘宏观物质的组成与状态。 • 观察并描绘不同类型的运动。 • 识别不同能源。 • 识别一个信号或信息。	• 对生物进行分类，使用同源生物间的联系来理解和解释生物的进化。 • 解释人类对食品的不同需求；了解用于加工和保存食物的技术和起源。 • 描述生物如何发展并繁殖。 • 解释有机物的起源及其未来。	• 确定需求和对象的主要演变过程。 • 描述技术对象的运行，其功能和构成。 • 确定材料的主要家族。 • 团队设计和生产全部或部分技术对象，以形成一个满足需求的技术解决方案。 • 识别并理解通信和信息管理。	• 确定地球在太阳系中的位置并描述地球生命的生存条件。 • 确定与环境相关的关键因素。

除了上述四个领域的目标，法国《科学与技术：第三周期方案》还特别提出了"工作技能"，即科学工作与活动的目标，如表 2-7 所示。

表 2-7　法国小学科学课程"工作技能"目标

工作技能	学习阶段
实施科学技术的措施 • 提出措施、建议来解决难题或一个带有科学或技术性质的问题。 • 提出一个或一系列简单的科学技术问题。 • 提出一个或一些假设来解答这个问题或难题。 • 提出一些简单的实验来验证这个假设。 • 分析结果得出一个结论。 • 书面或口头记录整理研究的一部分。	4
设想，创造，实现 • 确认当前背景下的需求及技术研究对象的演变过程。 • 确定材料的主要家族。 • 描述技术对象的运行、功能及组成部分。 • 团队合作完成全部或部分满足需求的技术对象。 • 识别并理解通信和信息管理。	4，5
适当的工具和方法 • 选择并使用适当的设备进行观察、测量、实验或生产。 • 在测量单位和使用的工具之间建立联系，保留研究、观察和实验的书面或数字记录。 • 单独或小组合作组织一个可实现实验的空间。 • 进行简单但有针对性的资料查找，提取相关的信息以便解决我们的问题。 • 使用合适的、精密的数学工具。	2
合理用语 • 用准确的语言来解释所进行的观察活动、实验、假设以及得出的结论。 • 运用文本、图表、图解、表格以及简单算法等多种工具组织文档。 • 运用不同的表达方式（图表、图画、草图、表格、图解、文本）。 • 口头或书面解释一个现象。	1
运用数学工具 • 使用一些数学工具是为了：交流结果，处理数据，模拟一些现象，描述一些技术对象。 • 识别可靠的信息来源。	2

续表

工作技能	学习阶段
采取合乎道德的和负责任的行为。 • 将科学和技术知识与卫生、安全和环境问题联系起来。 • 在学校内外单独或集体地、负责任地进行行动。	3，5
置身于时间、空间 • 将科学技术的变迁重置于历史、地理、经济及文化的背景下。 • 设身处地，掌握层级（规模）的概念。	5

正如《对未来教育的建议》指出的那样，协调的教育应该既通过学习像数学那样的思维工具，掌握**理性推理**的方式，又要学会实验方法的实际运用，同时也不忽视各种形式的操作**技巧**，就是说应该在它们之间实现一种正确的平衡。如果说数学是产生于古希腊时代的话，那么在两千年后的今天，我们的科学只能由理论（如数学等）和实验组合而成，而且也只有经过经线（理论）和纬线（实验）的相互来往交错，才能织出科学这块布来（吕达 等，2004d）[301]。在此背景下，重视科学实验，"工作技能"已成为法国科学课程的重要目标。

（3）法国小学科学课程目标的特点

从目标系列看，总目标、领域目标、主题目标较为完整。除了科学教育课程的总目标，2018 年法国颁布的《科学与技术：第三周期方案》确定了不同领域的目标，将科学与技术课程的总目标具体化，通过不同领域的目标的具体实施，实现课程总目标。当然，四个领域的划分不够清晰，领域之间存在交叉，从而使得科学与技术领域目标之间的相对独立性较差。

从目标类型看，行为目标占主流，领域目标特别具体，大多为可观察、可操作、可测评的目标，其他类型的目标较少。目标维度不及美国科学课程那样清晰。

从目标设计看，关注科学工作学习目标，设计了"工作技能"目标。通过科学工作促进学生的全面发展，科学工作目标包括科学技能、方法，科学创造，科学工具与语言，科学道德与责任，科学历史与文化等广泛的内容，通过对这些内容的学习达成广泛的目标。2007 年法国颁布的《科学与技术 3—5 阶段》强调，在尊重个人和文化差异的同时，"促进个人在智力、身体、情感、社会、文化、审美和道德方面的和谐发展"。科学工作目标既体现了科学探究的实质，也反映了法国科学教育的全面化追求，具有浓厚的人文色彩，力图实现科学与人文的统一。

5. 芬兰小学科学课程目标

（1）芬兰小学课程改革理念

芬兰基础教育的基本价值是人权、平等、民主、自然多样性、保护环境、生存能力，以及对多元文化的认可。基础教育促进学生的责任感、社区意识和尊重个人的权利自由。芬兰积极推动中小学课程改革，于1998年颁布了《基础教育法》（*Basic Education Act*），该法案对教育目标、地方政府责任、教学使用语言、教育核心科目、课程时数分配，补救教学、评鉴和评量、上课时间、学生的权利和义务等作出了明确的法律规定。《基础教育法》的颁布成为此后芬兰国家核心课程研制的依据。义务教育核心课程包括母语与文学（芬兰语、瑞典语或萨米语）、外语（英语、法语、德语、俄语等）、公民学、环境科学、宗教或伦理学、自然科学（数学、物理、化学）、健康教育等19门（于建云，2010）。其中，六年制小学课程除了母语、国语、数学、外语、宗教伦理、艺术、环境等必修科目，学校还可以根据自身的条件设置校本课程，开发特色课程。

1985年、1994年、2004年，芬兰分别出台了不同版本的《基础教育国家核心课程》，规定中小学基本科目及其目标、内容和课时。针对以往课程教学存在的问题，2010年底启动课程修订工作，2014年出台新版《基础教育国家核心课程》（*National Core Curriculum for Basic Education*），以下简称芬兰2014年《课程》，2016年正式实施。芬兰2014年《课程》是芬兰面对新的全球经济挑战，以及依据国家整体情况而作出的积极应对（陈之华，2009）[159-176]。

芬兰2014年《课程》阐述了芬兰基础教育的课程理念，涵盖了芬兰义务教育阶段的各科课程标准，包括教学实施、学习评价等内容，旨在形成连贯的课程体系，帮助教师进行课程整合与教学。芬兰2014年《课程》提出了课程理念与横贯能力。其中，课程理念：①关注每一名学生，保障每个芬兰人民的受教育权，强调"一个学生都不能少"；②以学生为本，关注、满足学生的个体发展需求，发展学生的多元素养；③培养学生独立人格以及生存适应能力，帮助学生学会沟通、表达、交流，让学生学会理财和消费，学会在周围恶劣的环境下生存和发展自己；④培养学生自主、终身的学习能力与合作能力，勇敢面对困难、开拓自身的能力，从学习中获得乐趣的能力，并帮助学生构建可持续发展的未来。

与此同时，芬兰2014年《课程》提出学生发展的七大横贯能力：思考与学习的能力；文化素养、沟通与自我表达的能力；管理日常生活、照顾自己和他人的能力；多元素养；信息素养；职业生活与创业素养；参与、影响与构建可持续未来。第一，思考与学习的能力（Thinking and Learning to Learn）：培养学生自主学习的能力、面对困难的勇气，寻找创新的思维，进而从学习中获得乐趣和愉快地学习的能力。第二，文化素养、沟通与自我表达的能力（Cultural Competence, Interaction and Self-expression）：帮助学生学会沟通、表达、交流，从而创新文化和传统。第三，管理日常生活、照顾自己和他人（Taking Care of Oneself and Managing Daily Life）：培养学生应对技术生活的能力，让学生学会理财和消费，学会在周围恶劣的环境下生存并发展自己。第四，多元素养（Multiliteracy）：提升学生对不同环境、不同文化的理解与感知的能力。第五，信息素养（ICT Competence）：提升学生的实践能力、责任感、信息处理能力、创新能力、合作和社交能力。第六，职业生活与创业素养（Working Life Competence and Entrepreneurship）：培养学生工作和生活的积极态度，理解终身学习对其未来职业的重要性。第七，参与、影响与构建可持续未来（Participation, Involvement and Building a Sustainable Future）：培养学生自主、终身的学习能力与合作能力，帮助学生构建可持续发展的未来。

上述理念与横贯能力为科学课程的开发提供了重要依据，对小学科学课程的目标的确定发挥了直接的指向作用。

（2）芬兰小学科学课程目标的表述

2004年芬兰《课程》规定：1—2年级为《环境与自然研究》，3—4年级为《生物与地理》，5—6年级为《物理与化学》。2014年后三个学段变为1—2年级与3—6年级两个学段，课程名称统一为《环境与自然研究》，以下简称芬兰《环境》，实现了不同学段课程的相对连贯与统一。芬兰《环境》课程中的目标分为"意义、价值和态度""知识和理解""研究和工作技能"三个维度。

芬兰科学教育的中心目标是引导学生理解人类选择对现在和将来生活和环境的影响，其目的是激发和加深学生对各个科学领域的兴趣，为每个学生提供与环境、科学相关的广泛信息，扩展技术和教育途径，促进公平与平等。芬兰《环境》规定的1—2年级课程目标如表2-8所示。

表 2-8　芬兰《环境》课程中 1—2 年级的目标

意义、价值和态度	知识和理解	研究和工作技能
1. 为学生提供体验自然的机会，以满足他/她对自然的好奇心。 2. 鼓励学生进行环境研究，获得面对新挑战的能力，并坚持不懈。 3. 培养学生的环境保护意识，并指导。 4. 学生在周围环境和学校社区中可持续地行动。	1. 指导学生运用环境研究的不同领域的知识概念来分析与人类活动相关的环境现象。 2. 引导学生认识简单的图片、模型和地图。 3. 鼓励学生表达自己，并能通过实践证明自己的观点。 4. 指导学生了解支持生命体生长、发育、健康生活的基本需求。	1. 指导学生在周围环境中行动，进行实地考察。 2. 鼓励学生思考，提出问题，并以协作讨论作为小型研究任务和其他活动的基础。 3. 指导学生在校内和周围环境中使用不同的感官和简单的研究工具进行观察、实验，并以不同的方式呈现结果。 4. 指导学生以不同的方式对生物、栖息地、现象、材料和位置进行描述、比较和分类，并对它们命名。 5. 指导学生安全地行动，使其听从指示，并理解原因。 6. 指导学生熟悉各种日常技术，并激发他们与其他学生一起进行实验、发明和创新的兴趣。 7. 指导学生练习团队的工作技能和情感技能，并增强他/她的自尊和尊重他人的品格。 8. 指导学生利用信息和通信技术获取和存储信息，并呈现观察结果。

芬兰《环境》课程中确定的内容领域及其目标如下。

成长与发展。选择内容使学生了解人体的组成和功能，以及人生历程和自己随着年龄的成长与发展。练习情绪技巧，促进心理健康，并根据年龄欣赏自己和他人。

家庭和学校工作。选择与家庭和学校工作相关的学习任务和内容。确保学习环境安全。在周边地区和交通中进行安全操作。熟悉安全技能和安全说明及其理由。使用来自环境科学领域的不同概念来描述现象和技术，以及日常情况和活动，例如选择适当的衣服。练习协作技能并在不同的小组中工作。此外，在各种情况下练习日常行为，尊重身体完整性，防止欺凌，掌握简单的自我保健技能并寻求帮助。

观察周边地区及其变化。在学校附近的各种自然和建筑环境中练习观察、探索，形成探索技能。确定地形、栖息地以及建筑环境中最常见的物种。整个季节持续观察自然现象和特征。使用来自环境科学领域的不同概念来描述环境及其现象，例如天气。练习将熟悉的环境绘制成庭院地图，并学习理解地图的思想。

探索和实验。选择内容来解决与自然、建筑、环境、日常现象和技术，以及人类和人类活动有关的问题和研究任务。这些练习用于不同的研究阶段。尝试并提出针对日常问题的替代方案和解决方案。观察运动并考虑运动变化的原因。通过在周围地区种植植物，进行小型实验和研究。

反思生活的基本条件。从食物、水、空气、热量和护理方面了解生活的基本条件。熟悉粮食生产和饮用水来源。熟悉日常健康习惯并练习相关技能。思考人们感到愉悦和快乐的原因。共同制订关于健康、福祉和学习的有关策略。

奉行可持续的生活方式。可持续发展的各个方面都有很多内容。形成照顾自己和管理物品的习惯。在自己的活动中减少产生的废物量，学会垃圾的回收和分类。熟悉家乡及其意义。参与促进环境状况和学校社区的活动。讨论自己的行为对自己、他人以及周围环境的意义。

（3）芬兰小学科学课程目标的特点

从目标系列看，芬兰课程目标体系包括总目标、学段目标、领域目标，结构较为完整，但叙述均较笼统，不够具体。

目标依据、设计思路清晰。芬兰研制了学生发展核心素养，提出四大理念、七大横贯能力，据此设计、表述课程目标。课程目标与不同的内容领域和核心素养相对应，使得核心素养在课程中能够得到落实，从而为科学课程内容选择、教材编写和教师教学提供切实可行的指导。

从目标维度与类型看，"意义、价值和态度""知识和理解""研究和工作技能"三维目标维度清晰明确，涵盖情感、技能、知识目标，目标类型以普遍性目标为主，行为目标较少。

注重学生的生活与职业技能的学习，在七大横贯能力中，有五大能力均直接或间接与学生的日常生活、日后工作有关。关注学生实际生活能力的养成，重视培养学生的可持续发展能力，成为芬兰科学课程目标的基本特色。

6. 日本小学科学课程目标

（1）日本小学教育目标的演进

1947 年 3 月，日本《教育基本法》规定："教育必须以陶冶人格为目标，培养出和平国家和社会的建设者，爱好真理和正义、尊重个人的价值、注重劳动与责任、充满独立自主精神的身心健康的国民。"（瞿葆奎，1991c）[51] 该规定标志着第二次世界大战后日本教育目的的根本转型。同年的《学校教育法》规定了小学教育的目标：基于学校内外社会生活的经验，教育学生正确理解人与人之间的相互关系，并培养学生具有同心协力和自主自律的精神；引导学生正确理解乡土和国家的现状及传统，并进而培养国际协调合作的精神；培养学生对日常生活所必需的衣、食、住和生产等方面具有基本的理解并掌握基本的技能；培养学生正确理解和使用日常生活所必需的国语的能力；培养学生正确理解和处理日常生活所必需的数量关系的能力；培养学生科学地观察和处理日常生活中自然现象的能力；培养学生健康、安全地幸福生活所必需的习惯，并力求使其身心得到协调的发展；培养学生对于能使生活明朗快活、丰富充实的音乐、美术、文艺等具有基本的理解和技能（瞿葆奎，1991c）[620]。这两个文件为第二次世界大战后日本教育包括科学教育的发展奠定了基础。20 世纪 80 年代以后，日本中小学教育目标不断变动。1989 年修订的《学习指导要领》指出，在今后的教育中，要彻底改变注重划一的、传授知识技能的学习指导方针，必须确立培养学生循序渐进地自主发现问题、独立思考、独立判断和表达、解决问题的素质和能力的学习指导方针。

21 世纪以来，日本的教育目标又有一些调整。2006 年修订的《教育基本法》指出，"培养完整的人格，以及具备身为和平民主国家与社会形成者之必要资质的身心健全国民。"2008 年 3 月，日本颁布了新的《学习指导要领》，《学习指导要领》明确提出，现行《学习指导要领》的理念就是培养"扎实的学力"，具体内容包括：课程目标强调养成全面的科学素养；课程结构强调以科学基本概念为支柱，凸显课程的结构化；课程内容强调理科与生活、社会、环境之间的关系；学习方式强调体验学习，学习活动多样化。

（2）日本小学科学课程目标的表述

1945 年文部省在《新日本建设的教育方针》第六条"科学教育"中提出，要振兴科学教育，这是理所当然的。但这种科学，并不单是出自功利上的打算，而必须以探求深邃的真理、纯正的科学思维能力和科学常识为其基础（瞿葆奎，1991c）[36]。日本把小学科学课程放入整个小学课程体系中加以阐述，小学理科教育特别重视培养学生的生存能力，强调"确切的学力""丰富的心灵"和"健康的体魄"三者之间的协调发展。满足孩子们的好奇心和求知欲，培养科学探究的能力，养成科学的看法与想法，培养问题解决能力。"培养拥有科学人格的人"成为日本科学教育的基本追求。日本教育强调儿童独立人格的协调与养成，在此目标之下，制订了不同阶段的科学课程目标，1998 年至 2017 年的《学习指导要领》对理科课程目标进行了如下特别的规定。

亲近自然，有目的地进行观察、实验等，培养解决问题的能力和热爱自然的情感，同时谋求对自然事物和现象的理解，培养科学的看法和想法。（1998 年《学习指导要领》）

亲近自然，进行有预测的观察与实验等，培养问题解决能力和热爱自然的心情，同时对自然事物与现象伴有实感的理解，养成科学的看法与想法。（2008 年《学习指导要领》）

亲近自然，运用理科的视角、思想进行有预测的观察、实验，科学地解决自然事物现象中的问题。①谋求对自然事物、现象的理解，学会观察、实验等基本技能。②观察与实验相结合，培养解决问题的能力。③培养热爱自然的心情和积极解决问题的态度。（2017 年《学习指导要领》）

除课程总目标的描述，日本 2017 年《学习指导要领》还按照年级依次表述各年级分目标，每个年级包括"A 物质·能量"和"B 生命·地球"两个领域目标，如表 2-9 所示。

表 2-9　日本小学科学课程领域目标

领域	三年级目标	四年级目标	五年级目标	六年级目标
A 物质·能量	调查与比较物体的重量、风与橡胶的力，以及光、电和磁场的有关现象；	调查水、空气、物质状态的变化以及电的现象，了解热与能的作用，带有	探究物质扩散、钟摆运动、电磁铁的变化与功能，并重点分析和掌握它们	调查并推断燃烧、水溶液、杠杆和电流产生的现象与成因以及规律性；通

领域	三年级目标	四年级目标	五年级目标	六年级目标
A 物质·能量	并能够带有兴趣地探究它们的性质与功能，形成关于这些事物的观点和认识。	兴趣地利用学习材料解决发现的问题。	的成因，通过探究所发现的问题使学习的知识系统化。	过有计划的探究活动，形成对事物的性质与规律的观点与看法。
B 生命·地球	鼓励学生养成爱护生物的态度，发展生物与环境、太阳与地球环境的观点与想法，并能带有兴趣地探究熟悉的动物和植物、地面的阳光和阴影。	培养学生爱护生物的态度，加强学生对人体结构、动植物的生长活动以及大气、月球和星星运动的了解，调查星球的运动和季节、温度、时间的关系。	通过探究学习建立以发展的观点看待生命的延续、流水的作用、气候变化的规律、动物的生长与繁殖；养成尊重生命的态度。	探究生物体的结构、作用以及该生物与生物环境之间的联系；调查土地构造和变化与自然灾害的关系，形成土地构造与变化规律方面的观点，培养尊重生命的意识。

除了两大领域目标，2017 年《学习指导要领》还将领域目标分解到不同学年，制订了四个学年的领域目标，具体明确，如表 2-10 所示。

表 2-10　日本理科学习目标（学年目标）

学年	A 物质·能量	B 生命·地球
第三学年	1. 理解风与橡胶的力的作用（风力和弹力）、光与声音的性质、磁石的性质特点以及电路；掌握观察和实验时所需要的基本技能。 2. 在探究风与橡胶的力的作用（风力和弹力）、光与声音的性质、磁石的性质特点以及电路的过程中，通过寻找相同点和不同点，培养学生发现问题的能力。 3. 在探究风与橡胶的力的作用（风力和弹力）、光与声音的性质、磁石的性质特点以及电路的过程中，培养学生自主解决问题的能力。	1. 了解身边的生物、太阳和地面的面貌，掌握观察和实验时所需要的基本技能。 2. 在探究身边的生物、太阳和地面的面貌的过程中，通过寻找相同点和不同点，培养学生发现问题的能力。 3. 在探究身边的生物、太阳和地面的面貌的过程中，培养学生爱护生物和自主解决问题的能力。

学年	A 物质·能量	B 生命·地球
第四学年	1. 理解空气、水及金属的性质、电流的作用，使学生掌握观察、实验等方面相关的基本技能。 2. 在对空气、水及金属的性质、电流的作用继续深入研究的过程中，培养学生以学习过的内容或生活经验为基础建立设想或假说的构思能力。 3. 在对空气、水及金属的性质、电流的作用继续深入研究的过程中，培养学生自主解决问题的能力。	1. 了解人的身体结构和运动之间的关系，动物的活动、植物的成长和环境间的关系，了解雨水的去向和地貌的关系，了解各种气象现象以及月亮和星星的有关知识；掌握观察和实验时所需要的基本技能。 2. 在探究人的身体结构和运动之间的关系，动物的活动、植物的成长和环境间的关系，了解雨水的去向和地貌的关系，了解各种气象现象以及月亮和星星的有关知识的过程中，让学生学会依靠学得的知识和生活经验，作出合理的预测和假想。 3. 在探究人的身体结构和运动之间的关系，动物的活动、植物的成长和环境间的关系，了解雨水的去向和地貌的关系，了解各种气象现象以及月亮和星星的有关知识的过程中，培养学生爱护生物的意识和自主解决问题的能力。
第五学年	1. 理解物质的溶解方式、钟摆的运动、电流形成的磁场，使学生掌握观察、实验等方面相关的基本技能。 2. 在对物质的溶解方式、钟摆的运动、电流形成的磁场继续深入研究的过程中，培养学生以设想或假说为基础，构思解决问题的能力。 3. 在对物质的溶解方式、钟摆的运动、电流形成的磁场继续深入研究的过程中，培养学生自主解决问题的能力。	1. 理解生命的连续性、水流的作用及气象规律，掌握观察和实验时所需要的基本技能。 2. 在探究生命的连续性、水流的作用、气象规律的过程中，让学生学会在预测和假想的基础上思考解决方法。 3. 在探究生命的连续性、水流的作用、气象规律的过程中，培养学生尊重生命的意识和自主解决问题的能力。

学年	A 物质·能量	B 生命·地球
第六学年	1. 理解燃烧的机制、水溶液的性质、杠杆的规律及电力的性质和作用，掌握观察和实验时所需要的基本技能。 2. 在探究燃烧的机制、水溶液的性质、杠杆的规律及电力的性质和作用的过程中，培养学生对于上述有关事物进行合理思考的能力。 3. 在探究燃烧的机制、水溶液的性质、杠杆的规律及电力的性质和作用的过程中，培养学生自主解决问题的能力。	1. 理解各种生物的结构及它们的作用、生物与环境间的关系、土地的构造与变化、月亮的形状和太阳位置的关系，掌握观察和实验时所需要的基本技能。 2. 在探究各种生物结构及它们的作用、生物与环境间的关系、土地的构造与变化、月亮的形状和太阳位置的关系的过程中，培养学生对于上述有关事物进行更加合理的思考的能力。 3. 在探究各种生物结构及它们的作用、生物与环境间的关系、土地的构造与变化、月亮的形状和太阳位置的关系的过程中，培养学生尊重生命的意识和自主解决问题的能力。

（3）日本小学科学课程目标的特点

从目标系列看，日本理科课程目标结构完整。纵向上看，日本小学各年级的课程目标螺旋上升。横向上看，日本各年级分目标将知识、能力和情感态度融为一体。

从目标层次上看，日本小学各年级理科课程目标在不同年级侧重点有所不同。三年级目标的重点在于培养学生探究发现和比较自然事物与现象的能力。四年级目标着重培养学生调查分析自然事物与现象变化原因的能力。五年级目标着重培养学生区分因素的可变性、有计划地观察和对实验的控制能力，并且能将知识系统化。六年级目标着重培养学生根据自然现象和事物的变化推导出自然的成因、规律和关系的能力。可见，目标层次清晰，随年级的递增而提高要求。

课程目标的深度要求较高，探究性目标明显多于知识性目标，且贯穿整个小学阶段，日本小学科学教材中的探究活动设计具体而丰富，力求通过理科课程的教学提升学生的基本学力，提升学生的科学素养。

从目标类型与维度上看，目标以行为目标为主，用具体的、操作性较强的行为动词解说目标，如"记录""操作""制订""探究"等，知识、技能、态度目标维度清晰，其中，对探究技能的目标要求较高。

（二）一流发达国家小学科学课程目标的特点

1. 关注科学素养，促进学生多方面发展

一流发达国家重视教育在国家发展中的作用。正如 20 世纪初时任英国教育委员会主席的费希尔（Fisher）1917 年在《向下议院介绍教育议案所做的声明》中说的那样："我们认为，教育是生活中的一件美好的东西，它应该比目前更为广泛地由这个国家的儿童和青年所享用。我们认为，教育对一个人来说应该是全面的，包括精神的、智慧的和身体的教育；而且，拟定一个具有某种共性、同时又容纳很大的差异性（并使我国的所有年轻人、男子和女子都可以从中得益）的教育计划，并非是文明资源所不及的。"（瞿葆奎，1993b）[22] 英国政府对教育的重视也体现在对科学课程的态度及要求上。观察一流发达国家的小学科学课程目标，可以看出，科学课程的目标大致经历了知识本位、能力本位到科学素养本位的转变。20 世纪上叶的小学科学课程强调科学知识的获得和对自然的理解，20 世纪 60 年代后，美国率先强调能力发展，特别关注学生科学方法、科学发现、科学探究能力的培养，并率先实施，发现学习、探究学习受到广泛关注。当然，不同国家使用的具体概念、采用的表达方式可能有所不同，但基本精神是一样的。20 世纪 90 年代以后，科学素养开始成为发达国家科学教育的基本追求。

德国将科学素养分为三个关键方面：帮助学生理解科学知识，提高学生应用知识和技能解决问题的能力，以便在现实生活情境下作出正确判断和决策，同时帮助学生形成科学态度。科学态度包括对科学的兴趣、对科学探究的理解以及对自然资源与环境的责任等。其中，"科学能力"是核心。法国提出不可缺少的"共同基础"，人文素养和科学素养是其核心内容。

日本强调生存教育、关注学力水平的提升。2008 年修订后的《学习指导要领》特别强调培养学生的"生存能力"，对"生存能力"进行了具体表述：切实掌握基础知识和基本技能，无论社会如何变幻，自己发现问题、独立判断、积极行动、圆满解决问题的能力；学会自律，学会与他人协作、共事，具有关心他人的爱心、感动等丰富的人性特点；具有强壮生命力所必需的健康与体力。

2. 科学课程目标侧重点有一定差异

由于文化、历史、传统的差异，发达国家科学课程目标设计存在一定差异。日本《学习指导要领》总目标与分目标均强调科学探究，没有提及"知识"，《学习指导要领》特别重视科学能力和科学精神的培养。这可能与日本社会对"教育"的传统理解有重要关系。日语"教育"一词"Kokoro"大致等同于英语中的情感、智力、精神、人性等概念。所有日本人都认为，中小学阶段基础教育最重要的目标是丰富儿童的"Kokoro"，知识和技能次之。"Kokoro"的具体内容包括尊重人类和动物的生存、积极考虑自己生活方式的能力，追求真理的态度，对美和高尚情感的敏感，对公共利益的贡献，平均主义态度，与他人合作，对道德的敏感，优良的日常生活习惯和作风等。因此，1947年的《教育基本法》提出，教育必须以陶冶人格为目标，培养出和平国家和社会的建设者，爱好真理和正义、尊重个人的价值、注重劳动和责任、充满独立自主精神的身心健康的国民（瞿葆奎，1991c）[51]。没有提及知识和技能。正如日本文部省国际事务处副处长冈本薰在《太阳升起地方的教育》中所说，在日本，只有那些旨在促进、培养或完善"人格"的活动才被认为是"教育"，而为取得知识和技能的活动则被认为是"培训"（吕达 等，2004b）[236]。在日本，音乐、图画和手工、体育和家政从来不被认为是不重要的课程，而是和其他科目一样，教师按照课程标准系统讲授。在六年级的课程中，音乐占70学时，图画和手工占70学时，体育占105学时，家政占70学时。所有儿童学习同样的课程，取得同样的成绩，分组教学遭到抵制和批评。小组活动普遍，重视教育在发展精神和品格培养方面的作用，而不是知识技能和实际的作用。冈本薰在《日本的终身学习（教育）运动》指出，"即使在目前，日本还有人认为讨论教育同经济的关系是不合适的"（吕达 等，2004b）[334]。日本对"教育"的这种独特的理解，对日本理科课程目标的设置与表述产生了重要影响。日本追求学生的全面发展，设置平衡的课程，以便学生养成全面的科学与人文素质，理科课程关注一般科学能力特别是探究能力的培养，就不足为奇了。

法国教育既承认文化与价值的多元性，又重视科学理性与批判能力的培养，科学课程目标也充满了法兰西精神。法国教学大纲强调科学与技术课程要培养学生的"批判精神"，"将科学技术的变迁重置于历史、地理、经济及文化的背景下"，在科学工作目标中包括科学道德与责任、科学历史与文化等内容。

3. 科学课程目标细化有别

发达国家科学课程既有课程理念、课程总目标，也有学段目标、单元目标、知识点要求。科学课程总目标大多强调发展学生的科学素养，提高学生对科学知识的理解、科学方法的运用的能力，发展学生对科学的情感与态度，但课程总目标的细化的程度存在差异。

美国、英国的课程目标较为具体。美国科学课程目标既有总的目标，又有涵盖物理科学，生命科学，地球与宇宙科学，工程、技术和科学的应用四个领域的具体目标，每个领域均围绕本领域的学科核心观念表述学生的学习目标（期望表现），学习目标具体、明确、微观，并与评价相关联，增强了目标的可观察性、可操作性、可评价性。英国的科学课程目标从宏观到微观，既有精神、道德、社会、文化发展的宏观目标，又有科学课程的总目标，还有学段主题目标，形成一个不断细化、层次分明的目标体系。日本的课程目标十分具体、细致，在学年主题领域列出了主要知识要点及其学习要求，细化的目标能为教学与评价提供有效的指导。

德国、法国、芬兰的科学课程目标相对较粗。德国小学科学课程在表述总目标后，制订了三个单元（"自然与生命""技术与工作世界""空间、环境和交通"）的目标，没有描述学年目标，仅仅规定小学结束时第四学期的能力期望。法国同样如此，除了总体目标描述科学课程，再分领域刻画目标，不再将目标分解到不同学年中。芬兰2014年《课程》将以往小学三个学段调整为1—2与3—6两个学段，从"意义、价值和态度""知识和理解""研究和工作技能"三个方面表述小学科学课程目标，没有制订不同学段、不同内容主题的学习目标，课程目标较粗略。

二、中等发达国家小学科学课程目标

与一流发达国家相比，中等发达国家在社会、经济、科学、技术方面的发展水平略为逊色，但重视科学技术发展，其科学教育具有不少特色，值得其他国家特别是发展中国家学习、借鉴与吸收。

（一）加拿大、澳大利亚、韩国、新加坡、俄罗斯小学科学课程目标

中等发达国家主要包括加拿大、新加坡、韩国、澳大利亚、新西兰、俄罗斯等。下面以加拿大、澳大利亚、韩国、新加坡、俄罗斯为例加以说明，分析其课程目标的状况与特点。

1. 加拿大小学科学课程目标

（1）加拿大关于科学教育的理念

加拿大没有全国统一的科学课程标准，科学课程标准由各州自行制订。下面主要以安大略省为例说明并分析加拿大小学科学课程目标及其设计。

安大略省1—8年级开设"科学与技术"。2008年安大略省颁布《安大略省课程1—8年级科学与技术》，以下简称为安大略省2008年《科学与技术》，该标准认为，在20世纪，科学技术在所有加拿大人的生活中发挥了越来越重要的作用。科技支撑许多我们习以为常的东西，包括干净的水、我们生活和工作的地方，以及我们与他人沟通的方式。科学技术对我们生活的影响将继续增长。因此，科学和技术素养已成为全世界科学技术教育的总体目标。安大略省小学科学课程的理念可概括如下。

培养学生具备一定的科技知识和技能；科学、技术、社会与可持续发展；培养学生学习科学的态度；通过动手掌握探究和设计能力（李婉婷，2005）。这一理念实质上是发展学生的科学素养，2006年《立场文件：科学的本质》对"科学素养"进行了界定：一个受过科学和技术素养教育的人，可以阅读和理解有关科学和技术媒体报道，批判性地评估所提供的信息，并自信地参与关于科学和技术的讨论和决策活动。2014年哥伦比亚省教育部在《课程设计更新》（*Curriculum Redesign Update*）中也强调，培养具有科学头脑（或具有科学素养）的公民是我们在科学教育中可以开展的最有价值的努力。可见，加拿大将科学素养培养作为科学课程的基本理念。

（2）加拿大关于科学课程目标的表述

安大略省2008年《科学与技术》将科学与技术的目标分为总目标、学年目标、

单元目标。其中，小学科学课程总目标（总体期望）包括：①加强科学和技术与社会和环境的联系；②开发技能、策略，开发科学探究和用技术解决问题需要的思维习惯；③理解科学与技术的基本概念。

与上述三个目标对应，安大略省 2008 年《科学与技术》制订了相应的分目标（具体期望）：①将科学与技术和社会与环境联系，将科学、技术、社会与环境（STSE）和具体的期望集群放在第一位，能更好地实施科学与技术的教学和学习，强调科学、技术和环境素养对学生的重要性。发展学生联系科学技术与社会环境所必需的相关的技能和概念性知识。②发展科学探究和问题解决的技能、策略和思维习惯，发展科学和技术素养所必需的技能被在第二整体期望和相关具体期望之中，有助于发展探究和沟通技巧。③理解科学与技术的基本概念，概念性知识在第三整体期望和理解基本概念的标题之中列出。其具体期望（目标）与总体期望（目标）的对应如表 2-11 所示。

表 2-11　安大略省科学课程期望与目标对应

目标 1	目标 2	目标 3
总体期望 1：将科学和技术与社会和环境联系	总体期望 2：发展科学探究和技术问题解决的技能、策略、思维习惯	总体期望 3：了解科学技术的基本概念
具体期望 （有关科学技术）	具体期望 （发展调查与沟通技巧）	具体期望 （了解基本概念）

加拿大的科学课程领域划分为生命系统、结构与机制、物质和能量、地球和空间系统，下面以三年级的"了解地球和空间系统"中的"环境中的土壤"为例呈现其目标。内容说明如表 2-12 所示。

表 2-12　安大略省科学课程"环境中的土壤"学习目标

基本概念	大体框架
系统的相互作用 改变与延续 可持续发展与管理	土壤是由生物和非生物构成的。（总体预期 1、2 和 3） 土壤的组成、特点和条件确定其维持生命的能力。（总体预期 1、2 和 3） 土壤是许多生物的生活和营养素的重要来源。（总体期望 3） 生物，包括人类对土壤能产生积极或消极的作用。（总体期望 1）

总体期望：三年级结束时，学生将获得以下能力：①评价土壤对社会和环境的影响，以及社会和环境对土壤的影响；②调查不同构成的土壤的不同特性；③展示对土壤成分、土壤类型、土壤和其他生物之间的关系的理解。

具体预期：三年级结束时，学生将获得以下能力，如表 2-13 所示。

表 2-13 安大略省科学课程三年级学段目标

总体期望	具体预期
科学技术与社会、环境的联系	1.1 评价土壤对社会和环境的影响，为增强人类对土壤的积极影响或减轻对土壤的消极影响提出建议。 **示例提示：** 贫瘠的土壤会影响植物汲取养分的能力，从而影响植物输送给人类的营养物质。一些土壤无法提供任何可供植物生存的营养物质（例如，沙漠）。特定地区的特定土壤可能是导致泥石流的部分因素。 1.2 评价人类活动对土壤的影响，并给出人类可以对土壤施加积极或消极影响的方式。 **示例提示：** 自然事件如大雨或滑坡造成的侵蚀，以及人类活动引起的侵蚀会影响土壤，导致水污染。当建造房屋和其他建筑物时，树木和植物以及土壤上层往往会从建筑工地上被移除。
探究、设计和交流技能的培养	2.1 在科学和技术研究期间遵循既定的安全程序（例如，处理土壤样品后要洗手）。 2.2 了解土壤的成分（例如，无生命的物体，如砾石和腐烂的物质；有生命的有机物质，如细菌、蚯蚓、昆虫等）、土壤状态（例如，湿的、干的）和土壤中的添加剂（例如，农药、化肥、盐），使用来自不同地方的土壤样品（例如，砂质土、黏质土、壤质土），并说明怎样利用土壤中所含成分的差异来鉴别不同的土壤。 2.3 用科学探究/实验技能，以及以往的调查中获得的知识和技能，确定哪些类型的土壤（例如，砂质土，黏质土，壤质土）能够维持生命。 **示例引导问题：** 你的实验试图回答什么样的问题？你预测实验将会发生什么？你将采用什么方式控制阳光和水？你会从哪些方面记录你的意见？从实验结果中可以得到什么结论？ 2.4 探讨堆肥过程，并说明堆肥的一些优点和缺点（例如，在课堂上放置一个装有肥料和水的汽水瓶，观察随着时间的推移会发生什么）。 **示例引导问题：** 堆肥是什么？自然堆肥发生在哪里？堆肥产生的良好反应是什么？人类为什么不想或不能堆肥？我们在课堂中需要的堆肥的"成分"是什么？什么东西不应用于堆肥？你注意到用来堆肥的"橱子"发生了什么样的变化吗？那我们在教室进行的堆肥实验会发生什么呢？我们将如何使用我们的堆肥？ 2.5 使用包括黏质土、砂质土、砾石、稀土材料和土壤等适当的科学词汇进行口头和书面沟通。

续表

总体期望	具体预期
探究、设计和交流技能的培养	2.6 使用各种交流形式（例如，口头、书面、图形、多媒体）与不同的受众进行沟通（例如，用文字和图片记录当把土壤和水一起放置于容器中并摇动时所发生的现象；准备展示并比较不同地域土壤的成分）。
基本概念的理解	3.1 识别和描述不同类型的土壤（例如，砂质土是由矿物和小的岩石组成的，含有来自侵蚀和风化而形成的岩石碎片。它不黏在一起、有砂质感。迅速升温的春天的雨后，砂质土排水方便快捷，但不能保持水分和养分，而且更容易被侵蚀。肥沃的壤质土是由沙子、淤泥、黏土以相对合理的比例构成的。它比砂质土更黏，壤质土中富含水分和养分，且排水效果良好，能够使足够的空气达到植物根部。黏质土是一种非常细粒的土壤，潮湿时是可塑的，而干燥后手感光滑平整，无法排水通风）。 3.2 确定存在于土壤中却无法用肉眼识别的添加剂（例如，农药、化肥、盐）。 3.3 描述土壤中生物和非生物的相互依存和作用（例如，蚯蚓从土壤中摄取养分，而它们的排泄物又作为土壤的养分；植物的根部深入土壤，使植物保持固定不被吹走）。 3.4 描述土壤中各成分为不同生物提供栖息之所以及各种营养物质的方式（例如，土壤中腐烂的物质是细菌和微生物的食物；植物根系从土壤中吸收无机盐）。

（3）加拿大小学科学课程目标的特点

从目标系列看，目标以双层结构呈现，每个主题目标分成总体期望和具体期望。总体期望规定了学生在某年级结束时应该完成的任务，包括三个子目标，分别为"基本概念的理解""探究、设计和交流技能的培养""科学技术与社会、环境的联系"。总体期望细分为具体期望，将科学技术与社会、环境的联系及其具体期望放在第一集群，发展科学和技术素养所必需的技能以及具体期望放在第二集群，概念知识和理解列入第三集群。

从目标层次与维度看，整体期望、具体期望不断细化。根据《K-12科学学习目标共同框架》中的规定，加拿大所有理科课程目标横向上分为三个维度：科学、技术、社会和环境（STSE），技能（Skills），知识（Knowledge）。加拿大科学课程将目标融于主题内容之中，按照不同年级、不同主题分别进行阐述，学习水平随年级递增。

目标呈现明确直观，采用表格的形式，先阐述每一具体期望的含义，描述学生科学学习的具体内容及其要求，接着通过"示例提示""示例问题引导"进行说明，具有较强的教学指导作用。

总之，总目标与分目标相互关联，科学技术不仅仅是学习事实，还是作为一个主题，要求学生运用恰当的方法，学会批判性思维，掌握现代科技环境背景下所需的知识和技能。此外，还注重学科内与跨学科的联系，关注知识与技能的融合运用。

2. 澳大利亚小学科学课程目标

（1）澳大利亚小学科学课程的理念

为了帮助学生在 21 世纪成功地生活和工作，澳大利亚政府提出发展学生知识、技能、行为，包括文化、算术、信息和通信技术（ICT）能力、批判性和创造性思维、个人和社会能力、道德行为、跨文化理解。2000 年澳大利亚颁布的《知识社会的学习——面向信息经济的教育与培训行动计划》指出，学校教育为知识型社会、为那些有创造精神、自信心和进取心的公民提供了发展的基础。2003 年，DeSeCo 项目研究小组发布《核心素养促进成功的生活和健全的社会》（*Key Competencies for a Successful Life and a Well-Functioning Society*）报告，提出七大素养：读写素养、数学素养、信息沟通素养、批评和创造思维、个人和社会、道德伦理、跨文化理解，标志核心素养体系的正式形成。2008 年 12 月，澳大利亚各州和行政区的教育部长共同制订了《墨尔本宣言》，提出建立全国统一的国家课程标准。2012 年 1 月，澳洲课程设置、考评与报告管理局（ACARA）颁布全国统一学前一年即基础年（Foundation Year）至 10 年级的科学课程标准《澳大利亚课程：科学》[*The Australian Curriculum: Science*（F-10）]，以下简称"ACARA《科学》"。ACARA《科学》声明，科学课程要求学生明白重要的科学概念和过程、进行增长科学知识的练习、明白科学对于社会的贡献、知道科学为我们生活中的应用提供了机会；课程不仅使学生学习科学知识、应用科学知识，而且强调学生个人价值的追求，形成学生的科学素养。科学课程基本理念可概括为：①科学课程注重学习者的多样性，面向全体学生；②要求学生追求自己的个人价值；③让学生经历科学发现的喜悦；④科学是不断变化的、合作的和富有创造力的；⑤科学课程注重与其他学习领域的联系；⑥培养他们对周围世界的自然好奇心，并在此过程中发展批判性思维和创造性思维（潘洪建 等，2018a）[223]。

基于上述理念，ACARA《科学》强调，科学是不断变化的、合作的和富有创造力的；且科学知识是可争论的和改进的、是经过提炼的、并且在新证据出现时是可以扩大的。ACARA《科学》指出了科学知识的动态特点，教给学生正确的知识观。不仅要求学生学会应用科学，还要求学生追求自己的个人价值，即让学生经历科学发现的喜悦，培养他们对周围世界的好奇心，并在此过程中发展批判性思维和创造性思维。除此之外，科学课程注重学习者的多样性，面向全体学生。根据学生当前的学习来发展教学和学习计划，不受学生个人的性别、语言、文化、种族、宗教、健康或残疾、社会经济背景或地理位置等的限制。另外，科学课程注重与其他学习领域的联系，科学的学习包括使用知识和在其他领域学到的技能，强调加强学科之间的联系，通过科学课程的学习促进学生对其他领域的学习。

（2）澳大利亚小学科学课程目标的表述

ACARA《科学》指出，澳大利亚科学课程总目标在于促进学生发展。为了实现学生发展，课程目标被分为三个维度：科学理解、人类科学史和科学探究技能。其中，①"科学理解"主要有生物科学、化学科学、地球及空间科学和物理科学等知识理解的目标。②"人类科学史"不仅包括情感、态度价值观，还包括科学史观、科学伦理观等。③"科学探究技能"包括五项：提问和预测，即识别和构建问题，提出假设并猜想可能的结果；计划和实施，即制订有关如何调查和解决问题的计划并实施调研；操作和分析数据信息，即处理数据，确定数据间的趋势和关系；评估，即参考证据考虑可用数据的质量或重要性；交流，即以合适的方式、文本形式或模式呈现所要传达的信息或思想。其中，收集和分析数据是至关重要的，涉及以表格、曲线图、流线图、电子数据表和数据库的形式重组数据。

澳大利亚小学科学课程目标在于使学生发展下述能力：①对科学的兴趣，将学习科学作为扩大好奇心的一种方式并且愿意探索；对生活的世界的改变提出问题并进行推测；②认识到科学能够为生命、地球以及宇宙提供解释，能够为物质、事物的行为提供物理的和化学的过程解释；③了解科学探究的性质，具备使用一系列科学调查方法的能力，包括质疑、规划、进行实验和以伦理原则为基础的调查，收集和分析数据，评价结果，并且得出关键的、以证据为基础的结论；④科学交流和发现的能力；基于证据进行推理的能力；评估和辩论的能力；⑤解决问题，并且对当前和未来科学应用中的问题作出明智的、基于证据的决定的能力，当然决定要考虑到道德和社会影响；⑥理解科学的历史和文化贡献以及当代科学事件和活动，理解科学相关职业的多样性；⑦有关生物、化学、物理、地球与空间科学的基础知识，包括整合科学知识理解自然现象，了解新情况和新事件，并且认识科学知识的动态性。

除了总目标、学段目标，还有学年主题目标，下面以四年级为例展示其具体目标，如表 2-14 所示。

四年级学习目标：通过对自然界及合成材料的探索，加深对分类、形式和功能的理解。认识一些力，包括互不接触的力，分析肉眼看不到的、相互作用的力。认识当前的系统，如地球表面有一些由于过去的变迁而留下的特征，生物是系统中的一部分，理解一些系统是可以按照预期的方式发生周期性变化的。认识一些内部相互影响的系统，包括那些涉及人类行为能力的系统，运用科学知识作出推测和预见。

表 2-14　澳大利亚小学四年级主题目标

目标	领域	概念	目标阐述
科学理解	生物科学	所有的生物都有生命周期（ACSSU072）	·观察并记录生物在生命循环中的发展。 ·描述不同生物其生命周期的各个不同阶段，如昆虫、鸟类、青蛙及开花植物。 ·比较动物和植物的生命周期。 ·认识环境因素对生命周期的影响，如温度和种子发芽的关系。
		所有生物包括动物和植物是相互依存的，而且它们还要依赖环境而生存（ACSSU073）	·观察植物是如何为动物提供保护的。 ·观察某个栖息环境下各个生物的角色，如生产者、消费者及分解者。 ·观察并描述生物之间直接的捕食关系。 ·预测如果在某个区域的食物链中，有的生物被移走或死掉会有什么结果。 ·认识生物间的相互关系可能是竞争的，也可能是互利的。

第二章　小学科学课程目标比较

续表

目标	领域	概念	目标阐述
科学理解	化学科学	自然及合成材料都有一系列的物理属性（ACSSU074）	·描述各种常用的材料（如金属或塑料）以及它们的用途。 ·在某个范围中调查材料的特定属性。 ·按照材料的特定属性选择并使用。 ·思考材料的属性是如何影响废物管理的，它们是否会导致污染。
	地球及空间科学	地球表面会随着时间变化，而这些变化是由自然和人类活动共同带来的（ACSSU075）	·从当地地貌、岩石或化石中收集地面变化的证据。 ·寻找一个由自然因素引起变化的地区，如侵蚀沟、沙丘或江河。 ·调查土壤的特征。 ·思考不同的人为活动是如何导致地表侵蚀的。 ·思考在澳大利亚和亚洲区域，洪水和极端天气对自然景观的影响。
	物理科学	力可以通过直接接触或间隔一定距离的情况下，从一个物体施加于另一个物体上（ACSSU076）	·定期观察力的大小对速度的影响。 ·找出在一个物体推或拉另一个物体时，接触力和非接触力有什么类似之处。 ·比较不同物体表面的摩擦力，如轮胎或鞋底。 ·观察物体被投掷、下降或滚动产生的力。 ·了解磁铁相互排斥和相互吸引产生的力。
人类科学史	自然和科学发展	科学包括描述、预测自然现象及其关系（ACSHE061）	·探索科学家收集证据、阐述观点的方式。 ·思考科学实践（如排序、分类和评估）是如何在土著居民及托雷斯海峡岛民的日常生活中体现的。
	科学的运用及其影响	科学知识可以帮助人们去理解他们的行为产生的结果（ACSHE062）	·调查各行业的人，如服装设计师、建筑商或工程设计师，思考他们是如何为自己的工作选取适当的材料的。 ·思考垃圾管理的方式方法及其对环境产生的影响。 ·通过探索一个问题，了解科学知识是如何促成讨论的，如"一些生物栖息地的丧失"或"人类活动是如何改变当地环境的"。 ·思考如何通过人为活动减少水土流失。

目标	领域	概念	目标阐述
科学探究的技能	探究及预见能力	在教师的指导下，识别一些熟悉内容上的问题，这些问题不但可以被科学调查，而且可以根据之前的经验作出预测的（ACSHE064）	·考虑类似情形，对一些想法进行调查。 ·选择可行问题开展考察。
	计划及执行能力	提出一些做计划的方法并进行调查以找出问题的答案（ACSIS065）	·探索不同类型问题的调查方式，并在教师指导下将这些类型的问题联系在一起。 ·在教师的指导下，和其他人团体协作，找出调查问题的办法。
		运用适当的测量及数字技术，安全地使用一定的材料、工具或设备进行观察并记录（ACSIS066）	·全班一起讨论并记录设备的使用规则。 ·测量并用常见的单位及其缩写进行记录，如秒（s）、克（g）、厘米（cm）和毫升（mL）。
	处理和分析数据及信息的能力	使用一系列方法，包括表和简单的柱形图表示数据，识别模式及趋势（ACSIS068）	·学生从收集到的数据中辨别和讨论数据所隐含的模式。 ·使用图形排序并表达信息。 ·在教师指导下进行讨论，判断哪种图形最有利于分析捕捉到的信息。
		将结果和预期进行比较，提出发现的理由（ACSIS216）	·在调查中寻找与预期相近的结果，并提出理由。 ·分小组比较发现的结果，并解释他们的推理。
	评价	无论实验成败，都要回顾调查（ACSIS069）	·回顾调查，找出什么地方做得好，什么地方有困难，做得不太好，以及这些调查是如何帮助解答疑问的。 ·讨论调查中哪些方面有利于促进公平，哪些方面不利于促进公平。

续表

目标	领域	概念	目标阐述
科学探究的技能	沟通、交流	使用多种途径,如画图、物理表示法或简单的报告来表达和交流观点（ACSIS071）	·和其他同学进行讨论,运用类似的调查方法,分享经验并提供调查技巧。 ·使用简单的解释、参数、报告或图表等表示方法和别的同学交流观点。

（3）澳大利亚小学科学课程目标的特点

从目标系列看,澳大利亚小学科学课程总目标、分目标、主题目标相互联系,层层分解,构成一个完整的目标体系。

从目标维度与类型看,澳大利亚小学科学课程目标设计了科学理解、人类科学史、科学探究技能三维目标,重视科学史教育,把科学的思想观念、典型事例、演变发展过程融入科学课程与教学之中,将"人类科学史"作为单独的课程目标,体现了当代科学教育改革与发展的趋势。正如有学者指出的那样,综观当代世界范围内的科学教育改革实践,人们越来越重视科学史在科学教学中的作用,科学史正在从科学教育的边缘进入科学教育的中心（张磊,2009）。人类科学史主要涉及两个方面:科学的本质和发展,科学的用途和影响。澳大利亚将人类科学史引入科学课程是科学课程发展中的一大创新,体现了科学史、科学社会学和科学哲学的教育思想（徐玉红 等,2011）。

在科学课程目标中,强调发展学生的能力,特别重视探究能力培养,单列"科学探究技能",将五项探究技能分解到各个年级,对学生进行专门训练,有利于学生科学素养的发展。澳大利亚基于核心素养的国家课程标准体现了能力本位、关注每一位学生发展、注重学生批判和创新思维的价值取向（李湘,2017）[34]。

3. 韩国小学科学课程目标

（1）韩国小学教育目标

2008年,韩国教育、科学和技术部颁布了《韩国学校课程》（*The School Curriculum of The Republic of Korea*）,指出小学教育强调发展学生基本的学术与生活能力。小学教育结束后,学生能够:①具有平衡发展身体与精神的多种经验。②有机会发展基本生活技能,以便形成自我认同与解决日常生活中的问题,采用多种方式表达思想与情感。③有广泛的学习经验,能理解多个领域中的工作。④理解韩国传统与文化，且有积极的态度。⑤发展日常生活需要的基本技能，培养对邻居的热情与对国家的热爱。2015年韩国公布修订后的《中小学国家课程：韩国框架文件》(*The National Curriculum for the Primary and Secondary Schools*，*The Republic of Korea Framework document*)，以下简称"韩国2015年《框架文件》"。

韩国2015年《框架文件》中描述了对受过教育的人的愿景：①一个自我导向的人，建立自我认同，并在全面发展的基础上探索事业和生活；②一个创造性的人，接受各种挑战，基于基本能力提出想法，发现新事物；③一个有修养的人，在具备文化素养的基础上，理解多元的价值观，欣赏和促进人类文化发展。④一个与他人和睦相处、充满道德关怀和分享精神的人，成为有群体意识的与世界联系的民主公民。为了体现对受过教育者的愿景，需要在受教育过程中提升以下关键能力。①自我管理能力，具备生活和职业所需的基本能力和资格，使人获得自我认同并自信地生活。②知识—信息处理技能，处理和利用来自不同领域的知识和信息，以合理的方式解决问题。③创造性思维能力，以广泛的知识为基础，整合来自不同专业领域的知识、技能和经验，发现新颖的东西。④审美—情感能力，基于对他人的理解和文化敏感，发现和欣赏生活的意义和价值。⑤沟通技能，尊重他人意见，在不同的情况下有效地表达自己的想法和感受。⑥公民能力，积极参与改善社区的行动，具有成为地方、国家和全球社区的一员的价值观和态度。这些关键能力相当于欧盟的核心素养。

韩国2015年《框架文件》强调，培养学生在学习和日常生活中所需的品德、基本习惯和能力。中小学教育目标是以学生为中心，旨在促进学生的自主性和创造性。小学生将能够：①建立自尊，培养健康的生活方式，通过多样化的学习体验发现梦想。②发展在学习和日常生活中发现和解决问题的基本能力，以及从新的角度看待问题的想象力。③培养享受各种文化活动的能力，欣赏自然之美和感受日常生活中的幸福。④遵守秩序和规则，基于合作的精神，培养互相帮助和关心的态度。

总之，韩国强调，国家课程以受教育者的教育理想和视野为基础，通过培养未来社会所必需的关键能力，培养具有创新精神和综合素质的学生。为了实现学生的全面发展，韩国提出了多层面要求，如第七次课改的人才培养规划强调对学生个性、能力、教养、文化理解、社会意识的培养。2009年，韩国课程修订后，课程目标精简为四个方面：学生身心健康发展、问题解决、文化理解和社会交往（綦春霞 等，2012）。

（2）小学科学课程目标的表述

韩国教育与人力资源开发部（Ministry of Education and Human Resources Development）在2007年发布的《韩国：科学课程》中指出，科学课程旨在帮助学生充满好奇地探究自然现象、物体，理解科学的基本概念，培养学生的科学思维能力和创造性地解决问题的能力，最终发展学生的科学素养。科学课程的目标是使学生能够：①理解基本的科学概念，并运用它们解决日常生活中的问题。②发展理解科学本质和利用它解决日常生活问题的能力。③增强对自然现象和科学学习的兴趣与好奇心，发展科学地解决日常生活问题的态度。④认识科学、技术与社会之间的关系。

韩国2015年《框架文件》中科学课程目标包括认知性目标、技能性目标、体验性目标，可以分述如下。

认知性目标：帮助学生理解科学的基本概念，包括运动、能源、材料、生命、地球和空间，以及横跨不同年级的与此领域相关的基本概念。

技能性目标：培养科学思维能力和创造性地、科学地解决日常生活中的问题的能力。不同阶段有不同水平的科学探究要求，将科学探究贯穿在科学学习各个方面。探究活动包括观察、实验、调查、讨论等。

体验性目标：让学生充满好奇心地调查自然现象和物体。增强学习自然现象和物体的好奇心和兴趣，培养科学地解决日常生活中问题的态度。培养科学态度和沟通技巧，包括批评、公开、诚信、客观、合作等。

（3）韩国小学科学课程目标的特点

韩国小学科学课程目标强调人的发展。通过界定"受过教育的人"，从对"受过教育的人"的内涵界定出发，对课程目标进行阐述，坚持科学教育为人的发展服务，使科学教育过程成为"受过教育的人"成长的过程。

该课程目标比较粗略，只规定了总目标，缺少学段目标、领域目标，没有将总目标细化为不同领域、不同主题的具体目标，如果仅仅停留在总目标水平上，其指导科学教学与评价的功能将受到限制。

从目标维度看，韩国小学科学课程目标分为认知性目标、技能性目标和体验性目标，符合课程目标的一般维度。从目标类型上看，目标取向大多以普遍性目标为主，对课程教学及其评价的指导作用较弱。

4. 新加坡小学科学课程目标

（1）新加坡小学教育目标

新加坡为了培养学生的思维能力，激发学生的学习动力，1997 年推行"重思考的学校，好学习的国民"教育改革方针（TSLN），其目标就是培养学生的创造力、加强学生的思维能力、保持学生终生学习的热情。21 世纪初，新加坡教育部提出，教育旨在帮助学生发现自己的才能，充分发挥这些才能，发挥他们的全部潜能，培养持续学习的热情，使他们具备未来所需的各种技能。我们力求帮助每个孩子找到自己的才能，在学校中成长并对自己的能力充满信心。我们将鼓励他们追随自己的激情，并在他们中间发现各种各样的人才——在学术领域、体育和艺术领域。我们希望培养那些提出问题并寻找答案，以及愿意以新的方式思考，解决新问题并为未来创造新机会的年轻新加坡人。同样重要的是，我们希望帮助年轻人建立一套合理的价值观，使他们具备品格和韧性，以应对生活中不可避免的挫折，而不会过度沮丧，并且愿意努力工作实现自己的梦想。可见，新加坡政府赋予学校教育更多的历史使命，寄予更高的期望。

2010 年 3 月，新加坡教育部颁布了《新加坡学生 21 世纪技能和目标框架》。其中，核心价值观包括尊重、负责、正直、关爱、坚毅不屈、和谐。四大技能包括：①社交与情绪管理技能，包括自我意识、自我管理、社会意识、人际关系管理、负责任地决策。②公民素养、全球意识和跨文化交流技能，包括活跃的社区生活、国家与文化认同、全球意识、跨文化的敏感性和意识。③批判性、创新性思维技能，包括合理的推理与决策、反思性思维、好奇心与创造力、处理复杂性和模糊性问题。④交流、合作和信息处理技能，包括开放、信息管理、负责任地使用信息、有效地交流。21 世纪技能和目标旨在使中小学生成为自信的人、自我导向的学习者、关心社会的公民、积极的贡献者。21 世纪要获得的能力就是公民素养、全球意识和跨文化技能、批判性和创造性思维、信息处理和沟通能力。这些领域的能力被称为 21 世纪技能。21 世纪技能构成了科学课程制订的重要基础。

（2）新加坡小学科学课程目标的表述

新加坡倡导能力取向的科学教育。2007 年，新加坡教育部课程规划与发展司（Curriculum Planning & Development Division）颁布《小学科学教学大纲》（*Science*

Syllabus，*Primary*）。2013 年修订后颁布新的《小学科学教学大纲》，于 2014 年实施。二者对科学课程目标均作出了明确的规定。新加坡将小学科学课程的目标分为总目标和分目标，如表 2-15、表 2-16 所示。

总目标：2014 年实施的《小学科学教学大纲》对课程总目标的表述为：①为学生提供一种建立在他们兴趣基础上以及能激发其对外界环境产生好奇心的经验。②提供能够帮助学生理解自己和了解周围世界的科学术语的机会和意识。③给予学生发展其技能、思维习惯以及培养他们科学探究态度的机会。④为学生能够用科学知识和方法做个人决定而做准备。⑤帮助学生领会科学是如何影响人和环境的。

分目标：2014 年实施的《小学科学教学大纲》对课程分目标的表述如下。

知识、理解与应用

基于学生的日常经验和常见的自然界现象，使学生领会不同主题及主题之间的联系，从而理解综合的科学思想。这五大主题是多样性、周期、系统、能量和相互作用，也是生活和自然科学中的核心概念。学生在不同水平中，逐渐深入循环学习概念和技能，将对概念和技能的学习与学生的认知水平相匹配，能帮助学生建构概念并促进其逐步掌握技能。每个主题的重点如下：①多样性。世界上有各种各样的生物和非生物。人类试图统筹各种各样的生物和非生物，以便更好地了解所生活的世界。所有的生物和非生物是多样性的统一，具有共性要素，人类可以对它们进行分类。这一主题体现了保护生物多样性的重要性。②循环。自然界是反复变化的模式。循环的例子是生物的生命周期和水循环。了解这些周期有助于人类预测事件和过程，并了解地球是一个自我维持的系统。③系统。由部分组成的系统是一个整体，共同进行作用，有自然系统，也有人造系统。自然系统的例子是消化系统和呼吸系统，人造系统的例子是电气系统。了解这些系统可以让人们理解系统如何运行，以及各部分之间如何影响和相互作用，以执行一个功能。④相互作用。研究系统内部和系统之间的相互作用，增强理解环境与人在其中的角色。相互作用发生在生物体内、生物体之间以及生物体与环境之间。人与环境的互动推动科学技术的发展。同时，科学技术也影响着人类与环境相互作用的方式。通过理解人与人、人与环境之间的相互作用，学生可以更好地理解他们的行为及其后果，从而负责任地行动。⑤能量。能量使日常生活中的变化和运动成为可能。人类为达到许多不同的目的而使用各种形式的能量。人类不是唯一需要能量的生物，所有的生物都能获得能量并利用它进行生命过程。理解这一主题将使学生能够认识到能源的重要性和用途，以及节约能源的必要性。

表 2-15 新加坡小学科学课程主题目标

主题	关键点	重点探究问题
多样性	• 我们周围有各种各样的生物和非生物。 • 人类可以根据相似性和差异性来区分生物和非生物，以便更好地理解它们。 • 维持我们周围生物的多样性，确保它们的持续生存。	• 我们能在周围找到什么？ • 我们如何对各种各样的生物和非生物进行分类？ • 为什么保持生物的多样性很重要？
循环	• 我们周围有反复变化的模式。 • 观察周期有助于我们预测和理解周围的事物。	• 什么是循环？ • 为什么循环对生命很重要？
系统	• 系统由不同的部分组成。每个部分都有自己独特的功能。 • 不同部件/系统交互执行功能。	• 什么是系统？ • 部分/系统如何交互执行功能？
相互作用	• 环境中人与生物、非生物之间存在着相互作用。 • 人可以与环境互动，产生正面或负面的影响。 • 人在保护环境中起着重要的作用，以确保生命的连续性和资源的可用性。	• 人类如何更好地了解环境？ • 人类与环境相互作用的结果是什么？
能量	• 事物需要能量才能工作或移动。 • 能量有不同的形式，它们可以从一种形式转换为另一种形式。 • 一些能源可以被耗尽，人类在节约能源中起着重要的作用。	• 为什么能源重要？ • 如何将能源用于日常生活？ • 为什么节约能源很重要？

科学探究技能和过程

2014 年《小学科学教学大纲》对 2007 年《小学科学教学大纲》中的科学技能与过程目标进行了完善，增加了"科学探究本质特征"，同时，将不同技能纳入问题、证据和推理之中，凸显了科学研究的阶段特征，而不是简单地罗列技能。

小学科学课程国际比较研究

表2-16 新加坡2014年《小学科学教学大纲》的科学探究技能和过程的目标

技能和过程	针对一个事件、现象提出问题	收集和出示证据	推理
技能	形成假设、可能性预测	观察、使用装置和设备	比较、分类、推断、分析、评价
	交流		
过程	创造性地解决问题、调查与决策		
探究本质特征	问题	证据	解释、建立关系
	沟通		

态度和价值观

该部分列出了关键词，并对关键词进行了简单的解释，如，好奇心、创造力、客观、开放性思维、毅力、责任心。①好奇心。渴望探索周围环境和质疑自己的发现。②创造力。提出有创造性、相关联的方法去解决问题。③客观。诚实地处理数据和沟通信息。④开放性思维。接受所有假设性的知识，如果证据是令人信服的，愿意改变自己的观点。⑤毅力。追求一个问题，直到找到一个满意的解决方案。⑥责任心。表现出对生物的关心和担心以及对环境质量的责任意识。

（3）新加坡小学科学课程目标的特点

从目标系列看，新加坡小学科学课程规定了总目标和分目标，但缺少年级目标。从整体上看，课程目标比较粗略。

新加坡小学科学课程目标在关注科学目标的同时关注技术目标。强调基于学生的兴趣，让学生经历科学认知过程，激发他们的好奇心，通过掌握基本科学术语和概念来了解周围世界，培养学生科学探究的技能与思维习惯，学会用科学的知识和方法解决问题，体会科学是如何影响人类与环境的。

从目标维度看，目标分为三个维度：知识、理解与应用；科学探究技能和过程；态度和价值观。《小学科学教学大纲》指出，未来的科学教育涉及的不仅仅是科学的基本概念。学生需要具备技能，能够利用科学知识来识别问题，了解自然世界及其人类活动所带来的变化，能得出证据和结论。他们还需要了解科学的特点，作为一种形式的人类知识和研究，并知道科学和技术如何塑造我们的物质、智力和文化环境。最后，他们需要具备道德和态度，从事与科学有关的工作，成为一个会反思的公民（范文贵，2016）。基于21世纪能力，《小学科学教学大纲》

制订了科学课程的目标。

从目标类型看，新加坡根据不同目标的性质，选择不同的表述类型，如知识、理解与应用的目标以普遍性目标为主，科学探究技能和过程目标以行为目标为主，态度和价值观目标的表述也以普遍性目标为主。这一做法较为合理，但总体上看，课程目标较为粗略。实际上，认知目标可以选择以行为目标为主。

5. 俄罗斯小学科学课程目标

（1）俄罗斯初等教育目标

苏联规定小学教育目标是：小学（1—4年级）的使命是奠定儿童全面发展的基础，保证儿童形成流利地、有理解地、有表情地朗读的牢固技巧，形成计算、合乎规范的书写、流畅的言语的牢固技巧，养成文明行为的习惯。小学应当培养学生对学习和公益劳动的认真态度，培养对祖国的热爱。小学学习年限所增加的一年，可应用于改善儿童身体发育，改善音乐、造型艺术和认识周围自然界的课业。俄罗斯联邦成立后，重视制订教育的国家标准，2004年发布《普通教育国家标准联邦部分》（初等普通教育）指出其制订的目的在于实现俄罗斯初等学校新的个性发展模式。其基本目标为：①促进学生的个性发展，培养学生的创造力和对科学的兴趣，形成学习愿望和能力；②培养学生的道德感和美感，培养对自己和周围世界的情感、价值态度和立场；③掌握系统知识、能力和技能，积累完成各种活动的经验；④保证学生的身心健康；⑤保存和支持学生的个性。该文件特别强调学科之间的联系应促进课程整合，防止课程的孤立以及学生负担过重，发展学生的基本能力和技能。

（2）俄罗斯小学科学课程目标的表述

2004年基础教育国家课程标准要求保证公民平等的受教育权利，诸如自由、选择教育机构的权利，以及学生的身心健康和学习负担的减轻、教育工作者的社会和职业保障、公民获得完整可靠信息等权利。基础教育国家课程标准包括三个方面的内容：联邦国家的标准、地区标准和教育机构的标准。基础教育国家课程标准对基础教育的每个阶段的总体标准、总的能力、技能和活动方法分别作出规定。《俄罗斯联邦教育机构实施普通教育大纲的联邦基准教学计划和示范教学计划》对基础教育课程作出了明确规定，该计划中的"社会科学和自然科学"即"周围世界"课程的目标包括：①了解俄罗斯在世界历史长河中的特殊地位，培养学生对民族的自豪感、成就感以及胜利的喜悦。②形成对国家、家乡、家庭、历史、文化、本国自然环境和现代生活的崇敬与尊重。③认识到周围世界的整体性，掌握基本的生态知识，在自然和人类世界中遵守道德行为的基本规则，在自然和社会环境中形成健康的行为规范。④掌握研究自然和社会的常用方法（利用从家庭资料中、周围人和开放的信息空间中获取的信息，进行观察、记录、测量、实验、比较、分类等）。⑤提高发现和建立周围世界的因果联系的能力（姜晓燕 等，2015）[67]。

2009 年，俄罗斯联邦科学教育部发布《初等教育国家标准》，提出了初等教育的基本目标，其中"周围世界"部分将其"目标"分为总体目标和具体目标两个组成部分。总体目标主要从"掌握知识""发展技能""情感态度""知识与技能的运用"四个层面规定了该课程的总体要求，是对学生所要达成目标的凝练与概括。四项要求为：①掌握知识。掌握关于周围世界的知识，以及自然与社会的统一性和差异性；与人类相关的知识及人在自然和社会中所处的位置。②发展技能。善于观察、描述、分析、概括周围世界的客体，善于制订计划与讨论，培养创造力和对科学的兴趣。③情感态度。为自己的祖国、俄罗斯人民、俄罗斯历史感到骄傲，了解自己的民族特点，具有国家归属感，树立人文和民主价值观。④知识与技能的运用。在生活中学会爱护地球上所有生物，热爱大自然；使用信息手段解决交际问题；学会使用不同的搜索文献的方法。除了总目标，该计划还制订了一些具体目标，主要包括：①形成俄罗斯公民身份的基础，怀有对祖国的自豪感、对俄罗斯人民和俄罗斯历史的骄傲感，了解自己的民族，具有国家归属感与民族认同感；形成人文和民主价值取向；②在自然、人民、文化和宗教的有机统一和多样性中形成一个整体的、以社会为导向的世界观；③对其他观点、国家、历史和文化形成尊重的态度；④掌握基本技能，适应动态变化和发展中的世界；⑤接受和把握社会角色，发展学习活动的动机，形成学习的个人意义；⑥在遵守道德规范，坚持社会正义和自由的基础上，为自己的行为包括信息活动负责；⑦培养审美需求、价值观和感受；⑧发展道德情感、同情心，乐于助人，理解和同情别人的感受；⑨发展在不同社会环境中与成年人、同伴合作的技能，避免与人产生冲突，能找到解决冲突的方法；⑩养成安全、健康的生活方式，具有创造性工作的动力，善始善终，珍惜物质和精神财富的价值。

总之，1—4 年级"周围世界"要求学生学习社会和自然规律的知识，理解在现代社会中国家和政治的格局，形成世界观和个性化的公民观。

（3）俄罗斯小学科学课程目标的特点

从目标设计的重点看，俄罗斯小学科学课程关注学生全面发展与课程的人文价值。周围世界课程目标较为全面，包括掌握知识、发展能力、提高教养、实践能力等方面的目标，促进学生个性的全面发展。这与苏联时期马克思主义全面发展理论的研究与实践传统关系密切，同时突出课程的人文主义思想。1992年颁布的《俄罗斯联邦教育法》提出课程改革必须"为个性的自我实现创造条件"，必须"使学生的个性与世界文化及民族文化融为一体"，必须"保证学生能学到一种职业并获得相应技能"，必须"有助于学生实现自由选择观点和信仰的权利"。2000年颁布的《联邦教育发展纲要》也再次强调确保普通教育的内容达到现代化水平，坚持教育的人道化，以发展个性为目标，形成生活价值观体系、社会规范和其他文明因素（肖甦 等，2004）。课程目标强调科学目标与人文目标的融合，全面发展与个性发展统一。

从目标维度来看，俄罗斯目标大致包括知识、能力、品德目标，在能力目标中又特别重视活动及其丰富性，强调活动在目标实现中的作用。小学生个性和能力的形成与发展依赖于他们对各种不同活动的体验，包括认知活动、实践活动以及社会活动。因此在标准中突出强调教育内容的活动性和实践性、学生的具体活动能力以及在现实生活情景中运用知识和技能的能力。这可能与苏联时期维果茨基、列昂节夫、鲁利亚学派的影响有关，特别是列昂节夫在《活动、意识、个性》一书所阐述的活动理论、巴班斯基教育、教养、发展的教育目标分类，对今天俄罗斯的教育仍产生着重要影响。

从目标类型看，俄罗斯的周围世界课程以普遍性目标为主，目标的操作性、可评性较差，未采用英美的行为目标阐述方式，显得笼统。这可能与苏联凯洛夫教育学的惯性影响有关，缺乏对课程理论的研究，以教育目的代替课程目标，定性描述目的，而不是清晰界说目标。

（二）中等发达国家小学科学课程目标的特点

1. 基于核心素养或关键能力制订课程目标

关注科学素养与核心素养，先确定核心素养或关键能力，在此基础上制订科学课程的目标，课程目标的制订具有清晰的理论依据。澳大利亚在表述"一般能力"的基础上提出科学课程的目标，新加坡提出"21世纪技能"的概念，据此制订科学课程目标，韩国提出六项关键能力。再以新西兰为例，2006年新西兰《教育基本法》提出：培养人格完整，以及具备身为和平民主国家与社会组成者之必要资质的身心健全的国民。2007年《新西兰课程》提出四大教育愿景：①有信心：对自己有正向的认同、有动机且可信赖、机智、有进取心与创业精神，活泼愉快；②与他人联结：与他人关系友好、能有效使用沟通工具、和土地与环境联结、成为社区的一员与国际的公民；③积极参与：参与许多生活情境、能够为新西兰社会、文化、经济与环境的福祉做贡献；④终身学习者：会读与算，成为批判与创新的思考者、知识的积极寻求者、使用者与创造者、精明的决定者。同时提出八大课程价值：①卓越：立大志向，即使在面临困境时仍坚持不懈，保持创新、探究和好奇心；②鼓励学生进行有批判、创新与反省性的思考；③多样性：发现不同于我们的文化、语言和传统；④公平：珍视公正和社会正义所获得的公平；⑤社区参与：为了共同的利益；⑥生态永续：维护与关注环境；⑦诚实：诚实、有责任感、有道德的行为；⑧尊重：尊重自己、他人和人权。在此基础上阐述了新西兰的课程目标。

2. 突出科学探究目标

众多中等发达国家的科学课程，除了基本知识、技能目标，特别关注科学过程与技能目标，将科学探究放在一种特别的位置上。加拿大提出培养"科学与技术思维"，澳大利亚强调"自然探究技能"，新加坡提出发展学生的"科学探究技能与过程"，韩国提出技能性目标。强调科学探究方法与技能培养是中等发达国家小学科学课程目标的一个共同特点，显示了他们紧跟一流发达国家步伐、大力发展学生科学素养的国家理想。

3. 科学课程目标粗细有别

不同中等发达国家的科学课程目标在具体化程度上存在差异，一些国家较为粗放，如俄罗斯、韩国的科学课程目标显得粗放，只有总的课程目标，没有具体规定某个学段或年级的目标，更没有不同知识领域的目标。而一些国家如加拿大、澳大利亚等国的科学课程目标则较为具体，总目标、年级目标、领域目标构成一个不断分化、走向具体的科学课程目标体系。

三、发展中国家的小学科学课程目标

（一）印度、埃及、南非、巴西、中国小学科学课程目标

在诸多发展中国家中，印度、埃及、南非、巴西的科学教育具有一定的代表性，下面主要就上述四个国家和我国小学科学课程目标做一些介绍与分析。

1.印度小学科学课程目标

（1）印度小学教育的目标追求

1975 年印度发布了《十年制学校课程：框架》文件，1988 年颁布了《中小学国家课程：一个框架》。2000 年 1 月，印度全国教育研究与培训委员会发布了《学校教育国家课程框架：一份讨论稿》，2005 年印度国家课程委员会颁布了《国家课程框架》（*National Curriculum Framework*），中小学课程走向完善。

《国家课程框架》指出，印度教育要追求民主和平等、正义、自由、关心他人福祉、世俗主义、尊重人的尊严和权利等价值观；维护思想和行动的独立性，培养独立和集体的、经过深思熟虑的、以价值为基础的决策能力；对他人的幸福和感受的敏感性，以及对世界的知识的理解；提高儿童的创造性表达和审美能力。上述表述也可以归纳为：①着眼于以理性和理解为基础，为对话和话语提供足够的经验和空间；②对他人的福祉和感受保持敏感度，注重对世界的了解和理解；③学会学习，强调构建知识的过程；④将工作与教育结合起来，发展学生参与经济发展进程和社会变革的能力；⑤提供手段和机会，增强儿童的创造力和审美欣赏能力。

为了实现上述理想，印度 2006 年《国家关注科学教学》（*National Focus on Teaching of Science*）规定了小学教育目标：在初小阶段，儿童快乐地探索周围世界。①培养对世界（自然环境、文物和人）的好奇心，使学生通过观察、分类、推理等，参与到探索和实践活动中获取基本的认知和精神运动技能；②强调设计制造，把估计和测量作为后期技术和量化技能发展的前奏；③发展基础语言技能：

④不仅学习科学的专业术语，还要通过科学知识和术语进行口语表达、阅读和写作。在高小阶段，学生应通过已有的经验参与学习科学原理，用手工设计简单的技术单位和模块（例如设计和制作风车的工作模型）并通过活动和调查继续学习以更多地了解环境和健康，包括生殖和性健康。

科学教育的一般目标除了提高思维技能外，还需要培养不受约束的探究精神，其特点是创造性、创新性和客观性，揭开科学与日常生活、健康、农业、工业乃至个人与宇宙之间相互关系的奥秘。

（2）印度小学科学课程目标的表述

印度小学课程目标在多个文件中均有涉及。例如，印度在 1986 年《10+2+3 的教育结构》文件中提出，科学教育将起到一种探究方法的作用并有助于在儿童中形成合适的态度、文化观和健康的生活方式。儿童们熟悉物理、生物和社会常识的实际知识并因而了解他们周围的物质环境和社会环境（瞿葆奎，1991a）[308]。2006 年《国家关注科学教学》规定了中小学科学课程的目标，科学教育应该使学习者能够：①了解符合儿童认知发展阶段的科学知识及其应用的事实和原则；②掌握技能并理解科学知识生产和验证的方法和过程；③获得科学的历史和发展视角，使学生视科学为一种社会事业；④注重科学与环境（自然环境、文物和人）、本地与全球的关系，了解科学、技术和社会相互作用的问题；⑤获得进入劳动世界所需的理论知识和实用技术；⑥培养对科学和技术的自然好奇心、审美感和创造力；⑦养成诚实、正直、合作、关注生命和保护环境的价值观；⑧培养"科学的性格"，诸如客观性、批判性思维和免于恐惧和偏见的自由。2016 年印度颁布的《小学课程：1—5 年级》[Curriculum for Primary Classes（I–V）] 中"科学"（3—5 年级）指出，科学课程被呈现为一个生动的、不断增长的知识体，而不是这些概念的最终产物，强调学习的过程。三年级科学课程的重点是发展与科学有关的认知水平。更加注重发展技能及培养健康习惯以保护环境。四、五年级更加重视实验，理解科学概念、过程和自然现象，培养学生的科学素养及对科学活动的好奇心。

除了总目标，印度《小学课程：1—5 年级》还列举了三、四、五年级科学课程的主题目标，表 2–17 展现了三年级科学课程的主题目标。

表 2-17　印度三年级科学课程主题目标

主题	目标
生物和非生物	帮助学生识别周围环境中的生物和非生物,并基于可观察到的特征加深对于生物和非生物相关的概念的理解。重点是更多地发展各种过程/方法,如观察、辨别和分类等。
人体	使学生熟悉人体中不同内部器官的位置、结构和功能。强调通过一个工作模型(用非技术语言)来理解呼吸过程。其基本理念是教授与呼吸过程相关的健康习惯,并发展学生科学学习的核心技能,即观察、解释、讨论等。
动物:鸟类	提供在周围环境/生态环境中看到的鸟类的信息,发展认识。促进学生对鸟类的具体特征(什么使它们飞行)、身体部位、饮食习惯以及栖息地的了解。利用主题下确定的内容发展核心技能,如观察、辨别、鉴定,也是这一主题的固有部分。
动物:常见的昆虫	提供在环境中观察到的一些常见昆虫的有趣事实,以增进学生对动物和环境的理解并提高其敏感性。该主题还将发展学生观察、讨论的技能,培养学生对其他生物和环境的关怀和关心。
周围环境中的植物	培养学生对植物各个部分(包括种子)的认识和理解。培养学生对植物和环境的敏感性以及其他技能,如观察、实验和讨论。
我们从植物中获取食物	让学生熟悉植物的不同部分作为环境资源的不同用途。培养学生的观察、实验等技能,对植物和环境的关心与敏感性,以及与食物有关的健康习惯。
物质的形态:固体、液体和气体	发展学生对日常生活中发现的不同形态物质及其示例的理解。提高学生对不同形态物质可观察到的属性的认识。该主题的重点是促进与不同物质形态相关的概念的形成,使学生能够将这些形态与他们的日常生活联系起来。该主题还旨在发展观察、分类和实验的技能。
水的性质	让学生通过活动了解水的一些特性,这些特性通过活动很容易被学生观察到。学生还将了解影响溶液的条件。该主题进一步以一种有趣的方式讨论"什么在水中漂浮,什么在水中下沉?"。
水资源	提高学生对水的不同形态及其在日常生活中的应用的认识。用简单的术语来揭示蒸发和冷凝的过程。学习水杂质产生的原因和净化水的方法,以及利用集水作为保护和节约环境中水资源的一种方式。学生还将通过该主题发展讨论、解释和实验的技能。
太阳能资源	加深学生对太阳的重要性、太阳在日常生活中的各种用途以及如何将其作为一种可再生能源加以利用的理解,促进学生对可再生能源和不可再生能源的理解。

续表

主题	目标
清洁、健康及卫生	将学生的个人经历和叙述作为学习资源，教授他们与自己和周围环境有关的健康习惯。利用各种行动导向的活动来提高学生对环境的敏感性。在这一过程中，学生还将发展观察、讨论、欣赏等技能。

（3）印度小学科学课程目标的特点

①从目标系列看，印度小学科学课程目标形成了二级课程目标体系。

总目标规定了3—5年级小学科学课程应达到的标准，将总目标进行分解，落实到不同年级，每个年级制订不同主题的目标，形成二级目标体系。同时，不同年级的课程目标有所侧重，逐步提高水准，进阶特征明显。

②从目标维度看，印度小学科学课程目标维度不够清晰。

不是从知识、技能（能力）、态度三个方面呈现课程目标，而是按照主题简单罗列目标，目标维度模糊，逻辑关系难以识别。

③重视情感目标与能力目标。

《国家关注科学教学》列举的八条目标中，情感目标共三条，如提出"科学性格"目标，将科学精神、品质转化为性格。注重科学与环境、技术、生产的关系教育，强调科学知识与社会生产生活的联系。正如研究者指出的那样，在第三至第五级（Classes Ⅲ to Ⅴ）教授科学的目标是通过与环境的直接互动了解动植物、自然资源、能量来源等；加强观察，培养探索精神；培养对保存和保护物质与自然资源的关注、敏感性和能力。

2. 埃及小学科学课程目标

（1）埃及小学教育目标

联合国开发计划署《2013年人类发展报告》显示，埃及的人类发展水平排在186个国家中的第112位，在世界上明显落后于其他国家。但埃及政府重视教育对经济发展、社会进步和环境治理的基础性地位，出台了国家中长期发展规划——"2030愿景"，该规划包括经济、社会和环境三个方面，其中，社会指标细分为社会公正、教育和培训、卫生事业、文化事业，有关教育的篇幅最为详尽，指标也最为复杂。教育发展的三个战略目标分别是提高教育质量、开展全民教育和提高教育竞争力（孔令涛 等，2018）。埃及强调为所有适龄儿童提供优质的教育服务，缩小学校间在性能及成绩水平上的差距，保证学生完成学业。随着社会、经济、文化的发展，埃及教育目标不断走向细化，其教育目标可分为基础教育目标、义务教育目标与课程目标三个层次。

关于埃及教育的总目标，1986 年科克伦在《教育的挑战与对策》中指出，"有史以来埃及的教育目标一直没有变——向人民传授实用的和文化的知识，使他们在社会上成为有生产力的、并能鉴赏文化的人。"（瞿葆奎，1991a）[571]1989 年埃及教育部规定：①促进民主和机会平等，培养民主的个体。②促进国家的总体发展，即建立起教育与就业之间的功能关系。③增强个体对国家的归属感，促进阿拉伯文化的同一性。④通过自我更新和自我教育而导向持续的和终身的学习。⑤发展学生的文化知识和技能、算术、计算机、外语、创造艺术和环境理解能力（王素，2000）[301]。21 世纪初，埃及基础教育总目标又有新的发展，其基本精神可概括为：①深化学生对祖国、对历史文明的认同，加强对国家的忠诚度、归属感，并为自己的祖国而自豪。②获得阅读、写作及数学方面的基本技能，通过大众语言采纳各种观点，付出努力，表达意见，进行互动，作出逻辑性判断，解决问题。③参与实现政治稳定、社会安宁，保证国家独立，深化国民信仰，形成民主社会，促进发展、生产及自力更生的进程。④形成科学思考方式及分析信息的能力，在此基础上面对相关问题，作出正确决定，因为思维方式才是基础，而不是大量信息的填充。⑤学会应对 21 世纪的诸多挑战，首先就要接受未来的科技，并进行日常应用，比如使用计算机，训练使用当今科技的实践技能。⑥关注身心健康，促进身体健康与人际关怀。⑦获得积极参与群体性、群策群力的工作的能力，明白在实现自由与恢复民主框架下的权利与义务、付出与责任之间的关系，加强对自己、对他人的尊重意识及责任意识。⑧从课程中客观地对待文化传承，激发自我价值。在世界文明、科学知识及技术的大框架内，理解社会的现实及本质，努力发展自己，改变环境，期望取得更大的进步。⑨鼓励参加自由、自愿、有组织的活动，培养探求的主动性、勇气及意愿，为自己骄傲，培养艺术、音乐、戏剧的欣赏品味，具有创造性的灵魂，形成自我人格，赋予学生独立意志、自由主见等（迪娜，2015b）。

埃及小学教育目标：①提供机会，让学生通过观看、观察以及直接互动来获取信息，让教学过程变得生动，学生从中获取经验以便更好地生活。②通过书本、故事、参观或者观察现场的工作表现获得一些实践经验。③工作培训应加强学生认知的有效性，在创新实践活动中发展实践理论知识的能力，发展他们的警觉性，增强注意力及记忆力。④在学校工作日内专门留出充足的时间用于实践技术操作，允许学生在他们选择的机器上进行练习。通过开放日制度，让学生有机会通过与工作现场或公司的直接联系来获取经验及技能。⑤教育应当成为全面教育，不局限在提高认知效率，还要着眼于学生性格培养及生活教育，也就是要发展头脑、体质、感知、品位及宗教、道德、社会价值观。⑥在教育初始阶段引导他们自学、终身持续学习。学校教育的首要任务是培养每一个学生终身自我照顾、自我学习的意识，教会学生收集信息，发展认知能力和对知识获取的渴求（迪娜，2015b）。

（2）埃及小学科学课程目标的表述

埃及 2011 年制订了一系列教学活动质量文件。其中，《公共教学活动文件总纲》在前言部分指出，学校的基本作用就是通过提供给学习者符合其需要、爱好和关注点的各种经验，帮助学习者实现身心、情感、社会性的全面协同发展，关注他们的发展和个体差异，增长他们的智慧，同样，也应该让他们成为有自我意识、社会意识、国家意识和世界意识的公民，能够认清自身的权利和义务。课程设置应该更加强调让学生自由表达其观点，让学生自己创造未来。

埃及没有专门的小学科学课程标准，但 2011 年制订了指导小学生开展科学活动的官方文件——《教育活动质量文件 科学活动》，以下简称《科学活动》，对科学教育目标进行了较为明确的规定，提出了科学活动需要实现的系列目标：①能阅读描述大自然的书籍和科学出版物。②让学生对周围的环境感兴趣。③让学生对生物感兴趣。④通过观察和训练，培养学生对大自然的科研能力和爱好。⑤让学生对自然现象产生更多关注。⑥通过直接经验和间接经验，发展学生发现真相的能力。⑦让学生习惯于使用科学方法。⑧培养学生使用实验工具的技巧。⑨培养学生的观察和分类能力，进行实验，模仿制作设备，并尝试对其改进，或者发明更好的设备。⑩解剖、使用防腐技术保存一些生物。⑪收集一些标本并对其进行分类。⑫在专业教师的指导下，制作一些在学校里能够加工的、简单的化学材料，以促进学生掌握知识等。

上述目标对于指导小学科学活动的设计、实施与评价，具有积极的导向作用。同时，这些目标也体现在《科学活动》中的"教育成果"部分有关"科学活动的标准与指标"里，前后构成一个有机的整体。

（3）埃及小学科学课程目标的特点

①从目标系列看，目标系列不够完整。

埃及小学科学课程目标只有总体活动目标，缺乏内容目标，未结合具体内容或主题进行描述与说明。

②目标简单罗列，维度模糊。

《科学活动》只简单列举了科学学习目标，目标内在的条理性、逻辑性较差。目标维度不够清晰，部分目标出现交叉，如"让学生对生物感兴趣"与"让学生对周围的环境感兴趣"的表述存在交叉重叠问题。当然，埃及比较重视科学能力培养。科学活动大多属于科学技能与方法，如"让学生习惯于使用科学方法""培养学生使用实验工具的技巧""培养学生的观察和分类能力"等目标。

③从目标类型看，以普遍性目标为主。

许多目标是培养目标或教育目标的直接推演，停留于一般理念层面，因而比较空泛。普遍性目标对科学教材编写、教学设计与实施的指导性不强，难以发挥课程目标的导向功能。

3. 南非小学科学课程目标

（1）南非课程的价值追求

南非 2000 年发布《21 世纪南非课程：2005 年课程评审委员会报告》（*South African Curriculum for the Twenty First Century*：*Report of the Review Committee on Curriculum 2005*），提出国家课程的远景，实现从内容为本向结果为本的转变，建设一个繁荣、民主、团结、有国际竞争力的国家，培养有文化、创新能力、批判精神的合格公民，使他们在一个无犯罪、无歧视、无偏见的国家里充分发挥各自的潜能，丰富多彩地生活。

2002 年 5 月，南非教育部发表了学前班至九年级《国家课程声明（修订稿）》，秉承"以学业结果为本"的教育理念，进行科学教育改革。尽管南非没有就小学科学课程提出明确的理念，但 R-12 的课程设计基于以下原则：识别和解决问题，并使用批判性和创造性思维作出决策；作为个人和作为团队成员有效地工作；以负责任和有效的方式组织和管理自己及其活动；收集、分析、组织和批判性地评估信息；在各种模式下使用视觉符号或语言技能进行有效沟通；有效地利用科学技术，批判性地表现出对环境的关心和对他人健康的责任。

（2）南非小学科学课程目标的表述

2012 年南非正式颁布国家课程标准——《课程与评价政策声明：R-6 年级自然科学》。

总目标：通过学习科技知识能够回答有关我们周围世界本质的问题，以及利用科学技术来改善我们的生活质量。这些可以为学习者从事经济活动和自我表现做准备，为未来的科技研究奠定基础，也为学习者积极参加重视人权和促进改善环境的民主社会做准备。科学的教与学包含了一系列可用于社区、工作场所日常生活的过程技能的发展。学习者可以在提供创造力、责任心和增强自信心的环境下获得技能。提高学习者客观思考的能力，让他们使用"过程与设计技能"进行调查、反馈、合成、设计、制造、评价和交流，形式推理论证的能力。认识到科学与技术对我们的世界产生了重大影响，有积极的一面，也有消极的一面。理解科学史和自然科学技术与其他学科间的关系，理解科技对社会发展的必要性以及使用科学知识维护我们自身、社会和环境利益的必要性。理解科学也能帮助我们认识道德决策的重要性。可见，南非从科学知识、科学方法、科学态度这三个层面描述科学教育目标。

分目标：依据科学知识、科学方法、科学态度这三个维度，南非的分目标分为以下几条：①发展科学认知和应用科学知识，知道与学科内容相关的理论。②开发和利用不同环境下的科学过程技能，学会科学实践中的工作与调查，为日常生活中遇到的问题设计解决方案。③增强科学、社会和环境之间的关系和责任，理解科学技术在日常生活中的应用，以及了解科学发现与技术解决的历史，理解本土知识和科学技术的关系。具体包括如下内容。

发展科学过程技能。科学的教学和学习的过程技能，可以用于开发一系列可用于日常生活、社区和工作场所的过程技能。学习者可以在支持创新、责任和增强自信心的环境里获得这些技能。他们可以通过调查、分析，使用各种形式进行推理与沟通，发展过程技能。

发展科学知识和理解。对科学的认识和理解是一种文化的传承，包括回答关于物理世界的各种问题；为学习者的经济活动和自我表达做准备；奠定科学研究的基础；为参与重视人权和促进环境责任的民主社会做准备。

科学与社会。科学和技术对我们的世界已经产生重大的影响，无论是正面的还是负面的。仔细选择和使用各种教学方法，促进学生了解以下方面：科学作为人类的活动；科学的历史；自然科学和其他学习领域之间的关系；科学对社会公义和社会发展的贡献；对自己、社会和环境的责任；涉及伦理问题的决定。

（3）南非小学科学课程目标的特点

①从目标系列看，结构较为完整。

南非小学科学课程总目标与分目标清晰，但缺少年级目标、主题目标，目标细化程度不够。

②从目标维度看，易于理解与把握。

南非小学科学课程目标从科学知识、科学方法、科学态度三个维度来说，逻辑清晰。

③从目标类型看，南非追求可操作的目标。

坚持"以教育结果为本"的指导思想，强调目标对于学生的实际意义，强化科学教育与社会生活的联系。

4. 巴西小学科学课程目标

（1）巴西基础教育目标与理念

1971 年巴西共和国总统《第 5692 号令》指出，第一级教育和第二级教育的总目标是培养和发展受教育者实现自己的理想、获得工作资格、自觉执行公民的权利和义务等潜在的能力（瞿葆奎，1991a）[606]。1996 年，巴西颁布新的《全国教育方针与基础法》，重申国家教育的原则和目的是使受教育者能得到充分的发展，为成为公民做好准备并获得劳动的技能，该文件指出，初等教育，学制至少 8 年，年满 7 周岁者必须入学，满 6 岁者也可入学，公立学校免费。初等教育的目的是进行公民的基础教育。初等教育目标为：①发挥学习潜力，全面掌握读、写、算等学习的基本手段；②了解自然环境和社会环境、政治制度、技术、艺术及构成社会的价值方面的知识；③发挥学习潜力，以获取知识和技能，培养能力和才干；④加强家庭联系，加强人与人之间的团结纽带和社会生活中的宽容程度（黄志成，2000）[418]。

2016 年，巴西教育部在《国家共同课程基础》中提出基础教育的理念：①重视和利用历史建构的物质、社会、文化和数字世界的知识来理解和解释现实，继续学习，彼此合作，建设一个公正、民主和包容的社会。②培养求知欲，利用科学的方法，包括研究、反思、批判，运用想象力和创造力，通过调查，探究原因，阐述和检验假设，确定和解决问题，提出基于不同领域的知识的解决方案（包括技术）。③重视和欣赏从本地到世界各地的各种艺术形式和文化表现，并参与艺术文化生产的多种实践。④使用不同的语言——口头、身体、视觉、声音和数字，以及艺术、数学和科学语言，表达观点，分享信息、经验和不同背景下的感受，相互理解，产生意义。⑤在各种社会（包括学校）实践中，以批判、有意义、反思和道德的方式理解、使用和创建数字信息和通信技术，交流、获取和传播信息，产生知识，解决问题，并在个人和集体生活中发挥积极作用。⑥重视文化知识和经验的多样性，具备适当的知识和经验，能正确理解工作世界及其关系，作出与公民身份及其生活相一致的选择，具有自由、自治、批判意识和责任。⑦在可靠事实、数据和信息的基础上进行辩论，阐述、协商和捍卫自己或他人的想法、观点和决定，尊重人权，促进地方、区域和全球理解，形成社会环境意识，负责任地消费，作出有关自己、他人和地球的道德行动。⑧了解、欣赏和关心身体健康和情感健康，理解人类的多样性，通过自我批评和情绪处理，认识和处理与他人的关系。⑨在不损害他人利益的前提下，通过对话，解决冲突，彼此合作，促进对他人和人权的尊重，欣赏、重视个人和社会群体的多样性，对他们的知识、身份、文化和潜力，不带任何偏见。⑩以自治、责任、灵活性、适应力和决心，进行个人和集体行动，根据道德、民主、包容、可持续原则作出决定。

上述目标与理念影响了小学科学课程目标的制订。

（2）巴西小学科学课程目标的表述

巴西教育部 2017 年 12 月颁布了《国家共同课程基础》，以下简称 BNCC，其中的"自然科学"部分阐述巴西小学科学课程的理念：面向所有学生关注科学知识的历史、激发学生兴趣和好奇心，倡导"调查式"探究学习。

巴西的科学课程强调发展学生的能力，为此，BNCC 罗列的科学课程总目标，包括七大方面：①视科学为人类的事业，认识到科学知识是暂时的、文化的和历史的。②了解自然科学的基本概念和解释结构，以及掌握科学研究的过程、做法和程序，以便在科学、技术和社会环境问题和工作世界中感到安全。③分析、理解和解释与自然、技术和社会生活世界相关的现象、特征和过程，以及在它们之间建立联系，运用好奇提出问题，并寻求答案。④评估科学与技术的应用和对政治、社会、环境与文化的影响，提出应对当代世界包括工作世界挑战的替代方案。⑤建立以数据、证据和可靠信息为基础的论据，通过协商，促进社会沟通，尊重他人的观点，不抱偏见，欢迎和重视个人与社会群体的多样性。⑥利用自然科学的知识，认识、欣赏和照顾我们自己、我们的身体和健康。⑦尊重个人和集体，自主、有责任感。

上述自然科学专门技能可以被分解，具体到不同年级的不同内容，通过对学生进行不同内容的教学，培养学生的科学技能，发展学生的科学素养。巴西 BNCC 将课程目标年度化，制订了科学课程的各学年的学习目标，如表 2-18 所示。

表 2-18　巴西小学 1—6 年级科学课程的学习目标

学年	主题领域	学习目标
第一学年	物质和能量	比较日常使用的物体中存在的不同材料及其特性。
	生命和进化	（1）找到并说出人体部位的名称，通过口头描绘和解释其功能来表示它们；讨论保持卫生习惯（吃饭前刷牙，清洁眼睛、鼻子和耳朵等）是维持健康所必需的；（2）比较同学之间的身体特征及其多样性，并认识到尊重差异的重要性。
	地球和宇宙	（1）识别和说出不同的时间尺度；每天（早、午、晚）以及日、周、月、年的连续性；（2）找出由于日夜交替而导致的人类及其他生物每日生活规律的例子。
第二学年	物质和能量	（1）识别哪些材料（比如金属、木头、玻璃等）是日常生活的一部分，了解怎么使用这些材料，过去生产过哪些材料；（2）考虑这些材料的某些特性（比如灵活性、硬度、透明度等），根据需要在日常使用的物体中选择不同的材料；（3）讨论居家事故（尖锐和易燃物体、电力、清洁产品和药物等）的必要预防措施。
	生命和进化	（1）描述与日常生活有关的植物和动物的特征（大小、形状、颜色、生活阶段、成长等）；（2）调查发现植物在有水分、光照条件下的状态，以及在无水分、光照条件下的状态；（3）识别植物的主要部分（根、茎、花和果实）和功能，并分析植物、其他生物和环境间的关系。
	地球和宇宙	（1）描述一天的不同时间太阳的位置，并将学生自己的影子的大小和不同物体的影子的大小联系起来；（2）比较和记录太阳辐射（加热）对不同物质类型表面（水、沙、土壤、黑暗表面、光照表面等）的影响。

小学科学课程国际比较研究

学年	主题领域	学习目标
第三学年	物质和能量	（1）通过使不同物体振动制造不同的声音，识别影响声音现象的多个因素；（2）实验并报告光在通过透明物体（玻璃窗、透镜、棱镜、水等材质）、照射表面光滑的物体（镜子）以及照射不透明物体（墙、人以及其他每日使用的物体）时的一些现象；（3）讨论在声音、光线影响的环境条件下，保持听觉和视觉健康所需要的习惯。
	生命和进化	（1）确认当前环境中最常见动物的生活方式的特征，比如说它们吃什么，它们是如何繁殖的，它们如何移动等；（2）描述和表达生活在不同陆地或水生环境的动物（包括人类）身上发生的变化；（3）根据共同的外部特征（羽毛、毛发、鳞片、喙、爪、触角、爪子等）比较一些动物并将它们分组。
	地球和宇宙	（1）通过观察、操作、比较对地球的不同表示方式（地图、地球仪、照片等），确定地球的特征（例如球形、有水面、土壤等）；（2）观察、识别并记录每日太阳、其他恒星、月球和行星在天空中可见的时段（白天或夜晚）；（3）基于不同特征（颜色、质地、气味、颗粒大小、渗透性等特质）比较学校环境中的不同土壤样本；（4）学习识别土壤的不同用法（种植和其他用途），认识到土壤对生命的重要性。
第四学年	物质和能量	（1）通过观察物质的物理特性、学习其组成成分来识别日常生活中的混合物；（2）测试并描述不同材料每日暴露在不同条件下（热、冷、光照和湿度）会发生的变化；（3）提出一些由于冷热导致的可逆变化（比如水在不同形态之间的转换）和不可逆变化（比如烹调鸡蛋、烧纸等）。
	生命和进化	（1）分析并建立简单的食物链，认识到不同生物在各自所处的食物链中占据的位置；（2）强调物质循环和生物圈中有机部分、无机部分间能量流的异同；（3）描述真菌和细菌在分解过程中所起到的作用，并认识到分解过程对环境的重要性；（4）学习在食物、燃料、药物等物质生产过程中微生物的参与程度；（5）基于一些微生物的传播方式的知识，培养正确的态度和应对方式来预防相关疾病。
	地球和宇宙	（1）通过记录太阳和棍子的影子（日晷）的相对方位，学习方位基点；（2）比较和解释通过观察棍子的影子（日晷）以及解读指南针所得到的方位信息的差异；（3）把月球和地球的周期性运动与规律性联系起来，并应用知识构建不同文化条件下的日历。

学年	主题领域	学习目标
第五学年	物质和能量	（1）发现能够展现物质物理特性的一些现象，物理特性包括密度、导热性、导电性、磁性、溶解性、对机械力的反应（硬度、弹性等）等；（2）运用水在不同物理状态间变化的知识，解释水循环并分析水循环在农业、气候、能源生产、饮用水供应和地区（或当地）生态系统平衡中的作用和影响；（3）选择一些能够证明保护植被覆盖对维持水循环、防止水土流失和保护大气质量有重要意义的论点；（4）提出日常生活中水和其他物质的主要使用方式，并讨论由此可能引发的问题；（5）构建一种集体性的意识，负责任地消费，培养妥善处理，重复使用、不断回收利用在学校或日常生活中消耗的物质的习惯。
	生命和进化	（1）基于消化和呼吸系统的功能，选择一些能够支持消化系统和呼吸系统在有机体营养处理过程中起协同作用的论点；（2）识别血液循环系统的功能、有机体营养素的分布和机体产生的废物之间的关系；（3）设计一个营养均衡的菜单来维持有机体的健康，考虑食物的特性（营养素和卡路里）以及个体需求（执行活动、年龄、性别等）；（4）分析不同人群的生活习惯（所吃食物种类、进行的活动等），讨论在儿童和年轻人群中会出现的营养素失调问题（比如肥胖）。
	地球和宇宙	（1）使用一些辅助资源来识别天上的星座，比如星座图的应用；（2）把天上的太阳和其他恒星的日常运动与地球的自转、公转相联系；（3）基于至少两个月的对月相清晰的记录，总结出月相的周期变化规律；（4）设计制造一些用于远距离观察的设备（望远镜、潜望镜等），用于放大观察对象的设备（放大镜、显微镜等），还有记录图像的设备（照相机）并且讨论这些设备的使用方式。
第六学年	物质和能量	（1）将两种或多种材料（水和盐、水和油、水和沙等）混合；（2）从混合物中找出化学变化的证据；（3）识别材料的分离过程，选择更适合的方法来分离混合物；（4）将药品和其他合成材料的生产与科学技术的发展相联系，评估其对社会环境的影响。

续表

学年	主题领域	学习目标
第六学年	生命和进化	（1）解释细胞的基本组成及其作为生物结构和功能单位的作用；（2）基于对插图和模型的分析，得出结论，认识生物体是具有不同组织级别的复杂系统；（3）基于对神经系统的基本结构和功能的分析，证明其在协调身体运动和感觉行为方面的作用；（4）基于人眼的功能，选择合适的镜片矫正不同的视力缺陷，解释视觉（图像捕获和信息传递）在生物与环境相互作用中的重要性；（5）推断动物的结构、支架和运动是由肌肉、骨骼和神经系统之间的相互作用引起的；（6）解释精神活性物质如何影响神经系统的功能。
	地球和宇宙	（1）识别构成地球（从内部结构到大气层）的不同圈层的主要特征；（2）识别不同类型的岩石，将化石的形成与不同地质时期的沉积岩相关联；（3）选择能表明地球球形的论据和证据；（4）我们可以通过木棍（日晷）在一年不同时期中，相同时间的影子，得出地球在进行自转和公转以及地球旋转轴与其围绕太阳公转的轨道面夹角。

（3）巴西小学科学课程目标的特点

①从目标系列看，巴西小学科学课程目标比较完整。

巴西小学科学课程目标既有课程总目标，还有学年主题领域目标，主题目标明确具体，从而构成一个相对完整的目标体系。

②从目标维度看，包括知识、技能、情感目标，尤其重视技能目标。

巴西 BNCC 强调以培养学生批判性的、科学的思维能力和科学探究能力为核心，帮助学生运用所学知识解决日后社会、生活中的实际问题，亲近自然，将科学知识与方法运用于社会生活之中。确保小学生能够认识历史中出现过的多种科学知识，也要保证他们能够逐步接近科学研究的主要过程、实践和程序。科学学习本身不仅是为了掌握科学知识，还要帮助学生理解自然、人生、社会，运用科学知识与方法解决生活问题。

③从目标类型看，目标的操作性较强。

因为重视科学技能目标，强调科学知识、技能在生产、生活中的实际运用，所以在巴西小学科学课程目标表述中，行为目标是主体，用行为动词界定不同知识与技能主题的学习任务，目标的操作性较强。

5. 中国小学科学课程目标

21世纪以来，我国发布了3个小学科学课程标准，均对课程目标进行了表述。2001年《全日制义务教育科学（3—6年级）课程标准（实验稿）》规定了小学科学课程的分目标为：科学探究、情感态度与价值观、科学知识。2017年《义务教育小学科学课程标准》在2001年《全日制义务教育科学（3—6年级）课程标准（实验稿）》的基础上，对小学科学课程目标进行了重新表述。2017年《义务教育小学科学课程标准》规定，小学科学课程的总目标是培养学生的科学素养。然后，分别从"科学知识""科学探究""科学态度""科学、技术、社会与环境"四个方面阐述具体目标。《义务教育科学课程标准（2022年版）》在"课程目标"部分指出，立足学生核心素养的发展，依据核心素养的内涵及学段特征，体现课程性质，反映课程理念，确定总目标和学段目标。其中，科学课程核心素养主要是指"学生在学习科学课程的过程中，逐步形成的适应个人终身发展和社会发展所需要的正确价值观、必备品格和关键能力"，它包括科学观念、科学思维、探究实践、态度责任等方面。科学课程的总目标：科学课程旨在培养学生的核心素养，为学生的终身发展奠定基础。具体维度包括：（1）掌握基本的科学知识，形成初步的科学观念。（2）掌握基本的思维方法，具有初步的科学思维能力。（3）掌握基本的科学方法，具有初步的探究实践能力。（4）树立基本的科学态度，具有正确的价值观和社会责任感。对于学段目标，《义务教育科学课程标准（2022年版）》围绕科学观念、科学思维、探究实践、态度责任四大维度，对1—2年级、3—4年级、5—6年级三个学段中的具体目标进行了较为详细的表述，构建了一个以四大课程核心素养为经，以三个学段为纬的目标体系。《义务教育科学课程标准（2022年版）》在科学课程核心素养的统领下界说科学课程目标，纵横交错，课程目标的构建更加完整、合理，实现了课程目标表述质的飞跃。

纵观我国小学科学课程目标的变革，可以看出，我国小学科学课程目标除了科学知识目标，特别强调科学探究与实践目标，还包括科学情感目标，全面体现了科学素养发展的基本旨趣和追求，适应了科学教育改革与发展的国际趋势，标志着我国科学课程目标的制订达到世界先进水平。

（二）发展中国家小学科学课程目标的特点

1. 在培养目标或教育目标的基础上制订科学课程目标

与发达国家不同，由于经济、科技发展相对滞后，大多数发展中国家未能像发达国家那样制订"核心素养"或"关键能力"，并以此作为课程开发与设计的依据，为科学课程设计提供现实基础，使课程内容更加贴近当代社会生活需求。许多发展中国家一般将科学课程目标建立在总的教育目的或学段培养目标的基础上，科学课程目标成为培养目标的具体化，保持了科学课程目标与培养目标的内在关联与一致性，但目标的时代性、生活性可能不及发达国家。

2. 目标维度不够清晰

一般而言，课程目标可以被划分为不同的维度，如知识目标、技能目标（探究目标）、态度目标等，但一些发展中国家未能将小学科学课程目标进行目标维度的区分。如印度、埃及的小学科学课程目标的表述比较笼统，没有清晰地将目标分解。一些国家也未能有意识地对课程目标进行维度的划分，但似乎能从中发现知识、技能、态度这样的目标维度。目标维度模糊可能给教材编写带来不便，也难以对教学给予明确指导。

3. 大多数发展中国家重视技能目标

同大多数发达国家相比，发展中国家也十分重视科学技能目标，但不同的是，发达国家更加重视科学探究技能，而发展中国家则更加重视一般的科学技能，强调运用科学知识解决日常生活问题的技能，而不是开展科学研究的技能。如巴西的"生命和进化"中的目标：设计一个营养均衡的菜单来维持有机体的健康，考虑食物的特性（营养素和卡路里）以及个体需求（执行活动、年龄、性别等）；分析不同人群的生活习惯（所吃食物种类、进行的活动等），讨论在儿童和年轻人群中会出现的营养失调问题（比如肥胖）。这些目标所涉及的科学研究过程技能较少。

四、比较与分析

通过以上比较与分析，可以概括出小学科学课程目标的一些共同特征。

（一）课程目标制订依据明确

课程目标是课程设计、实施的出发点，是课程评价的基本标准，但课程目标的制订并非随心所欲，它是一件十分严肃、复杂的事，需要妥善而明智地决策。关于课程目标的制订依据，不同的课程专家提出不同的主张。杜威在 1902 年出版的《儿童与课程》一书中论述了课程的三个基本要素：学生、社会、教材。波特在 1931 年的《处在十字路口的教育》一文中论及课程目标的三个来源：教材专家的观点、实践工作者的观点、学生的兴趣。塔巴 1945 年在《课程设计的一般技术》一文中，论述了课程目标的三个来源：对社会的研究、对学生的研究、对教材内容的研究。泰勒提出三个依据（对学习者本身的研究、对校外当代生活的研究、学科专家对目标的建议）和两条原则（教育哲学、学习心理学）。从各国小学科学课程目标的制订来看，科学课程目标的确立除了对社会、学生、知识三个因素的考虑外，许多发达国家和部分发展中国家明确提出科学课程的"理念"或"原则"以及"核心素养"，发展中国家则大多从培养目标（或小学教育目标）出发确定小学科学课程的目标，试图为科学课程目标的制订提供较为充分的理论依据。其中，提出核心素养、课程理念是目前较为流行的做法。

课程理念是关于课程的理想，或是指理想的课程。美国课程专家古德莱德将课程分为理想的课程、正式的课程、理解的课程、运作的课程、经验的课程，其中"理想的课程"是指存在于课程专家头脑中、关于美好课程的设想，是关于课程的乌托邦式的课程构想。作为课程的最高构想，课程理念是课程概念家族中的"王者"，课程理念对课程目标、内容及其实施、评价均具有重要的影响。可以说，课程理念处于课程金字塔的最高层次，它统辖着其他课程要素与课程开发活动，直接影响课程目标的制订。提出课程理念的发达国家有美国、英国、德国、芬兰、加拿大、澳大利亚、韩国、日本，埃及、巴西、中国等发展中国家也表达了课程

第二章 小学科学课程目标比较

119

的理念或核心素养，大多数国家科学课程的理念为培养学生的科学素养。有的国家对课程理念的表述有所不同，如美国的课程理念是面向所有学生、培养高水平科学素养、跨学科学习与实践，日本的课程理念是培养学生"扎实的学力"与"科学人格"，韩国的课程理念是"发展基本学术和生活能力"等。通过课程理念，为课程目标的制订提供依据。

学生要发展的"核心素养"（有的国家称为"关键能力"）主要是指学生应具备的、适应社会发展和终身学习需要的必备品格和关键能力，是关于学生知识、技能、情感、态度、价值观等多方面要求的综合表现。

提出"核心素养"（关键能力）的国家有美国、德国、法国、芬兰、新加坡、韩国、中国等。如，2006 年欧盟提出八大"核心素养"：使用母语交流、使用外语交流、数学素养与基本的科学技术素养、数字化素养、学会学习、社会与公民素养、主动意识和创新精神、文化意识与表达。美国"21 世纪能力"则涵盖：思维的方法——创造性与革新，批判性思维及问题解决与决策，学习能力和元认知；活动的方法——沟通与协同活动；活动的工具——信息素养及信息沟通技术素养；生活的方法——社区与国际社会的市民性、人生与生涯设计、个人与社会责任。此外，德国提出八大"关键素养"，法国提出七大"必不可少的共同基础"，芬兰提出七大"横贯能力"，韩国提出六大"关键能力"。我国《义务教育科学课程标准（2022 年版）》首次界定了科学课程的核心素养，该标准将义务教育科学课程的核心素养划分为科学观念、科学思维、探究实践、态度责任，依据科学课程核心素养，制订和表述科学课程的分目标与学段目标，构成经纬交织的科学课程目标体系。至此，我国中小学课程既有一般层面的核心素养，又有学科层面的核心素养，科学课程目标的制订获得了坚实可靠的基础。同时，科学课程目标及其表述直接参照核心素养维度，二者高度同构、一致，实现了核心素养与课程目标的对接，学科素养与课程目标相互支撑，提升了科学课程设计的水平。

各国小学科学课程目标及其依据如表 2-19 所示。

表 2-19　各国小学科学课程目标及其依据

类型	国别	培养目标	核心素养	课程理念	课程目标
一流发达国家	美国	培养具有高水平科学素养的公民	21世纪能力	面向全体学生，培养高水平科学素养，跨学科学习与实践	帮助学生奠定科学素养，培养学生在 STEM 学科（科学、技术、工程、数学）领域的兴趣
	英国	提供机会促进学生精神、道德、社会、文化的发展	—	培养基本素养和能力；建立均衡、扎实的课程体系	培养学生的基本素养和能力，激发学生学习科学的兴趣
	德国	培养公民	关键素养（8项）	提升科学素养，促进儿童个性发展	提高科学素养，发展科学能力
	法国	促进个性发展，培养基本技能	必不可少的共同基础（7项）	理论与实验相结合	提高共同基础，促进智力、身体、情感、社会、文化、审美和道德的和谐发展
	芬兰	—	横贯能力（7项）	关注每名学生；促进个性发展与生存适应能力	发展环境、科学素养
	日本	培养个性丰富、身心健全的国民，提高生存能力	学力	培养"扎实的学力"；养成科学人格	亲近自然，运用理科的视角、思想进行有预测的观察、实验，科学地解决自然现象中的问题
中等发达国家	俄罗斯	促进学生个性全面发展	—	—	掌握知识、发展技能、情感态度、促进知识技能的运用
	加拿大	公民	—	培养科学知识与技能	理解科学技术与社会环境的联系、形成科学与技术思维、掌握科学与技术的基本概念

类型	国别	培养目标	核心素养	课程理念	课程目标
中等发达国家	澳大利亚	面向全体学生，养成对自然的好奇心，发展批判性思维能力	一般能力；核心素养（7项）	培养科学素养	促进科学兴趣、科学理解、科学探究、提高问题解决能力，形成科学文化
	新加坡	—	"21世纪技能"（4项）	能力取向	丰富科学经验、科学理解、探究态度，增进科学与生活、科学与环境关系的理解
	韩国	促进学生的自主性和创造性；培养受过教育的人	关键能力（6）项	发展基本学术能力和生活能力	促进自然探究、科学理解、科学思维、问题解决，培养科学素养
发展中国家	印度	培养有个性、有能力、服务国家的人才	—	—	理解科学知识、科学方法、科学与环境，掌握科学技术、形成科学性格
	埃及	培养有生产力、能鉴赏文化的公民	—	实现学生身心、情感、社会性全面发展	养成科学爱好、开展科学观察、科学实验、科学制作，掌握科学知识
	南非	—	—	—	掌握科学知识、科学技能、理解科学与社会、科学道德
	巴西	培养充分发展的巴西公民	—	培养科学技能，发展科学素养	促进科学理解、科学方法、问题解决，理解科学与社会、科学与环境、科学发展
	中国	培养社会主义建设者与接班人	学生发展核心素养（4项）	面向全体学生，聚焦核心概念，科学安排进阶，激发学习动机、重视综合评价	掌握科学知识、思维方法、科学方法，形成科学态度

课程目标是培养目标（人才规格）的具体化，是培养目标在科学课程领域的具体展开。同时，课程目标受课程理想的支配，即21世纪各国课程改革均具有较为明确的理想与追求，课程目标体现了一定的课程理想，是课程理念的现实表达。尽管课程目标的表述有别，但大多包括科学知识理解、科学技能学习与科学态度养成三个方面，这一特征是科学课程目标发展的共同趋势。不同之处在于，多数发达国家和部分发展中国家的课程目标的制订除了有自上而下的路径，还增加了自下而上的路径，即通过广泛的调查，考察当代社会生活中科技变化与发展对公民素质的要求，形成"核心素养"或"关键能力"，为科学课程目标设计提供现实根据。美国、德国、法国、澳大利亚、新加坡等发达国家将"核心素养"或"关键能力"作为制订科学课程目标的重要依据，为课程目标提供了坚实的合法性基础，值得发展中国家效仿与借鉴。

（二）课程目标体系相对完整

总—分结合式的科学课程目标，层次分明。总体目标、学段目标或年级目标、领域目标（或主题目标）并存，自上而下构成一个课程目标体系。总体目标是学生科学课程学习需要实现的整体结果，它指导、引导着各种下位目标，具有最高的统摄作用，是各类分目标制订的依据。学段目标或年级目标是总体目标的具体化，领域目标（主题目标）是学段目标或年级目标在不同领域（主题）中的体现。但也有部分国家的课程目标不够完整，缺少年级目标或主题目标。

表2-20　各国小学科学课程目标系列

类型	国别	科学课程总目标	学段目标	年级目标	领域目标	目标呈现
一流发达国家	美国	帮助学生奠定科学素养基础，培养学生在STEM学科（科学、技术、工程、数学）领域的兴趣	K-2、3—5、6—8、9—12学段目标	K、1、2、3、4、5	物质科学；生命科学；地球与宇宙；工程、技术和科学运用	年级主题+预期表现
	英国	促进学生精神、道德、社会、文化的发展	关键阶段1；关键阶段2；3	1、2、3、4、5、6	植物、动物、材料、科学工作等	年级主题+目标

续表

类型	国别	科学课程总目标	学段目标	年级目标	领域目标	目标呈现
一流发达国家	德国	提高科学素养，发展科学能力	1—4 年级	—	自然与生命；技术与工作世界；空间，环境和交通等	关注点＋成就水平
	法国	提高共同基础，促进智力、身体、情感、社会、文化、审美和道德的和谐发展	周期 2（CP-CE1）；周期 3（CE2，CM1-CM2）	—	材料、运动、能源、信息；生命，多样性及其作用；材料和技术对象；地球、环境中的生物；工作技能	领域＋预期目标
	芬兰	发展环境、科学素养	1—2 年级；3—6 年级	—	成长与发展；家庭和学校；周边地区；探索和实验等	领域＋目标
	日本	亲近自然、开展科学观察与实验，解决问题	3—6 年级	3、4、5、6	物质、能量；生命、地球	学年＋领域目标
中等发达国家	俄罗斯	掌握知识，发展技能、情感态度，促进知识技能的运用	1—4 年级	—	—	总目标＋具体目标
	加拿大	理解科学技术与社会环境的联系、形成科学与技术思维、掌握科学与技术的基本概念	1—8 年级	1、2、3、4、5、6	生命系统、结构和机制、物质和能量、地球与空间系统	总体期望＋具体预期
	澳大利亚	促进科学兴趣、科学理解、科学探究、提高问题解决能力，科学形成文化	1—6 年级	1、2、3、4、5、6	生物科学、化学科学、物理科学、地球空间科学	领域＋概念＋目标
	新加坡	丰富科学经验、科学理解、探究态度、增进科学与生活、科学与环境关系的理解	3—6 年级	—	物理世界、生物、环境和人类未来	主题＋关键点＋探究问题

类型	国别	科学课程总目标	学段目标	年级目标	领域目标	目标呈现
中等发达国家	韩国	促进自然探究、科学理解、科学思维、问题解决，培养科学素养	3—4年级；5—6年级	—	运动、能源、材料、生命、地球和空间	—
发展中国家	印度	理解科学知识、科学方法、科学与环境，掌握科学技术，形成科学性格	1—5年级	3、4、5	生物和非生物、人体、植物、动物、物质、资源等	年级主题＋目标
	埃及	养成科学爱好，通过科学观察、科学实验、科学制作，掌握科学知识	1—6年级	—	—	总目标
	南非	掌握科学知识、科学技能，理解科学与社会，科学道德	1—2年级；4—6年级	—	科学过程技能、科学知识和理解、科学与社会、技术应用	总目标＋分目标
	巴西	促进科学理解、科学方法、问题解决、理解科学与社会、科学与环境、科学发展	1—6年级	1、2、3、4、5、6	物质和能量、生命和进化、地球和宇宙	年级领域＋目标
	中国	掌握科学知识、思维方法、科学方法、树立科学态度	1—2年级；3—4年级；5—6年级	—	—	核心素养＋总目标＋学段主题目标

表2-20显示，多数国家科学课程目标均包含总目标、学段目标、领域目标三个层次，并不断具体化、操作化。但也有一些国家不区分低、中、高学段，如德国、俄罗斯、加拿大等，缺少学段目标，科学课程目标显得较为粗略。就领域或主题目标而言，大多数国家按照知识领域描述课程目标，大致包括物质世界目标、生命世界目标、地球与宇宙目标等，各国之间的差异不明显。

（三）课程目标的维度与类型较清晰，关注科学实践

目标维度是对目标进行的横向划分，从目标维度看，各国一般根据布卢姆的教育目标分类方式将小学科学课程目标分为知识目标、技能目标、情感目标三个维度，尽管表述方式有一定差异。也有国家按照其他方式对课程目标进行分类，如澳大利亚将其分为科学理解、人类科学史、科学探究技能。新加坡将其分为知识、理解与应用，科学探究技能和过程，态度和价值观。关注探究实践，将科学探究实践列入课程目标的国家有美国、英国、芬兰、日本、澳大利亚、新加坡、中国等。对情感目标，有的国家在课程标准或教学大纲中有明确的规定，而有的国家在课程标准或教学大纲中没有明确的规定。不过，非明示情感目标的处理方式又可分为两类：一是尽管在课程标准或教学大纲中没有规定却在具体目标的陈述里包含情感目标，二是在课程标准或教学大纲与具体目标中均看不到情感目标的陈述。我国重视科学情感的培育，课程目标较为完整。21世纪以来，我国颁布的三个科学课程标准均列有情感目标的相关条目，并且不断完善，这表明我国科学课程目标制订合理、完善，达到较高水平。同时，将情感目标列入课程目标，有助于引导学生形成全面的科学素养。

普遍性目标是指一般性、规范性的课程目标，行为目标是具体的、可操作、可测试的课程目标，展开性目标是指需要在教学活动中生成的目标，表现性目标是指学生从事某种活动后所得到的多种学习结果。

根据目标的价值取向，可将目标分为不同的类型，一般将目标分为普遍性目标、行为目标、展开性目标、表现性目标。对于科学课程目标类型的分析主要就领域目标（或主题目标）加以展开，但也有一些国家的课程标准、教学大纲未列出领域目标或主题目标。因此，为了方便起见，这里以分目标、领域目标、主题目标为例，选择其中一种进行统计，观察其维度与类型，从而对不同国家课程标准中的领域目标表述进行分析。

各国小学科学课程目标维度、类型、水平如表2-21所示。

表 2-21　各国小学科学课程目标维度、类型、水平

类型	国别	目标维度	目标类型	目标水平
一流发达国家	美国	通用概念，学科核心观念，科学与技术实践	行为目标 + 表现性目标	
	英国	知识、技能和理解力	行为目标	达成目标
	德国	科学知识、科学能力、科学态度	普遍性目标 + 行为目标	成就水平
	法国	科学知识、科学能力	行为目标	
	芬兰	意义价值和态度，研究技能，知识和理解	行为目标 + 普遍性目标	
	日本	科学理解、探究技能、科学态度	行为目标	
中等发达国家	俄罗斯	科学知识、科学技能、科学品德	普遍性目标	
	加拿大	科学技术和社会环境，科学技能，科学概念	行为目标	
	澳大利亚	科学理解，人类科学史，科学探究技能	行为目标	成绩标准
	新加坡	知识、理解与应用，科学探究技能和过程，态度和价值观	普遍性目标 + 行为目标	
	韩国	认知性目标、技能性目标、体验性目标	普遍性目标	
发展中国家	印度	科学知识、科学技能	行为目标 + 普遍性目标	
	埃及	科学知识、科学技能	普遍性目标	
	南非	科学认知、科学过程、科学与社会环境	普遍性目标 + 行为目标	评估说明
	巴西	科学概念、科学技能、科学与环境	行为目标	
	中国	科学观念、科学思维、探究实践、态度责任	行为目标 + 普遍性目标	

表 2-21 显示，发达国家的小学科学课程目标维度比发展中国家更为清晰，大多包括知识理解、技能方法、科学情感。其中，对科学知识、科学技能的关注度尤高，显示了小学科学课程目标的共同特征。从目标取向来看，除了个别国家如俄罗斯、韩国、埃及等主要采用普遍性目标，绝大多数国家采用行为目标的表达

方式，使得课程目标具体、可观察、可测量。当然，有的国家二者兼顾。总体上看，行为目标成为科学课程目标表达的基本方式，这与行为目标表述的显著优点有关。

（四）课程认知目标层次有别

关于课程目标的层次，美国教育家布卢姆建立了教育目标分类学，他将教育目标分为认知领域、情感领域、动作技能领域三大领域，分别提出认知目标、情感目标、动作技能目标，其中认知目标影响最大。我们运用修订后的布卢姆认知领域目标分类即记忆、理解、运用、分析、评价、创造，对世界多个小学科学课程的目标进行分析，为了便于统计，我们仅对各国课程标准中毕业年级的物质科学、生命科学（或称为生物学）领域目标进行统计与分析，如表2-22所示。有的国家毕业年级是四年级，如德国、俄罗斯。有的国家毕业年级是五年级，大多数是六年级。当然，有的国家的课程目标未进行明显的领域区分，如俄罗斯、新加坡、埃及，有的国家未区分年级，如南非的认知目标。

表2-22　各国小学科学课程认知目标层次

类型	国别	物质科学领域						生命科学领域					
		记忆	理解	运用	分析	评价	创造	记忆	理解	运用	分析	评价	创造
一流发达国家	美国	√	√	√	√			√	√	√	√		
	英国	√	√	√				√	√	√			
	德国	√	√	√				√	√				
	法国	√	√	√				√	√				
	芬兰	√	√					√	√	√			
	日本	√	√	√				√	√	√			
中等发达国家	俄罗斯	√	√	√					√	√	√		
	加拿大	√	√	√	√			√	√	√	√		

类型	国别	物质科学领域						生命科学领域					
		记忆	理解	运用	分析	评价	创造	记忆	理解	运用	分析	评价	创造
中等发达国家	澳大利亚	√	√	√				√	√	√			
	新加坡	√	√	√				√	√	√			
	韩国	√	√	√				√	√	√			
发展中国家	印度	√	√	√				√	√	√			
	埃及	√	√					√	√				
	南非	√	√	√				√	√	√			
	巴西	√	√	√	√			√	√	√			
	中国	√	√	√				√	√	√			

表 2-22 显示，除埃及外，各国小学科学课程目标至少包括记忆、理解、运用三个认知层次，强调科学概念、原理、技能及其运用成为绝大多数国家小学科学课程目标的基本要求，这三个认知目标的层次规定适合儿童的发展水平，既合理又可行，因而为各国采用。但一些发达国家，如美国、加拿大、英国则追求较高的目标层次，除了知识理解及其运用，还在不同领域提出"分析"目标，要求学生对自然现象、事件进行分析。这与该类国家较高的科学技术发展水平和科学教育质量密切相关，一方面高水平的科学技术发展对科学教育提出了更高要求，另一方面也提供了实现目标的良好条件与物质基础。

第三章

小学科学课程内容比较

课程内容是从人类知识经验的宝库中选择、组织的学习材料，它是课程目标实现的手段，它指向"教什么"与"学什么"的问题。小学科学课程内容比较涉及小学科学学习材料的选择、组织与呈现方式的比较，本章主要介绍与分析各国小学科学课程内容的组织问题，以及其选择与呈现问题。

一、一流发达国家小学科学课程内容

一流发达国家社会、经济、文化发达，小学科学课程设计亦领先世界，值得研究与借鉴。

（一）美国、英国、德国、法国、芬兰、日本小学科学课程内容

下面主要介绍美国、英国、德国、法国、芬兰、日本六国的小学科学课程内容及其发展，分析其特点。

1. 美国小学科学课程内容

（1）美国小学科学课程内容的发展

1958 年，美国颁布《国防教育法》，实施中小学课程改革，改革目标是培养未来的科学家。当时美国出现了不少科学课程改革方案，如 1961—1971 年的"小学科学研究"课程（ESS 课程）、1962—1972 年的"过程取向的科学"课程（SAPA 课程）和 1962—1974 年的"科学课程改善研究"课程（SCIS 课程）。这些课程方案在内容方面特别重视科学知识的结构与科学研究的方法，要求学生不仅要学习科学知识，还要像科学家一样思考问题。由于这些科学课程内容逻辑性强、过于抽象，忽视了儿童的认知发展规律，同时没有高水平的师资以及恰当的教学方法作为保障，多数学生只能死记硬背科学事实和概念，改革效果不尽如人意，因此招致民众和家长的诸多批评。

20 世纪 90 年代，美国加快了课程改革的步伐，着手研究全国课程标准。1996

年，美国颁布了第一个 K-12 年级学生统一的《美国国家科学教育标准》，该文件第六章"科学内容标准"将学校科学教育内容分为八个类别：统一的科学概念和过程、作为探究过程的科学、物质科学、生命科学、地球与空间科学、科学与技术、从个人和社会视角所见的科学、科学的历史与本质。其中，"统一的科学概念和过程"超越学科边界，将不同学科的内容进行整合。统一的科学概念和过程包括：体系、秩序和组织，证据、模型和解释，变化、恒定性和测量，演变与平衡，形式和功能。统一的概念和过程把诸多的科学分支统一了起来，为学生提供了帮助其理解自然界的强有力的思想武器。"作为探究过程的科学"是学生在探究的过程中需要学习的各种技能，例如观察、推论和实验，要求学生在进行科学推理和批判性思维时把科学过程和科学知识结合在一起，以便深化对科学的理解。科学探究包括进行科学探究所需要的能力和对科学探究的理解两个方面。

除了"统一的科学概念和过程""作为探究过程的科学"，《美国国家科学教育标准》根据认知发育理论、教师的课堂经验、学校的组织和其他学科标准框架，将其他六类内容分成三组：幼儿园至 4 年级、5—8 年级和 9—12 年级，进行叙述。

2011 年，美国国家研究委员会（National Research Council）颁布《K-12 科学教育框架：实践、跨学科概念和核心概念》（*A Framework for K-12 Science Education：Practices，Crosscutting Concepts，and Core Ideas*），以下简称《K-12 科学教育框架》。2013 年美国《新一代科学教育标准》（NGSS）正式颁布，科学课程内容改革进入一个新的发展阶段。

（2）美国小学科学课程内容

美国 NGSS 将科学课程内容划分为三个维度：科学与工程实践、学科核心概念、跨学科概念。

科学与工程实践（Science and Engineering Practices）描述了科学家在研究、建构自然世界的模型及理论活动中的行为，以及工程师们在设计项目模型和系统时的关键工作。科学与工程实践包括提出问题和明确需解决的难题，建立和使用模型，设计和实施调查研究，分析和解释数据，利用数学和计算思维，建构解释和设计解决方案，基于证据进行论证，获取、评估和交流信息。

学科核心概念（Disciplinary Core Ideas）是学科中最基本的概念，它们聚焦 K-12 年级科学课程、教学和测评的内容。学科核心概念至少具有以下条件中的 2 条。①具有广泛的跨学科或工程学的特点，或是一个单一学科的关键组织原则。

②能为理解或调查更复杂的思想和解决问题提供重要工具。③涉及学生的兴趣和生活经历，或与社会或个人相关的需要科学或技术知识解决的事宜。④可随着深度和复杂程度的提高在多个年级开展教与学。即此概念能使年轻的学生充分理解，但有足够的广度和深度让学生能进行持续数年的调查研究。NGSS 的学科概念涉及物质科学、生命科学、地球和空间科学以及工程、技术和科学的应用四大学科领域，共计 13 个学科核心概念，小学阶段涉及 12 个核心概念，它们是物质及其相互作用、运动和稳定性、能量、波及其在信息传递技术中的应用、从分子到生物体、生态系统、遗传、生物演化、地球在宇宙中的位置、地球的系统、地球与人类活动、工程设计。小学生应对这些主题达到基本理解，能够进行一些力所能及的科学探究，在此基础上，初步形成良好的求知兴趣和思维习惯。《K-12 科学教育框架》的内容框架如表 3-1 所示。

表 3-1　美国科学课程核心概念

	物质科学	生命科学	地球与空间科学	工程设计
核心概念	PS1：物质及其相互作用	LS1：从分子到生物体：结构与过程	ESS1：地球在宇宙中的位置	ETS1：工程设计
亚概念	PS1.A：物质的结构和性质 PS1.B：化学反应 PS1.C：原子核过程	LS1.A：结构与功能 LS1.B：生物体的生长和发育 LS1.C：生物体的物质流与能量流的组织 LS1.D：信息处理	ESS1.A：宇宙和它的恒星 ESS1.B：地球和太阳系 ESS1.C：行星地球的历史	ETS1.A：定义和界定工程问题 ETS1.B：形成可能的方案 ETS1.C：优化设计方案
核心概念	PS2：运动和稳定性：力和相互作用	LS2：生态系统：相互作用、能量和动态	ESS2：地球的系统	ETS2：工程、技术、科学和社会之间的联系
亚概念	PS2.A：力与运动 PS2.B：相互作用的类型	LS2.A：生态系统中的相互依存关系 LS2.B：生态系统中的物质循环和能量传递	ESS2.A：地球物质和系统 ESS2.B：板块构造论和大尺度系统相互作用	ETS2.A：科学、工程和技术的相互依赖

	物质科学	生命科学	地球与空间科学	工程设计
亚概念	PS2.C：物理系统的稳定性和不稳定性	LS2.C：生态系统的动态、运作和恢复力 LS2.D：社会互动和群体行为	ESS2.C：水在地球表面过程中的作用 ESS2.D：天气和气候 ESS2.E：生物地质学	ETS2.B：工程、技术和科学对社会与自然世界的影响
核心概念	PS3：能量	LS3：遗传：性状的继承与变异	ESS3：地球与人类活动	
亚概念	PS3.A：能量的定义 PS3.B：能量守恒和能量传递 PS3.C：能量与力的关系 PS3.D：化学过程和日常生活中的能量	LS3.A：性状的继承 LS3.B：性状的变异	ESS3.A：自然资源 ESS3.B：自然灾害 ESS3.C：人类对地球系统的影响 ESS3.D：全球气候变化	
核心概念	PS4：波及其在信息传递技术中的应用	LS4：生物演化：统一性与多样性		
亚概念	PS4.A：波的性质 PS4.B：电磁辐射 PS4.C：信息技术和仪器	LS4.A：共同祖先和多样性的证据 LS4.B：自然选择 LS4.C：适应 LS4.D：生物多样性与人类		

跨学科概念（Crosscutting Concepts）是贯通不同学科、领域的概念，它们在所有科学领域中均可运用，帮助学生将不同科学领域中相互关联的知识组织成连贯的、条理清晰的关于客观世界的认知。跨学科概念包括：模式，原因与结果，尺度、比例与数量，系统与系统模型，能量与物质，结构与功能，稳定与变化。

与 1996 年《美国国家科学教育标准》相比，NGSS 对科学课程内容的呈现更加明晰，每项主题内容呈现均包括预期表现、基础框和联系框。①预期表现（performance expectation）。每个主题都包含一系列的预期表现，即评测内容的说明，它以预期成果的方式描述学生学习活动后应达到的能力和水平，再用"说明"给出相关实例，"评测界线"则对该条表述的测评给予指导。②基础框（the foundation boxes）。基础框表示不同年级（或年级段）的学生相应的"学科核心概念"和"主题"，通过科学与工程实践要达到的预期表现，强调科学与工程实践、学科核心概念及跨学科概念三个维度的整合。基础框中的科学与工程实践、学科核心概念和跨学科概念相互联系、交错，共同达成预期表现（曲鹤 等，2017）。其中，"科学与工程实践"栏目包括 8 项实践，以进一步解释在每个年级段科学和工程实践的重点；"学科核心概念"栏目详细陈述学生应掌握的核心观念；"跨学科概念"栏目则进一步解释每一主题在不同年级段涉及的跨领域概念。学科核心概念分为四大领域——物质科学领域、生命科学领域、地球与空间科学领域、工程设计领域。所有学科核心概念的基础框构成了 NGSS 的内容标准。同一内容均包括"学科核心概念"和"主题"。③联系框（the connection pages），即同年级、跨年级学科核心概念及其与其他学科教育标准的联系，它描述预期表现是怎样与科学领域的其他预期表现及《州共同核心标准》联系起来的。联系框分为 3 个部分，即"同年级段中其他学科核心概念的联系""跨年级段间学科核心概念的关联"以及"与通用核心国家标准的联系"。"同年级段中其他学科核心概念的联系"中包括了同一年级段内具有相关核心概念的其他学科主题的名称，例如物质科学和生命科学标准中都包括与光合作用相关的核心概念，它们可以在教学中彼此相关；"跨年级段间学科核心概念的关联"中包括了其他科学主题的名称，这些主题可能出现在之前的年级段，以提供学生理解该条标准概念的基础，也可能出现在后续的年级段，以说明该条标准为后续学习提供的基础；"与通用核心国家标准的联系"中包括了在《英语语言艺术、文学和数学的通用核心国家标准》中出现的与该条标准相关的代码和名称，以说明该条标准与语言、数学等其他学科教学的联系。

下面以 NGSS 中"从分子到生物体：结构与过程"主题（From Molecules to Organisms：Structures and Processes）为例，展示 3—5 年级"基础框"中科学课程的内容设计，如表 3-2 所示。

表 3-2　美国科学课程内容维度分布（3—5 年级）

年级	科学与工程实践	学科核心概念	跨学科概念
三年级 生命 科学 3-LS1	**开发和使用模型** 　　3—5 年级的建模建立在 K-2 年级的经验和基础上，发展到建立和修正简单的模型，使用模型表示事件和设计解决方案。 •开发描述现象的模型。（3-LS1-1） 　　与科学本质的联系 实证是科学知识的基础。 •科学发现基于识别模式。（3-LS1-1）	LS1.B：生物的生长和发育 •繁殖对各种生物的持续存在是必不可少的。植物和动物都拥有独特和多样化的生命周期。（3-LS1-1）	**模式** •变化的模式可以被用于进行预测。（3-LS1-1）
四年级 生命 科学 4-LS1	**参与基于证据的辩论** 　　3—5 年级参与基于证据的论证建立在 K-2 经验和基础上，发展到引用自然界和人工世界相关的证据去评论同伴提出的科学的解释和解决方案。 •使用证据、数据和 / 或一个模型构建论点。（4-LS1-1） •使用模型来测试自然系统功能的相互作用。（4-LS1-2）	LS1.A：结构与功能 •植物和动物都有内部和外部结构，为其生长、生存、行为和繁殖承担各种功能。（4-LS1-1） LS1.D：信息处理 •不同的感觉器官专门接收特定类型的信息，这些信息随后可以通过动物的脑进行处理。动物能够利用它们的感知和记忆来指导它们的行为。（4-LS1-2）	**系统与系统模型** •可以根据部件的组成及其相互作用来描述一个系统。（4-LS1-1）（4-LS1-2）

续表

年级	科学与工程实践	学科核心概念	跨学科概念
五年级 生命 科学 5-LS1	**参与基于证据的争论** 3—5 年级参与基于证据的论证建立在 K-2 年级的经验和基础上，发展到引用自然界和人工世界相关的证据去评论同伴提出的科学的解释和解决方案。 •通过证据、数据或模型支持一个论证。（5-LS1-1）	LS1.C：生物体的物质流与能量流的组织 •植物主要从空气和水中获取它们生长所需的材料。（5-LS1-1）	**能量与物质** •物质可在系统内部进行传输，也可以被传入或传出系统。（5-LS1-1）

（3）美国小学科学课程内容的特点

纵观美国小学科学课程内容的设计，可以看出其内容设计具有下述特点。

①三维课程内容设计。美国《K-12 科学教育框架》对科学知识内容进行了简要的介绍，并在 NGSS 中采取三维表格的形式，通过科学与工程实践、学科核心概念、跨学科概念三个维度，对科学课程内容进行了特别规定与简要说明，呈现形式十分独特，尤其是将科学与工程实践和跨学科概念、学科核心概念并列，体现了知识过程与知识结果相统一的理念追求。

②以大概念统整课程内容。与《美国国家科学教育标准》相比，NGSS 使用大概念（big idea），选取了 13 个学科核心概念，统领科学课程的内容。大概念即学科中心的概念性知识，包括重要的概念、原理、理论等的基本理解和解释，克服了以往课程内容的零碎化。

③按照"学习进阶"重组课程内容。NGSS 依据"学习进阶"的理念进行课程内容的构建，按照 K-2，3—5，6—8，9—12 年级段来组织课程内容，而不是像 1996 年《美国国家科学教育标准》那样按照 K-4，5—8，9—12 年级段来组织，NGSS 区分得更细，不同年级段提出不同的学习目标与内容要求。主要内容递进设计，如"地球与空间科学"从 K-2 年级的地球在宇宙中的位置，到 3—5 年级的地球系统，再到 6—8 年级的地球和人类活动，让学生的科学学习螺旋式上升，避免了课程内容组织的无序与散乱，也更加适合学生的学段水平。

④提出了"科学实践"的概念。美国《K-12 科学教育框架》与 NGSS 均强调作为学习方式与内容的科学实践，突出了科学与工程实践在科学课程及其实施中的地位，将 8 种科学与工程实践有所侧重地贯穿到每个主题之中，因而，关于科学实践的设计与实施能落地、生根。

2.英国小学科学课程内容

（1）英国小学科学课程内容的发展

1988 年开始，英国小学科学课程内容不断变动，历经 1988 年、2002 年的调整，英国 2012 年颁布了《科学——英国国家课程，关键阶段 1—4》，该文件以关键阶段为单位，提出了每个关键阶段的学科内容，并进行了较为详细而具体的规定和说明，以便为一线科学教师的教学提供明确的指导。具体内容包括科学探究、生命过程和生物世界、物质及物质性质、物理过程、学习的广度（相关学科间的联系、健康安全和交流的知识）。

科学探究部分包括了科学思想、科学证据的本质与重要性，以及调查研究的主要技能比如制订计划、获得并总结证据、思考和评估等（李淑淑，2013），科学探究贯穿整个学习计划始终。2013 年《英国国家课程框架：关键阶段 1—4》强调将科学探究内容渗透到其他内容的学习之中，强调从学生的年龄特点和身心发展规律出发，选择学生日常生活中的事物，让学生经历科学探究的过程，掌握基本的科学知识，强调对科学探究过程的理解与掌握，并倡导通过情境创设、实际问题解决发展学生的科学探究能力。科学探究涉及的知识领域较广阔，涵盖了天文、地理、生命科学、地球与空间科学等领域，既强调科学知识学习，又关注人文精神的渗透，促进学生的全面发展。将科学探究作为小学科学教育的重中之重、科学学习的中心环节，使小学生在科学学习中体验到科学探究的乐趣，形成科学的思维方式，帮助他们识别科学与非科学（蔡其勇，2009）。

英国小学科学课程内容的年级分布如表 3-3 所示。

表 3-3 英国小学科学课程内容的年级分布

学段	KS1		KS2		KS3	
年份	第一年	第二年	第一年	第二年	第一年	第二年
课程内容	植物、动物（包括人类）、日常生活中的材料、季节变化	植物、动物（包括人类）、日常生活中材料的使用	植物、动物（包括人类）、岩石、光、力和磁	生物及其习性、动物（包括人类）、物质的状态、声音和电	生物及其习性、动物（包括人类）、物质的特性与变化、地球与太空、力	生物及其习性、动物、进化与遗传、光、电

（2）英国小学科学课程内容

下面以 2012 年《国家科学课程：关键阶段 1—2 草案》"植物、动物（包括人类）"为例，展示英国小学 1—6 年级科学课程内容。

一年级课程内容（说明和指导）

植物。确保学生使用当地的环境研究一年四季植物在栖息地的生长，应包括收集、观测和记录天气及其对植物的影响（植物生长和转向阳光的叶子）。确保学生经常说出植物的名字，使他们非常熟悉常见植物的名称（如水仙、郁金香、藏红花、雏菊、蒲公英）、落叶植物（如橡木、七叶树、苹果树、山毛榉、柳树、梧桐树）和常绿植物（如冷杉、松树、冬青）的示例。确保学生熟悉植物结构（树：树干、树根、树枝、树叶、果实；园林和野生植物：花、茎、叶、根、球茎和种子）。学生可以运用他们的知识和技能：①通过标记不同部分的图画、图表、照片、模型，比较、描述和记录已知的常见植物与一系列不常见的植物的结构，包括它们是否落叶或常绿。②描述和比较植物如何在各种环境中生长（例如，在沙漠、热带雨林、山脉、松树林等）。

动物（包括人类）。确保学生使用当地环境研究一年四季动物的生长。学生应了解如何照顾从当地的环境带走的动物，研究之后需要送还它们。利用当地环境观察和记录天气及其对动物的影响（如天气潮湿时蚯蚓来到地表）。在学校操场或当地建立一个在每年的不同时期能游览的"自然步行区"。确保学生有机会经常说出常见动物的名称，使他们非常熟悉动物的名称、类型和结构，但在第一学习阶段不必使用正确的分类分组。内容可以包括：①鸟类（如乌鸫、知更鸟、蓝山雀、鸽子），鱼类（如金鱼），两栖类（如青蛙），爬行动物（如蛇、龟），哺乳动物（如猫、狗、牛、兔、马）和无脊椎动物（如蜗牛、蛞蝓、蠕虫、蜈蚣、蜜蜂、黄蜂、甲虫、蝴蝶、苍蝇）。②食草动物（如马、兔、牛、羊等），食肉动物（如狐狸、猫、蛇、猛禽），杂食动物（如人类、蟹、猪）。③鱼有眼睛、鳞片、鳍、鳃和尾巴；鸟有眼睛、喙、羽毛、翅膀、尾巴、腿和脚；猫有眼睛、牙齿、皮毛、四条腿和尾巴。确保学生有足够的机会通过演讲、游戏、动作、歌曲和儿歌，学习身体主要部分的名称。身体基本组成部分包括头部、颈部、手臂、手肘、腿、膝盖、脸部、耳朵、眼睛、头发、嘴、牙齿等。

学生可以运用他们的知识和技能：①通过标记不同部分的图画、图表、照片、模型等，比较、描述和记录已知的常见动物的结构。②比较已知的常见动物（食肉动物、食草动物和杂食动物）与一系列不常见的动物（在动物园、在农场、在海洋和热带雨林），描述和记录研究发现。③描述和比较动物是如何被发现的以及适合各种不同的栖息地。④绘制和标记人体的基本组成部分。⑤进行五种感官的简单对比测试，并描述对视觉、听觉、味觉、触觉和嗅觉的研究发现。

科学工作（略）。

二年级课程内容（说明和指导）

一切有生命的东西。确保向学生引入一些概念，即所有生物都有某些对保证它们的生存和健康至关重要的特征。学生应该熟悉有机体这个术语和所有生物共同的生命过程。学生运用他们的知识：①讨论常见的植物和动物（包括人类）的生命过程，记录它们之间的相似性和差异，例如用科学标签。②确定东西是活的、死的还是无生命的。可以向学生介绍生物是由细胞组成的。但是在这个阶段不要求他们理解细胞的结构和功能。

植物。确保学生全年利用当地的环境识别和研究植物在栖息地的生长（包括种子、球茎、果实，以及蔬菜，落叶和常绿灌木和树木）。确保向学生介绍植物生长和存活需要的条件，以及植物繁殖和生长的过程。这些将在六年级进行更详细的讲述。这个阶段的重点是帮助学生认识植物生长而不要求他们理解繁殖如何发生。请注意：种子和球茎需要水才能生长但是不需要阳光——种子和球茎里面存储了养分。

学生可以运用他们的知识和技能：①通过图画、表格、柱状图、照片精确记录各种植物从种子或球茎生长的过程。②进行比较试验来表明植物需要光和水保持健康，例如比较植物分别在黑暗中和在阳光下的生长；在有水和没有水的地方生长；在温暖和寒冷的地方生长。③讨论来自植物的食物：水果、坚果、谷物、草和蔬菜。确保学生用以毫米（mm）、厘米（cm）、米（m）为单位的尺子测量长度。二年级学生将学习更多关于植物生长和植物如何制造自己养分的知识。

动物（包括人类）。确保向学生介绍动物生存的基本需求，以及运动和营养对人类的重要性。学生也将学习动物的繁殖和生长的过程。这将在五年级进行更详细的讲述。这个阶段的重点是帮助学生了解生长；不应要求他们理解繁殖如何发生。可以用下面的例子：①鸡蛋、小鸡、鸡；卵、毛毛虫、蛹、蝴蝶；卵、蝌蚪、青蛙；羔羊、羊。②成长为成年人的过程可以包括以下阶段：婴儿、幼儿、儿童、青少年、成人。

学生可以运用他们的知识和技能：①通过如图画、标签、表格、照片、模型和地图，描述、比较和精确记录关于动物的信息。②探索和描述动物如何被人类饲养或特殊照顾来保持健康，例如照顾宠物、动物园动物、农场动物和它们的后代。

栖息地、日常材料、日常材料的用途、力和运动、科学工作（略）。

三年级课程内容（说明和指导）

植物。①通过照片、标签、图画等方式准确地描述和记录有关植物的信息，例如比较常见的植物，虽然每种植物不同，但可以识别它们共同的部分。②讨论植物的每个部分怎样适合它的独特功能。③讨论和比较不同植物和它们的不同需求，例如比较昆虫授粉和风媒传粉的植物的花朵，讨论它们为什么是不同的。④设计和执行一个简单的测试，探讨植物中水的运输，例如将切好的白色康乃馨放入彩色的水中，观察、记录水分怎样从茎输送到花朵。可以给学生介绍植物生产自己的食物，但在此阶段，他们不需要理解这是如何发生的。

动物（包括人类）。①骨骼系统——骨骼。特定的骨骼：头骨、肋骨、腿、手臂和脊柱。②肌肉系统——肌肉。手臂、腿部、腹部/胃部肌肉。③骨骼和肌肉系统共同支持运动。

学生应该运用他们的知识和技能：①描述身体如何摄取食物和吸入氧气。②设置一个简单的对比实验，说明日常活动（如运动、休息、散步）如何影响人体（如呼吸增加或减少、疲劳的肌肉）。③通过如科学标签、模型等记录骨骼和肌肉系统的信息。

日常材料、岩石、声音、力和磁性、科学工作（略）。

四年级课程内容（说明和指导）

生物分类。 在关键阶段 1，学生在当地的环境中学习常见的动物，给植物和动物分组。四年级将引入更科学的分类。这可以包括：①开花植物（如向日葵、玫瑰、苹果树、蓟）和非开花植物（如蕨类植物、苔藓）；②脊椎动物（有脊柱的动物）：鱼（冷血的，生活在水中，有鳞片，雌性在体外产卵）；两栖类动物（冷血动物，生活在水中和陆地上，有鳃、肺、潮湿的肌肤，在水中产卵）；爬行动物（冷血动物，从蛋里孵出，干燥、厚的鳞片状皮肤）；鸟（温血动物，能飞，有羽毛，从蛋里孵出）；哺乳动物（温血动物，有毛发，在母体内生长，母亲用乳汁喂养）。③无脊椎动物（没有脊柱的动物）：蜗牛和蛞蝓，蠕虫，蜘蛛；昆虫（身体分为三个部分，有六条腿，多有翅膀，与蜘蛛有所不同）。

学生可以运用他们的知识和技能：①通过分类、图画、科学的标签等记录植物和动物科学分类的信息。②描述和比较其他地方的常见动植物的分类（在动物园里，在海底，在农场，史前生命，灭绝的植物和动物）。使用查尔斯·达尔文的科学传记（解释了生物多样性）和卡尔·林奈的分类系统支持这项工作。

动物（包括人类）。 确保学生了解消化系统的结构与功能。它可以包括：①消化系统：口腔，舌头，牙齿，食道，胃和肠。②消化系统消化食物（利用氧气），为身体提供能量。③消化过程。④牙齿的类型包括乳牙、恒牙、门齿、犬齿和白齿。

学生可以运用他们的知识和技能：①比较食肉动物和食草动物的牙齿，并比较它们的使用方式。②通过图画、标签、图表、照片等记录关于人体器官和系统的信息。

栖息地。 确保学生经常讨论和书写，增进对动物和植物分类及其特性、动植物间食物关系的认识。确保学生利用当地的环境，在一年的时间内学习和分辨在住所附近的植物和动物。在关键阶段 1，学生学习到在各种栖息地中的简单食物链。到 4 年级，栖息地研究应该拓展到各种食物链和简单的食物网，例如，学校操场（浆果、昆虫、鸟类、狐狸）；花园（水果、昆虫、鸟类、猫）；池塘（池塘杂草、蜗牛、蝾螈）。①食物链：一种展示食物（能量）如何从一个生产者（植物

制造和生产自己的食物）到消费者（动物，如食草动物、食肉动物和杂食动物）的链状关系。②食物网：展示食物（能量）如何通过食物链传递。许多食物网中的食物链，包括一些相同的生物，表明在同一个栖息地中的动物和植物的相互食物关系。

学生可以运用他们的知识和技能：随着知识不断增长，记录植物和动物复杂的食物关系，可以通过例如绘制标签、关键点、食物链和食物网、照片、模型、演示文稿、图表、撰写报告等方式记录。

进化和遗传、物质的状态、光、地球和空间、电、科学工作（略）。

五年级课程内容（说明和指导）

所有生物。学生可以运用他们的知识和技能：①观察、测量和记录与植物和动物（包括人类）有关的信息，涉及生命过程，包括成长与繁殖。通过如图画、时间线、生命周期、表格、视频和示意图等形式记录。②比较学生已经学习过的世界上的其他动植物（生活在热带雨林、海洋、沙漠地区、史前时期）的生命周期。使用大卫·爱登堡（博物学家）和杰拉尔德·达雷尔的传记（行为生物学家）中的研究支持这项工作。在六年级，学生将学习更多关于繁殖的知识。

动物（包括人类）。①循环系统，由心脏和携带血液进出心脏的血管、血液、血压组成。②人体气体交换系统，由肺和输送空气进出肺的鼻、喉、气管、支气管、膈肌、肋骨组成；呼吸活动是引起身体和周围环境之间气体交换的运动。

学生可以运用他们的知识和技能：①通过图画、标签、表格、照片等方式，记录有关人体器官和系统的信息。②比较人体的器官系统与各种动物的器官系统，例如人的心脏有四个腔室；青蛙的心脏有三个腔室。使用科学技术精确地记录自己的发现。这项工作可以通过研究威廉·哈维的故事和盖伦的解剖工作来获得支持。

日常生活中的材料和性能的可逆性变化、力、静电和磁场、科学工作（略）。

六年级课程内容（说明和指导）

所有生物。建立在以前内容的基础上，通过向学生引进分类的重要性，包括引进术语"界"，所有生物所属的五个界（原核生物界、原生生物界、动物界、植物界和真菌界）；脊椎动物（爬行类、鱼类、两栖类、鸟类和哺乳类）以及它们的异同；无脊椎动物；根据繁殖方式的不同，这些大群体分成更小的群体，例如哺乳动物可根据它们幼崽的发育方式分为三组：胎盘（婴儿在成形之前所处环境）；有袋类动物（有袋的）和单孔目哺乳动物（产卵）。

学生可以运用他们的知识和技能：①比较脊椎动物和无脊椎动物的特征，包括它们是否有脊柱、鳞片、羽毛、毛皮，体温是否恒定、是否产卵，以及它们是否给下一代喂奶等。②准确地观察和记录花的各部分，例如，通过分解一朵花，识别其组成部分。③讨论果实和种子是如何由子房和胚珠发育而来的。

进化和遗传。学生可以运用他们的知识和技能：①讨论和比较不同的物种是如何随着时间的推移适应环境的例子，并记录他们的研究结果。②讨论化石是如何形成的，以及它们如何帮助我们建立动植物原貌的图像，包括我们所知道的恐龙。③思考一些动植物是如何适应极端环境的，例如，仙人掌和针叶树；企鹅与骆驼。④讨论查尔斯·达尔文关于适应所做的工作。

形成新物质的变化、光、力、电、科学工作（略）。

（3）英国小学科学课程内容的特点

①英国小学科学课程内容以科学知识主题为主。

科学课程内容标准十分细致，按照知识领域划分学习内容，并详细说明该领域的知识要点。关注基础知识的教学，同时渗透科学史教育内容。正如有的研究者指出的那样，英国课程内容"依据科学知识结构组织形式，精简科学知识体系，从中抽取适当的核心概念，这些核心概念在学生的科学发展中具有自生力、再生力和衍生力，有助于科学知识的迁移和扩展，对学生扎实掌握科学基础知识、提高科学能力具有重要价值"（闫守轩 等，2015）。

②按年级螺旋式组织课程内容。

英国小学科学课程内容设计采取螺旋方式加以组织，注意科学知识与方法在各个学段的递进，同一内容在不同年级不断加深、拓展。但有的内容采取直线式排列，如动物（包括人类），三年级的骨骼系统、肌肉系统，四年级的消化系统，五年级的循环系统。

③重视对科学研究工作的学习。

英国2012年《科学》在知识学习计划末尾设置了"科学研究"模块，强调运用科学知识和方法，研究与解决现实问题，培养学生的科学实践意识与能力。这一做法与美国小学科学课程中"科学与工程实践"的设置有异曲同工之妙。

3. 德国小学科学课程内容

（1）德国小学科学课程内容的发展

从教育传统看，德国历来没有全国统一的教学计划，教学计划由各州自行确定，不同州之间教学内容有较大差异。常识（Sachunterricht）是德国基础学校的主要教学科目。以 20 世纪 80 年代德国北莱茵－威斯特法伦州基础学校的常识课为例，该州常识教学大纲规定了小学科学教学的任务与课业重点。一二年级的课业重点：在学校和上学路上、在家里和街上、爱护衣物和身体、饮食、植物与动物、劳动场所与职业、原材料和工具、时间分配和时间流逝、自我和他人、女孩和男孩等。三四年级的课业重点：家庭住处的周围环境和家乡的位置、北威州的城市和农村、自然环境和被改造的环境、生育和成长、身体和健康、骑自行车和街道交通、过去和今天、材料和器具、城市供给和清洁、新闻利用和新闻影响、空气、水和温度、天气和四季等（张桂春，1996）。这些内容从儿童生活的经验出发，由近及远，不断拓展。

以 2008 年德国北莱茵－威斯特法伦州发布的《自然与科学常识（Sachunterricht）课程教学计划》（以下简称"北威州《常识》"）为例。北威州《常识》内容涉及自然科学、技术科学、人文社会科学等领域，如技术、空间、自然科学、社会科学、文化科学、历史和经济等，这些内容组成 5 个领域：自然与生命，技术与工作世界，空间、环境和交通，人与社区，时间与文化。

（2）德国小学科学课程内容

2008 年北威州《常识》的知识范围及其具体内容如下。

"自然与生命"领域涉及有生命和无生命的自然。该领域包括物质与物理科学、生命科学、自我感官经验的观察，以及自己身体的发育。重点为自然界中物质、能量、力的作用和运动变化规律。具体内容为材料、原料的多样性，它们的表现形式。生命领域负责任的行为包括指导学生爱护自己的身体，营养和护理等。

"技术与工作世界"领域的中心内容是在工作、生产、生活中使用技术和工艺，理解技术发展对我们生活的影响。用技术手段改善工作和生活条件，了解技术在职业领域的发展。了解技术发展给我们尤其是给下一代带来的风险，形成对技术发展和应用的批判性反思。

"空间、环境和交通"领域包含近身空间的定位和活动性，近身和远身地理定向，空间和环境的保护。为了体验和使用空间，行动时遵守交通规则，保护空间和环境。媒体、旅游和移居，近身和远身空间的意义。在近身和远身基本地理定向中，使用草图、气候图、天气卡片、卫星图。培养可持续发展观念，对自己和后代的生活以及世界上其他地方的人的生活负责。关注媒体中有关生态变化的信息和报道。

"人与社区"领域。对于人类的共同生活，以及在团队集体中的社会关系的发展，可靠的社会规则、协议和行为方式、参与都是必需的。其前提是，必须具有认真、负责的态度，对自己的身体和性别持积极态度。不同于他人感受的自我感觉极为必要，它有助于发展经验，合适地解决冲突。来自男孩、女孩、男人、女人的角色期待与行为，对于发展对他人、团体的尊重和宽容十分重要。学生应当清楚自己和他人、团体之间的利益与需求关系。

"时间与文化"。学生必须学习如何利用时间和时间间隔，合理分配时间。个人传记性、插曲式的时间经验建立在理解时间的基础之上。同时，学生必须体验自身的文化传统、社会现实、生活条件、社会规则，并感到舒适。文化遗产提供关于技术、艺术、文化发展与变迁方面的详细信息。发展对他人的尊重，对他人文化、传统、文化遗产以及生活方式的理解。媒体描述了历史的、当代的、社会和文化的情景，必须探究其历史文化观点是否客观。

表 3-4 展示了德国小学（1—4 年级）常识课程内容主体范围。

表 3-4　德国小学（1—4 年级）常识课程内容主体范围

自然与生命	①材料和演变，②温度、光线、火、水、空气、声音，③磁学、电学，④身体、意识、营养、健康，⑤植物的生命、动物的生命、人类的生命
技术与工作世界	①职业和工作、工作和生产，②工具、材料、机器、交通工具，③建筑物、设计，④资源和能源
空间、环境和交通	①学校和环境，②上学的路、交通安全、交通空间、交通工具，③环境保护和可持续性
人与社区	①在班级里、学校里、家庭里共同生活，②集体任务，③兴趣和需求，④女孩和男孩，⑤女人和男人，⑥友谊和性
时间与文化	①时间分配和时间间隔，②过去和现在，③我和他人，④多元文化与一个世界，⑤信息手段与媒体，⑥媒体的使用

（3）德国小学科学课程内容的特点

①课程内容的组织以社会生活、儿童环境为中心。

德国小学科学课程内容不是按照知识的逻辑与学科结构进行排列，课程内容的"范围与重点"的划界十分独特，该做法避免了以学科为中心组织知识的弊端，有利于加强学习内容与当代社会生活和儿童经验的联系，但科学知识本身的系统性明显削弱，这一缺陷有待中学阶段加以弥补。

②综合性强。

"自然与生命"把物质世界和生命世界整合起来，"技术与工作世界"体现了技术和工作、职业的紧密联系，有助于学生探究技术世界、理解技术在现代社会中的重要意义。"空间、环境和交通"涉及地理与环境、人类活动的关系，可以帮助学生初步形成人地关系概念。"人与社区""时间与文化"则将人类学、社会学、历史、文化等领域进行整合，引导学生认识人文世界的历史、文化，形成初步的社会观念。课程内容的综合程度高，对人文、历史的内容与科学、技术的内容进行有机整合。德国小学科学课程内容领域划界清晰，但缺乏年级内容的规定，仅仅罗列学习内容的构成，因而课程内容的组织特征（直线式或螺旋式）不够明显。

③重视技术及其运用。

围绕工作需要组织科学知识与技术学习，展开相应的活动，并与工作世界、生活环境密切关联。通过发展学生对人类工作意义的认识，让他们从各自的生活环境理解不同的工作条件、工作情景，比较不同工作所涉及的技术，评估职业发展、就业机会和风险，培养职业意识，以便引导学生未来的职业选择。

4. 法国小学科学课程内容

（1）法国小学科学课程内容的发展

法国小学科学教育自从 1887 年出现"科学课"。1938 年、1945 年和 1956 年出台的条文以不同方式确定了小学科学教育的地位。1969 年出台的法令第三次确认了科学教育在小学的设立。科学教育隶属于觉醒活动（disciplines d'éveil），即开发儿童智力和观察能力的活动，包括历史、地理、科学、手工艺等。但正如一些研究者指出的那样，法国理科教育的发展较为缓慢，理科课程的地位不高，学时数偏低，且偏向于"博物性"，科学技术的内容不足。理科教育旨在让学生学习现存事物和一些物理现象。理科教育强调的是掌握基本概念和理论，忽视收集资料、动手做实验以及技术和知识的应用（袁运开 等，2003）[133]。1985 年，在让·皮埃尔·舍维内芒的倡导下，法国修改了小学教学大纲，规定小学开设法语、数学、科学与技术、历史及地理、公民教育、艺术教育和体育。该大纲正式承认三分制课时教学法及启蒙活动失败，并不失时机地建议小学教育回到严格的知识教学上，尤其是科学和技术教育，提出了一个从预备班起就实施的全国教学大纲。其中，"科学与技术"包括物理、化学、生物、天文等方面的常识及各种工艺制作活动。2000 年的"动手做"拉开了法国科学教育改革的序幕。

（2）法国小学科学课程内容

法国小学学习阶段包括基本周期 2 和基本周期 3（CP-CE1-CE2-CM1-CM2）。《科学与技术：第三周期方案》（以下简称《方案》）强调，科学技术准则是对学生所处的世界初步进行全球性的、理性的、连贯的描绘。2018 年法国教学大纲中第二周期"发现世界"的课程围绕以下五个主题开展：（1）什么是物质？（2）认识生物世界。（3）技术对象的含义、作用、运行。（4）时间与空间。（5）世界的组成（山川、河流、景色等）。第三周期教学大纲将科学的重要问题同当代社会的关键问题联系起来，明确了本周期的四个主题：①物质，运动，能量，信息。②生命的多样性及其作用。③材料和技术对象。④地球、环境中的生物。每个主题都可以构造一个或多个概念，并将其运用到可持续发展教育中。不过，能量的概念是逐渐深入且贯穿每一个主题的。《方案》指出，科学概念的构建基于一系列观察、实验、测量等手段的实施；基于假设的提出及其验证；基于对简单模型的逐步构建；基于解释各种现象并进行预测的能力。实施测量和运用模型需要数学能力，所使用的实例往往来自学生身边，成为他们灵感的来源。通过分析和构思，学生能描述技术对象、环境以及操作过程之间的相互作用，同时也能绘制草图、模型、使用数字工具并了解对象的技术进展。法国现行小学科学课程内容较为广阔，涵盖四个领域，相关知识与技能如下。

物质，运动，能量，信息。 描绘宏观物质的组成与状态；观察并描绘不同类型的运动；识别不同能量；识别一个信号或信息。

生命的多样性及其作用。 ①对生物进行分类，使用同源间的联系来理解和解释生物的进化；生命体的单位及多样性；识别细胞；细胞，生命的基本结构单位。②使用不同的标准对生物进行分类；识别生物之间的同源关系；确定随着时间的推移，地球人口密度的变化；当前和过去的物种多样性；物种的进化。③解释人类对食品的不同需求；用于加工和保存食物的技术；营养功能；建立活动、年龄、环境状况和机体需求间的联系；食物摄入量：质量和数量；吃的食物的来源：饲养的事例、种植的事例；将器官必需的食物与营养功能联系起来；不连续的摄入（用餐）和持续的需求；突出微生物在食品生产和保存中的作用；保存食物时应参考理化数据，并限制病原微生物的繁殖；一些防止微生物繁殖的技术；食品卫生。④描述生物如何发展并能够繁殖；识别并表征生物体在生命中经历的变化（出生、生长、繁殖能力、衰老、死亡）；动植物的组织和功能与其营养和繁殖相关，并随时间变化的情况；男人、女人、男孩、女孩的形态差异；发育阶段（种子，发芽，开花，授粉，卵—幼虫—成虫，受精卵—胎儿—婴儿—幼儿—成人）。描述并确定发育时身体的变化。发育期的形态、行为和生理变化；两性在生殖中的作用。⑤解释生物有机物的起源及其未来；将绿色植物的需求与其在食物网中的特殊位置相联系；确定生物与环境之间交换的物质；动物的食物需求；成为不再属于生物体的有机物；分解者。

材料和技术对象。①确定需求和对象的主要演变，了解对象在不同环境（历史、经济、文化）中的演变，技术演变（创新、发明、技术原理），需求的演变，描述技术对象的运行、功能和构成，需求和使用的功能，技术功能，技术解决方案，描述技术对象的运行，技术解决方案比较，组成、功能、装置。②确定材料的主要家族（根据形式、功能和方法之间的关系区分材料）、特征和特性（可操作性和再加工可能性）、环境的影响。③团队形成一个满足需求的技术解决方案，力的概念，探究想法（使用表格、草图等），实物建模（模型，几何和数值模型）。④计算机辅助表达概念，流程、计划、协议、生产流程（工具与机器），材料选择，模型、原型，验证和控制（尺寸、操作）。⑤识别并理解通信和信息管理，数字化工作环境，数据存储、算法概念、可编程对象，在网络中使用数字方法，常用软件的使用。

地球、环境中的生物。①确定地球在太阳系中的位置并描述地球生命的条件，确定地球在太阳系中的位置，表征地球上的生活条件（温度、液态水的存在），太阳、行星，地球在太阳系中的位置，地球历史和生命发展，描述地球的运动（自转和昼夜交替、围绕太阳公转和季节周期），地球自转和绕太阳公转，太空和星体（圆形、球形）的几何表示。②识别景观的生物和地质组成部分。景观、当地地质、居民与环境的相互影响，将某些自然现象（暴风雨、洪水、地震）与对人口的风险联系起来，反映地球内部活动（火山、地震等）的地质现象，反映地球外部活动的现象：气象和气候现象，极端气候（暴风雨、飓风、洪水和干旱等）。③确定与环境相关的关键因素，生物分布和种群，描述居住环境；生命体之间及其与环境之间的相互作用；将一个地区的种群密度与生活条件联系起来，种群密度随环境条件和季节而变化，生态系统（生活环境及其种群密度），改变物理或生物因素对生态系统的影响，生物多样性、动态网络。④了解生物之间相互作用的性质及其在种群密度中的重要性，了解人类对环境的影响（整治改造，科技的影响），自然或人力对环境的改变、技术对环境的正面和负面影响。⑤跟踪调查并描述附近环境中某些材料，考虑人类的需求、自然资源的开发可能产生的影响（风险、排放、价值、资源枯竭），合理开发和利用资源（水、石油、煤炭、矿产、生物多样性、土壤、木材、用于建筑的岩石等）。

（3）法国小学科学课程内容的特点

①以科学与技术的运用为课程内容主线。

法国小学根据科学知识和技术在社会、生产、生活中的运用范围设置内容主题，而非科学知识主题。课程内容广泛，涵盖科学教育的基本领域，涉及众多主题。

②课程内容的综合程度较高且进阶特征明显。

如"地球环境中的生物"涉的内容十分广泛，包括地球、太阳系、宇宙、生物、地质、环境、生态、材料、能源等内容。

课程内容的规定按照周期（阶段）进行设计，没有按照不同周期进行整体规划，周期2与周期3的进阶特征明显，呈现明确的阶梯水平。

③追求课程内容的深度。

在重视科学知识广度的同时，法国小学科学课程也关注内容的深度。教材引导学生对核心主题进行深入的探究，深化对科学知识的认识与理解。这在一些教材中得到明显体现，如一本法国小学科学教材的目录为：第一章"在不同的生活环境中呼吸"，包括认识到生命体正在呼吸、生物的气体交换、呼吸环境和生活环境、用肺呼吸、用气管呼吸、用鳃在水中呼吸。第二章"呼吸条件和生物分布"，包括鱼的沿河分布、绿色植物和环境的氧合作用、人类改变了呼吸方式、人类对于河流影响的其他例子。将"呼吸"作为一册教材的主题，进行深入探究与学习，这在他国中并不多见。

④重视科学精神的培养。

在法国，科学被视为对自然、物质和物质世界的运行规律以及相互关系的探索。科学课程鼓励学生的好奇心，培养他们对世界的理解，使学生能够意识到他们的行为对自己、他人和世界的影响，培养他们的责任感。学生通过将科学知识与推理和思维技能相结合，积极构建和挑战他们对周围世界的理解。通过鼓励学生实践和科学探究，引导学生作出明智和负责任的决定。

5. 芬兰小学科学课程内容

（1）2004 年芬兰小学科学课程内容

2004 年芬兰《基础教育国家核心课程》（*National Core Curriculum for Basic Education*）规定：1—2 年级为"环境与自然研究"，3—4 年级为"生物与地理"，5—6 年级为"物理与化学"。

1—2 年级"环境与自然研究"的核心内容：①生物和生存环境。包括生物和自然的基本特征，各种各样的生存环境以及生物对它们的适应能力，在学生周围的环境中存在的大部分常见的植物、真菌和动物物种，四季中的自然景观，动植物的生活阶段，食物的来源和生产。②作为人类居住的环境——周围的环境、本地区域和世界。包括眼前的环境，每天的时间和季节，地图和地形的主要特征，本地区域和省份：它们的自然环境、地形、建筑环境和人类活动，认识芬兰、北欧国家、其他附近的一些地域中人类居住的环境特征。③自然现象。包括声音和光，听力和视力的保护，有关热源的现象、热源，简单装置的工作原理、调查有关自然体系的力量，磁场和电场现象。④我们周围的物质。包括我们每天生活中运用到的物质和原料、它们的循环使用，安全知识、安全用火，水的特性和变化、节约用水、自然界中的水循环。⑤个人与健康。包括人类的身体和生长发育的各个阶段，日常的健康习惯以及关心自己的身体健康，最常见的儿童疾病、突发事件的应急预案，家庭、友谊、互动和感情对于身心健康的重要性。⑥安全。包括预防恐吓和暴力，教导儿童尊重身体的不可侵犯性，安全校园，在交通和危险的情况下可以采取正确的行动，避免在休息时间和家中发生意外情况，培养学生的规则意识，有好的礼貌习惯，能考虑到他人的情况，学会正确使用金钱，学会尊重他人的财产。

3—4 年级"生物与地理"的主题范围：生物与生存环境，人体解剖学、生命功能、生长发育与健康的有关内容，生物多样性。

5—6年级"物理与化学"的主题范围：能量和电，力与结构，周围的环境中的化学。

可见，2004年芬兰的小学科学1—2年级采取大综合的方式，3—6年级则采取相关课程的方式。

（2）2014年芬兰小学科学课程内容

2014年芬兰修订的《基础教育国家核心课程》对原来的课程内容设计进行了调整，三个学段变为1—2年级与3—6年级两个学段，课程名称统一为"环境与自然研究"，课程内容也做了相应的调整，实现了不同学段课程内容的相对连贯与统一。"环境与自然研究"为一门综合实践课程，主要内容有生物、个体周围环境与家乡、人类居住的世界、自然现象、周围的物质与材料、个体成长与健康问题、安全问题等。芬兰1—6年级小学"环境与自然研究"的核心内容如表3-5所示。

表3-5 芬兰小学"环境与自然研究"核心内容

年级	领域	内容主题
1—2年级	个体生长发育（C1）	①人体与人的成长和发育；②健康习惯及关注个人健康；③常见的儿童疾病等
	家庭和学校中的行为（C2）	①避免欺凌和暴力；②尊重他人身体，保护个人身体安全；③校内安全等
	个体周围环境（C3）	①环境；②时间与季节；③家乡的自然条件、地形、人工环境等
	探索与实验（C4）	①生活中的物质与材料；②物质与材料的回收和再利用等
	生命的基本需求（C5）	①生命与非生命的基本特征；②生命环境及适应环境的机理等
	实践可持续发展的方式（C6）	生活方式的指导，生活技能的学习等
3—6年级	人体、生长、发育及健康	①人体的结构与各器官功能；②生殖；③青春期的生理、心理等
	在日常生活情景和社区的行为	①交通行为与避免危险处境；②发生的意外；③钱财的使用等
	多样的世界，人类生活和居住环境	①世界地图与读图的能力；②人类生存环境；③人类活动等

续表

年级	领域	内容主题
3—6年级	探索环境	①认识周围的动植物，采集植物标本；②森林与沼泽的生存环境、食物链与森林等
	自然结构、原理与周期	①人类的产生、发展以及组成；②人类和文化进化等
	构建可持续发展的未来	生物多样性的重要性，在保护生物多样性中的公民责任等

（3）芬兰小学科学课程内容的特点

①课程内容综合化程度高。

2014年芬兰《基础教育国家核心课程》打破了2004年高年级分科的做法，对原有分科性质的课程内容进行消解，不再按照学科知识体系与内在结构组织课程内容，而是根据与生活实际相关的主题重组课程内容，小学科学课程内容的综合化程度提高。

②课程内容的组织以生活主题为主。

加强课程内容与学生经验、生活的联系。以生活主题替代以往的学科主题。2004年芬兰《基础教育国家核心课程》中"物理与化学"部分里的"周围环境中的化学"包括大气组成，水的性质及其作为溶剂的重要性，对天然水的研究，土壤中物质的分类方法，属于生活环境的产品和材料的来源、利用和回收，产品和材料的安全使用，酒中的活性物质及其有害作用。而2014年版小学科学课程标准则将化学融于相关内容主题之中。

③课程内容螺旋式组织，但进阶特征不够明显。

芬兰小学科学课程的两个阶段划分较粗，特别是3—6年级跨度较大，部分课程内容进行循环，如"人体"内容在1—2年级的内容为"个体生长发育"，3—6年级为"人体、生长、发育及健康"，"行为"在1—2年级为"家庭和学校中的行为"，3—6年级为"在日常生活情景和社区的行为"，课程内容由近及远，逐步扩展。

6. 日本小学科学课程内容

（1）日本小学科学课程内容

2017年，日本《学习指导要领》将"生物·环境""物质·能量""地球·宇宙"三领域课程内容改为"物质·能量"和"生命·地球"两个领域的课程内容，将"生物·环境"与"地球·宇宙"两个领域进行了合并。日本小学科学课程内容中的"物质·能量"领域中包括"物体与重量""空气和水的性质"等 15 个主题，内含 33 项具体内容。"生命·地球"领域包括"植物与昆虫""植物的发芽、生长和结果"等 16 个主题，内含 39 项具体内容。表 3-6 列出的是 2017 年日本小学科学课程内容纲要。

表 3-6　2017 年日本小学科学课程内容纲要

领域	主题			
	三年级	四年级	五年级	六年级
物质·能量	1. 物体与重量 2. 风与皮筋的功能 3. 光的性质 4. 磁铁的性质 5. 电的通路	1. 空气与水的性质 2. 金属、水、空气与温度 3. 电的功能	1. 物质的溶解 2. 摆的运动 3. 电的功能	1. 燃烧的装置 2. 水溶液的性质 3. 杠杆的原理 4. 电的应用
生命·地球	1. 昆虫与植物 2. 观察身边的自然 3. 太阳与地表的状态	1. 人体结构与运动 2. 四季与生物 3. 天气情况 4. 月亮与星星	1. 植物的发芽、生长、结果 2. 动物诞生 3. 流水的功能 4. 天气变化	1. 人体的结构与功能 2. 植物的养分与水的通道 3. 生物与环境 4. 土壤的结构与变化 5. 月亮与太阳

（2）日本小学科学课程内容的特点

内容以科学知识主题为主。关注基本科学知识的学习，重视学生对基本概念的掌握。日本小学科学课程内容四个年级共设置了 31 个主题，72 个知识点，涉及范围广泛。

课程具体内容整合程度较低。与其他国家"生命世界""物质世界""地球宇宙"领域划分相比，日本只有两个领域即"物质·能量""地球·生命"，表面上看课程内容的整合度很高，具有开创性意义，但仔细研读就会发现，日本小学科学的具体内容与知识点不是整合设计，而是按照不同科学内容的知识点进行设计，知识整合度偏低。

课程内容的组织以螺旋式排列为主，按照年级进行循环、递进，如三年级太阳与地表的状态，四年级月亮与星星，六年级月亮与太阳。部分内容采取直线式排列，前后内容重复度较少，如光的性质、金属、摆的运动、杠杆的原理等。

（二）一流发达国家小学科学课程内容的特点

1. 一流发达国家科学课程内容详略规定有所不同

课程标准风格不同，详略有异。详细描述课程内容的国家有美国、英国、法国、日本。其中，美国对科学课程内容的规定颇为细致、明确，除了《K-12 科学教育框架》对科学课程三个维度、四大领域（生命科学，物质科学，地球与空间科学，工程设计）的内容进行了较为具体的解释与说明，并在 NGSS 两个附录中以表格的形式进行阐释。英国按照年级对不同领域的基本内容要求进行解释，说明科学学习的基本主题、要点及其知识技能要求，较为具体详尽。法国规定了不同阶段科学与技术课程学习的目标与内容，列出不同领域的知识、技能主题与相应的学习要求。1998 年日本颁布《学习指导要领》，旨在培养"生存能力"和进一步贯彻"宽松教育"，大幅度削减教学内容和时间，引起了社会各界强烈的争议。2007 年 12 月，OECD 公布的（国际学生评价项目）结果显示，日本学生的科学成绩排名从第二下滑至第六，引发不少批评，"宽松教育"引起的不良反应凸显。进入 21 世纪，日本旨在培养在国际社会中生存的日本人，重视国民教育所必需的基础知识与技能。

简略描述课程内容的国家有德国、芬兰。德国北威州《常识》对领域范围、学习重点作出说明之后，列出小学四年整个学段科学学习的主题，对具体主题内容不作规定。芬兰仅仅罗列"环境与自然研究"的六个领域，再按照 1—2 年级、3—6 年级列出内容主题，对具体内容、知识学习要求不作说明，内容规定粗略。

2. 大多数一流发达国家的课程内容主题按照学科进行设计

课程内容的设计有三种方式：学科中心设计、学生中心设计、社会中心设计。这三种类型在不同国家有着不同的体现。

以科学知识为主进行课程内容设计的国家有美国、英国、日本。学科中心设计强调科学知识的学习与掌握。如美国 NGSS 列举了生命科学、物质科学、地球与空间科学等领域的学科核心概念，主要表现为一些基本概念及其知识点。英国则列出不同领域与主题需要学习的概念、需要掌握的知识技能，要求十分明确。

日本用比较大的篇幅规定了不同年级学生需要学习的 31 个主题、72 个知识点，围绕这些主题与知识点组织课程内容。

以社会生活为中心进行课程内容设计的国家有德国、芬兰。德国、芬兰十分强调科学课程内容与儿童经验、周围环境的密切关系，努力将科学课程内容的学习与儿童周围的生活、环境联系起来。如德国的"技术与工作世界""空间、环境和交通"领域的许多主题按照社会生活、职业生活组织课程内容，设置了"职业和工作""交通工具""建筑物""学校和环境""上学的路""环境保护和可持续性"等。芬兰与德国类似，按照儿童活动范围随年龄逐步扩大，不断拓展科学课程学习内容，如 1—2 年级学习"个体生长发育"，3—6 年级则学习"人体、生长、发育及健康"；1—2 年级学习"家庭和学校中的行为"，3—6 年级则扩大为学习"在日常生活情景和社区的行为"；1—2 年级学习"个体周围环境"，3—6 年级则扩大为学习"多样的世界，人类生活和居住环境"。

3. 一流发达国家科学课程内容的综合性强弱不等

课程内容综合性较强的国家有美国、德国、法国、芬兰。美国在科学课程内容的组织上，依据学科内的核心观念，采用跨越不同学科与领域的七大跨学科概念，也叫通用概念，统领相关知识、技能，力求实现课程内容的高度统整。德国将自然常识与社会常识进行统整，设置了"自然与生命""技术与工作世界""空间、环境和交通"等领域，将科学、技术、社会、历史、文化等进行整合，整合力度较大。法国将科学课程内容统整为"物质，运动，能量，信息""生命，多样性及其作用""材料和技术对象""地球环境中的生物"四个领域。芬兰则分为六个组合领域，不同程度上实现了课程内容的整合。

课程内容综合性较弱的国家有英国、日本。英国、日本尽管设置了整合领域，如日本将以往三个领域整合为"物质·能量""生命·地球"，但具体内容的规定则是分科设计，知识点具体而明确，科学知识交叉融合较少，仍以学科知识为主。

4. 课程内容的组织大多呈逻辑安排

通观一流发达国家的科学课程标准可以发现，大多数发达国家科学课程内容按照年级进阶组织与安排相关内容，同一类知识点在小学不同年级逐渐加深、扩展，以促进学生的科学理解与知识运用。不过，学习进阶的跨度差异较大，有的按照年级进阶设计，而有的跨学年设计，还有的则是将整个小学作为一个学段，仅仅从小学、初中、高中整个学习过程才能显示出学习内容的进阶安排，相对粗略。

课程内容进阶安排明显的国家是美国、日本、英国。日本、英国均按照学年规划每个年级学生在每个领域需要学习的内容，课程内容规定具体、明晰。美国对课程内容的进阶安排颇为精致，首先在 K-2、3—5、6—8、9—12 年级不同学段，对中小学生学习内容的进阶进行整体规划，对不同学段提出不同层次的总体要求，接下来列举物质世界，生命世界，地球和空间科学，工程、技术与科学应用四个领域不同年级的学科核心观念，同一概念如"能量"分别在幼儿园、四年级、五年级、6—8 年级、9—12 年级进行循环学习，不断加深与拓展。

有的国家科学课程内容则比较笼统，如芬兰、法国、德国。这些国家没有进行小学各个年级的学习内容进阶设计，而是按几个年级或者整体学段进行大致规划，进阶特征不够明显。芬兰将环境与自然研究的学习主题按照 1—2 年级、3—6 年级进行进阶设计，明确每段学习的范围。法国按照不同周期与年级进行设计，小学跨越两个周期，各个周期之间的逻辑关系比较松散，未严格按照学习进阶进行设计。德国则不作年级课程内容的规定，仅仅对 1—4 年级整体学段的常识学习范围与主题进行规划。

二、中等发达国家小学科学课程内容

（一）加拿大、澳大利亚、韩国、新加坡、俄罗斯小学科学课程内容

中等发达国家科学、技术、教育较为发达，小学科学课程内容丰富，这里主要介绍与分析加拿大、澳大利亚、韩国、新加坡、俄罗斯小学科学课程内容。

1. 加拿大小学科学课程内容

（1）加拿大小学科学课程内容

加拿大安大略省 2008 年《科学与技术》列举了 1—8 年级科学与技术课程的

基本内容，对需要掌握的基本概念作出特别的规定，这些概念是物质、能量、系统和交互、结构和功能、可持续发展和管理，以及变化和连续性。

安大略省 2008 年《科学与技术》要求学生在 1—8 年级课程学习中，扩展和加深对这些基本概念的理解，学会在生活中运用它们。这些基本概念如表 3-7 所示。

表 3-7　安大略省科学与技术课程内容领域划分

基本概念	释义
物质	物质是任何有质量和占用空间的东西，有特定结构和特征。
能量	能量有多种形式，并且可以改变形式。它能做功。当一个力使物体移动就是做功（Work）。
系统与交互	一个系统是生命或非生命体的集合，以及其内部各要素相互影响执行一些功能的过程。一个系统包括输入、输出和系统组成要素之间的关系。自然和人为系统发展对各种环境因素产生影响并受到其限制。
结构和功能	结构和功能概念关注自然或人造物质的结构或用途，以及不同形式间的相互关系。
可持续发展和管理	可持续发展是满足当代人的需求又不损害后代人满足其需求。管理工作涉及理解，我们需要以负责任的方式使用和爱护自然环境，努力使留给子孙后代的资源不会比我们现在所拥有的少。负责任的管理的核心价值包括谨慎使用非可再生资源；尽我们所能进行再利用和循环利用；在可能的情况下将其转化为可再生资源。
变化和连续性	变化是随着时间的推移发生改变的过程，它是可以量化的。连续性指系统内和系统间长期的一致性和关联性。内在系统间的相互作用导致变化以及变化的一致性。

（2）加拿大科学课程内容的主题

安大略省科学与技术课程的内容分为四个系列：生命系统、结构和机制、物质和能量、地球和空间系统。

安大略省科学与技术课程的主题见表 3-8。

表 3-8　安大略省科学与技术课程主题

年级	生命系统	结构和机制	物质和能量	地球和空间系统
一年级	生物的需要和特点	材料，对象和日常结构	生活中的能量	每日和季节变化
二年级	动物成长与变化	运动	液体和固体性质	空气和环境中的水

续表

年级	生命系统	结构和机制	物质和能量	地球和空间系统
三年级	植物生长与变化	强大而稳定的结构	力产生运动	环境中的土壤
四年级	栖息地和社区	滑轮和齿轮	光与声音	岩石和矿物
五年级	人体器官系统	在结构和机制中力的表现	物质的性质和变化的物质	能源与资源保护
六年级	生物多样性	飞行	电力与电气设备	空间
七年级	环境中的相互作用	形式与功能	纯净物和混合物	环境中的热量
八年级	细胞	运动中的系统	流体	水系统

（3）加拿大科学课程内容的特点

①按照大概念组织，内容的综合性较强。

安大略省对小学科学课程内容进行了统整，提出了六个基本概念：物质、能量、系统和交互、结构和功能、可持续发展和管理、变化和连续性，这些基本概念实际上就是科学教育中的"大概念"，相当于美国的"跨学科概念"或"通用概念"（如原因与结果，结构与功能）。大概念（big idea）超越了分散的事实或技能，专注于更大的概念、原理或进程。

②课程内容组织以学科主题为主，按照学习内容设置各个领域的主题。

安大略省的科学课程内容分为生命系统、结构和机制、物质和能量、地球和空间系统四大领域，每一个领域又分为若干主题。

③课程内容进阶明显。

同一主题在不同年级循环，不断拓展与加深，这一特征在"生命系统"领域更为明显，内容递进设计，由浅入深，不断扩展。

2. 澳大利亚小学科学课程内容

（1）澳大利亚小学科学课程内容

2012年ACARA《澳大利亚课程：科学》规定了科学课程的内容基准。科学包括三项相互关联的基准：科学理解、人类科学史、科学探究技能。三项基准帮助学生理解自然，为其提供知识和技能，使学生养成观察世界的科学眼光。通过清晰描述的探究过程，鼓励学生探索科学，探索其内容、本质和用途。2012年ACARA《澳大利亚课程：科学》对课程内容进行了下述说明。

①科学理解。

当一个人收集和整合相关的科学知识去解释和预测现象并把这些知识运用到新环境中时，其科学的理解力是显而易见的。科学知识指的是经历一段时间，由科学证实的事实、概念、准则、法规、理论和模型。科学理解包含以下四个分支。

生物科学。核心概念：已在地球上演化上亿年的各种生物，与生物身体机能、活动功能相关的外形特征。学生需要研究包括动物、植物、微生物在内的生物以及它们在生态系统中的相互依赖和相互影响。探索它们的生活圈、机体系统、适应性行为，研究它们的这些特征如何有利于生存，它们的个体特性如何代代相传。生物科学向学生介绍作为生命体基本单位的细胞和对生命功能而言至关重要的过程。

化学科学。核心概念：原子决定物质结构的化学和物理特性，通过原子活动和能量转移重新组合原子，新物质产生。学生基于物质特性对物质进行分类，如固体、液体和气体。了解成分，如元素、化合物和混合物。探索物理变化，比如状态和溶解的变化。研究化学反应如何导致新物质的产生。认识所有物质由原子组成，原子可以形成分子结构，化学反应使原子重新排列组合形成新物质。探究原子排列方式和物质特性之间的关系，以及能量转移对这些排列组合的作用。

地球和空间科学。核心概念：地球是太阳系的一部分，太阳系是更大的宇宙的一部分。由于自然作用和人类对资源的利用，地球的表面和大气层会受影响并发生变化。地球是太阳系的一部分，也是银河系的一部分。银河系是宇宙的一部分。学生还可以探索和太空相关的领域。探索地球上的变化，比如白天和黑夜，与季节更替相关的地球公转、自转。学生发现造成地球表面变化的自然作用，发现地球已经演化超过45亿年，同时其中一些自然作用的影响只有在极其漫长的时间内才能显现。探索人类在地球上使用资源的方式，认识地球表面和大气受人类活动的影响。

物理科学。核心概念：力的作用使物体运动，能量可以从一种形式转化为另一种形式。通过这条线索，学生可以获知一个物体的运动（转向、速度和加速度）是受一系列接触和不接触的力引起的。比方说摩擦力、磁力、重力和静电力。形成对能量概念的理解以及认识能量转移如何和运动、热、声、光、电相联系。理解从原子到宇宙本身的范畴，理解力和运动、物质和能量概念。

②人类科学史。

人类尝试着通过科学提高对自然世界的理解和解释。科学通过提出问题、回应社会的和伦理学的问题而影响社会。科学研究本身和社会需求优先次序相互影响。科学是认知和实践的特殊方式，它强调科学在当下制订决策、解决问题中扮演的角色。科学发展来自许多不同文化的人在科学发展中作出的贡献。人类科学史包括以下内容。

科学的本质和发展：包括对特殊自然科学和自然知识的评估，现有知识在经历一段时间后如何通过许多人的活动发展起来。

科学的用途和影响：包括科学知识和科学应用如何影响人们的生活、工作，科学如何受社会影响并为决策和行动提供资料。

③科学探究技能。

科学探究技能包括识别和提出问题；制订计划，实行和调查反思；实践操作；分析和解释证据；交流发现。科学调查包括一系列活动，如实验测试，实地工作，确定和使用信息源，实施调查、使用模型、模拟等。在科学调查中，收集和分析数据与证明是至关重要的。它包括收集和选取信息，以表格、曲线图、流线图和数据库等形式重组数据。

（2）澳大利亚小学科学课程内容的年级分配

小学科学课程内容的年级描述，这里主要以 2012 年 ACARA《澳大利亚课程：科学》1—3 年级为例加以展示，如表 3-9 至表 3-11 所示。

表 3-9　澳大利亚一年级小学科学课程内容

领域	学科	主题	阐述
科学理解	生物科学	生物具有各种各样的外部特征	①认识动物的特征，如头、腿和翅膀。②描述动物身体的某些特定部分的使用目的，比如移动和喂养。③确定植物的共同特征，如叶和根。④描述植物的特殊目的，如制造养分和获取水分。
		生物为满足自身的需求生活在不同的地方	①探索本地环境的不同栖息地，如海滩、草地和后院。②认识到不同的生物生活在不同的地方，例如陆地和水里。③探索时能发现当栖息地不能满足生物的需求时，它们就去其他地方。
	化学科学	可以通过各种各样的方法使日常材料发生物理上的变化	①预测和比较通过力改变物体的形状，如弯曲、拉伸和扭转。②辨别材料如何热胀冷缩，如水、巧克力或橡皮泥。

领域	学科	主题	阐述
科学理解	地球和空间科学	观察发生在天空中的变化和景观	①探索当地环境，识别和描述自然。②记录出现在地面和天空的短期和长期的事件，比如月球的外观、夜晚的星星、天气和季节的变化。
	物理科学	光和声音	①我们用感官了解周围的世界，用眼睛探测光，用耳朵检测声音，用触摸感觉振动。②识别太阳是光之源。③认识到事物能被看到是因为光照亮它们。④通过不同的探究方法熟悉声音，比如敲打、吹、刮、摇晃。⑤通过响度、音调和发声的动作来辨别乐器发出的声音。
人类科学史	科学的本质和发展	科学包括提问、描述对象和事件的变化	①在教师的指导下提出问题，描述当地环境的特点。②意识到我们通过观察、描述，可以帮助人们识别变化。
	科学的应用和影响	人们在日常生活中使用科学保护他们的环境，安排生活	①思考科学是如何被用于社会活动的，如烹饪、养鱼、运输、体育、医学和动植物的培育等。②思考本地居民如何使用技术，理解托雷斯海峡岛民如何用材料制造工具、武器、乐器、服装、化妆品和艺术品。③发现如何使乐器发出不同的声音。④比较用于日常生活的不同灯光。⑤科学知识可用于维护当地的环境，如动物的栖息地，也可用于改造公园和花园，更好地满足当地动物的需求。
科学探究技能	质疑和预测	提出和回答问题，预测类似的物体和事件	①思考日常对象和事件，提出"如果……将会发生什么……？"此类问题。②感知探索当地环境的构成，提出有趣的问题并预测会发生什么。
	计划和执行	参与不同类型的调查、探索和回答问题，如控制材料、测试想法和搜索	①操纵对象，观察发生什么。②收集源于海量的书籍、网络和教室里的信息。③探索不同的方法，通过讨论来解决科学问题。④基于简单明显的特征，在教师的指导下将信息排列分类。⑤学生在教师的指导下运用家里常见的物体作为单位来测量，如用杯子量体积，用手量长度，走步子量距离并记录。

领域	学科	主题	阐述
科学探究技能	处理和分析数据与信息	使用系列方法整理资料,包括图纸和表格	①运用匹配原则,识别类似的数据,剔除无关的数据。②通过课堂讨论记录和分享信息。③构建简单的图表呈现调查结果。
		通过讨论、比较、观察来预测	通过教师指导,比较观察结果,讨论最初预测的科学性。
	评估	与别人的观察结果进行比较	把自己和他人的观察结果放在一起讨论相同点和差异点。
	交流	用多种途径交流和沟通结果与想法,如口头、书面、使用图形和角色扮演	①讨论调查中发现了什么。②组织整个班的学生或一个小组分享讨论结果和观点。

表 3-10　澳大利亚二年级小学科学课程内容

领域	学科	主题	阐述
科学理解	生物科学	万物生长、变化,并会有类似于自己的后代	①认识个人从出生到年老的生长变化。②发现所有生物在不同的发展阶段都有共同的特征。③探索各生物不同成长阶段的特征,如鸡蛋、毛虫、蝴蝶。④认识到所有的生物都有后代,一般也都有一对父母。
	化学科学	不同的物质可以组合在一起,包括为了特定的目的把它们混合在一起	①探索各个地域的环境以发现不同物质的种类,以及这些物质的利用方法。②调查各种物质混合在一起时发生的反应。③阐述为什么日常事物如玩具、衣服等的各部分是由不同材料组成的。④认识纸张等物质可以被改变、被复制,还可以被重复利用,做成其他东西。
	地球和空间科学	地球的各种物质包括水有各种用途	①辨别地球的各种资源,包括水、土壤及矿物质,并且描述它们在学校里的利用方式。②描述水是怎样从一种状态变成人们想要的另一种状态的。③思考一下如果在人身上发生了像水等常见物质的变化的话,将会是什么情况。④发掘那些可以节约资源的办法,如在学校关闭滴水的水龙头。
	物理科学	通过推力或拉力可以移动物体或改变物体的形状	①探索物体在水中、陆地上、空中的移动方式。②探索不同程度的拉力或推力对物体产生的影响。③思考物体落向大地的时候会发生的变化。

领域	学科	主题	阐述
人类科学史	科学的本质和发展	科学既包括探寻各种物体及事件，也包括描述在这些物体和事件上发生的变化	①用科学知识去描述周围环境中的日常事物，以及发生的各种变化。②用力学及物理学知识去研究日常事物是如何运转的。③研究并描述水资源。
	科学的应用和影响	关心环境和生物，在日常生活中使用科学	①监测各种环境信息及地球资源，如降雨、水位和气温等。②发现本地居民和托雷斯海峡岛民是如何利用科学来满足他们的需求的，包括食物供应。③探究在不同文化中是如何通过混合材料制作油墨、颜料、油漆等物质的。④辨别人类管理及保护资源的方式，如减少浪费和关心水资源供应。⑤认识到很多生命赖以生存的资源可能受到威胁，人类对自然的理解有助于保护这种资源。
科学探究技能	质疑和预测	提出并回答一些质疑，并对相似事物作出预测	①使用感官探索当地环境，提出一些有趣的问题，进行推论和预测。②对于日常生活中遇到的事和物，提出一些类似于这样的问题"如果……的话会怎么样呢？"。
	计划和执行	参与引导性调查活动以便探索和回答一些疑问，如使用材料，试验方法，及获取信息	①尝试操作一些物体和物质并得出结果。②运用一些简单的信息资源进行研究。③运用物体和物质所含的易识别的特征对其进行排序。
		在收集和记录过程中运用恰当的数字技术进行非正式测量	运用学生在家或在学校都熟悉的物体作为单位进行一些研究和比较，如一杯（烹饪），一指（长度），一步（距离）。
	处理和分析数据与信息	用一些方法对信息进行排序，如画图或列表	①在教师的指导下通过构建一些图表记录收集到的信息。②对列表中或别人提供的信息进行排序。
		通过讨论，带着推测观察事物	在教师的指导下进行比较和讨论，无论结果是否是预期的那样。
	评估	与别人的观察结果进行比较	和其他同学讨论自己收集的信息，找出观察结果的异同点。

续表

领域	学科	主题	阐述
科学探究技能	沟通，讨论	使用图表等报告和交流自己的想法、发现	①和其他同学进行讨论，运用类似的调查方法，分享经验并提供调查技巧。②运用标识、模型及角色扮演等方式表达进度及相互关系。③使用简单的解释、参数、报告或图表跟别的同学交流观点。

表 3-11　澳大利亚三年级小学科学课程内容

领域	学科	主题	阐述
科学理解	生物科学	根据生物的显著特征，可以对生物进行分组，可以将生物从非生物中区分出来	①识别生物的特性，比如生长、活动、敏感度和繁殖。②识别不同生物的范畴。③区分生物和非生物。④根据生物的特征，对生物进行分组。
	化学科学	增加或减少热量会引起物质固态和液态之间的相互转化	①探究气温变化如何引起物质的固态和液态间的相互转化，比如水结冰，冰融化成水。②探究如何循环利用物质从固态到液态、从液态到固态的转化。③预测对不同物质加热的效果。
	地球和空间科学	地球的自转引起包括昼夜交替在内的规律性变化	①设计日晷。②研究地球是如何运行的。③描述地球自转的时间范围。④模拟太阳、地球和月球间的相对大小和运动关系。
	物理科学	热量可以以多种形式产生并从一个物体转移到另一个物体	①描述热量是怎样产生的，比如通过摩擦、运动、电流、化学燃烧。②识别日常生活中由于加热或制冷导致的变化。③探究热量是如何传递的。④认识到我们可以感觉热量并通过温度计测量出温度
人类科学史	科学的本质和发展	科学包括作出推测和描述模式与关系	①对环境中的变化和事件作出推测。②研究已经被本地居民和托雷斯海峡岛民运用的航天知识。③思考提出问题对我们规划未来的帮助。
	科学的应用和影响	科学知识帮助人们理解人类活动带来的影响	①思考加热对日常使用的物质的作用。②调查科学是如何帮助人们的，比如对护士、医生、牙医、技工和园丁工作的帮助。③思考包括固体和液体在内的物质是如何以不同方式作用于环境的。④发现何种特征使某物质成为污染物。⑤研究本地居民和托雷斯海峡岛民的有关当地自然环境的知识，比如植物和动物的特征。

领域	学科	主题	阐述
科学探究技能	提问和预测	经过指导，认识到在相似情况下的问题可以通过科学调查，在已获知识的基础上预测可能发生的情况	①在一系列可能情况下选择要研究的问题。②联合构想有可能成为调研基础的问题。③班级同学列出共有的经历，确定可能的调查。④小组讨论在调查过程中可能出现的情况。
	计划和执行	为计划提出方法，实施调查，找出问题答案	①在教师的指导下规划调查以测试简单的因果关系。②以全班讨论的方式研究问题，评估最有效的方法。
		安全地使用合适的材料、工具或设备，记录观察报告，运用正式的测量仪器，记录测量值	①使用正式的单位和合适的缩写，比如秒（s），克（g），厘米（cm）和合适的数字技术。②用各种工具进行观察，比如数码相机、温度计、尺子和天平。③讨论设施和程序的安全规则。
	处理和分析数据与信息	用一系列方法包括表格和图表示数据，体现模型和趋势	①考虑优先次序，用提供的表格组织材料和物体。②讨论如何将表格中呈现的数据分组。③识别和讨论由学生自己调查收集到的，以及从二手资源中收集的数值和视觉模型。
		推测比较结果，提出调查结果的可能原因	讨论推测与调查结果的吻合程度，分享所学知识。
	评价	反思所做的调查，包括一项测试是否公平	①向老师、小组或全班描述所做调查的经历。②全班讨论测试的公平性。
	交流	以图表法、物理表示法和简单报告等各种方式展现与交流思想和调查结果	①与进行相似调查的同学交流分享经验，提高调查技能。②以图表、模型和角色扮演探究等方式展示过程和关联。③以简单说明、论证、报告和图表法和其他同学交流想法。

澳大利亚4—6年级小学科学课程内容（从略）。

（3）澳大利亚小学科学课程内容的特点

①课程内容主题按照学科知识与技能设计，同时结合目标与学习活动进行阐述，突出科学知识的理解与技能的掌握。

②科学课程领域划分较为独特。

澳大利亚科学课程分为科学理解、人类科学史、科学探究技能三个部分，简要明确，颇具特色。"科学理解"实际上就是对自然科学基本成就的理解，相当于通常的科学知识。"人类科学史"单列，将一般国家作为辅助线索的内容置于课程前台，凸显了该项内容的重要意义，十分独特。"科学探究技能"模块将科学探究技能作为独立的内容进行专门的教学与训练，显示了澳大利亚对科学探究的足够重视。"科学探究技能"包括质疑及预测、计划和执行、处理和分析数据与信息、评估、交流，对学生进行专门的、规范的科学探究训练，有助于提高学生的科学方法素养。

③课程内容采取不同的方式整合在不同板块。

澳大利亚科学课程内容在"科学理解"部分，按照学科进行划分，简单排列，课程内容的整合度相对较低。学科概念清晰，能体现基本的科学思想，主题下列举主要知识点，清晰而明确。但"人类科学史"部分则将科学知识、技术与社会经济、文化、环境进行较大的整合。

④科学课程内容标准进阶明显。

科学理解要求随年级提高，如生物科学中，一年级学生理解"生物具有各种各样的外部特征"，二年级学生理解"万物生长、变化，并会有类似于自己的后代"，三年级学生理解"根据生物的显著特征，可以对生物进行分组，可以将生物从非生物中区分出来"。科学探究技能部分五项技能随着年级的增长不断提高水平与要求，如"质疑和预测"，一年级学生"提出和回答问题，预测类似的物体和事件"，二年级学生"提出并回答一些质疑，并对相似事物作出预测"，三年级学生"经过指导，认识到在相似情况下的问题可以通过科学调查，在已获知识的基础上预测可能发生的情况"，进阶明显。

3. 韩国小学科学课程内容

（1）韩国小学科学课程内容设计的原则

韩国2015年《中小学国家课程：韩国框架文件》指出，国家课程以教育理想和对受过教育者的构想为基础，着重培养具有道德品质的创造性和综合性学习者，培养未来社会必需的关键能力。该文件提出课程设计的原则：①发展人文、社会、科学和技术方面的基本知识，并根据学生的个人能力和职业规划促进个性化学习。②通过围绕学科领域的大概念组织学习内容，提供优化的学习内容，提高学习质量。③鼓励学生发展自主学习技巧，并运用各种适合学科领域特点的参与式教学方法，使学生体验学习的乐趣。④帮助学生反思学习，加强以学习过程为重点的评估，利用评估结果提高教与学的质量。⑤加强教育目标、教育内容、教学方法和评价的一致性等。

3—10年级设置科学，并与1—2年级的智慧生活密切联系。其内容包括运动与能量、材料、生活、地球与空间，以及与此相关的基本概念，进行自由探索的学习。为学生提供根据兴趣选择主题的机会。同时，提供三种可以选择的自由探究活动。

科学学习围绕多种基于探究的活动，包括观察、实验、调查、讨论等，发展学生的能力。强调独立活动以及有组织的小组活动，培养科学态度和沟通技巧，包括批判、开放、正直、客观、合作等。强调基于概念的综合理解，而不是碎片化知识的获得，强调运用知识科学地解决日常生活中的问题。

（2）韩国小学科学课程的具体内容

韩国教育与人力资源开发部2007年发布的《韩国：科学课程》（*Korea：Science Curriculum*），规定了小学科学课程的内容领域，主要包括运动、能源、材料、生命、地球和空间，以及与此相关的横跨不同年级与领域的基本概念的获得与学习。通过学习科学，学生能够识别科学、技术和社会以及科学的价值之间的关系。韩国小学三、四年级科学课程的内容如表3-12所示。

表3-12　韩国小学三、四年级科学课程内容

年级	主题	知识点	调查活动
三年级	磁铁的性质	①知道磁铁互相吸引和排斥。②知道磁针总是指向一个特定的方向。	①调查磁铁的吸引和排斥现象。②确定磁铁的极性。
	物体和材料	①意识到附近的物体是有形的东西。②说明构成一个特定的事物的材料，确定这个物体的特性。③认识到各种物体和材料可分为固体、液体和气体。	①分类物体。②解释材料特点与用途之间的关系。③根据固体、液体和气体特点对物体和材料进行分类。
	动物的一生	①理解动物的生命周期变化。②认识到不同动物生命周期的差异。	①观察动物的生命周期。②比较不同动物的生命周期。

小学科学课程国际比较研究

年级	主题	知识点	调查活动
三年级	天气和我们的生活	①知道如何使用温度计，理解温度改变取决于测量的时间和地点。②理解降水量测量背后的原理。③知道并使用风速和风向符号。④知道云有不同的形状和颜色，明白它们随时间而变化。⑤举例解释天气如何影响我们的生活。	①在几个地方测量气温。②通过使用一个简单的风向风速计设备测量风的方向和速度。③收集几天的天气信息。④解释报纸上的天气信息。
	动物的世界	①了解各种动物的外形和特征。②了解不同动物的外形、习惯和生活方式之间的关系。③根据它们的异同对各种动物分类。	①观察各种动物，区分它们的不同特征。②讨论形状之间的关系，动物的栖息地和生活方式。③对具有类似特征的动物进行分类。
	光沿直线传播	①解释影子形成的原因，解释光的直线传播。②知道影响影子大小的因素。	①通过观察影子找到对象的形状，并且当光源照射在物体上时预测影子的形状。②实验调查影响影子大小的因素。
	液体和气体	①学习一种比较不同形状的容器中液体的体积量的方法。②测量液体的体积和用正确的单位表达结果。③解释和证明空气的存在。④用证据表明，空气占据空间并且有质量。	①设计一个可测量液体体积的装置。②做空气占据空间的实验。③做测量气体质量的实验。
	混合物的分离	①解释固体混合物的分离方法。②解释不溶解的液体混合物的分离方法。③解释固体和液体混合物的分离方法。④将分离混合物的方法运用于日常生活。	①依据混合物颗粒的大小、磁性等分离固体。②分离一个不溶解的液体混合物。③过滤和蒸发实验。
四年级	地质的地层和化石	①了解地层的形成过程，推断其中最早形成的地层。②知道地层的特点，并分辨它们。③了解沉积岩的形成，区分它们的特性。④知道化石形成过程并能举出例子。	①做地层沉淀的实验。②观察沉积岩。③做化石的仿真模型。
	重量	①解释天平平衡时支点距离和重量的关系。②解释物体的重量与一个弹簧和拉伸量之间的关系。	①在支点上保持平衡。②验证物体的重量与一个弹簧和拉伸量之间的关系。※ 笔记：平衡的定量法不应教

年级	主题	知识点	调查活动
四年级	植物的生命周期	①理解植物的生命周期的变化。②认识到不同植物生命周期之间的差异。	①在种子萌发的时候，观察幼苗内部和外部的形状变化。②发现植物发芽和生长的必要条件。③比较不同植物的生命周期。
	植物的世界	①了解各种植物的形状和特征。②根据植物不同的习性解释植物的形状。③根据异同对各种植物进行分类。	①观察各种植物，区分不同植物的特征。②讨论植物的栖息地和其生长方式之间的关系。③根据类似特征对植物进行分类。
	改变地球表面	①知道不同种类土壤的透水性、颗粒大小和数量，以及有机组成部分。②了解土壤的形成及其与生活的关系问题。③了解地球表面水流变化影响河流地貌。④解释海洋如何影响地球表面的变化。⑤了解土壤的重要性及其保护方法。	①在不同地方观察土壤。②做土壤透水性实验。③通过实验发现水土流失的原因。
	水形态的改变	①解释水形态的改变。②解释在水和冰的相变中重量和体积的变化。③列举发生在我们周围环境中的变化及其应用。	①观察水的相变。②比较水和冰的相变过程中重量与体积的变化。③计算自来水的用量和讨论节约用水的方法。
	火山和地震	①知道火山气体、熔岩和火山灰。②明白火山活动改变了地球表面。③了解火成岩形成过程，区分花岗岩和玄武岩。④理解地震的原因，知道火山和地震经常发生。⑤解释如何减轻地震的破坏。	①解释火山作用是如何发生的。②观察花岗岩和玄武岩。③调查火山和地震造成的破坏。
	传热	①解释热传导、热对流和热辐射。②识别现实生活中热传导、热对流和热辐射的现象。	①比较通过各种传导材料的热传递情况。②观察热对流。③观察通过热辐射传热。④设计一瓶隔热或隔冷的饮料。

（3）韩国小学科学课程内容的特点

①课程内容以知识主题为主。

韩国小学科学课程内容领域划分较细，不是简单地将科学课程内容分为物质世界、生命世界，而是将其划分为许多具体的领域，规定各主题需要学习和掌握的知识点，强调基本概念的学习。同时，内容设计与教学建议结合，知识点规定与调查活动并列、对应，为知识内容的教学提供具体指导。

②课程内容的整合度较低。

韩国按照年级，根据不同主题组织课程内容，内容系统而完整，以确保学生掌握系统的科学知识与技能。尽管在"调查活动"的设计中体现了一定的跨学科性，但还是以知识点的学习为基础，服务于基本知识、技能的学习，整合度较低。

③课程内容的年级安排呈直线式组织。

韩国按照年级呈现科学知识与技能，内容重复较少。正如韩国 2015 年《框架文件》指出的，学习围绕各种探究活动包括观察、实验、调查、讨论等，通过独立活动以及团队组织，培养科学态度和沟通技巧，包括批评、公开、诚信、客观、合作等。全面了解基本概念而非碎片获取知识，在日常生活中形成使用科学知识解决问题的能力。

④规定与自由学习结合，给学生的学习提供了较大空间。

韩国小学科学课程内容考虑学生的差异，对不同学生提出不同的要求。

4. 新加坡小学科学课程内容

（1）新加坡小学科学课程内容的年级分布

20 世纪 90 年代，新加坡小学科学课程三年级到六年级的课程内容包括物质，如物质的种类、变化、空气与水的性质、自然资源保护；能源，如光、磁、热、电、能量的使用；动植物，如动物和植物的组成部分及功能、食物链、动植物对人类的重要性（宋怡 等，2000）。2014 年《小学科学教学大纲》在 2007 年《小学科学教学大纲》的基础上，对原有标准进行了适当的完善，领域包括多样性、循环、系统、相互作用、能量，其主题如表 3-13 所示。

表 3-13　新加坡小学科学课程内容主题

教学大纲		空白部分
主题	*中段 （3—4 年级）	**高段 （5—6 年级）	
多样性	•生物多样性与非生物多样性（一般特性和分类） •物质多样性	—	

教学大纲			空白部分
循环性	• 动植物的循环 （生命周期） • 物质与水的循环	• 动植物的循环 （繁殖） • 物质与水的循环	空出的课程时间是让教师使用更多的教学和方法，实施定制校本课程，只要其与教学大纲的目标相符即可。这使学生的学习更有意义，学生更加愉快。
系统性	• 植物 （植物各部分及其作用） • 人体 （消化系统）	• 植物 （呼吸与循环系统） • 人体 （呼吸与循环系统） • <u>细胞</u> • 电学系统	
相互作用	• 相互作用力 （磁铁）	• 相互作用力 （摩擦力，<u>重力</u>，<u>弹力</u>） • 环境的相互作用	
能量	• 能量的形式与用途 （光和热）	• 能量的形式与用途 （光合作用） • <u>能量转换</u>	

（注：画线部分是对基础课程的学生不需要强调的主题）。

根据 2014 年实施的《小学科学教学大纲》，新加坡 3—6 年级科学课程内容如表 3-14 所示。

表 3-14　新加坡小学 3—6 年级科学课程内容

课程内容	知识、理解与应用	技能和过程	态度和价值观
生物和非生物的多样性（3—4 年级）	* 描述生物的特性：需要水、食物和空气才能生存，生长、作出反应和繁殖。 * 认识生物：植物（开花、非开花）；动物（两栖类、鸟类、鱼类、昆虫、哺乳类、爬行类）；真菌（霉菌、蘑菇、酵母）；细菌。	* 观察各种生物和非生物，推断它们之间的差异。 * 基于共同观察到生物特性的异同将生物分类（植物和动物）。	* 通过提出问题，显示探索周围的生物和非生物的好奇心。 * 尊重不同的观点，重视个人努力和团队合作。

续表

课程内容	知识、理解与应用	技能和过程	态度和价值观
材料的多样性（3—4年级）	* 各类材料（陶瓷、织物、玻璃、金属、塑胶、橡胶、木材）的用途与它们的物理性质有关。	* 比较材料的物理性质：强度、灵活性、防水、透明度、在水中漂浮/下沉的能力。	* 使用数据和资料说明材料的性能和用途，显示客观性。
动植物周期（3—4年级）	* 理解不同生物有不同的生命周期：植物、动物。	* 观察并比较一段时间内种子长成植物的生命周期。 * 观察并比较一段时间内动物的生命周期（蝴蝶、甲虫、蚊子、蝗虫、蟑螂、鸡、蛙）。	* 探索周围的植物和动物，显示好奇心，有质疑精神。 * 对植物和动物等负责，如自己的宠物。 * 重视个人努力和团队合作。
动植物周期（5—6年级）	** 明白生物的繁殖是为了确保物种的延续，而生物体的许多特性是由父母传给后代的。 * 确认开花植物有性繁殖过程：授粉、受精（种子生产）、种子传播、发芽。 ** 认识人类生殖过程中的受精过程。 认识开花植物和人类有性繁殖在受精方面的相似性。	** 研究植物繁殖的各种方法，交流繁殖的结果：孢子、种子。	** 通过提问来探索周围的植物和动物，显示好奇心。 ** 对植物、动物和自己的宠物有责任心。 ** 尊重不同的观点，重视个人努力和团队合作。
物质和水循环（3—4年级）	* 阐述物质是具有质量并占据空间的。 * 区分物质（固体、液体、气体）的三态。	* 使用适当的仪器测量质量和体积。	* 在探索周围环境的问题上表现出好奇心，并有质疑精神。
物质和水循环（5—6年级）	* 认识到水存在三种可交换的物质状态。		

课程内容	知识、理解与应用	技能和过程	态度和价值观
物质和水循环（5—6年级）	** 理解水从一种状态到另一种状态的变化：熔化（固态到液态）；蒸发/沸腾（液体到气体）；液化（气体到液体）；凝固（液体至固体）。 ** 理解冰的熔点（或水的冰点）和水的沸点。 ** 了解水循环中蒸发和液化的作用。 ** 认识到水循环的重要性。 ** 认识到水对生命过程的重要性。 ** 描述水污染对地球水资源的影响。	** 比较水的三种状态。 ** 探究热量的增加或损失对水的温度和状态的影响，并交流发现：当冰被加热时，在0℃时它会熔化变成水；当水冷却时，在0℃时它会凝固变成冰；当水被加热到100℃时它会沸腾变成蒸气；当蒸气冷却时，液化成水。 ** 调查影响蒸发速度的因素，包括风、温度、暴露表面积。	** 认识水是一种有限的自然资源，要节约用水。
人类系统（3—4年级）	* 识别人体主要系统及其在人体内的功能（消化、呼吸、循环、骨骼和肌肉）。 * 确认人体消化系统的器官（口腔、食道、胃、小肠和大肠），描述它们的功能。	—	* 在探索自己的身体、质疑身体的结构或功能方面显示好奇心。
人类系统（5—6年级）	** 认识到空气是氮气、二氧化碳、氧气和水蒸气等组成的混合气体。 ** 识别人体呼吸系统和循环系统的器官并描述它们的功能。 ** 认识到不同系统（消化、呼吸和循环系统）在生命进程中的整合作用。	** 比较植物、鱼类和人类如何吸入氧气和呼出二氧化碳。 ** 比较物质在植物和人体中运输的方式。植物：输送营养和水的管道；人体：运输消化食物、氧气和二氧化碳的血管。	** 通过寻找数据和信息，客观验证、观察和解释自己的身体。

续表

课程内容	知识、理解与应用	技能和过程	态度和价值观
植物系统（3—4年级）	* 识别植物的不同部位，并说明叶、茎、根的功能。	* 观察植物各个部分。	* 探索周围的植物并有质疑精神，有好奇心。 * 显示对植物的关心。
植物系统（5—6年级）	** 识别植物运输系统的构成并说明它们的功能。	** 调查植物各部分的功能，交流调查叶、茎、根的结果。	** 通过寻找数据和信息，验证对植物各部分及功能的观察和解释，展示其客观性。
细胞系统（5—6年级）	** 理解细胞是生命的基本单位。 ** 识别一个典型的植物细胞和动物细胞及其部分功能。 植物细胞的部分：细胞壁、细胞膜、细胞质、细胞核和叶绿体。 动物细胞的构成：细胞膜、细胞质、细胞核。	** 比较典型的动植物细胞。	** 探索微观世界和质疑他们的发现，显示好奇心。 ** 尊重不同的观点，重视个人努力和团队合作。
电子系统（5—6年级）	** 认识到电路是由一个能量源（电池）和其他电路元件（电线、灯泡、开关）组成的电子系统。 ** 理解电流只能在闭合电路中流动。 ** 识别导体及绝缘体。	** 构造简单电路的电路图。 ** 调查一些变量对电路中电流的影响并交流调查结果：电池数（串联排列）、灯泡数（串联和并联）。	** 正确地使用和处理电。 ** 尊重不同的观点，重视个人努力和团队合作。
力的相互作用（3—4年级）	* 认识到磁铁可以产生吸引力与排斥力。 * 识别磁铁的特性：磁体可由铁或钢制成；磁铁有两极；自由悬挂的条形磁铁静止时指向南北方向异极相吸，同极相反；磁铁吸引磁性材料。	* 比较磁体、非磁体和磁性材料。 * 通电导体产生磁性。	* 探索磁铁在日常生活中的用途，表现出好奇心，有质疑精神。

课程内容	知识、理解与应用	技能和过程	态度和价值观
力的相互作用（3—4年级）	* 列出磁铁在日常生活中的一些用途。		
力的相互作用（5—6年级）	** 识别推力或拉力。 ** 理解力的作用：力可以移动静止物体；力可以提高、降低速度或改变物体运动的方向；力可以阻止物体运动；力可以改变物体的形状。 ** 识别并举例说明不同类型的力：磁力、引力、弹力、摩擦力。 ** 认识到物体有重量，因为有重力作用在物体上。	** 研究摩擦力对物体运动的影响及交流调查结果。 ** 研究力对弹簧的影响并交流结果。	** 通过使用数据和信息来验证观察和解释有关力的客观性。 ** 尊重不同的观点，重视个人努力和团队合作。
与环境的相互作用（5—6年级）	** 确定影响有机体生存的因素：环境的物理特性（温度、光、水）；食物供应。 其他生态系统的生物部分包括（生产者、消费者、分解者）。 ** 讨论：环境不利时对生物的影响（生物适应并生存，迁移到其他地方或死亡）。 ** 通过跟踪万物来自太阳的能量途径，确定在食物链和食物网的各种生物（生产者、消费者、捕食者）。		

小学科学课程国际比较研究

续表

课程内容	知识、理解与应用	技能和过程	态度和价值观
与环境的相互作用（5—6年级）	** 区分生物、种群和群落：生物是有生命的；一个种群被定义为：在规定的时间和地点，一组同类的植物和动物的生活和繁殖；一个群落是许多种群共同生活在一个特定的地方；不同的栖息地支持不同的群落（园林、田野、池塘、海岸、树木、红树林沼泽）。 ** 在循环这一主题中使学生认识到不同果实、种子的传播方式与生物特点。重点在于让学生理解这些特点是"结构化适应"的结果，理解这些特点对果实与种子传播的积极作用。 ** 举例说明人类对环境的影响（正面和负面）。	** 观察、收集和记录与环境相互作用的因素。	** 爱护环境，保护生物。 ** 关注人类对环境的影响。 ** 重视个人努力和团队合作。
能量的形式和利用（3—4年级）	* 认识到当物体可以反射光，或者当它是光源时可以被看见。 注：不要求掌握反射定律 * 了解光被物体完全或部分遮挡，形成阴影。 * 列出一些常见的热源。 * 说明物体的温度是衡量其热的程度。 * 区分热和温度的关系：热是能量的一种形式；温度是衡量物体的冷热程度。	* 研究影响阴影形成的变量并交流研究结果：遮挡物的形状、大小和位置；光源与遮挡物的距离、遮挡物与屏的距离。 注：透明 / 半透明 / 不透明等术语使用是不要求的。	* 通过使用数据和信息来验证关于光的解释的客观性。

课程内容	知识、理解与应用	技能和过程	态度和价值观
能量的形式和利用（3—4年级）	* 热量从较热的流入较冷的物体/区域/位置，直到两者达到相同的温度。 * 物体的热量增加或减少会引起物体温度的变化。 * 在我们的日常生活中，列出热的增加/减少所产生的影响：收缩/膨胀物体（固体、液体和气体）；改变物质状态。 * 识别良导体和不良导体，良导体：金属；不良导体：木材、塑料、空气。 ** 阐述生物都需要能量来完成生命进程。 ** 认识到太阳是我们的主要能量来源（光和热）。 ** 区分植物和动物获取能量的方式。	* 使用温度计和温度/热传感器数据记录仪测量温度。 ** 研究光合作用（产生糖类和氧气）所需的条件（水、光能和二氧化碳），并交流发现的结果。	* 通过寻找数据和信息来验证对热量的观察和解释有关热量的客观性特征。 ** 通过使用数据和信息来验证对光合作用的观察和解释。
能量转化（5—6年级）	** 认识到能量来自太阳（光和热）。 ** 认识并举例说明各种形式的能量：动能、势能、光能、电能、声音能量、热能。	** 研究能量从一种形式转化到另一种形式，交流发现结果。	** 在我们日常生活中，需要节约能源。

说明：表格中有关具体知识要点的补充注释（从略）。

（2）新加坡小学科学课程内容的特点

①课程内容主题以科学知识与技术为主。

新加坡小学科学课程内容领域按照学科核心概念进行组织，并与课程目标相关联，不同年级的内容对应"知识、理解与应用""技能和过程""态度和价值观"三个维度的学习要求，能较好地为一线教师的教学操作提供切实指导，确保教学质量。

②课程内容综合度较低。

新加坡对科学课程的质量要求较高，特别重视基础知识的学习和技能掌握，课程内容的叙述具体、细致，并通过加注的形式进行简要的说明，如三年级和四年级"材料的多样性"中的"比较材料的物理性质"的注解：重点是如何使用材料的特性；材料的"强度"是它不受破坏而承受载荷的能力；材料的"弹性"是它能弯曲而不断裂的能力；当材料不吸水时是"防水"的。材料的"透明度"指材料是否允许大部分或部分或没有光线通过（对使用术语透明的 / 半透明的 / 不透明的不做要求），对课程内容的跨学科设计考虑不多。

③高年级课程内容分流设计。

新加坡小学四年级结束后开始实施分流教学，科学课也进行分流。学生按照学业成绩和学习能力被分到不同的课程班，进入不同层次的课程学习。课程分流的区别主要在于课程内容的深度和广度的差别，学生可以根据自己的情况进行选择（冯增俊 等，2006）[214]。五年级和六年级的科学课程分为基础级与普通级，二者的区别主要是内容或深度的区分，可以较好地适应学生的差异。

④课程内容组织呈直线式排列。

尽管区分了 3—4 年级与 5—6 年级的学习主题及其内容，但年级段主题均有所侧重，学习主题基本不重复，课程内容直线前进。

5. 俄罗斯小学科学课程内容

（1）俄罗斯科学教育内容的改革

2001 年，俄罗斯联邦科学教育部发布《2010 年前俄罗斯教育现代化构想》，该文件明确提出制订并实施普通教育国家教育标准和多方案的基础教学计划。2002年 8 月，俄罗斯《教师报》全文刊登了由俄罗斯教育科学院德涅普洛夫和沙德里科夫两院士署名的《普通教育国家标准联邦部分（草案）》。2004 年，颁布俄罗斯联邦第二代普通教育国家课程标准。普通教育国家课程标准包括三个组成部分：联邦部分，由俄联邦确定；地区（民族）部分，由俄联邦各主体确定；教育机构部分，由教育机构独立确定。普通教育国家课程标准按照普通教育的各阶段包括初等普通、基础普通、中等（完全）普通教育进行划分；各阶段内分科制订教育标准。学科教育标准包括该学科的学习目标、学科基础教学大纲必修内容的最低标准、学科毕业生培养水平的要求。中等（完全）普通教育的国家标准分为基础和专业两个水平。其中，初等普通教育（小学）国家标准规定，初等普通教育内容的学习结果，学生应当具备认识活动、语言活动和处理信息、组织活动三种能力。其中，认识活动能力包括观察周围世界的事物；根据观察、经验，分析信息的结果，发现事物的变化，口头描述对事物的观察，根据观察和经验判断结果。借助比较理解被比较的事物的不同特征，分析比较的结果，通过共同特征对客体进行归类，区别整体和局部。运用最简单的若干种测量方法，运用相关仪器和工具解决实践问题。运用已经学过的最简单的知识来描述事物的性质和特征（石少岩，2007）。

2009 年，俄罗斯联邦科学教育部发布修订后的《初等教育国家标准》，规定必学科目部分和学科基本任务及内容，包括：①形成对家庭、自然居民区、地区，俄罗斯历史、文化，自然环境，现代化生活的崇敬与热爱。②在周围世界的完整性与多样性的情形下，弄清自身价值及在其中的位置。③在日常生活及各种危险和紧急情况下形成安全行为模式。④形成心理文化，确保在社会语言集团中形成有效和安全的相互作用范围。

（2）俄罗斯小学科学课程内容

2004 年 3 月，俄联邦教育部颁布《周围世界》课程标准，该标准是在"教育现代化"理念下颁布最早的教育标准。《周围世界》课程标准设置"必修内容最低限度"。"必修内容最低限度"的设置考虑到了学生学习阶段的连续性问题以及减轻学生学习负担过重的问题，为学生升入高级阶段奠定基础。课程标准只规定了必修内容的知识点，而对教材内容编排的先后顺序、教学进度的安排等均不作具体规定。"必修内容最低限度"将小学阶段的全部学习内容分为两大核心主题，分别为"人与自然"和"人与社会"。在"人与自然"主题中，内容主要关注物质世界与生命世界，以及人类与自然的相互关系问题；在"人与社会"主题中，内容主要围绕人与社会的关系进行组织编排，如人是社会的成员；人类活动创造了社会，同时社会也影响着人类活动。这两大核心主题作为具体内容的标准，被细化为与学生生活息息相关的问题，如，鼓励孩子们学以致用，培养学生创新精神，关注科学发明；说出动植物的典型特征并根据动植物的特征对其分类，制作简单的动植物标本；了解阳光、水、空气对生命有机体的重要意义，环境污染对生命有机体的危害；观察天气变化，动植物的变化，以及人类活动。

人与自然主题。人与自然主题主要由"生命世界"和"物质世界"两部分构成，主要承担对小学生进行科学启蒙教育的任务。在该部分中，小学生不仅要了解动物与植物、人类与大自然之间的基本关系，更重要的是培养小学生热爱科学、学习科学、利用科学的志趣和能力；对学生进行思想道德教育，从小培养他们良好的行为习惯和健康的心理。生命世界主题有植物、动物、动植物的关系、健康生活方式等。物质世界主题有水圈、地势形态、地壳、岩石、土壤、天气、地球运动与昼夜交替、太阳、陆地与海洋（徐妍，2015）。具体内容如表3-15所示。

表3-15 俄罗斯小学科学课程人与自然主题

课程	领域	内容主题
生命世界	植物	①说出身边植物的名称，会把不同的植物分类：植物分为天然生长的、人工培植的，主要包括乔木、灌木、草本植物；②了解植物在大自然和人类生活中的作用；③尽可能地了解植物种类，植物组成部分（根、茎、叶、花、果实、种子）；④植物生长所必需的条件（光、温度、空气、水）；⑤了解保护植物的重要性；⑥知道植物的生长过程；⑦知道植物生长对环境的要求。
	动物	①说出常见动物，并能对动物进行分类；②按照动物吃的食物特点，可以将动物分为素食性动物，肉食性动物，杂食性动物；③了解身边动物的主要类型，如鱼类、鸟类、哺乳类；④了解保护濒临灭绝动物的重要性；⑤举例说明常见动物的繁殖特点；⑥动物维持生命所必需的条件；⑦通过观察动物的外形特点，了解其生活习性。
	动植物的关系	①了解在大自然中动植物的相互关系：植物对动物来说，既是食物也是藏身之处；②动物是植物的传播者。
	健康生活方式	①了解养成良好生活习惯的重要性；②注意个人卫生，加强身体锻炼；③了解安全行为规范及水电的使用方法；④了解当遇到紧急情况时如何向人发出求救信号和如何自救（如轻微外伤：割破口、烫伤、冻伤等）；⑤了解人体器官（消化、呼吸、血液循环、神经、感觉器官）在机体活动中的作用，知道人体各种感觉器官对外界的反应；⑥了解人体温度的变化和脉搏跳动的频率。
	人与自然	自然是人类生活最重要的条件，人类活动对大自然产生重要的影响。为了保护自然资源，俄罗斯制订了专门保护动植物的红皮书。

课程	领域	内容主题
物质世界	水圈	①知道水的三种形态：固体、液态、气态；②判断水的状态（例如液态、气态），了解水的沸点和熔点；③知道水普遍分布的位置；④了解水对于人类生活的意义。
	地势形态	①知道几种地形地貌：平原、山地、丘陵、峡谷；②了解地图上不同地貌的颜色；③地壳：了解主要的自然地带（自然经济、动植物的特点、当地人的劳作特点、生活习惯），地壳对人类活动的影响。
	岩石	知道主要的矿产资源、岩石分布的地区以及人如何合理使用矿产资源。
	土壤	①知道土壤的组成部分；②土壤对作物的影响；③土壤对于人类生活的意义，人如何合理利用土壤。
	天气	①知道天气是可以通过对气温、云、湿度、风力进行观测和使用测量仪器测量得出来的；②说出天气变化对动物和植物的影响；③天气对人类生活的影响。
	地球运动与昼夜交替	①知道地球自转是昼夜交替的原因；②探究昼夜变化对动植物的影响。
	太阳	①知道太阳作为太阳系的唯一发光体为地球上一切生物提供温度；②知道四季变化是地球围绕太阳运转形成的。
	陆地与海洋	知道陆地和海洋的关系，说出陆地和海洋的名称。

人与社会主题：自我、我与家庭、我的家乡、我的祖国（略）。

（3）俄罗斯小学科学课程内容的特点

①课程内容主题以科学知识为主。

"生命世界""物质世界"中的领域规划、内容主题设计均以生物学、物理、化学、卫生等学科的知识为主，强调基础科学知识的学习，这一特色沿袭了苏联课程设计的传统，显示了俄罗斯关注科学知识的系统接受与理解，注重科学教育质量。

②课程内容具有一定的综合性，但综合度较低。

尽管《周围世界》不仅包括自然科学的内容，还包括社会科学的内容，内容较为广泛，但自然科学知识集中在"人与自然"之中，该部分涉及一些人文社会科学知识，但比例很小，仅仅在一些领域中有所涉及。如"水圈"中的"了解水对于人类生活的意义"，"岩石"中的"人如何合理使用矿产资源"。

③课程内容的道德成分较为浓厚。

如强调"对学生进行思想道德教育，从小培养他们良好的行为习惯和健康的心理"。

课程内容的组织仅仅是小学四年整体学段的规划，对教材内容编排的先后顺序、教学进度的安排等均不作具体规定，难以体现学习进阶的特征。

（二）中等发达国家小学科学课程内容的特点

1. 大多数中等发达国家依据科学知识主题选择和组织课程内容

中等发达国家小学科学课程内容大多按照领域、主题、知识点进行设计与规划，学科中心设计明显，尽管也考虑到联系社会生活与学生经验，但更多地强调完整的科学知识的学习与基本科学技能的掌握。知识主题是大多数国家科学课程设计考虑的核心所在，加拿大提出六个基本概念，澳大利亚标准中的"科学理解"按照各个学科进行分科设计，韩国、新加坡按照自然科学各个领域进行设计，选择不同学科领域中最核心的概念组织科学课程的内容，体现了课程设计的学科本位特征。

2. 科学课程内容的整合度在不同国家有一定差异

加拿大提出基本概念，用六个基本概念统领科学课程内容，课程内容整合度较大。与此类似，澳大利亚在学科领域的知识整合度较低，但"人类科学史"的整合度较高，如五年级"人类在一个文化中为发展科学作出的重大贡献"要求：描述科学家是如何在一定的文化下提高我们对太阳系的认识的，如哥白尼和伽利略；研究在团体进行的太空探索中不同类型的科学家及澳大利亚参与的太空探索活动；学习本地居民和托雷斯海峡岛民是如何通过对夜空的观察来实现导航的。俄罗斯《周围世界》中的"人与自然"罗列学生需要学习的知识要点，内容的综合度低，韩国科学课程设计对知识的系统性、完整性考虑较多，内容的综合性偏低。新加坡在"知识、理解与应用"中，提出 5 个核心概念即"多样性""循环性""系统性""相互作用""能量"，以此统整科学知识。

3. 课程内容的组织方式在不同国家有差异

部分中等发达国家小学科学课程内容的组织以螺旋式为主，科学课程在不同年级递进安排。圆周式排列比较典型的国家有加拿大、澳大利亚。加拿大"生命系统"板块中，从一年级的"生物的需要和特点"，二三年级的"动物成长与变化""植物生长与变化"到四五年级的"栖息地和社区""人体器官系统"，再到六七年级的"生物多样性""环境中的相互作用"，最后到八年级的"细胞"，课程内容由浅入深、由宏观到微观，不断深化，学习进阶十分明显。澳大利亚的"地球和空间"部分，一年级"观察发生在天空中的变化和景观"，二年级"地球的各种物质包括水有各种用途"，三年级"地球的自转引起包括昼夜交替在内的规律性变化"，四年级"地球表面会随着时间变化，而这些变化是由自然发展和人类活动共同带来的"，五年级"地球是围绕太阳运转的众多行星中的一颗"，六年级"突如其来的地质变化和极端气候条件对地球表面的影响"。课程内容设计随着年级的递进不断加深、扩展。

直线式排列的国家有新加坡、韩国。新加坡按照三四年级、五六年级进行科学课程内容设计，韩国按照四个年级分别设计，不同年级段或年级的内容交叉、重复较少。科学课程内容呈直线排列，这种组织方式有利于保持学科内容的系统性与完整性。

4. 一些国家将科学探究与实践的内容纳入课程内容之中

中等发达国家的小学科学课程设计关注科学技能的训练和科学探究能力的培养，注重组织多种探究活动，为学生的探究学习提供机会，提出相应的要求。澳大利亚将"科学探究技能"作为一个独立的内容板块，分年级、分项目对学生进行递进式科学研究技能训练，包括质疑和预测、计划和执行、处理和分析数据、评估、交流。新加坡在"知识、理解与应用"中列出"多样性""循环性""系统性""相互作用""能量"等核心概念并进行解释，说明指出关键点与探究问题，如"能量"的关键点包括：能量可以使事物工作或移动；能量有不同的形式，它们可以从一种形式转换为另一种形式；一些能源可以被耗尽，人类在节约能源中起着重要的作用。其重点探究问题有能源为什么重要？能源如何用于日常生活？为什么节约能源很重要？尽管这些问题比较笼统，但也显示了新加坡对科学探究的重视。韩国把"调查活动"列入课程内容，要求学生通过科学调查，开展科学实践，三年级"液体和气体"部分的调查活动：设计一个装置可测量液体的体积，做空气占据空间的实验，做测量气体质量的实验。学生通过科学探究实践获得科学知识与技能。

三、发展中国家的小学科学课程内容

这里主要介绍发展中国家（或称欠发达国家），如印度、埃及、南非、巴西、中国等国的小学科学课程内容。

（一）印度、埃及、南非、巴西、中国小学科学课程内容

1. 印度小学科学课程内容

（1）印度的课程框架与原则

1968 年印度议会采纳了教育委员会的建议，颁布《国家教育政策》（NPE），首次将科学和数学作为所有学生的必修科目，科学成为学校教育前十年普通教育的基本部分。委员会建议：小学低年级的科学角（science corner）和小学高年级的实验—演讲室（laboratory-cum-lecture room）是最低要求。在初中阶段（lower secondary stage），教授化学和生物学等科学学科，帮助学生在更广泛的范围内掌握"科学"。此外，还应强调科学实验方法的学习。科学教学应与农村地区的农业和城市地区的技术联系起来。

印度 2005 年《国家课程框架》（*The National Curriculum Framework*）对中小学课程编制提出一些原则性的准则。《国家课程框架》强调，良好的科学教育对孩子、对生活、对科学必须是真实的。科学课程的有效性标准包括：①认知有效性，要求课程的内容、过程、语言和教学实践要与年龄相当，并且在儿童的认知范围内。②内容有效性，要求课程必须传达重要而正确的科学信息。将内容简化，使课程适应学习者的认识水平是有必要的，但也不应传达过于平凡、有缺陷的或无

意义的内容。③过程有效性，要求课程应该使学习者掌握科学知识的产生和验证的方法和过程，并培养儿童对自然的好奇心和创造力。④历史有效性，要求从历史的角度来对待科学课程，使学习者了解科学概念是如何随时间的变化而变化的。它也可以帮助学习者将科学视为社会事业，了解社会因素如何影响科学发展。⑤环境有效性，要求将科学置于更广泛的学习环境，在地方和全球环境中进行，使他/她能够理解科学技术和社会层面上的问题，并使他/她拥有进入工作世界的必要知识和技能。⑥道德有效性，要求课程诚实、客观、合作、自由，使学生免受恐惧和偏见等，并教育学生关注生命，保护环境。这些准则成为中小学课程编制的基本原则。

（2）印度小学科学课程的具体内容

1977 年印度政府颁布的《十年制学校课程大纲，1977》（*The National Curriculum Framework, 1977*）规定，印度科学课程包括初级小学阶段的环境研究、高级小学阶段的科学（综合课）以及初级中等教育阶段的科学（选修一或选修二）。其中，初级小学的"环境研究"学科，学习解决科学（自然环境）和社会研究（社会环境）的问题。包括自然研究、社会研究和健康教育、生产劳动。高级小学六年级科学课程内容为测量方法、物质、分子结构、我们周围世界的变化、运动、力和压力、简单机械、宇宙、植物和动物的构造和功能、食物与健康、生物圈、人对动物的依赖以及生态平衡、环境、处理和提升水质、能源（程莹，2005）。2005 年《国家课程框架》并未对科学课程内容进行明确规定和具体叙述，关于科学课程内容有如下表述：初小阶段，科学包括社会科学应当融入环境研究中，主要包括自然环境、人与历史文化遗产等方面的内容，其中健康为重要组成成分；高小阶段，开始学习正式的科学课程，科学知识主要来源于活动和实践，课程内容应该是综合的，但该阶段的科学内容不能被视为是中学课程的简化版。

2006 年印度国家教育研究与培训协会国家焦点小组发布的《国家关注科学教学》指出，小学科学教育初级阶段（Ⅰ至Ⅴ级）是一个快乐的学习阶段，让学生有充分的机会探索周围环境，与环境互动。本阶段的主要目标是能够引起人们关于世界（自然环境、工作和人）的好奇心，让学生参与探索和实践活动，发展学生观察、记录、分化、分类、推理能力，以及画画、测量、设计、制造和评估技能。同时，通过科学学习促进语言的发展。在初级阶段应向学生提供处理真实和具体世界的机会，而不是一个正式的抽象世界。应继续将科学和社会科学的思想和概念加以介绍，并将健康教育作为一个重要组成部分。在小学高年级（Ⅵ至Ⅷ级）阶段的科学教育应逐步从初级阶段的环境研究过渡到科学技术教育。本阶段应该教授科学概念，以便使日常经验有意义。虽然大多数概念应该从科学实验与活动中得出，但没有必要采用严格的归纳方法。实践证明，在多种条件下，以实验为基础的科学教学是可行的，对资源的需求也是非常合理的。科学课程的技术部分可以包括简单模型的设计和制作、常见机电设备的实用知识和本地特定技术。

2016 年 11 月颁布的《小学课程：1—5 年级》［*Curriculum for Primary Classes (I–V)*］对小学各科课程内容进行了规定，其中，科学内容标准围绕以下主题进行组织：食物、材料、生活世界、生物和人、工作原理、自然现象、自然资源。具体地讲，三年级的核心概念：生物和非生物，人体，动物，鸟类，常见昆虫，周围的植物，我们从植物中获得的食物，物质形式，固体、液体和气体，水的某些性质，水资源，太阳是自然资源，清洁、健康和卫生。四年级的核心概念：人体，动物的适应性，植物的适应性，周围环境中的植物，空气，物质与溶液，光，测量，推和拉、摩擦力。五年级的核心概念：人体的循环系统、骨骼系统，食物和健康，授粉，植物繁殖，固体、液体和气体，生命相互依存（动物和植物），声音和噪声，功与能，光与影，简单的机器，清洁卫生。四年级科学课程的核心概念如表 3-16 所示。

表 3-16　印度四年级科学课程的核心概念

序号	主题	目标	核心概念
1	人体：我们所吃的食物	提供有关食物成分的资料并讨论，培养人们对均衡营养饮食重要性的认识	①用于补充能量、维持工作、生长（健身）、预防疾病的食物；②食物成分：糖类、蛋白质、脂肪、维生素、无机盐、水和粗粮为基本成分；③每组食物成分的示例；④均衡饮食；⑤珍惜食物，避免浪费
2	人体：牙齿	提高人们对人类的各种牙齿的认识，以及对牙齿护理和定期检查的重要性的认识	①口腔和牙齿的位置；②各种牙齿的结构和功能；③带有各种牙齿标识的图表，婴儿和成人每种牙齿的数量；④牙齿和牙龈护理：蛀牙 / 缺陷的原因及预防措施；⑤定期检查以保持牙齿健康的必要性，健康

序号	主题	目标	核心概念
2			的牙齿护理习惯的重要性；⑥食物在牙齿和牙龈健康发育中的作用
3	人体：消化与排泄系统	增强对人体消化系统和排泄系统功能的认识	①消化系统的器官（口、食道、胃、肝脏、小肠、大肠、直肠、肛门）；②各种器官在消化中的功能，需要很好地咀嚼食物，并需要定期排便；③水的需要；④排泄系统的器官及其功能；⑤与消化和排泄有关的健康习惯
4	动物的适应性	通过参考不同的栖息地讨论动物的适应性	①动物的适应性；②动物对适应的需要；③适应的原因；④动物适应环境的例子：在陆地上，在水中；⑤食草动物、食肉动物、杂食动物身体部位的适应改造；⑥每个动物适应的示例；⑦爱护动物
5	植物的适应性	提供有关植物在陆地、水中及因环境变化而需要适应的资料和信息，并提供实例	①植物适应环境的需要；②举例说明植物适应陆地环境的能力；③举例说明植物在水中的适应能力；④举例说明植物在沙漠中的适应性；⑤举例说明丘陵地区植物的适应性
6	周围环境中的植物	熟悉植物的分类以及植物不同部分的功能，此外，还将以简单的方式讨论叶子的功能以及蒸腾和光合作用的过程	①植物的组成及其功能（重新审视前概念）；②根：根的种类、功能和例子；③茎：茎的功能；④叶子的功能：光合作用，蒸腾过程（用简单的语言）；⑤叶片中淀粉的碘测试；⑥从植物中获取的产品，如食品、木材、椰壳纤维、橡胶、纤维等

续表

序号	主题	目标	核心概念
7	空气	发展实验和观察技能	①空气的一些特性：占据空间，重量，膨胀，无色；②空气的组成（气体＋水蒸气）；③呼吸和燃烧的过程；④空气污染的成因——尘埃、烟雾、吐痰（细菌、病毒），保持空气清洁的预防措施
8	物质与溶液	通过日常生活中的例子，理解"溶质""溶剂""溶液"	①定义——溶剂、溶质和溶液，举例说明每种概念（用简单的语言）；②分别举例说明可溶和不可溶物质（在油、水中的溶解度）；③分离方法：沉淀，过滤，蒸发
9	光	通过日常生活中的例子，认识环境中的各种光源以及光的简单特性；理解阴影是如何形成的，以及了解各种自然光源的使用	①光源：自然光源和人工光源；②自然光源和人工光源的例子；③发光和不发光的物体；④光的性质；⑤透明、半透明和不透明的物体，以及每一类物体的例子；⑥这些物品在日常生活中的用途；⑦阴影的形成
10	测量	培养一种意识和理解，即需要一个测量单位来解释任何对象、过程和现象	①测量的必要性；②日常生活中的测量实例（购买物品，察看时间）；③简单介绍用于测量的仪器（尺，卷尺，称重机，温度计，时钟）；④每种仪器的使用，如何阅读／使用它们
11	推和拉	学习推力和拉力是可以改变物体形状／方向的；熟悉日常生活中遇到的各种力量	①推与拉的概念／意义及其区别；②推和拉的例子；③力：简单来说就是改变物体的形状和方向；④各种力的意义——重力、磁力和摩擦力
12	摩擦力	以对力已有的了解为基础，更多地了解摩擦力的意义及其在我们生活中所扮演的角色	①摩擦力——含义、概念；②如何减少摩擦力（油、粉）；③摩擦力的使用；④摩擦力的有害影响；⑤摩擦力的例子

（3）印度小学科学课程内容的特点

①学习主题生活化。

印度小学科学课程内容包括以下主题：自然现象、空气、动物、植物、人与环境、物体的运动状态、物体的分类、水与环境、材料。可以看出，印度小学科学课程选择的内容贴近学生日常经验与社会生活，科学课程内容生活化是印度科学教育的一大特色。印度的小学科学课程内容关注儿童的经验与兴趣，注重科学知识在社会生活中的实际运用。

②课程内容的综合度较高。

科学教育与环境教育融合。这里的"环境"，既包括自然环境，也包括社会环境。印度小学科学课程特别把科学知识与环境保护结合起来，通过环境研究学习科学知识原理。该门课程强调多学科的联系，发展基础语言技能，要求学生不仅学习科学的专业术语，还要通过科学来进行口语表达，学习阅读和写作。此外，注重科学情感教育。通过科学教育，帮助学生内化清洁、诚实、合作、关心生活和环境的价值观。2016 年颁布的《小学课程：1—5 年级》指出，将科学学习与学生的日常生活经验联系起来；通过"动手实践"来学习，利用当地可获得的材料和环境作为学习资源。处理各种主题的方式是鼓励学生探索和使用各种资源，使他们能够将课堂学习内容与其日常生活之间建立联系。

③课程内容具有较强的学习进阶特征。

《小学课程：1—5 年级》指出，科学课程被呈现为一个生动的、不断增长的知识体，而不是这些概念的最终产物，强调学习的过程。三年级科学课程的重点是发展与科学有关的认知水平，更加注重发展技能及培养健康习惯，以及保护环境。四、五年级更加重视实验，理解科学概念、过程和自然现象，培养学生的科学素养及对科学活动的好奇心。从 3—5 年级的核心概念设置也可以看出，小学科学课程内容随着年级的递增，不断扩展、加深。

2. 埃及小学科学课程内容

（1）埃及关于科学活动结果的规定

2011 年，埃及教育部颁布《小学课程大纲总体框架》，涉及小学数学、科学、社会研究等学科的内容标准（教学内容的范围及其课时数），具体内容见表 3-17。

表 3-17　埃及小学科学课程内容的范围及其课时

时间计划（一周内的小时数）	说明	年级
一个小时	涉及与生物体特征、生命周期和环境相关的科学活动，物质、状态和磁能的概念及分类，不同天体的运动方式，确定太阳和月亮的出现时间，解释阴影的形成，并列举自然事物来源	一年级
一个小时	涉及生物体特征、生命周期等概念，解释不同环境中动植物之间的关系及物质的性质和组成；介绍热源和光源的分类及其多种用途；观察天空中众多的星星及其亮度的差异；认识地球上的物质	二年级
四个小时	介绍动植物部分功能的科学性活动。追踪某种植物或动物的生命周期；了解环境的概念及让动植物适应环境的方法；熟悉并比较不同物质的性质和组成；利用透光性对物体进行分类，区分不同的声音；观察日出和日落，影子随时间而改变大小和位置的现象；了解地球的构成	三年级
一个小时	涉及生物体特征及其功能结构，了解生物体的生活环境。比较物质的三种形态；了解能量的转换以及电路的形成；认识太阳系的行星、大气成分和部分天气现象	四年级
一个半小时	涉及人体的结构及其生命周期，了解人体消化系统、泌尿系统的结构和功能；了解食物链以及人体对环境的适应能力；了解物质的构成与变化；描述力的不同影响、宇宙和地球各层的构成情况	五年级
一个半小时	涉及生物体的分类，人体循环系统和神经系统的结构和功能，通过食物网追溯能量路径；有机体构成与环境中可用食物之间的关系，追溯部分生物消失的原因；部分物质的特性和构成，能源的产生、储存和传递及其应用；宇宙的构成和自然界中的水循环	六年级

　　除了上述规定，2011 年，埃及还颁布了《教育活动质量文件 科学活动》。该文件第六章"教育成果"中列举了科学活动的结果，主要内容包括对一些自然现象的自然要素进行调查；进行实验发现一些新的观点；观察周围环境中的生物；运用所有的感官来观察周边环境中事物和物质的特点；根据特点把环境中的事物分成几组；运用所有的感官来收集并记录日常生活中的问题；预测一些现象的出现；通过学校的传媒（口头的、书面的）展示日常问题的解决方案；通过扮演社会角色来培养社交能力；使用多种测量工具（长度、质量、体积、温度等测量工具）；制造简单的模型；制作一个模型来解释科学原理；遵守安全规定；遵守制

度；在进行活动时依靠自己；把科学、技术和社会联系起来；传播与公共卫生有关的科学思想；保护环境、物质和资源；训练如何减少垃圾；设计一些方法，来培养问题意识；设计一些设备的模型，来实践科学思想；学习规划来解决日常问题；使用一些方法，比如计算机技术，来展示现象、数据和结果；宣传环境问题的意识；能够从事保护大自然的志愿工作，如种树、使人们认识到疟疾的风险等；设计一些方案来培养对一些问题的认识；合理消费资源；设计一些实验来解决问题并获得结果；进行一些实验来证实科学真相；确定一些日常问题并对其进行相关预测；选择一些设备和合适的方法并运用于调查过程中，以解决问题；确定一些变化并加以调整；在认证文献来源时，要遵守科研伦理；和他人协同工作等。

同时，《教育活动质量文件 科学活动》中列举了五项科学活动的指标：①发展高级思维能力和创新能力；②在面对日常生活中的问题时，使用科学思维的技巧；③培养社交技巧；④发展感官、运动、协调能力和灵活性；⑤提升文化、社会、品行。每一类指标又分为四级。表3-18列出了发展高级思维能力和创新能力与在面对日常生活中的问题时，使用科学思维的技巧的指标。

表3-18　埃及科学活动指标（部分）

指标	1级	2级	3级	4级
思维能力和创新能力	①找植物生长的适宜条件。②进行磁铁性质的实验。③进行电的绝缘体和非绝缘体实验。④利用蔬菜和水果制作简单的电路。	①在制造一些设备方面使用简单的电路，比如交通指示牌、广告牌等。②设计合理用水的广告牌。③设计一份介绍，说明阻止肝炎传播的方法。④制作饮用水技术模型。⑤制作淡化水设备的模型。⑥写一个地球引力和月球引力区别的小故事。	①设计毒品危害的教育大纲。②制造用太阳能制作蒸馏水的装置模型。③设计能量转换的教学游戏。④设计实验仪器工具袋。⑤设计电铃。	①设计基于科学理论的加热工具。②设计热泵和冷却装置。③设计晶体管，并把它和电路连接起来。④海洋生态系统中的气体平衡实验设计。⑤进行验证食物中包含能量的实验。

指标	1级	2级	3级	4级
科学思维的技巧	①观察周围环境中的生物。②运用所有的感官观察周围环境中物质和事物的特点。③根据事物的特点等将其分为若干类别。④根据证据预测天气现象的发生。	①实施一些计划来解决生活中的问题。②收集能够解决表格中科研问题的说明书。③分析科研问题的要素。④估算如温度、长度、体积等的数值。⑤测定问题的先决条件。⑥运用一些方法，比如计算机技术，来展示现象、数据和结果。	①规划调查的过程，观察日常生活中的问题。②使用收集到的数据和证据。③估算如温度、长度、体积等的数值。④选取合适的实验设计。⑤运用合适的方法和同学们一起获得结论和评价。⑥设计电铃。	①确定日常的问题并对其进行预测。②在调查过程中使用合适的设备和方法来解决问题。③发现变化并进行调整。④选择实验设计。⑤遵守科研伦理。⑥运用一些方法，比如计算机技术，来展示现象、数据和结果。

（2）埃及小学科学课程内容的特点

①课程内容标准比较粗放。

埃及没有制订单独的小学科学教育标准，科学教育内容的规定较为粗略，不够系统精细。仅仅区分了不同年级学生需要学习的内容范围，缺乏对内容主题的具体说明与学习要求。

②坚持任务导向，列举活动主题。

作为课程教学大纲的配套文件，《教育活动质量文件 科学活动》列出了一些较为具体的活动主题，这些主题关注日常生活中具体问题的解决，体现出任务问题导向的特征。

③年级内容递进设计。

如"生物体特征"跨越六个年级，随着年级的递进不断扩展、细化，具有螺旋式设计的特点。但科学活动主题及其内容的设计，没有根据不同年级儿童的发展水平提出不同层次的活动及要求，只是简单罗列，层次模糊。

3.南非小学科学课程内容

（1）科学知识的领域

南非教育部 2012 年颁布《课程与评价政策声明：R-6 年级自然科学》，简称"南非CAPS"。该声明指出，自然科学的学习领域，包括从研究恒星是如何形成的到微观小动物的生活，从晶体的研究到了解地球的气候正在发生的变化。调查这些领域需要非常不同的数据，使用非常不同的研究方法。修订后的国家课程标准中，科学研究被分为3个主要内容领域或知识链：①生命和生活（Life and Living）。关注生命过程和健康，了解环境的平衡和变化，理解生物多样性的重要意义。②能量与变化（Energy and Change）。关注物理和生物系统中的能量转移、人类需求和欲望对能源的追逐。③地球和其他星球（Planet Earth and Beyond）。专注于探究这个星球的结构，以及地球如何随着时间的推移而变化，了解天气如何变化。④物质与材料（Matter and Materials）。专注于探究材料的性质和用途，并了解它们的结构、变化和反应，以促进所需的改进。

（2）科学课程的具体内容

下面以南非CAPS"生命和生活"的核心知识和概念为例加以说明，如表3-19所示。

表3-19　南非"生命和生活"核心知识和概念

生命过程和健康生活	在环境中的相互作用	生物多样性、变化和连续
❖ 生物包括人类和其他的生物，可以根据生命过程、功能单元和系统来理解。	❖ 生态系统中生物的存活依赖非生物的存在，依赖于它们与其他生物之间的关系。	❖ 千万年来，环境不断变化，动植物的特征不断演变，生命形式变得丰富多彩。
基础阶段		
❖ 我们的许多身体部位对应动物的相关部分,如四肢、头、眼、耳朵、脚，在许多情况下动物和我们以相同的方式使用它们。 ❖ 动物和植物像我们一样需要食物、水和空气。	❖ 我们以植物和动物为食，我们养殖动物、种植植物。 ❖ 我们知道，人们喜欢吃各种各样的食物。但一些动物会携带病菌，如苍蝇和蟑。	❖ 植物和动物种类繁多，它们既有明显的差异，也有相似之处，可以用其相似性进行分类。 ❖ 植物和动物随着时间流逝、季节更替而成长、变化。

生命过程和健康生活	在环境中的相互作用	生物多样性、变化和连续
中间阶段		
❖ 绿色植物自己从空气和土壤中吸收水分。从阳光中吸取能量进行光合作用。 ❖ 生物都需要食物来补充能量、运动、生长和修复身体或组织的损伤。动物包括人类拥有从食物中获取养分的消化系统。人类需要从食物中获得均衡的饮食，以保持健康。 ❖ 所有的生物都能以不同的方式适应它们的环境。动物包括人类，都有专门的感觉器官。 ❖ 生物可以自己活动；动物包括人类，可以移动。许多动物通过肌肉和骨骼移动身体，这些肌肉和骨骼分布在身体的内部或表面。	❖ 动物不能自己生产食物，所以一些动物吃植物，一些动物吃其他动物。所有的动物的生存最终取决于绿色植物。生态系统是一个独立的地域，各种各样的植物和动物在此生存和繁殖。它们彼此依赖。 ❖ 生活环境。生态系统中所有生物的生存依赖于持续生长的植物。 ❖ 生物的栖息地是它们饮食、藏身、生产的地方，在许多情况下，栖息地帮助动物养护幼崽，为幼崽提供更好的生存机会。动物生活的栖息地有不同的类型。 ❖ 生态系统取决于土壤。土壤形成需要岩石和死去的动植物的物质，但它的形成需要一个极为漫长的自然过程。为了保持土壤的肥力，必须替换从土壤中吸收营养物质的植物。水在生态系统中发挥重要作用，维持植物和动物的生命。工业、农业和生活活动可能影响一个地区水的质量和使用量。	❖ 新的植物会从母体植物的某些部分生长出来。这就是所谓的不需要种子的无性繁殖。新的植物具有母体植物的所有特性。 ❖ 有性生殖是由两个植物或动物产生另一个个体的过程。下一代的个体像父母，却总是与父母有轻微的差异。 ❖ 南非有几百万年前的、丰富的动植物化石。许多动物和植物与我们今天看到的植物和动物有所不同，但也有一些非常相似。我们可以从化石和地质观察推断出生物的多样性，知道很久以前的自然环境和气候与今天是不同的。

生命过程和健康生活	在环境中的相互作用	生物多样性、变化和连续
高级阶段		

生命过程和健康生活	在环境中的相互作用	生物多样性、变化和连续
❖ 随着年龄的增长，人的身体发生变化，青春期意味着身体准备好有性繁殖。 ❖ 人类的繁殖开始于父亲和母亲的性细胞的融合，携带着每一方各自的特性。 ❖ 母亲的身体发生变化会影响未出生的孩子的未来健康。 ❖ 了解如何防止性病，包括艾滋病的传播，以及必须遵循的行为选择。 ❖ 绿色植物利用水、来自太阳的能量和空气中的二氧化碳，通过光合作用制造食物。这种化学反应是地球上一切生物生存的核心。 ❖ 动物包括人类，需要蛋白质、脂肪、碳水化合物、无机盐、维生素和水。食物通过小肠被吸收到体内。剩余的食物储存为脂肪或碳水化合物。 ❖ 动物包括人类，有一个心脏循环系统，包括静脉、动脉和毛细血管。它将营养和氧气输送到身体的各个部位，并清除废物。氧气是由呼吸系统运输的，它与物质发生反应，释放能量。	❖ 人类的繁殖不仅包括怀孕和分娩；还包括成年人抚养孩子，这就需要判断和价值，它往往依赖于一个社会和环境中其他人的行为。 ❖ 每种动物具有一定的行为特征，这些特征使其找到一个伴侣，抚养幼崽，生活在同类群体之中，逃离有威胁的环境。历经很长一段时间，行为相似的物种出现、生活在同一环境中。 ❖ 所有的生物都在适合它们的栖息地生存（如适应维护它们的水平衡，获得它们所需要的食物，繁殖，生存，或逃离掠食性动物）。 ❖ 一个生态系统存在着大量的食物链，存在不同个体和群体之间的食物竞争。南非有一个确定的生态系统，具有特殊的生物多样性。所有这些领域的运转必须根据可持续发展原则。 ❖ 污染会干扰生态系统的稳定性和多样性。 ❖ 许多生物变化，包括生态系统和人类疾病中物质分解和循环，都是由看不见的小而快速繁殖的生物体引起的。	❖ 生物体的后代与它们的父母有微小的不同，而且后代之间通常彼此不同，这叫作物种的变异。 ❖ 自然选择会淘汰缺乏在环境中生存和繁殖能力的物种个体。具有与环境相适应的特征的个体繁殖成功，它们的一些后代携带着成功适应环境的特征。当自然环境发生变化时，自然选择会加速，这可能导致物种灭绝。 ❖ 人类生物学的变异特征如肤色、身高等，已被用来对人群进行分类。这些生物学上的差异并不表明先天能力的组织差异。因此，这样依据生物差异的生物学分类既没有科学依据，也不准确，这是一种社会建构。 ❖ 生物多样性使生态系统能够维持生命，并从环境变化中恢复。生物多样性的丧失严重影响到生态系统和地球维持生命的能力。分类是建构生物多样性的一种方法，它使研究更容易开展。动物主要有脊椎动物和无脊椎动物两大类，脊椎动物有五类：两栖类、鸟类、鱼类、爬行类和哺乳类。

第三章 小学科学课程内容比较

生命过程和健康生活	在环境中的相互作用	生物多样性、变化和连续
❖ 所有生物，包括人类，都有多种途径处理生命过程中产生的废物。水在这一过程中扮演着重要角色。 ❖ 水在所有生物中占很大比例，它们的健康依赖于水，通过各种方式，利用一定的结构（如肾脏、皮肤或气孔）完成这样的功能。		❖ 人类活动造成的，如外来物种的引进、栖息地的破坏、人口的增长，污染和过度消费，导致生物多样性的丧失。当更多的物种濒临灭绝，或者最终灭绝时，这一点就变得很明显了。 ❖ 灭绝也是通过自然事件发生的。过去曾发生过大规模的物种灭绝，这表明环境发生了巨大的变化。然而，与人类破坏动植物种类的速度相比，这些物种发生的变化非常缓慢。 ❖ 细胞是大多数生物的基本单位，有机体可以由一个或多个细胞组成。细胞本身可以维持生命营养、呼吸、排泄和生殖等过程，维持着生命体作为一个整体的生命。

（3）南非小学科学课程内容的特点

①以核心知识和概念统领课程内容。

南非将小学科学课程内容划分为三个领域，并对每个领域的范围进行了说明与解释。接下来，又对不同领域的核心知识与概念进行了分解与列举。例如，将"生命和生活"的核心知识和概念分为三个维度：生命过程和健康生活，在环境中的相互作用，生物多样性、变化和连续。"能量与变化"的核心知识和概念涉及能量传输系统，南部非洲能源与发展。"物质与材料"的核心知识和概念涉及利用材料特性，结构、材料的反应和变化，以科学的核心概念组织课程内容。

②关注本土知识内容，将本土知识融于科学知识之中。

如将南非植物化石、独特动物、生态系统纳入其中，课程内容与南非历史、环境息息相关，能激发儿童的学习兴趣。

③课程内容层次分明，进阶清晰。

课程内容分为基础阶段、中级阶段、高级阶段三个层次，层层递进，构建了一个纵横交错的科学知识与概念体系，形成了比较完备的小学科学课程内容的纵向体系，为科学教材的编写与科学教学活动的开展提供了依据。

4. 巴西小学科学课程内容

（1）巴西小学科学课程内容的维度与领域

自然科学是巴西 2017 年《国家共同课程基础》（BNCC）基础教育课程领域的重要组成部分。为了指导课程开发，加强各地课程与国家课程的结合，巴西在《国家教育准则和基础法》（1996，2013）《国家基础教育课程指南》（2009）和《国家教育计划》（2014）的基础上，通过讨论、协商，最后形成《国家共同课程基础》。可以说，《国家共同课程基础》是各州、联邦区和市政当局制订和实施基础教育课程以及学校教学项目的依据。《国家共同课程基础》强调，学习和发展是一个持续的过程，是整个生命历程中发生的变化，包括身体、情感、社会和认知等方面的发展。基础教育的目的是建设一个更加公正的社会，消除各种形式的歧视、偏见和排斥。《国家共同课程基础》规定，自然科学领域的国家课程包括四个形成轴：概念知识，自然科学知识的语境化、社会、文化和历史背景，自然科学研究的过程和实践，自然科学中使用的语言。

①自然科学的概念知识。

每个课程组成部分的具体内容（知识在法律、理论和模型中系统化）。概念内容可以在课程中从对现象、过程和情境的研究中提出，这些研究提高了对科学知识的理解。

②自然科学知识的语境化、社会、文化和历史背景。

处理知识、生活环境和科学技术的历史发展之间的关系。它讨论了科学技术知识在社会组织和文化形成中的作用，即科学、技术和社会之间的关系。因此，语境化自然科学知识超越简单地用日常事实或情况来概括概念，要求理解社会现实以及对这种现实采取行动的可能性。他们专注于个人生活领域，从日常生活到民主参与有关消费、能源、环境等的政治决策。历史背景不涉及科学家和日期，而是将知识作为社会产生的结构，影响社会、经济的发展，并受每个时代的政治、经济和社会条件的制约。

③自然科学研究的过程和实践。

强调研究维度，让学生与科学知识的生产方式共存。这个维度不仅涉及知识生产方法的应用，还涉及其研究过程。研究作为一种方式，吸引学生学习有关过程、实践和程序，从研究中产生科学知识和技术。因此，课程必须包括科学调查和解释模式的应用，引导学生提出问题，识别和调查问题，提出并验证假设，进行论证和说明，规划和开展实验活动，实地调研，报告从数据和信息中得出的结论，寻求解决涉及自然科学知识的实际问题。

④自然科学中使用的语言。

强调自然科学特定语言的重要性，以及参与交流和传播科学知识的重要性。它旨在促进理解、运用适当的科学知识生产的方式学习科学的语言。

（2）自然科学知识领域及其构成要素

巴西小学科学课程内容按照六个学年来划分，每个学年由物质和能量、生命和进化、地球和宇宙三个主题单元组成。

"物质和能量"专注于研究材料及其变化，日常生活中使用的能源的来源和类型，以期建立有关物质性质和能源使用的知识概念。该单元涉及不同种类能源的生成和在生产过程中人类有意识使用的不同材料。从历史视角讲述不同环境、不同时间的材料使用，以及材料与社会和技术的关系。

"生命和进化"研究有关生物（包括人类）的问题，研究生态系统的特征，强调人类与其他生物和环境的相互作用，讨论保护生物多样性的重要性及生物在巴西生态系统中的分布情况。该类主题旨在让学生能够明白自己身体的组成和功能，理解伴随青春期而来的身体以及情感变化，更进一步地认清青春期对自己在自尊、保护自我、身心安全方面的影响。

"地球和宇宙"领域的目的是了解地球、太阳、月球和其他天体的特点（包括它们的尺寸、组成部分、位置、运动等），扩展对天空、地球、人类和其他生物居住区的观测经验。此外，强调在整个人类历史中，不同文化中的地球和天体知识的产生方式，鼓励人们从更多角度欣赏这个世界。学生应该了解一些如火山、海啸、地震、温室效应和臭氧层这类自然现象，以及与大气和海洋环流模式、地球形状和运动引起的不均匀变暖有关的现象，了解地球上生命的进化、气候和天气预报以及其他现象的知识。

每个主题单元有相对应的知识主题，以及需要掌握的技能，具体知识内容如

表 3-20 所示。

表 3-20 巴西小学科学学年及其知识主题

学年	物质和能量	生命和进化	地球和宇宙
第一学年	物质的特性	人类的身体，尊重多样性	时间尺度
第二学年	材料的性质和用途，预防家庭事故	环境中的生物，星球	天空中作为光和热源头的太阳的运动
第三学年	声音的产生，光对物质的影响，听力和视觉健康	动物特性及其演变历程	地球特征，天空观测，土壤的用途
第四学年	混合、可逆以及不可逆变化	简单的微生物，食物链	方位，日历，周期现象以及文化
第五学年	材料的物理特性，水循环，自我损耗，能源回收利用	有机体的营养物质，饮食习惯，消化系统、呼吸系统和血液循环系统的整合	星座图，地球自转和公转，月相的周期性，光学仪器
第六学年	同质和异质的混合物，材料分离，合成材料，化学转化	细胞是生物体的基本结构和功能单位，神经系统，矫正透镜	地球的形状，结构和运动

（3）巴西小学科学课程内容的特点

①以知识主题及其运用组织课程内容。

巴西科学课程领域由广泛的主题构成，通过学习单元组织课程内容，围绕四个维度（轴）的构建将儿童、少年、青年和成人世界的科学知识联系起来，并定位于不同的社会实践，包括日常生活实践、文化、工作、沟通和公民身份，帮助学生调查和解决实际问题，引导学生行使公民权利，作出对社会负责的生活决策。通过知识主题，保证学生与各种科学领域持续接触。让学生从识别与自然科学相关的现象、情况和问题开始，寻找解决问题的方案。

②重视科学语言的教育。

关注与科学探究有关的认知过程、语言、符号。科学知识不仅涉及科学知识内容，还涉及科学知识形式，其中，科学知识的表达形式是科学知识的重要组成部分。科学知识探究方式、表达形式的学习有助于增强学生对科学知识的深度理解，发展学生的科学思维能力（潘洪建，2012b）。

③强调科学知识的整合。

巴西自然科学课程涉及的领域有地球科学、生物学、物理和化学，通过同一知识在不同领域之间的整合，旨在使学生能够在自然科学知识的指导下构建他们关于物理世界的解释。巴西关注学习主体和环境的互动，重视科学知识的实际运用。课程将自然科学的知识概念与实践知识联系在一起，通过对当代社会问题的探讨，体现了《国家共同课程基础》的道德、政治和美学原则，扩充学习目标，促进学生的发展。

④课程内容递进设计，让学生随着年级的递增，逐步递进地处理科学概念与原理。

巴西自然科学的知识主题，分为物质和能量、生命和进化、地球和宇宙三大领域，按照六个学年进阶设计。如"生命和进化"从低年级的人类身体、生物，到中年级的动物、微生物，再到高年级的身体系统、细胞，内容不断深入、细化。

5. 中国小学科学课程内容

我国 2001 年《全日制义务教育科学（3—6 年级）课程标准（实验稿）》将小学科学课程内容划分为科学探究、情感态度与价值观、生命世界、物质世界、地球与宇宙，提出了具体的内容标准。2017 年颁布的《义务教育小学科学课程标准》规定小学科学课程内容包括物质科学、生命科学、地球与宇宙、技术与工程四个领域，18 个主要概念，75 项学习内容。2022 年颁布的《义务教育科学课程标准（2022 年版）》将小学与初中课程内容贯通设计，义务教育科学课程涵盖 4 个跨学科概念、13 个学科核心概念、54 项学习内容，科学课程内容纵横贯通，即纵向上进阶设计，螺旋上升，不断深入，横向上不同领域、不同主题相互联系，彼此贯通，实现课程内容的统整，以便形成统一的科学观念（见图 3-1）。总之，我国科学课程内容 13 个学科核心概念在义务教育阶段有序并进，不断细化与深入，同时，4 个跨学科概念横贯其中，连接各个核心概念与学习内容。科学课程内容纵横交织，逻辑清晰，结构严密，标志着我国科学课程设计进入世界先进行列。

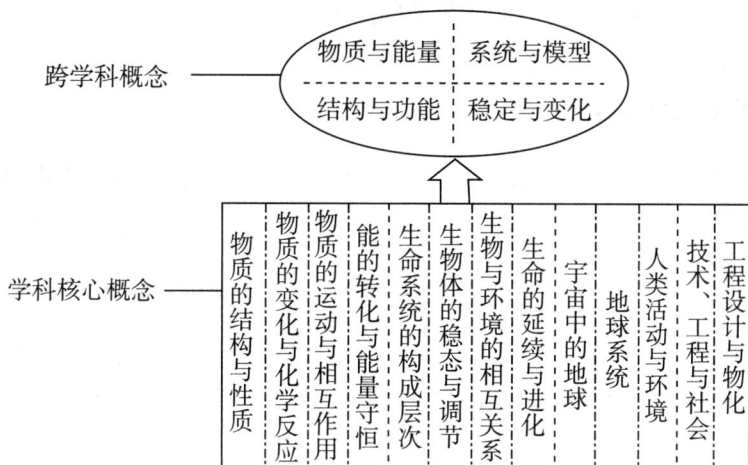

图 3-1　科学课程的内容结构

（二）发展中国家小学科学课程内容的特点

1. 课程内容与生活的关联度较高

发展中国家的小学科学课程内容以科学知识主题为主，同时关注知识的实际运用。课程大多选择与社会生活、学生个人经验密切相关的内容，课程内容贴近生活实际，使科学知识的学习服务于日常生活与社会实践。如巴西、印度特别关注科学知识、技能在社会生活与实践中的实际运用，而不仅仅强调科学知识的理解与掌握。

2. 按照年级分布课程内容

大多数发展中国家的小学科学课程内容按照学生年级进行设计，按照年级或者学段排列学习内容，学习内容从浅到深，由简单到复杂，内容的层次性较强，具有较强的进阶特征。当然，发展中国家小学科学课程内容的进阶设计大多是基于儿童心理发展的一般水平的推断，不像美国那样对科学学习进阶进行实证研究，获得实证研究成果，支撑学习进阶的区分，因而具有浓厚的经验色彩。

3. 课程内容具有较强的综合性

大多数发展中国家小学科学课程按照主题统整相关内容，这些主题都是与社

203

会生活、学生当下或未来生活密切相关的知识，而不是学科知识的简单呈现。

4. 学科知识水平较低

由于考虑到与学生生活的关联，大多数发展中国家小学科学课程内容的学科化程度较低，知识自身的逻辑性与系统性较差。如巴西、印度、埃及的小学科学课程内容的选择大多是与生活主题相关的知识，更多地考虑科学知识与社会生活、生产的联系，淡化了科学知识本身的系统性。而发达国家小学科学内容的系统性、逻辑性较强，发展中国家与发达国家之间存在较大差距。

四、比较与分析

（一）课程内容设计在知识、社会、学生上有所侧重

一般地讲，课程内容的设计要考虑学科知识、社会发展、学生经验，课程内容设计需要兼顾学科知识、社会生活与学生经验，但不同国家基于不同的背景与教育理念，内容设计侧重点（主题类型）存在明显差异。

（1）根据学科知识进行内容设计

有的国家主要按照学科知识进行科学课程内容的统整。如美国描述了 13 个学科核心概念，英国、日本以科学知识主题为主，俄罗斯以生物学、物理、化学、卫生等学科的知识为主题，强调基础科学知识的学习，加拿大以学科主题为主，按照学习内容设置各个领域的主题，澳大利亚内容主题按照学科知识与技能设计，韩国以知识主题为主，新加坡内容主题以科学知识与技术为主。南非以核心知识和概念统领课程内容。

（2）根据社会生活进行内容设计

有的国家主要按照社会生产生活主题进行科学课程内容的统整。如德国小学科学课程内容的组织以社会生活、儿童环境为中心；法国根据科学知识和技术的社会、生产、生活中的运用范围设置内容主题；印度科学课程内容包括自然现象、

空气、动物、植物、人与环境、物体的运动状态、物体的分类、水与环境、材料；埃及根据任务导向，列举活动主题；巴西以知识主题组织课程内容，并定位于不同的社会实践。

（3）根据学生经验进行内容设计

有的国家主要依据学生的经验进行科学课程内容统整。如芬兰小学科学课程内容的组织以生活主题为主，加强课程内容与学生经验、生活的联系，以生活主题替代以往的学科主题。

各国小学科学课程内容主题如表3-21所示。

表3-21　各国小学科学课程内容主题

类型	国别	学科知识主题	社会生活主题	学生经验主题	其他
一流发达国家	美国	√			
	英国	√			
	德国		√		
	法国				学科知识＋社会运用
	芬兰			√	
	日本	√			
中等发达国家	俄罗斯	√			
	加拿大	√			
	澳大利亚	√			
	韩国	√			
	新加坡	√			
发展中国家	印度		√		
	埃及	√	√		
	南非	√			
	巴西				学科知识＋社会运用
	中国	√			

从国家来看，发达国家除了德国、法国、芬兰，小学科学课程内容主题大多以学科知识为主，即根据科学知识概念、原理进行课程内容的组织与设计，课

程内容呈现主要是科学中的知识、观念，让学生通过科学课程的学习，掌握科学知识与概念，促进对科学知识与概念的理解。正如有研究者指出的那样，科学基础知识是学生科学学习的"底线"，没有足够科学知识的建构、内化，没有深入科学知识的理解、体悟，发展科学能力与提高科学素养都无从谈起（闫守轩 等，2015）。发展中国家小学科学课程内容主题大多以科学知识的社会运用为主来组织课程内容。科学课程内容大多不是关注科学知识本身，不是强调科学概念的深刻理解和系统掌握，而是关注科学知识在社会生活中的运用，在科学知识的运用过程中获得对科学知识的理解。上述差异可能与生活、经济发展、科技发展密切相关。发达国家关注科学知识本身的学习，科学课程的内容一般偏深、偏难，如美国、英国科学课程内容较深，而发展中国家更多地关注科学知识在社会生产与生活中的实际运用，从科学知识的运用价值来学习与理解科学知识，因而课程内容的广度有余，而深度不足。当然，有的国家如埃及既有知识内容的简略描述，又有科学活动主题的简单列举，试图将二者结合起来。

（二）课程内容的维度与领域设计较合理，重视科学实践

科学课程内容可以被划分成不同的维度，并在不同的领域、学科、主题水平上加以展开。就其维度与领域而言，美国科学课程有三个维度、四大学科领域。三个维度为科学与工程实践、学科核心概念、跨学科概念。四大学科领域为物质科学、生命科学、地球与空间科学及工程设计。英国科学课程内容包括两个维度：科学探究、科学理解。其中，科学理解包括四个领域：生命过程和生物世界、物质及物质性质、物理过程、学习的广度。德国科学课程有五个领域：自然和生命，技术和工作世界，空间、环境和交通，人与社区，时间与文化。法国课程内容涵盖四个领域：物质，运动，能量，信息；生命，多样性及其作用；材料和技术对象；地球，环境中的生物。芬兰根据与生活实际相关的主题重组科学课程内容，将科学课程内容分为六大领域，包括生物和生存环境，作为人类居住的环境——周围的环境、本地区域和世界，我们周围的物质，个人与健康，安全。日本小学科学课程内容分为"物质·能量"和"生命·地球"两大领域。俄罗斯在"人与自然"主题中，内容主要关注物质世界、生命世界，以及人类与自然的相互关系问题。加拿大科学课程有四个系列：生命系统、结构和机制、物质和能量、地球

和空间系统。澳大利亚科学课程分为三项相互关联的基准：科学理解、人类科学史、科学探究技能。科学理解包括的领域为物理、生物、化学、地球和空间科学。新加坡科学课程领域包括多样性、循环、系统、相互作用、能量。韩国科学课程有四个领域，内容领域划分较细，包括运动，能源，材料，生命、地球和空间。印度 2016 年《小学课程：1—5 年级》规定了科学的年级主题与核心概念。南非科学课程有三个主要内容领域或知识链：生活与生存，能量与变化，星球、地球和其他。巴西自然科学领域的国家课程（BNCC）包括四个形成轴：知识概念；自然科学知识的社会、文化和历史背景；自然科学的过程和研究实践；自然科学中使用的语言，分为物质和能量、生命和进化、地球和宇宙三个主题单元。各国小学科学课程内容的维度与领域如表 3-22 所示。

表 3-22　各国小学科学课程内容的维度与领域

类型	国别	维度	领域	呈现方式
一流发达国家	美国	科学与工程实践、学科核心概念、跨学科概念	物质科学，生命科学，地球与空间科学，工程设计	知识主题
	英国	科学探究、科学理解	生命过程和生物世界，物质及物质性质，物理过程，学习的广度	知识主题
	德国	—	自然与生命，技术和工作世界，空间、环境和交通，人与社区，时间与文化	社会主题
	法国	—	物质，运动，能量，信息；生命，多样性及其作用；材料和技术对象；地球环境中的生物	社会主题
	芬兰	—	生物和生存环境，作为人类居住的环境——周围的环境、本地区域和世界，我们周围的物质，个人与健康，安全	生活主题
	日本	—	物质·能量，生命·地球	知识主题

类型	国别	维度	领域	呈现方式
中等发达国家	俄罗斯	人与自然、人与社会	物质世界，生命世界，人类与自然的关系	知识主题
	加拿大	科学技术与环境；科学研究与解决技术问题的技能；科学和技术的基本概念	生命系统，结构和机制，物质和能量，地球和空间系统	知识主题
	澳大利亚	科学理解、人类科学史、科学探究技能	物理，化学，生物，地球和空间科学	知识主题
	韩国	—	运动，能源，材料，生命、地球和空间等	知识主题
	新加坡	—	多样性，循环，系统，相互作用，能量	知识主题
发展中国家	印度	—	多个主题	生活主题
	埃及	—	不同范围	生活主题
	南非	—	生活与生存，能量与变化，星球、地球和其他	知识主题
	巴西	知识概念；自然科学知识的社会、文化和历史背景；自然科学的过程和研究实践；自然科学中使用的语言	物质和能量，生命和进化，地球和宇宙	社会主题
	中国	跨学科概念、学科核心概念	物质的结构与性质、物质的变化与化学反应，物质的运动与相互作用，能的转化与能量守恒，生命系统的构成层次，生物体的稳态与调节，生物与环境的相互关系，生命的延续与进化，宇宙中的地球，地球系统，人类活动与环境，技术、工程与社会，工程设计与物化	知识主题

　　不少国家将科学实践作为课程内容，如美国的"科学与工程实践"，英国的"科学工作"，新加坡、韩国的科学调查，巴西的科学研究实践。更多国家将科学

探究实践渗透在科学课程内容之中，与具体的科学知识技能一起加以实施。

可见，课程内容维度大多包括科学概念与科学探究，既注重科学知识的学习，又关注科学研究的过程技能与方法。在学科领域方面，大多涉及生命科学、物质科学、地球和宇宙科学，尽管一些国家如英国、新加坡、俄罗斯等没有专门的地球与宇宙领域，但该部分内容包含在其他领域之中。每个领域中具体知识的标准差异较大，有的表述明确，颇为具体，有的则较为笼统，不对具体知识点进行明确规定。在科学探究方面，大多数国家特别强调科学探究，如美国提出科学与工程实践，不仅教授探究的方法，更加强调真实的科学与工程实践问题的解决。有的国家除了科学知识（认知、理解）的维度，还增加了科学实践（科学工作）的维度。如美国的科学与工程实践，英国的"科学工作"，澳大利亚的"科学探究技能"，韩国的"调查活动"，新加坡的"关键探究问题"，印度倡导的"动手实践"的方法。这些领域及其规定，具有不同的特色，显示出一定的国别差异。

（三）课程内容纵向组织（进阶设计），进阶划分不同

有的国家科学课程以直线式组织为主。韩国按照年级呈现科学知识与技能，内容直接重复较少。新加坡3—4年级与5—6年级的学习主题及其内容均有所侧重，学习主题基本不重复，课程内容直线前进。但四年级结束后开始实施分流教学。

有的国家科学课程以螺旋式组织为主。美国按照K-2，3—5，6—8，9—12年级段来组织课程内容，不同年级段提出不同的内容要求，主要内容递进设计。英国小学科学课程内容采取螺旋式方式，注意科学知识与方法在各个学段的递进，但有的内容采取直线式排列，如动物（包括人类），三年级骨骼系统、肌肉系统，四年级消化系统，五年级循环系统。法国2018年教学大纲中第二周期（cycle 2）"发现世界"的课程围绕以下五个主题：①什么是物质？②认识生物世界；③技术对象的含义、作用、运行；④时间与空间；⑤世界的组成（山川、河流、景色等）。教学大纲中第三周期（cycle 3）将科学的重要问题同当代社会的关键问题联系起来，明确了本阶段的四个主题：①物质，运动，能量，信息；②生命的多样性及其作用；③技术对象，制作及其功能；④地球，生命。周期二、三以螺旋式为主。芬兰1—2年级与3—6年级课程内容由近及远，逐步扩展，螺旋组织。日本以螺

旋式排列为主，按照年级进行循环、递进。加拿大科学与技术同一主题在不同年级循环，不断拓展与加深。澳大利亚"科学理解"部分，按照学科进行划分，简单排列，课程内容的整合度相对较低。"科学探究技能"部分五项技能随着年级的提高不断提高水平与要求。印度课程内容随着年级递增，不断扩展、加深。南非课程内容分为基础阶段、中级阶段、高级阶段三个层次，层层递进。巴西课程内容递进设计，让学生随着年级的递增，逐步递进地处理科学概念与原理。三大领域，六个学年进阶设计。我国按照1—2年级、3—4年级、5—6年级三种水平进行课程设计，课程内容递进安排，螺旋上升。

各国小学科学课程内容的纵向组织学习进阶情况如表3-23所示。

表3-23　各国小学科学课程内容的纵向组织学习进阶

类型	国别	学习进阶			课程内容组织	
		各年级	年级段	整个学段	螺旋式为主	直线式为主
一流发达国家	美国	√	√		√	
	英国		√		√	
	德国			√		
	法国		√		√	
	芬兰		√		√	
	日本	√				
中等发达国家	俄罗斯			√		
	加拿大	√			√	
	澳大利亚	√			√	
	韩国	√				√
	新加坡		√			√
发展中国家	印度	√			√	
	埃及	√				
	南非					
	巴西					
	中国	√	√	√	√	

从学习进阶的设计看，绝大多数国家按照学生的身心发展水平特别是年级水平进行科学课程内容的设计。按照年级段进行课程内容设计的国家较多，大多数

国家采用这种方式。还有的是按照每个年级进行内容设计，如美国、日本、加拿大、澳大利亚、韩国、印度、埃及等。当然，一些国家如德国、俄罗斯、埃及的课程内容设计较为笼统，具体地讲，德国缺乏年级内容的规定，仅仅罗列学习内容范围，直线或螺旋组织不够明显。俄罗斯小学四年课程内容整体规划，对教材内容编排的先后顺序、教学进度的安排不作具体规定，难以体现学习进阶的特征。埃及科学课程内容采取螺旋设计方式，随年级递进，但科学活动主题没有根据不同年级儿童的发展水平提出不同层次的活动主题及其内容要求，比较笼统。此外，课程内容的细化程度有别。比较细致的国家有美国、英国、日本、澳大利亚、新加坡、韩国、南非。比较粗略的国家有德国、芬兰、俄罗斯、印度、埃及。有研究者比较后指出，美国的自然科（称"科学科"）内容最为深广，法国次之，中国自然科的分类稍轻（汪霞，1999）[119]。

以上分析显示，小学科学课程的纵向组织方式存在较大的国别差异。但总体上讲，大多数国家按照年级段设计小学科学课程内容，规定内容学习的标准。考虑到小学生以形象思维为主、经验有限的实际，大多数国家小学阶段科学课程内容的组织选择螺旋递进方式，随着学生年级的递增进行扩展、深化，这一设计符合儿童认知、经验的发展规律，是一种较为合理的选择。

（四）课程内容横向组织（内容整合），整合程度有别

主题统整成为世界上大多数国家组织小学科学课程内容的基本方式，很少有国家严格按照分科的方式组织课程内容，但不同国家小学科学课程内容的整合存在差异。

多数国家仅仅在维度、主题上展开。美国课程内容包括四个领域，众多主题。13 个学科核心概念统领科学课程内容，这些核心观念可分解为 16 个主题。不仅如此，《K-12 科学教育框架》还提出 7 个"跨学科概念"，它们是模式，原因与结果，尺度、比例与数量，系统与系统模型，能量与物质，结构与功能，稳定与变化。跨学科概念的提出与实施能在更大的程度上促进课程内容的高度整合。英国课程内容在五项领域之下设置众多主题。德国课程内容综合性强，每个领域下设置多个主题。法国主题＋概念，内容的综合性程度较高。芬兰根据与生活实际相关的主题重组课程内容，内容的综合化程度提高。日本课程内容包括两大领域 +31 个

主题，但仍按不同科学知识部类的知识点进行设计，知识整合度偏低。俄罗斯课程内容包括两个核心主题 +13 个领域 + 众多主题，但内容综合度较低。加拿大课程内容包括四大领域 + 主题，按照大概念组织课程内容，内容的综合性较强。澳大利亚课程内容包括三项基准 + 学科，"人类科学史"部分将科学知识、技术与社会经济、文化、环境进行整合，但"科学理解"部分的内容整合度相对较低。新加坡对课程内容的跨学科设计考虑不多，内容综合度较低。韩国课程内容包括四个领域 + 主题，内容系统而完整，但整合度不够。印度课程内容包括年级主题与核心概念，但核心概念太多太细。不过，将科学定义为"一门以环境为重点的综合科学"，科学教育与环境教育融合，具有较强的综合特征。埃及科学活动内容包含了较多的数学内容，科学与数学联系紧密。南非课程内容包括三个领域 + 核心知识概念，关注本土知识内容，将本土知识融于科学知识之中，实现二者的融合。巴西课程内容包括四个轴 + 主题，强调多种知识的整合。我国课程内容借鉴了美国的做法，在纵向组织（13 个学科核心概念）的基础上设置了 4 个跨学科概念，以加强基本概念之间的内在关联，促进概念的深度理解与灵活运用，实现科学课程内容设计的历史飞跃。

各国小学科学课程内容的整合情况如表 3-24 所示。

表 3-24　各国小学科学课程内容的整合情况

类型	国别	主题 年级进阶	课程内容整合方式			
			跨学科概念	学科核心概念	科学本质、过程、方法	其他
一流发达国家	美国	√	√	√	√	科学与工程实践，STEM 教育
	英国	√		√	√	科学工作
	德国	√	√			
	法国	√	√			科学实践
	芬兰	√	√			
	日本	√		√		

续表

类型	国别	主题	课程内容整合方式			
		年级进阶	跨学科概念	学科核心概念	科学本质、过程、方法	其他
中等发达国家	俄罗斯			✓		
	加拿大		✓	✓		STSE 教育
	澳大利亚	✓	✓	✓		
	韩国	✓		✓	✓	
	新加坡	✓		✓	✓	科学调查
发展中国家	印度	✓		✓		
	埃及					科学调查
	南非			✓		
	巴西	✓	✓			
	中国	✓	✓	✓	✓	

从内容整合的范围看，各国均尝试用跨学科的概念整合不同的学科领域，注重在科学教育中发展语言、计算、沟通、应用等多种能力。如美国提出七大跨学科概念，以此统领课程内容，这些概念贯通不同的学科领域，学习进阶有别。同时实施科学、技术、工程、数学（STEM）教育。德国将自然科学与人文社会相沟通。加拿大科学与技术采取大概念统领，实施 STSE 教育。但课程内容的侧重点各有不同，美国强调工程设计和实践，澳大利亚突出科学史教育，加拿大安大略省直接将科学、技术、社会和环境的联系列为基本维度。整合度较高的国家有美国、德国、法国、芬兰、加拿大、印度、巴西。整合度较低的国家有英国、日本、俄罗斯、新加坡、韩国、埃及、南非。整合度的高低难以跟国家经济与科技发展水平建立联系，它可能更多地与不同国家课程设计的理念、主导思想密切相关，因为课程理念与设计思想是制约课程设计的内在因素。

第四章

小学科学课程实施比较

　　课程实施是将计划的课程方案付诸实践，实现预期目标的过程。课程管理制度的变革、课程教学、课程学习是课程实施的基本方式（冯增俊 等，2006）[211-212]。限于篇幅与资料，本章主要比较国际小学科学课程的教学与学习的现状和进展，讨论小学科学课程教学与学习的有关问题。

一、一流发达国家小学科学课程实施

　　一流发达国家经济、科技发达，科学教育大多亦处于世界领先水平，科学课程实施水平与质量较高，值得研究。

（一）美国、英国、德国、法国、日本小学科学课程实施

　　下面以美国、英国、德国、法国、日本五国为例，分析其小学科学课程实施的状况与特点。

1. 美国小学科学课程的实施

（1）课程文本中的"课程实施"

　　1996 年，美国颁布的《美国国家科学教育标准》指出，学生的领悟能力是通过一系列个人活动和社会活动能动地建立起来的。科学家是在寻求有关自然界的各种问题的答案的过程中积累知识，深化认识，而学生也要像科学家那样，在积极地参与科学探究——单独地和与他人一起的过程中逐渐对自然界有所认识。为此，《美国国家科学教育标准》为教师制订了科学课程的系列教学标准，如教学标准 E 就"培养科学探究思想方法与行为方式以及社会价值观念"向教师提出这样的要求：尊重学生的各种不同见解、技能和经验；让学生担负起社会中每个成员都应担负的学习责任；在学生中间培养协作精神；组织推进学生基于科学交流原则的正式与非正式的讨论；使学生知道科学探究所需要的技能、思想方法、行为方式和价值观念。2011 年颁布的《K-12 科学教育框架》在"学习科学意味着什

么？"部分列举了四种科学学习的技能层次：①了解、理解和使用对自然世界的科学解释；②提出和评价科学证据与解释；③理解科学知识的本质和发展；④富有成效地参与科学实践和讨论。2013年的《新一代科学教育标准》（NGSS），结合不同主题，"科学与工程实践"维度对科学实践提出明确的、可以实施的要求。除了联邦层面的实施要求，一些州提出了相应的要求，如美国特拉华州2014年制订了一份行动计划，该计划包括沟通、课程评估、教学实践、课程资源、基础设施等部分。

教科书是课程实施的基本媒介。加利福尼亚州的《科学》教科书，每个年级均设置了学生学习的栏目：探索活动、阅读与学习、科学中的阅读、科学中的写作、科学中的数学、成为一个科学家、快速（简易）实验。教科书中的"探究技能"包括观察、推断、比较、分类、测量、使用数据、预测交流、整理数据、分析数据、实验、使用模型等。此外，还有配套的《实验活动手册》《科学中的阅读与写作》。通过调查与实验，开展科学实践基本活动。

美国《互动科学》教科书设计了学习问题及其活动，如就"岩石是如何风化的？"这一问题，四年级教科书中第六章第3课设计了模拟实验。教科书首先提出问题"岩石是如何风化的？"，接着呈现下述实验步骤：①将粉笔和石头放在塑料罐里，盖上盖子并摇动一分钟，观察粉笔发生的变化；再摇动三分钟，观察粉笔发生的变化；②将罐子清空并装上一半水，将新的石头和四支粉笔头放入罐中，重复步骤①；③用石头摇动粉笔一分钟后，粉笔发生了什么变化？摇动三分钟呢？④推断与只用石头摇粉笔相比，用石头和水一起摇动粉笔，对粉笔有什么影响？将实验获得的结果写在问题下面的横线上。在模拟实验结束后，教科书以文本的形式为学生讲解什么是风化以及风化的两种类型：物理风化和化学风化；什么是侵蚀和沉积。

（2）美国小学科学教学设计

下面展示一则小学科学教学计划，通过它可以洞察美国的课程实施状况。

案例：极度濒危物种课程计划

目的：了解极度濒危物种，它们与濒危物种的区别，以及它们为何极度濒危。

定义：极度濒危物种是世界自然保护联盟红色名录上物种风险最高的类别。这些物种是野生物种，其种群数量在三代内减少了80%。濒危物种面临的灭绝风险低于极度濒危物种，但它们仍处于危险之中。这些物种的野生种群数量如此之小，以至于它们面临灭绝的危险。

第1天。提供关于极度濒危物种的整个课程演示，采取游戏的方式学习课程（可以全部在课堂上完成或安排家庭作业），也可以采取单词搜索、填字游戏的方式，根据班级规模状况，每个学生或一组学生用帽子或其他公平的方式从极度濒危物种附录名单中选择1~3种。

第2天。学生花时间研究他们的指定物种，重点关注它们的栖息地、生长周期、饮食、交配和狩猎习惯，以及至少两种物种所面临的威胁。学生努力将图片包含在演示文稿中（资源略）。

第3天。每个学生或一组学生花3~5分钟展示他们的研究发现。完成评论游戏，用20~30分钟完成教师提供的极度濒危物种测验。教师根据学生的演讲质量和测验成绩进行评估。获得最高分的学生应该能够举出充足的物种以及它们为什么受到严重危害，能够区分濒危物种和极度濒危物种，并且能够理解为什么这些物种需要保护。

技能学习：完成这项任务后，学生应该更好地理解动物的多样性，理解国际保护，以及如何研究和传达他们的发现。

第4天（或之后）。工艺/课堂活动；影子木偶：极度濒危物种；自制栖息地：找到制作这些物种的栖息地的鞋盒/罐子复制品，以及极度濒危物种折纸；清道夫狩猎：找到动物和从栖息地发现的东西，或能说明这些物种面临威胁的物体。

简评。该设计围绕"生命科学"领域中的一个概念"极度濒危物种"展开探究与学习，了解极度濒危物种的状况，分析其原因。第1天了解基本概念，第2天对指定的极度濒危物种进行较为系统的探究，第3天展示自己的研究与发现，进行测评。最后进行拓展活动，如工艺、制作、实地考察等。学生的学习，既有对学科核心概念的理解，又有科学与工程实践，还有跨学科概念（原因与结果、结构与功能），体现了NGSS的三维设计理念。学生的学习方式丰富，如阅读、游戏、探究、评论、展示、交流、表演、制作等，将科学、技术、工程、环境、数学有机整合，较好地体现了内容整合与学习方式多元的课程实施理念。

（3）主要教学模式

美国科学教学方法与模式较为丰富，从早期的实物教学、自然研究再到后来的发现学习、探究学习，以及STS教育，再到20世纪90年代的科学探究，21世纪的"科学实践"、项目学习与STEM教育，随着时代的发展，美国科学教育实施走向深化，引领着世界科学教育改革，成为世界科学教育改革的风向标。下面主要以"探究—研讨"教学模式、5E教学模式与CER教学模式为例，进行适当的分析。

"探究—研讨"教学模式

哈佛大学的兰本达教授将"探究—研讨"教学过程分为两个阶段。在"探究"阶段，教师在课的开始，把一些实物材料发给学生，这些材料是教师在课前针对儿童所处的不同思维阶段及其概念学习而精心设计和选择的，然后要求他们尽可能动手拨弄、操作这些材料，让他们充分发挥想象力、创造力，去体会、寻找材料中所包含的概念。在"研讨"阶段，教师在学生探究的基础上，组织他们讨论，让他们把探究过程中发现的东西讲给大家听。经过大家畅所欲言的讨论，互相启发和补充，学生逐渐从具体的事物中抽象出概念来，加深对事物本质的认识（韦志榕，1984）。

5E教学模式

该模式是一种基于建构主义学习方法的教学模式，鼓励学习者在已有思想上构建新的思想。5E教学模式旨在促进概念变革，实现概念的转变与深度理解。每个E中描述了一个学习阶段：引入（Engagement）、探索（Exploration）、解释（Explanation）、迁移（Elaboration）和评估（Evaluation）。参与即学生利用先前知识并对这种现象感兴趣；探索即学生参加促进概念变革的活动；解释即学生对此现象进行解释；迁移即通过新体验，学生深化对现象的理解；评估即评估学生对这种现象的理解。一位教师在"细胞"概念的教学中运用5E教学模式，其流程如下：①引入。教师识别学生已获得的知识，并通过简短的活动或问题，让他们参与到一个新的概念中。②探索。教师鼓励学生分组学习，在显微镜下观察细胞的活动，引导他们发现线索进行调查。③解释。教师将直接介绍新概念、新过程或新技能，证实/否定学生已获得的知识。④迁移。允许学生练习技能和行为。通过新的经历，学习者对主要概念有了更深入、更广泛的理解，获得更多信息，并提高他们的技能。⑤评估。教师评估学生的理解和能力，并评估学生对关键概念的理解和技能发展。[①]

———————————

[①] 资料出处：阿纽巴尼亚索通学校（Anubanyasothon School）杰伦·梅·亚松森－阿图潘进行的5E教学模式个案研究.

CER 教学模式

近年来，美国中小学实施的主张（Claim）、证据（Evidence）、推理（Reasoning）教学（简称"CER 教学"）是科学教育中影响较大的模式。该模式以理性主义科学观与建构主义学习观为理论基础，它对于促进科学理解、发展科学思维、深化科学探究、培养科学精神具有积极作用（潘洪建 等，2019）。一个科学的解释有三个部分：主张即一个问题或困难的结论；证据即支持这种主张的科学数据；推理即将证据与主张联系起来的论证（使用科学原理来证明主张）。

里昂先生八年级课堂上的片段（Mcneil，et al.，2012）[18-20]。

里昂先生的八年级科学课正在研究化学反应意味着什么，也就是说，发现化学反应产生一种具有不同性质的新物质。学生小组将一种白色粉末溶于水中，形成清澈透明的溶液，然后将另一种白色粉末溶于水中，形成另一种清澈透明的溶液。学生再将两种透明液体倒在一起，看到试管底部聚集了厚厚的黄色固体物质。里昂先生听到学生说："酷！""那些东西是从哪里来的？"里昂先生要求小组一起工作，写出科学解释回答问题：把两种溶液倒在一起后形成了一种新物质吗？他在黑板上写道：

科学的解释有三个部分
主张：一个问题或困难的结论
证据：支持这种主张的科学数据
推理：将证据与主张联系起来的论证（使用科学原理来证明主张）

他让全班同学分组写下解释，并把他们的解释放在幻灯片上。学生讨论并完成解释后，里昂先生要求其中一个小组分享他们的科学解释。托尼娅、肖恩和米基把他们的科学解释显示在幻灯片上，大声念道：

"我们认为一种新的物质形成了，这是因为把两种溶液混合在一起形成了一种黄色的固体物质。"

里昂先生问他们："你们的主张是什么？"米基回答："我们的主张是一种新的物质形成了。"里昂先生圈出了他们的部分解释，询问学生是否同意这一说法。所有学生小组齐声回答："是的。"

"我们认为一种新的物质形成了，这是因为把两种溶液混合在一起形成了一种黄色的固体物质。"

里昂先生接着问他们："你们的证据是什么？"肖恩回答："形成了一种黄色

的固体物质。"

里昂先生强调了他们的这一解释，并问全班同学："你们同意他们的证据吗？还有什么证据要补充的吗？"有学生举手。

"我们认为一种新的物质形成了，这是因为把两种溶液混合在一起形成了一种黄色的固体物质。"

欧文说："还要补充的是，此前溶液里没有固体。这显示了从溶液到固体的变化。而且，溶液一开始很清澈，黄色表示颜色的变化。"

里昂先生继续问："你们的推理是什么？"托尼娅回答："我们忘了归纳推理。"米基补充说："您可以看出，因为您圈出了主张，并在证据下画了线，没有什么可以推理的了。"里昂先生接着又问他们："你们可以加些什么作为推理呢？为什么你们的证据能支持主张？记得包含科学原理。"米基回答："黄色的固体物质性质不同。"里昂先生问："还有别的吗？"其他小组学生举手。

在这个场景中，里昂先生将撰写科学解释的复杂任务分为主张、证据和推理三个部分，通过演示实验，让学生借助科学写作进行科学解释，同时鼓励同辈之间相互检查，完善科学解释实践，促进学生对科学概念的理解。

考察学习

在美国中小学的科学课堂上，教师鼓励学生从自己的日常生活、兴趣和需要中发现问题，提出问题，从而学习科学。在以学生为中心的科学课堂上，学生不仅要动脑，还要动手。美国学校为了培养学生动手、动脑能力，时常带学生走出教室，到大自然、动物园、海洋馆、博物馆等地方进行观察并收集资料，高年级学生还要制作模型、仪器，做实验，或借助计算机进行数据分析和处理。例如，加利福尼亚州圣克拉谷地的哈辛达小学的学生曾研究过该地区的酸雨问题，他们监测旧金山湾的水质污染，并用一架口径 8 英寸的天文望远镜观察天空。这些学生在该市一位专家的帮助下，检测了各自居住地的水质，查明了其中的细菌和原生物，测得水质硬度并且评估了水中的无机盐含量。当加利福尼亚州的旱灾袭击本地，导致实行用水配给措施时，学生分组研究该问题，并扮演水厂的角色，他们使用沙子、石灰石和木炭净化污水（杨慧敏，2004）[176-177]。

STS 教育

20 世纪 80 年代后的美国科学教育开始重视科学技术与社会生活的联系，实施科学—技术—社会（Science Technology Society，STS）教育。STS 教育关注科学、技术发展及其社会问题，强调科学教育的开放性、动态性和发展性，根据不断变动的社会生活主题组织课程内容。该课程强调知识的应用而不是知识体系的传授，培养学生解决和处理实际事务的能力。教学过程强调学生的参与和实践，以学生为本位，创设问题情境，鼓励问题探究，培养学生在社会生活中的合作精神。

STEM 教育

进入 21 世纪，由美国发起了影响世界各国的由科学（Science）、技术（Technology）、工程（Engineering）、数学（Mathematics）结合起来的教育，简称 STEM 教育。基于 STEM 教育理念的科学课程强调科学、技术、工程与数学的有机融合，开展跨学科、跨领域的课程编制，科学课程与其他课程的整合进一步加强，科学教育迈向问题化、生活化、实践化、综合化。

（4）美国小学科学课程实施的特点

①关注科学探究与实践。

美国十分重视科学探究，20 世纪 60 年代在布鲁纳、施瓦布的倡导下，发现学习、探究学习风行一时，影响深远。20 世纪 80 年代 5E 教学法开始实施，《美国国家科学教育标准》的颁布，将科学探究推向高潮，2011 年颁布的《K-12 科学教育框架》提出"科学与工程实践"概念，深化了科学探究。2013 年颁布的《新一代科学教育标准》（NGSS）将"科学与工程实践"作为科学课程的一个重要维度，扎根科学教学过程，通过日常科学实践提高学生的科学素养。

②开展跨学科科学教学。

从 20 世纪 70 年代开始，美国科学教育开始突破单一的学科范围，注重科学、技术及其社会运用的教学即 STS 教育。近年来，科学、技术、工程和数学教学的融合，即 STEM 教育十分盛行，并产生了广泛的世界影响，成为当下科学教育的一种国际潮流，将科学教学与母语写作结合的 CER 教学亦受到关注。

③采用多种活动形式。

活动形式包括小组讨论、学习提问、课前简短汇报、小组动手研究、演讲和专家讲座、教学实习、采访科学家和工程师、使用计算机、文件包设计和编辑等。此外，还有科学故事、问题讨论、现场工作等。

2.英国小学科学课程实施

（1）课程文本中的"课程实施"

英国 2012 年颁布的《科学——英国国家课程，关键阶段 1—4》中没有单独的"课程实施建议"部分，而是联系每个关键阶段的具体学习计划提出较为具体的、明确的"指导和说明"，这些指导和说明与每项教学内容息息相关，有助于教师更好地把握科学教育的内容及其实施，提高科学教学的质量。英国在国家课程标准颁布后，几乎每一年都要发布课程实施的调查报告，分析课程实施中存在的问题，提出改进建议，从而为科学课程实施与教学提供明确的方向与指导，以改进课程教学与学生的学习质量。英国国家科学课程针对不同的科学目标与内容，提出了各个关键阶段（key stages）的基本要求，表 4-1 以"科学中的观点与证据"为例加以说明。

表 4-1　英国国家科学课程对"科学中的观点与证据"的教学要求

关键阶段	教学要求
关键阶段 1	要让学生知道，当试图回答一个问题时，通过观察与测量来收集证据是重要的。
关键阶段 2	①科学是试图解释生物体与非生物体怎样活动，并建立原因与结果之间联系的一种创造性思维活动（例如，詹纳的疫苗工作）。 ②使用源于观测的证据来检验观点是重要的。
关键阶段 3	①通过使用历史的与现代的例子，教授有关实验问题、证据和科学解释之间的相互作用（例如，拉瓦锡的燃烧理论，全球变暖的可能原因）。 ②利用科学解释作出预测，并了解证据是否与预测相符，对科学解释进行检验的重要性。 ③有关科学家过去以及现代工作的方式，包括实验、证据和创造性思维在科学观点发展中的作用。
关键阶段 4	①科学观点是如何提出、如何得到评价和传播的（例如，通过出版物，通过其他科学家的评论）。 ②科学争论是如何从对实验证据的不同解释方式中产生的（例如，达尔文的进化论）。 ③科学工作可以被其所处的情境所影响（例如，社会的、历史的、道德的、精神的情境等），这些情境可以影响到一个科学观点是否能被接受。 ④思考在解决工业、社会和环境问题上，科学的力量与局限。包括那些科学能够回答与不能够回答的问题、科学知识的不确定性以及所涉及的伦理道德问题。

223

这些要求既包括学习目标，也包括达成目标的学习策略，特别强调学生进行科学观察、测量、实验，收集证据，进行解释，发表评论，参与争论，从而得出科学观点，这一做法与美国对科学实践的强调是一致的。同时，针对不同的教学内容（知识点），英国国家课程文件还提供了一些较为具体的指导与说明，以供教师遵循参考。下面展示英国教育部 2012 年《科学研究计划：关键阶段 1—2》（Science programmes of study: key stages 1 and 2）对光的教学指导。

学习计划： 光

学习目标： 识别和说出我们肉眼所见的各种光的来源，包括电灯、火焰和阳光；解释黑暗是没有光；使用简单的形容词、比较级和最高级的词语来比较各种不同的光源；描述白天和夜晚的特征，包括光线和温度的变化；描述白天太阳在天空中的运动。

说明和指导：

确保学生经常练习说出各种光的来源，以便他们能非常熟悉常见的名称。包括：简单的形容词，例如黑暗的、暗淡的、明亮的、很亮的；比较级词语，例如更亮的、更暗淡的、更黑暗的；最高级词语，例如最亮的、最暗淡的、最黑暗的。

学生可以运用他们的知识和技能：①观察白天太阳的运动，观察它在天空中的最高点（中午）；在一年的某些时候，观察日出和日落；从一个月到下一个月太阳在天空有多高。学生可以严密观察并以简单的测量（例如日／年）、图纸、表格、照片等记录调查结果。②通过棒子测量影子的长度（关于影子的详细工作从四年级开始）。学生可以通过简单的测量（例如日／年）、图纸、图表、照片、填写表格和图表、显示图来记录调查结果。

在这个阶段的学生不应该学习白天和黑夜是由地球自转引起的。确保学生在任何时候注意安全问题，尤其是他们观察太阳时，要采取适当的预防措施（即使戴着墨镜，也不能直接看太阳）。在四年级，学生将学习更多有关光的知识，并且将进一步学习太阳系的相关知识。

这样的"指导与说明"结合具体内容，明确具体，能为课程实施提供切实的指导，有利于教学活动的开展。

英国教科书中科学学习活动设计

牛津版教科书《科学》在课后练习栏目中集中设置科学实践活动，比如"让我们观察""让我们应用""让我们记住""让我们创造"等，这些栏目活动都要求学生立足实践，学以致用。如第三册"空气、水与天气"一课：①让我们观察。观察空气中存在的水蒸气，你会在玻璃外侧看到微小的水滴。②让我们应用。回答以下问题，地球旋转的倾斜虚线是什么？地球在太阳周围的运动叫什么？③让我们记住。用正确的单词填空，填关键词或总结。

（2）小学科学课程的教学设计

教学设计是课程实施的前提，有效的教学实施需要优化的教学设计。下面展示的是1份英国小学科学的教学设计方案。

教 学 设 计

神秘骨：生物[①]

背景。在实际工作期间发现人体骨架，这项活动为孩子们提供了一个谜团需要研究。

课程组织。这项活动分为两个课程：一个用于规划和获取数据，另一个用于提供数据和得出结论。学生成对地工作，也可以在更大的小组中工作，以便将他们的数据组合成更大的总样本。

设备和材料。信件／新闻报道，模型骨架或ICT／纸张，骨架的图像，标尺、米尺和卷尺，供每对学生选择，卡尺、电子表格或图形软件（可选）。

程序。①通过信件或新闻报道介绍活动，内容涉及发现埋在当地历史遗址的人体骨架。它显然很古老，但到目前为止，考古学家对它了解甚少。课程的任务是尝试确定这个人死亡时的年龄。为了回答这个问题，学生需要在骨架和各种人之间进行比较。骨头已被打乱并且还没有被重新组装成一个完整的骨架，所以学生必须测量单个骨骼。目前没有可用的测量值，但是向学生保证，下一课考古学家就会把这些寄给他们。②使用模型骨架或合适的图像，讨论可以采取哪种测量一个活人的方法，以便与骨架进行比较。一对或一组学生决定采取何种衡量标准并计划调查，然后制作并记录测量结果。③在第二课中，制作按类别或年龄分组的条形图，或者散点图，其中年龄根据骨骼测量绘制，可以使用ICT完成。讨论数据集中的模式。④向学生揭示考古学家的数据。骨架现在到了。它们可以用表格或图画形式测量，骨架可以是实际骨架的重建，也可以是大小适当的模型骨架。学生将骨骼的测量结果与他们自己的发现进行比较，并确定神秘个体可能的年龄

———————————

① 该教学设计选自布里斯托爱丽丝·罗伯茨博士所著的《小学科学中的实践工作》。

范围。年龄较大或能力较强的学生可以使用来自不同小组测量的数据作为综合证据，向考古学家报告结论。

计划调查。内容包括：①使用何种测量设备，准确测量每个人的高度。②找到一个模式，确定需要分组的年份。③确定小组每年测量多少人。④他们是否需要随机选择相同数量的男孩和女孩。⑤他们将如何在一个班级找到最高的或最矮的孩子。⑥哪些成年人要测量。

如果是第一次进行此项调查而没有模型骨架，则需要查看学生收集的数据，以便选择合适的测量值，包括在第二课考古学家的报告中的数据。

学生也可能会考虑过去人们平均比现在活得更短的证据。通过引入证据，学生可以进一步得出关于这个人可能生活在何时以及他们可能曾经生活过的结论，这个谜团可以进一步扩展到跨学科学习中。

简评：该设计通过一个真实问题引导科学学习，激发了学生极大的探究热情。尽管该主题对学生来说充满挑战，但在教师的指导和考古专家的协助下，通过测量、比较、收集相关数据，进行计算、推理，能完成预期任务。与通常的课堂教学不同，"神秘骨"的教学设计仅仅是一个探究学习的路径指导，难以亦步亦趋地实施，但它体现了科学探究的不确定性，为学生的学习与探究留下了较大的空间。

（3）英国小学科学教学模式

英国小学科学教学的主要模式有以下几种。

"科学工作"模式。英国课程文件中设计了"科学工作"活动，即学生像科学家做科学研究那样学习科学课程，进行科学探究。为了保障科学探究教学的有效实施，英国描述了不同年级学生"科学工作"的层次与水平：

1—2年级的"科学工作"。包括提出简单的问题，并意识到这些问题可以用不同的方式回答；密切观察，使用简单的设备；执行简单的测试；识别和分类；利用他们的观察和想法来提出问题的答案；收集和记录数据以帮助回答问题。

3—4年级的"科学工作"。建立在前期内容的基础上，包括提出相关的问题，并使用不同类型的科学探究来回答它们；建立简单实用的探究，进行比较，公平测试；以多种方式收集、记录、分类呈现数据，以帮助回答问题；用简单的科学语言、图画、标注的表格记录研究结果；报告调查结果，包括口头和书面解释，展示或演示结果；利用结果得出简单的结论，对新的价值进行预测，提出改进建议并提出进一步的问题；识别与简单的科学思想和过程相关的差异、相似点或变化；使用直接的科学证据来回答问题或支持自己的发现。

5—6 年级"科学工作"。建立在前期内容的基础之上，并且包括计划不同类型的科学调查来回答问题，包括识别和控制必要的变量；使用一系列的科学设备进行重复测量，提高准确度和精密度；使用科学图表和标签、表格、散点图、条形图和线形图记录日益复杂的数据和结果；利用测试结果进行预测，建立进一步公平的测试；报告和陈述调查结果，包括结论、因果关系、对结果的解释，以口头、书面或其他形式进行展示；鉴定被用来支持或反驳观点或论点的科学证据。

HPS 教育模式。孟克（M.Monk）和奥斯本（J.Osborne）在总结科学教育历史经验的基础上，借鉴建构主义理论，提出了 HPS 教育模式，即选择科学史上某一科学家曾经研究的自然现象，如自由落体运动、植物的光合作用、食物的消化等，把科学历史内容融合到科学教育中，让学生通过对科学故事的学习，深入理解科学的方法、本质与精神，促进科学素养的形成。该模式已产生广泛的影响，被许多国家采用和实施。

"基于证据"的教学模式。2005 年由约克大学、伦敦大学教育学院、剑桥大学等 5 所大学与中学科学教师一同开发的一套有关以"证据"为基础的教学资源，为学生在科学学习中使用正确的"证据"，形成科学观念提供帮助（陈彦芬，2007）。该教学也在小学高年级得到部分实施，并对美国科学教学产生了影响。

科学调查与实验探究。在英国小学科学课堂上，科学调查与实验探究是教学的主要方式。其中，科学调查与实验探究能力体现在三个方面：一是提出问题与假设、进行科学预测的能力；二是观察、测量以及实践控制的能力；三是证据分析与结论阐释的能力。许多教师在教学过程中特别注重学生的随机发现，让其体验科学活动带来的乐趣。同时，契合科学本质教学的科学思想，让学生理解科学证据的本质与重要性（光霞，2014）。科学调查包括带学生到自然博物馆参观，让学生栽种植物并观察植物的生长过程等。实验课中，学生可以自选活动，以培养学生的特殊兴趣和独特技能。一位英国教师这样说："每一个儿童都有其内在的潜力和特点，因此我们的责任就是确保每一个儿童都能够在其固有的基础和素质上获得充分发展，使他们成为既具有公民一般素养，又具有鲜明个性和独特才能的人，成为能够自食其力并对社会有用的人。"（广东省教育研究院 等，2016）[136] 这种以素养为导向的理念已扎根于英国人的科学教学实践，成为教师的教学追求。英国小学科学教室里总是摆满了琳琅满目、各式各样的教具与玩具，学生在教师的指导下操作这些教具与玩具，科学课有大量的演示实验和分组实验。

自然体验活动。一些科学教师在科学课中让学生扮演不同角色，体验自然现象发生的过程，理解现象背后的科学原理。如在一节化学课里，教师让学生扮演分子的运动状态来了解目标的达成（吕晓丽，2013）。

（4）英国小学科学课程实施的特点

①教学指导明确具体。

科学课程文件结合不同的项目和知识点，制订具体的学习目标和学习策略，同时，对教师的教学指导进行提示与说明，以确保科学教学的质量。

②科学工作层次化。

英国重视科学实践方法、过程和技能的教学，将科学方法、过程和技能归入"科学工作"之中。根据不同年级水平，提出不同的要求，指导科学探究的实施。

③课堂教学自由灵活。

英国小学课堂教学比较灵活自由，尽管出版商出版了一些科学教材，供教师自由选择，但多数教师不使用现成的教材，而是利用互联网的专业资源或学生的生活事例，结合教学大纲进行教学设计。教师讲解基本知识，然后针对所讲内容发放科学学习活页式练习，学习速度快、程度高的学生做两张或三张练习，而学习速度慢、程度较差的学生只做一张练习。学生在课堂上可以独自研读学习资料，尝试操作实验，也可以围坐一起讨论问题。学生很少有家庭作业，每周1~2次，每次10分钟左右即可完成。在课堂上，学生积极参与讨论，发言踊跃。

3. 德国小学科学课程实施

（1）德国课程文本中的课程实施

德国北威州《常识》中没有专门的"课程实施"部分，而是贯穿"期望和技能"，该部分对自然常识课程的实施进行了描述，提出了一些较为具体的要求，阐述了教师在常识课程教学中如何帮助学生通过收集资料、观察现象、探究问题、解决问题，从而发现自然规律，获得科学知识。德国北威州《常识》倡导学生面向现实，从疑难中寻找问题，并在自然或具体场景中捕捉问题，最后从查阅资料交流中发现问题，作为研究的主题。科学活动包括确定研究主题、制订计划、采取行动、实施考察、进行反思等几个环节。如"材料和演变"的期望如表4-2所示。

表 4-2 德国北威州《常识》中的技能与期望

领域：自然与生命 重难点：材料和演变	
入学能力期望：	4 年级末能力期望：
• 分类展示从有生命、无生命的自然中收集来的材料（比如树叶、花朵、水果、石块、贝壳等） • 比较和探索材料的特性（如硬度、气味、颜色、松散度、有无生命），描述相似性和区别	• 探究明显的材料变化，描述变化过程（如水的物态；水果脱水的过程；坚硬材料碾碎的可能性，材料的演变）

在科学教育领域，小学比较宽松，没有严格的教育标准。然而在 2013 年颁布的《透视框架》（GDSU）中，科学方法被提到作为小学教学的一个重要目标，提出了 10 年级结束时中小学生应该获得的技能与方法。基本的科学方法有：观察和描述；比较和系统化；解释，建模和假设，设计实验，分析和假设；使用模型，描述关系并进行概括。在科学活动方面，学生应能：①描述现象并将它们与已知的物理事实联系起来。②从各种来源选择数据和信息，以解决任务和问题。③对数据进行分类和分析。④使用类比和模型概念来获取知识。⑤应用数学化的简单形式。⑥使用简单的理想化形式。⑦用简单的例子作出假设。⑧根据指示进行简单的实验，并从中得出结论。⑨计划并进行简单的实验，并记录运用简单的数学运算得到的评估数据。⑩评估实验结果及其有效性。尽管学科不同，上述要求也不尽相同，但"观察和描述""发现和发展科学问题""系统化的、比较和分类""推广使用类比和模型""探索和试验""总结和评估"是有潜力的学生应该达到的。如同一些研究者指出的那样，由于在科学教育方面缺乏小学标准，如何培养小学生达到与中学科学教育标准相一致的能力，仍然是一个悬而未决的问题。

教科书中的学习方式：德国 2017 年出版的科学教科书——《在主题中探索》，是一本主题式通识教育课本。"水与空气"一节的主要栏目为阅读与学习（通过阅读使学生初步了解地球上的水等）、实验探究（通过简单的实验学习水蒸气、蒸发、冷凝等简单概念）、提问与回答（如询问学生自己经历过的降雨现象）、提示与讨论（通过提示语提出问题，引发学生思考）、动手操作和实地探索（如使用量表、气象仪器研究天气现象，并通过表格记录下来）、写作与展示（如让塑料漂浮于水面，写出科学探究过程，并进行展示）。除此以外，在教科书的末尾设置了概念目录，学生可通过字母顺序查询本书中的重要概念。

（2）德国科学教学实践

实践教学

2004年以来，德国颁布了新的科学教育教学大纲，更加注重科学的本质，关注科学"运作"的方式，强调实践工作的作用而不是对事实和原理的死记硬背，将实践工作融入科学教学之中，让学生通过实践工作理解科学知识与原理。一些学者提出，除了建立科学教室，应将实践工作嵌入教学—学习结构之中。德国已经建立了300多个不同类型的校外实验室，供学生参观。这些实验室由大学和研究机构以及博物馆和科学中心运营，涵盖的主题范围很广，从化学、物理或生物学等传统科学研究领域到应用科学的现代领域，如生命科学、材料科学、航空航天工程以及现代ICT的物理基础。一些实验室还打算让参观者深入了解科学和技术业务的真实研究，为学生提供更多基于自然现象的个人经历。

户外学习

德国小学科学教学重视实践活动，将各学科知识融为一体。如一位德国小学教师这样处理二年级的有关蔬菜知识的教学过程：首先，利用学生秋游的时间，带领大家去了一个私人农场，那里主要生产蔬菜。在农场主人的带领下，学生从认识有关蔬菜生产的机器开始，然后依次参观一个个温室，最后再到广阔的田野。每到一处，都请农场主人详细介绍有关蔬菜的生长条件、营养价值等。在德国一切蔬菜都可以生吃，学生每认一种品种，教师征得农场主人的同意，都要采一些蔬菜分给大家吃。大家一边津津有味地吃着，一边兴致勃勃地听着。结束时，学生可以在田地里选一棵菜带回家。教师则采集了不同品种的蔬菜带回学校，为上课做准备。第二天教师在教室的后面布置了一个蔬菜超市。上课时，教师组织学生进行买卖蔬菜的角色游戏，整个课堂教学融科学、语文、算术知识于一体（陈晓萍，2007）。

体验学习

小学三年级有一节课的内容是"我们的眼睛"。教师首先以一段盲人在街上走的录像引入，录像显示了盲人及视觉障碍者在日常生活中的困难。接着让学生充分想象，如果在这个世界上人类没有眼睛用来发现，那将会怎么样？然后，让学生轮流在教室里学盲人走路，再让学生谈感受。在这里，学生获得了自主活动的时间和空间；录像的引入，生动直观，激起了学生情感上的共鸣。课堂中，学生模拟盲人的活动，加深了体验。在整个教学过程中，学生始终处于兴奋状态，始终是观察、思考、分析、探究等思维活动的主体（陈晓萍，2007）。

（3）德国小学科学课程实施的特点

①学习活动丰富多样。

除了观察、实验、讨论等方法，德国科学教学还常常运用合作学习和角色扮演等方式，丰富学生的科学学习，增强科学学习体验，深化学生对科学知识的理解。同时，考虑到小学生的年龄特点和兴趣爱好，安排一些小制作、科学游戏等活动。基于问题的学习，理解科学本质，让学生参与科学方法实践，已在德国科学教学中得到广泛关注和实施。

②学生有较大的选择空间。

德国北威州科学课以自由教学形式为主，除了规定的学习内容，学生在教师提供的资料中选择学习内容，根据自己的学习方法，可以独立学习或与其他同学合作学习。学生有较大的自由选择空间，但这样的自由学习，必须在掌握了个人学习、结对学习、小组学习这样的社会性的学习方式以后才能进行（波拉克 等，1995）。

4. 法国小学科学课程实施

（1）法国课程文本中的"课程实施"

法国 2018 年的《科学与技术：第三周期方案》对不同学段提出了科学课程实施的要求，学段 3 特别指出：义务教育不同学习阶段，旨在逐步引入基本知识与概念以便学生能有足够时间吸收掌握。在第二周期学生探索、观察、实验以及对周围的世界提出问题。在第三周期，对已涉及的问题再重新加以评论，提出新的看法，以便更好地将其概括并抽象化，同时要始终注意从实际出发且留意学生的表现。运用多种多样的方法与措施（观察、操作、实验、模拟、建档……）进行科学探究。在科学探索中，学生通过调动知识才干发现新的推理模式来回答一些问题。在教师的指导下，他们提出假设，定性或定量地验证它们。在探索技术领域时，学生将熟练掌握那些满足在确定限制条件下需求的技术项目的实施。法国2018 年《科学与技术：第三周期方案》部分学校要求如表 4-3 所示。

表4-3　法国2018年《科学与技术：第三周期方案》学段要求（部分）

知识主题	相关知识与技能	对于学生的活动、资源资料示例
观察并描述不同类型的运动	描述运动并识别圆周运动和直线运动之间的差异。①物体的运动（轨迹和速度：单位和数量级）。②简单运动的示例：直线运动，圆周运动，以理解运动和测量对象的速度值的概念。③运动速度值为恒定或变化的直线运动中的运动（加速，减速）。	学生以自身为参与者，在运动的实际情境中参与（跑步、骑自行车、乘坐火车或飞机），到成为实际情境的观察者（从课间或课上做实验时进行的观察到对天空的观察：根据模拟软件提供的数据来观察行星和人造卫星的运动）。
识别多种来源并了解能量转换	一、识别能量的来源和形式。①能量存在多种形式（与运动中的物体相关的能量，热能，电能等）。②人类使用的能源资源的举例：煤炭、石油、木材、铀、食物、风能、太阳能、海洋和河流等。③可再生资源和不可再生资源。 二、识别储存、转换和利用能量的情境。制造和使用产品需要能量。①储存设备的例子：电池、水坝；②转换器的例子：灯泡、风力发电机、太阳能板。 三、识别简单家庭能量链中的一些元素。①了解人类为身体活动和日常生活所需的一些能源（供暖、移动、照明等）。②一些节省能源消耗的设备。	①与运动物体相关的能量在学生看来是一种容易感知的能量形式，并且可以转化为热能。②教师可以优先选择在能量方面进行分析的实验性装置：风力发电机、简单的电路、制动设备、水平、技术物品……③用简单的示例（刹住自行车、日常用品、人体）介绍能量形式和不同的消耗量（例如，热能，运动物体产生的能量，电能，与化学反应相关的能量，光能……）。④家庭中消耗能量的例子（供暖、照明、计算机、交通）。

法国2018年《科学与技术：第三周期方案》就对不同的知识技能的学习提出要求，比较具体，能对学生的科学学习提供切实的指导。

教科书中的科学学习方式

法国小学科学教材《科学与技术》被分为五个阶段，另外，幼儿园阶段也有一册。每册涵盖生物、物质、天文、地理、技术五个大主题，以单元的形式进行。每个单元分为三个栏目："我想知道""我在找""我意识到"，三个栏目环环相扣，让学生自己发现问题、假设、实验、证明，最终找到答案。"我想知道"先呈现图片，学生观察图片，从而产生疑问、激发好奇心，比如CM1的第五单元"我想知道"让学生观察一株十天前盛开的藏红花图片和十天后枯萎的藏红花图片，向学生提出问题："藏红花为何会枯萎？""如何让它避免枯萎？"让学生提出假设。"我在找"则是引导学生进行实验，找到前一环节答案的过程。在"我在找"环节中，让学生动手实验，通过分别控制水、阳光两个变量进行两组对比实验，填写表格并记录实验结果。在最后的"我意识到"环节中，让学生根据实验得出结论，总结归纳出科学原理。

（2）法国的"动手做"活动

20世纪80年代法国小学科学教育的教学主要有三个方面的活动。①自由探讨环境活动，这类活动是进行科学教育的起点，旨在培养学生对科学的好奇心，例如开展喂养动物、种植植物等活动。②问题解决活动，这类活动是自由探索活动的另一种形式。③概括和构造活动，这类活动包括对照教材，对活动的结果进行检查，在作出结论前，对活动在不同情况下的结果进行概括和归纳。开展这类活动的目的，在于帮助学生对其所学的知识进行组织，形成一定的知识结构（李有发，1988）。但1995年的实地调查结果显示，提供"实践工作"教育的小学班级占比很低，通过实践活动和学生的真实体验来进行科学教育的班级占比更低（可能低于10%）。1995年，法国科学院院士、诺贝尔物理学奖获得者乔治·夏帕克等提出实施"动手做"计划，并在一些班级进行科学教学实验计划——"动手做"实验。1996年，他们编写出版《动手做——法国小学科学教学实验计划》一书，该计划指出，自然科学，包括天文学、物理学、地质学、化学、生物学……在小学教育阶段（包括幼儿园）没有得到应有的一席之地。所有的调查显示，尽管在教学大纲里对科学教育有所规定，但自然科学在大部分课堂上是不存在的。该计划的颁布推动了法国"动手做"活动的开展。"动手做"计划已在数千所学校实施，产生了巨大的社会影响。

"动手做"采用的基本方法有行动、提问、研究和实验。教师引导学生对生活中的科学现象进行观察、思考、发问、实验和讨论，使学生从中学习科学知识，独立做事，记录与表达，养成良好的习惯。法国科学院为"动手做"活动制订了十项原则及其环节（刘占兰，2003）。

基本原则：①让学生先观察一个物品，或考察身边发生的某个事件，然后围绕该物品或事件进行实验。②在探索过程中，学生进行辩论和说理，将自己的想法和结论告诉别人，再一起讨论，从而建构自己的知识体系。③教师向学生建议搞一些活动，并把各种活动分阶段，让学生在学习中循序渐进。这些活动应该是教学计划的一部分，但又要给学生足够的自主性。④一个"动手做"主题的教学一般应安排若干个星期的时间，每个星期至少2小时。整个学段的"动手做"活动内容与教学方法要有连贯性和整体性。⑤每个学生准备一本实验记录本，并用他们自己的语言记录活动的过程。⑥实验活动的主要目标是让学生逐步掌握科学概念与操作技术，同时学会用书面语和口语进行表达，以巩固获得的经验。⑦家长和学校所在街区应该参与到课堂教学与实验活动中。⑧学校附近的大学和工程师学校中的科学家要运用各自的知识和条件，帮助学生搞好实验。⑨地方的教师培训中心应该提供帮助，让从事"动手做"实验活动的教师能够学习和利用培训中心的教学理论与教学经验。⑩教师可以从互联网上下载可供直接使用的教学模块、活动思路及问题答案，也可以和其他教师或科学家进行合作与对话，共同探讨教学方法。

基本环节："动手做"活动包括6个环节，即①确定适宜的主题、内容和任务。②提出相关的问题。③进行猜想和假设。④实验验证。⑤记录与描述。⑥结果与讨论。

（3）法国小学科学教学设计

案例："空气是物质吗？"。该单元是让学生在活动中逐步建立空气是物质，就像固体和液体一样的概念（广东省教育研究院 等，2016）[146-147]。

学习目标：学会利用物质的若干性质来区分其状态；认识到物质存在的一个新状态：气态，空气是气态物质；学会为解决某个问题而设计一个实验方案；初步设计一个实验操作方法。

该主题为四个课时，第一课活动为"纸箱子中的袋子里有东西吗？"通过触摸，学生根据自己的亲身体验区分不同的物质。

教学过程：学生不用眼看，对装有一些材料的袋子进行操作，感受、体验、感知，说出其特征和名称，然后与同学交流。

第一步，教师提出问题，学生感知记录。

教师在教室后面的纸箱中放入四个塑料或布袋子，里面分别装有砖块、沙子、空气和水。让学生闭上眼睛摸这些袋子并猜想里面装有什么。学生轮流到教师后面摸这些袋子，将他们各自的感受记录在本子上，形成个人书面记录。

第二步，教师引导提问，学生提出假设，检验假设，建构知识。

学生完成触摸后，教师引导学生集体讨论，对大家的感受进行综合，并提出一个问题：第三号袋子装的是什么东西？学生讨论的内容有"它是空的吗？""什么都没有""像其他袋子还是不同？""更轻"，打开袋子验证。由于没有任何东西"出来"，引发了学生进一步的讨论。在教师的指导下，集体形成一个文档，根据已知的区分物质状态的几个特征来确定第三号袋子中的物质状态（无法将袋子完全压平，这说明它里面有什么东西），前面两种状态被排除，接着让学生举出属于这三种类型的一些其他材料的例子。

简评：该活动设计强调实践与实验，以及语言活动，包括口头讨论和书面形式，学生在对袋子的操作、感觉、体验、交流中学习，获得关于空气性质的认识。法国重视科学实验，正如法兰西学院在《对未来教育的建议》中指出的那样："如果说数学是产生于古希腊时代的话，那么在两千年后的今天，我们的科学只能由理论（如数学等）和实验组合而成，而且也只有经过经线（理论）和纬线（实验）的相互来往交错，才能织出科学这块布来。"（吕达 等，2004d）[301] 这一理念影响了今天法国科学教育的实践，科学实验被纳入"动手做"之中，成为一种常态的学习活动。

（4）法国小学科学课程实施的特点

①科学教学指导切实。

法国科学与技术教学大纲没有独立的"实施建议"，而是结合不同的内容主题，提出特定知识、技能的学习提示，为学生的学习活动、资源开发利用提供建议，供教师教学参考。

②重视实践活动的开展。

关注实践工作是法国教育的重要特征之一，法国科学教育具有重视实践的传统。1969年，法国小学进行了一次重大改革，将小学课程分为三大学科：基础学科（法语、数学）、启蒙学科（科学、史地、艺术、公民教育等）和体育课。同时决定实行"三区分"教学法，也就是把每天上午的时间集中用于基础学科，以提高基础学力，把"启蒙学科"（亦可翻译为"觉醒科目"）放在下午进行，以利于同课外、校外活动结合；体育课穿插在上下午进行（张崇善，1989）。1995年开始的"动手做"是这一传统的延续和深化。"动手做"就是亲自参加科学实践活动，而不是像以往那样简单地记忆书本上现成的科学知识。学生通过对事物的观察并提出问题，然后便投身于解决问题的研究中。在研究过程中，他们会逐渐找到产生某些现象的真正原因，进一步懂得知识是如何构成的，以及什么样的认识才算是正确的。"动手做"活动最关键的东西是学生手中的实验记录本，因为学生用自己的语言、自己画的草图把发生的事以及他是如何解释这一现象的过程详细地记录下来，这样他就能学会思考自己所做的和所看到的事（陈元，2004）[110]。

5. 日本小学科学课程实施

（1）日本课程文本中的"课程实施"

日本《学习指导要领》除了对每个年级的学习目标与内容进行规定，还对学习内容的实施提出了一些要求。如四年级的学习内容实施说明：内容"A物质·能量"要求学生进行两种以上的产品制造；内容"B生命·地球"要求学生一年中分别观察两种以上动物的活动和植物的成长。不同单元提出不同要求。如《杠杆》单元的目标要求为：使用杠杆，改变施力的位置和大小，观察杠杆的结构及作用，对杠杆的平衡规律有所认识。这部分的教学要求又具体化为两点：①在水平杠杆的支点两边等距离地挂上物体，若杠杆保持水平，杠杆两端所挂物体的重量相等；②改变施力的位置和力的大小时，杠杆的倾斜状态发生变化。杠杆平衡时，力的位置和力的大小之间有一定的关系。

日本理科教材中关于学习方式的呈现。

以日本东京出版的五年级理科教科书中的"云和天气"为例，该教科书第一课是"调查云和天气"。主要学习栏目有观察、调查、测量、预测、做一做、制作、讨论、思考、阅读、活用等。常用的表述有抬头看看……，讨论一下……，调查云朵的形状……，预测天气的变化……，做一做……，思考一下……，拓展到生活中……，活用起来……，等等。此外，还有"理科广场""气象厅官方网站""天气标志"等栏目，为学生提供生动而丰富的学习资料或链接。可以看出，日本理科教科书对学生探究过程的设计十分明确，通过教科书的学习引导学生开展多种方式的科学探究活动。

（2）科学教学设计

教学单元："水"（角屋重树，2008）[88-89]

教学内容：水的蒸发，水的沸腾，水的凝结、结冰，水的状态变化与温度。

教学过程：首先，通过让学生思考"地面上的水哪儿去了？"这个问题，引入本单元的学习，引出水的蒸发问题，继而让学生思考温度与蒸发的关系，通过给水加热的实验，观察水加热至100℃时温度就不会再升高这一现象，并从此现象引出水的沸腾概念。再通过思考"沸腾或蒸发掉的水哪儿去了？"的问题，引出蒸发掉的水还可以变回水，水又可以变成冰这样的思路展开水单元教学。学生可以从水单元的教学活动总结出温度与水变化之间相关性的结论：液态的水通过蒸发或沸腾可以变成气态水——水蒸气，气态的水蒸气遇冷可以凝结为液态水，如果继续冷却，可以变为固态水——冰。

课时安排和具体的活动如表4-4所示。

表4-4 "水"单元各部分课时安排和具体活动

部分课程名称	课时安排	具体活动
水的蒸发	3课时	证明"洗过的衣服中的水跑到哪儿去了？" 活动①：观察烧杯中水的变化（学生从这个实验可以得出"烧杯里的水因为蒸发而变少了"的结论） 活动②：比较朝阳处和背阴处水蒸发的情况（学生从这个实验可以得出"温度越高，水蒸发得就越快"的结论）
水的沸腾	4课时	验证"温度越高，水是否蒸发得就越快？" 活动③：给水加热，观察水的变化（学生从这个实验可以得出"温度越高，水就会在短时间内蒸发得越快""水沸腾时温度是100℃""水沸腾时会产生很多泡泡"的结论） 活动④：调查水沸腾时产生的泡泡是什么？（学生从这个实验可以得出"泡泡是水被加热蒸发产生的水蒸气"的结论）
水的凝结、结冰	2课时	证明"装有冰块的烧杯外侧的水是从哪儿来的？" 活动⑤：用电子秤测量装有冰块的烧杯的质量变化（学生从这个实验可以得出"装有冰块的烧杯外侧的水不是从杯子里出来的，是空气中水蒸气遇冷变成水珠附着在烧杯外侧"的结论） 活动⑥：冷却试管里的水，观察发生的现象（学生从这个实验可以观察到"当试管里的水冷却到0℃时，开始结冰"的现象）
水的状态变化与温度	1课时	总结温度与水的状态变化之间的关系 总结水的气态、液态、固态之间的变化与温度之间的关系

简评：该设计通过3个引导性问题"洗过的衣服中的水跑到哪儿去了？""温度越高水蒸发得就越快？""装有冰块的烧杯外侧的水是从哪儿来的？"的学习，

将科学内容有机地串联起来，借助 6 个活动，让学生采用观察、比较、调查、测量、讨论等学习方式，最后总结概括温度与水的状态变化之间的关系，形成对水的整体理解。整个活动时间跨度长，学生围绕问题进行深度探究，避免了探究活动的浅层化和表面化。

（3）日本小学科学课程实施的特点

①将科学探究渗透教学过程。

科学探究过程规范，要求明确，教科书设计大多以科学探究为主线，引导学生严格按照教科书设计的探究路线进行探究，训练学生的探究技能。通过科学探究，获得科学知识与概念，形成科学技能。日本小学科学的课堂教学，目的就是让学生在科学探究过程中自主实践，形成探究体验，把对日常生活中普遍现象的认识转化为科学的知识，让他们真正以科学的眼光去认识自然事物和现象，明白科学道理。

②重视小组活动。

日本科学活动一般以小组为单位，倡导小组学习。通过小组活动，鼓励学生合作探究，分享彼此的经验，深化对科学知识和技能的理解，这与日本学校重视培养学生的团队精神与合作意识的传统有关，合作学习成为日本小学科学教学的基本特色。

（二）一流发达国家小学科学课程实施的特点

1. 形成了一些影响较大的教学模式

美国科学教学研究起步早，20 世纪 60 年代形成发现学习、探究学习模式，20 世纪 80 年代以后形成了多种跨学科教学模式，影响较大的科学教学模式有：5E 教学、PBL 教学、CER 教学等，这些模式产生了广泛的国际影响。英国将科学史引入科学课程的 HPS 模式、"基于证据"的教学模式具有较大影响。法国实施的"动手做"模式。这些模式在不同国家、地区得以实施，对其他国家乃至整个世界产生了较大影响，引领着国际科学教育改革的潮流。

2. 科学探究与实践成为学生科学学习的基本方式

美国是世界上最早提出与实施探究教学的国家，从发现学习、探究学习到 5E

教学，1996年《美国国家科学教育标准》的颁布更强化了科学探究学习的实施。2011年提出"科学实践"的概念，将科学探究引向科学实践，实际上深化了科学探究的实施，"科学与工程实践"成为科学课程的一个重要维度，贯穿所有科学主题（大概念）的学习过程。英国在2012年《科学》中提出"科学工作"的概念，在基本科学概念学习之后，通过"科学工作"开展完整的科学探究活动，提升科学学习的质量。1995年英国教育和科学部正式颁布的科学课程文件第一部分就是科学探究，要求学生通过探究活动学会一些系统的科学技能和方法，如计划、假设、预测；设计、探究；解释探究结果和发现；得出结论；交流探究方法和经验。后来多次调整，2001年《英国国家科学教育课程标准》中特别强调基于证据的科学探究，包括科学中的观点与证据，调查技能，设计，获取并呈现证据，思考证据，评价证据。英国历次国家科学课程标准中的科学探究活动时间占教学时间的比例保持在25%～35%。德国北威州《常识》倡导科学探究，要求学生从周围环境出发，提出问题，运用可能条件进行探究学习，开展"实践工作"，获得对物质变化规律的认识，形成对自然与技术的深度理解。在日本，科学探究融入了日常的科学教学之中。

3. 课堂教学方法多种多样

在美国，教师普遍采用丰富多样的教学活动形式，还有的教师运用科学故事进行科学教学。法国"动手做"涉及视觉、触觉、听觉、味觉、嗅觉五种感官的运用。德国北威州《常识》建议为了开发身上这种与世界接触的功能，要调动一切因素让学生学会发现世界、理解世界。日本小学科学的教学方法丰富多样，包括引导探索法、交流讨论法、自主参与法、问题引路法、展示激励法等，师生之间采用多元形式共同完成教学任务，贯穿在这些教学方法中的两条主线在于实践性与感悟性的协调与统一（光霞 等，2014）。日本科学课堂教学的特点是为了得出概念或结论，学生通过个别的观察实验活动，对收集到的数据进行解释，通过探究活动，运用归纳方法把概念和证据联系起来，从而真正领悟并理解这些概念、规律或结论。日本小学科学的教学不仅是为了进行探究式的教学，更是为了通过探究式教学让学生自己能够"悟出"科学道理。

二、中等发达国家小学科学课程实施

本书主要考察加拿大、澳大利亚、新加坡、俄罗斯四个中等发达国家小学科学课程的实施状况。

（一）加拿大、澳大利亚、新加坡、俄罗斯小学科学课程实施

1. 加拿大小学科学课程实施

（1）课程文本中的"课程实施"

加拿大安大略省 2008 年《科学与技术》对科学课程的教学方法进行了一些特别的说明与提示，涉及教学方法、健康安全问题、综合学习等问题。

倡导多样性教学方式，鼓励学生运用各种不同的方式进行学习，如个别学习、合作学习、独立学习，教师指导的学习、实践学习、案例学习。此外，科学与技术课程要求学生学习概念和程序，掌握技能，学习和运用科学和技术的过程。鼓励学生使用多种设备、工具、材料和策略，探讨科学和技术概念。让学生通过丰富、多样、具体的动手实践方式研究抽象的科学技术思想，深化和扩大对科学与技术概念的理解，发展解决问题的能力。

关于安全教育，要求科学教师：保持一个整洁、良好的工作空间；遵循既定的安全程序；找出可能的安全隐患；提出和实施适当的安全程序；仔细按照教师的指示和示范操作；对自己和他人的安全保持关怀和关心。

关于综合学习。强调在跨学科学习中，学生学习和使用两个或更多科目相关内容或技能。例如，教师可以在语文课中利用科学和技术方面的阅读材料，或在科学技术课程中指导学生阅读非虚构类材料。在综合学习中，学生通过一个单元、一课或一个活动进行两个或两个以上科目的学习来达到预期工作。

科学教材中科学学习的设计。

加拿大安大略省 PBC 版小学科学教科书栏目大致可以划分为如下类型：引导类的栏目有单元关键词和单元目标；知识呈现类的栏目有科学角和科学之窗；探

索活动类的栏目有猜一猜、试一试、练一练、情景模拟；概括类的栏目分别是自我检测和复习。此外还有一些特色栏目，如职业展望、生活贴士。安大略省PBC版小学科学教科书4年级第十单元"矿物和岩石"课文中"矿物的特征"，除了正文，包含以下栏目。

科学角：矿物由一种物质组成，且内外相同。而岩石由一种或多种矿物组成。

猜一猜：我们如何去辨别两种矿物，谁更硬？

试一试：收集一种矿物，分别用手指甲、钥匙、小刀刻画这种矿物，记录所发生的现象。

练一练：根据颜色、光泽、透明度、形状这四种特征给矿物分类。

情景模拟：温特先生在实验室中遇到了一些问题，作为他的实验助手，请你根据已有信息帮他完成莫氏硬度表。

（2）小学科学教学设计

内容领域：科学。

案例：生物学探究课1：分解[①]

课程概要。让学生观察，在不同条件下饮料（牛奶、苹果汁和苏打水）与面包（保质期长短不一）在教室碟子或袋子中腐烂的结果。密切关注分解过程中的变化，并确定霉菌生长的理想条件。

教学对象：4—6年级。该课程需要两到三周，以便霉菌生长。A课（半小时）；B课是初始观察（半小时），C课是最后的观察和霉菌研究（至少一个小时）。提示：B课观察变质时的牛奶凝结，学生可以进行受控的牛奶凝结实验，以制作奶酪。

学习目标：①数周内练习准确观察并记录多个样品。②了解食物的变质和分解是生物的生长，例如细菌和霉菌。③学会使用显微镜观察霉菌。④重视霉菌作为一种生物，就像我们一样，在适合的条件下生长。

背景资料：人们普遍对食物中霉菌的出现感到厌恶，因为他们已经知道发霉的食物对我们有害。本课程从另一个角度看待食物的变质和分解：细菌和霉菌像我们一样是生物，并且会在能够生存的任何地方繁殖。霉菌在温暖和潮湿的条件下，在提供营养的基质上并且在没有抗真菌剂（例如食品防腐剂）的情况下，生长最快。霉菌通过释放孢子找到新的生长场所，孢子外壁坚硬，可以在热、冷和

---

① 案例选自温哥华学区不列颠尼亚小学艾瑞德·苏斯顿（Ingrid sulston）、凯文·德威尔（Kevin Dwyer）和帕斯卡·斯皮诺（Pascal Spino）的《科技人才培养计划》.

干燥条件下生存。一旦孢子在适合菌落生长的基质上沉降，就会萌发并长成分支的菌丝，长丝遍布并穿过基质。一旦形成，一些菌丝就会向上生长，并在其顶端形成新孢子簇。成熟的孢子使霉菌菌落具有其特征性的颜色。新的孢子被吹走，将霉菌散布到其他基质上。

课程A：

设置分解实验：①设置饮料：为学生提供培养皿，每桌三个或以上，并帮助他们倒入牛奶，新鲜的苹果汁、雪碧（或其他苏打水）。要求他们在每个培养皿上盖上盖子，给培养皿编号，然后在其数据表中记录每个培养皿的内容。②设置面包：为学生提供不同保质期的面包，一瓶水，密封袋和深色布块。他们可以选择不同的面包分解条件。讨论对一个变量进行不同处理的重要性，以确定所选变量如何影响分解。学生以后可以共享数据以观察其他变量。③将样品放置在一周内不会受到干扰的地方。

变量	样品或样品处理
面包类型	•保质期短——保质期为1天的面包，密封在袋中 •保质期中等——保质期为3天或4天的面包，密封在袋中 •保质期长——保质期约10天的面包，密封在袋中
水分含量	•低温度——将密封袋敞口或者在上面开孔 •中等湿度——密封在密封袋内 •高温度——将面包密封之前，先用水蘸湿面包
光照水平	•浅色——面包密封在透明袋中，离窗户不远 •深色——面包密封并用深色布包裹或放在深色盒子中
温度	•室温——面包密封后放在室温下 •凉爽的温度——面包密封后放入冰箱中（请注意，这不能与光处理同时使用，因为冰箱是黑暗的）

课程B（一周后）：

设置分解实验。①如果霉菌的菌落生长得很大，可能是由于教室温度较高，教师可以选择直接上课程C。如果霉菌的菌落很小（直径为1cm或更小），建议再增加一周时间，会产生更令人印象深刻的颜色和菌落大小。②要求学生仔细观察一周前准备的饮料和面包，并在工作表上记录所有变化。他们应注意质地、颜色和气味的变化。为了安全地闻到可能有难闻气味的样品，请先教学生如何从样品上方向鼻子扇气（而不是直接嗅样品）。如果发现霉菌，则可以记录菌落的数量和颜色。学生应将样品放在密封袋中／盖上培养皿盖，以免不安全地摄入霉菌孢子。③简短讨论样本上开始有哪些生物。

课程C（两周后）：

设置分解实验，仔细观察霉菌。①如果面包上有很多霉菌滋生，并且有气味渗出密封袋，请在第一个密封袋之外再添加一个密封袋。②学生在工作表上记录他们的饮料和液体的进一步变化。③根据塑造的条件讨论实验结果。实验结果的合并表可以帮助进行讨论，尽管它可能包含许多变量，也很复杂。如果要比较各组的结果，请确保只比较其他变量没有变化的结果。如苏打水可能不会促进霉菌的生长。苏打水的成分不含有霉菌生长所需的许多营养物质（糖除外）。新鲜的苹果汁很可能会发霉，因为苹果果肉的成分中含有许多营养物质以及糖，这会促进霉菌的生长。在室温下出售的盒装苹果汁可能会产生不同的结果。牛奶可能已经在B课程中讨论过了，但可以再次讨论。由于细菌的生长牛奶很快变质了，如果时间长了，霉菌也可能会在牛奶中生长。牛奶为细菌和霉菌的生长提供了大量营养。根据保质期、水分含量、光照水平、温度的不同，面包上发霉的程度会有所不同。④用显微镜仔细观察模具，让学生挑战寻找长螺纹状的菌丝和深色的孢子头。如果无法透过密封袋清楚地看到霉菌结构，请将一块发霉的面包转移到带盖的培养皿中，并确保在远离学生的通风良好的地方进行转移（以避免产生任何过敏反应）。在苹果汁表面生长的霉菌可能保留了三维菌落形状，并可以为菌丝和孢子头的观察提供良好的样本。⑤从颜色上识别常见的霉菌：根霉菌具有黑色的孢子；红霉菌具有红棕色的孢子；青霉菌在菌落中心有蓝绿色的孢子，菌落周围有白色环。⑥讨论霉菌如何生长。长而稀疏的菌丝（通常是浅色的）从霉菌孢子着落的地方散开。菌丝遍布面包／饮料，并穿过面包／饮料。一旦霉菌菌落达到一定大小，彩色孢子就会在垂直菌丝的顶部生长。⑦观看一段霉菌生长的延时摄影视频，先是菌丝的生长，然后是孢子的形成和变黑。

简评：此设计内容涉及因素较多，学习周期较长，对学生来说具有极大的挑战性，需要精心组织与细致指导方可完成。作者设计了三个模块，阶梯式推进，学生通过知识学习、实验观察、对比分析、问题探究进行学习与交流，研究霉菌的生长，能对食物变质与分解产生更加深入的认识与理解。

（3）加拿大小学科学教学方式

加拿大小学科学教学方式多样，如探究式教学、STSE教学、社区会议、主题班会、展览会、个案研究、历史背景知识学习等。

探究式教学

探究式教学大致包括以下基本环节和过程：（1）根据实际情景、观察到的现象和可以获得的信息，从儿童已有的知识、对问题的了解和已具有的科学概念（想法）出发，提出问题；（2）对问题的解答进行推测；（3）为证实推测而进行观察或设计实验；（4）收集证据和整理数据；（5）得出结论和进行交流；（6）提出新问题。

教学过程可以分为三个基本阶段：集中话题，探索和调查，解释和反思。在每一个阶段教师都需要提出一系列关键问题，来引导学生的探究，具体示例如表4-5所示。

表4-5　探究教学阶段的关键问题

教学阶段	关键问题举例
集中话题	你看到了什么？在哪儿看到的？你觉得这是怎么发生的？
探索和调查	我们需要调查出什么？需要回答什么问题？要测量或观察什么？ 我们可以怎样做来收集需要的信息？我们需要什么设备？ 这个办法好吗？公平吗？为了使它公平，我们要改变什么？必须使什么保持不变？ 可以用另一种方法来做吗？怎么做？那样做会更好吗？ 一些事情是否必须按照特定的顺序来做？我们如何记录测量结果？ 如何展示我们的数据？怎样知道数据告诉我们的信息？
解释和反思	我们看到了什么？它有什么意义？ 数据支持我们的预测吗？数据支持或驳斥了哪些解释性观点？ 这个结果令我们感到惊讶吗？ 我们对所得到的结果有把握吗？应该再做一遍吗？有另外一种方法吗？ 我以前有没有看到过这样的事情？这对于我来说有意义吗？

STSE 教学

加拿大安大略省在科学、技术与社会课程（STS）的基础之上，提出了新的科学—技术—社会—环境（Science-Technology-Society-Environment，STSE）课程模式，强调学校的科学教育应注重科学与技术、社会及环境问题之间的关系，加强教育与社会生产、生活的联系。三年级末 STSE 课程的具体目标为：学生应能调查所处环境中的事物及事件并进行交流；展示并阐述借助材料和工具解决科学和实际问题的方法；说明科学技术对生活及周围生物的影响；采取行动关爱环境，为集体决策作出贡献。六年级末 STSE 课程的具体目标为学生应能说明运用科学技术调查世界的方法，了解它们的发展史和作用，清楚它们在实际生活中的运用并描述其对生活和环境带来的正、负面影响。其实施过程大致为：科学调查（scientific inquiry）、问题解决（problem solving）和作出决定（decision making）。"具体地说，在 STSE 课程的一个科学单元中，学生思考一个社会性课题或者日常生活中的某一事件。例如，咖啡为什么会很快冷却？这种课题或事件使学生产生了对科学知识的认知需要。从上面这个问题出发，学生了解到热能可以通过传导、对流和辐射等方式进行传递。在具备相应的科学知识之后，学生回过头来对课题或事件进行重新思考，着手了解相关技术：应怎样设计一个器皿以保持咖啡的温度。这促使学生思考、探索技术问题。通过研究，学生发现泡沫聚苯乙烯可使液体长时间保温。然后，学生就面临着 STSE 问题：生活中人们应该使用泡沫聚苯乙烯做的杯子还是瓷器做的杯子。这个问题牵涉到个人的健康、环境、成本以及科学技术信息的可用性等方面的问题。当学生对解决课题或事件的科学知识有了深层的理解，掌握了相关的技术，并且意识到各种决策选择中所蕴含的各种社会主导价值时，便会作出深思熟虑的决策。"（祝怀新 等，2006）

（4）加拿大科学课程实施的特点

①关注科学知识的社会运用。

科学教育与技术教育并重，除了科学教育，加强技术教育，形成了科学教育与技术教育并行的课程体系。同时，将科学与技术课程和生活环境研究联系起来，形成了 STSE 教学特色。

②教学方式多样化。

通过探索，加拿大形成了多种多样的科学教学方式，如探究式教学、社区会议、展览会、个案研究等，多类学习活动的设计，有助于丰富学生的学习生活，提高科学教育质量。

2. 澳大利亚小学科学课程实施

（1）课程文本中的"课程实施"

2012 年《澳大利亚课程：科学》（*The Australian Curriculum：Science*）中并没有专门就科学课程的实施进行单独的阐述，但在课程内容标准中设置了"科学探究技能"模块，将科学探究技能作为基本的学习内容，在学习科学知识的同时理解科学的本质、方法和用途，使学生养成观察世界的科学眼光。科学探究技能包括四个基本步骤：识别和提出问题，制订计划；实行和反思调查，操作；分析和解释证据；交流发现。通过这条线索引导学生开展规范的探究式学习，将科学探究教学实施常态化、制度化，探究学习成为科学学习的基本方式。澳大利亚特别强调科学调查活动中的资料收集和数据分析，《澳大利亚课程：科学》特别指出，在科学调查中，收集和分析数据与证明是至关重要的。它包括收集和选取信息，以表格、曲线图、流线图、电子数据表和数据库的形式重组数据。

澳大利亚小学科学教科书将科学探究作为教材编写的主线，如澳大利亚科学院出版的小学科学教材 *Primary Connections：Linking science with literacy*，运用"5E"学习环教学模式组织教学内容，将科学探究渗透到每一教学主题。如四年级"植物生长"（plants in action）按照"5E"学习环教学模式呈现学习内容。教材提供了较为详尽的教学活动：教学准备、教学指引、活动安排、教学评价、关注思维创新、兴趣激发等板块，同时提供科学背景知识，帮助教师形成深刻和广泛的科学教学思路。通过文本、图表、动画和网络等多种形式生动呈现。此外，教材为学生的学习活动以及评价配套了丰富的课程资源，如配套的网络和 CD 资源，对教师教学和学生学习活动的开展进行有效指导，同时丰富教学的活动。在实验教学方面，每节实验教学课都会列出非常详细的实验设备和装置资源表，资源与教材内容相匹配，有利于教师教学的实施（梅杰，2013）[21]。

（2）澳大利亚小学科学教学设计

案例：水——为了生活[①]。

水在生物的日常生活中起着至关重要的作用。对于那些生活在水资源供应充足的环境中的人来说，它很容易被理所当然地视为一种无限的资源。由于气候和天气因素造成的多年水资源短缺，我们意识到水其实是一种有限的宝贵资源。编写该单元是为了培养学生对水的欣赏和敬畏，帮助他们明白在日常生活中明智地使用水是他们的科学责任。如果可能的话，可以在下雨期间组织实施本单元的教学。

引入——吸引学生的兴趣，发现他们已有的知识和理解。

学生提出他们关于水的想法和问题，并参与学校场地拼图（school-ground

---

① 选自澳大利亚昆士兰州 2012 年二年级科学课的教学设计.

puzzle hunt）游戏，寻找与水有关的特殊物体。（第1课：想知道水）

探索——参与共享的实践经验，帮助学生增进对水的理解。

学生们制作雨量器并用它们来测量降水量（第2课：有多少雨？），学生参加展示水的属性的任务。（第3课：水可以做什么？）

学校用水：学生观察并收集有关学校供水点的数据；滴水龙头，学生收集并测量水龙头滴水浪费的水量。（第4课：在哪里用水？）学生探索并讨论有关水循环的海报，以了解水源和水的使用情况。（第5课：水从哪里来？）

解释——根据学生在探索阶段的经验进行解释。

学生探讨水循环海报，并发展有关水和水循环的知识和科学语言。（第6课：珍贵的水）学生重新访问学校的水资源审计，并将审计数据与节水和水循环战略实施的可能后果联系起来。（第7课：水观察员）

迁移——巩固和扩展学生对用水的认识与可用水减少的潜在影响。

写作：学生准备问题，访问那些用水和管理水的人；与受邀嘉宾互动，询问有关用水的问题。（第8课：用水者）学生回答关于可用水量减少产生影响的假设。（第9课：水资源挑战）

评估——展示所学知识，回顾和反思学生的学习。

有说服力的海报：学生设计并制作有说服力的海报，告知学校、社区有关节约用水的策略以及保护水的原因。我们知道什么？学生完成一项分类任务，以展示他们关于高效地使用水的知识。（第10课：水护理员）

第5课：水从哪里来？

本课概述。在上一课中，学生进行了学校水资源调查，并测量了水龙头滴水时浪费了多少水。在本课中，学生将参考以前探索课中分享的共同经验，将这些经验与水循环联系起来。水循环海报构成了本课的基础，学生观察并谈论海报，然后将他们在海报上看到的内容与他们发现的有关供水、用水和水的特性的内容联系起来。

本课目标：回应并提出问题，对水循环作出预测；参与不同类型的指导调查，以探索和回答问题，例如访问信息来源；将自己与他人的观察结果进行比较；以各种方式表达和交流观察与想法，例如口头和书面语言，以及绘画。

材料：水循环海报；便利贴（用于遮挡海报上的文字）；九张单词卡，每张单词卡上一个单词（如海报上的圆圈所示）；令人难以置信的 Whizzy 旅程（Pick-A-Path），每组一本大书；带有海报中关键术语的 A3 纸；每组每名学生一张 A3 水滴纸（资源 1）；空白 A3 纸。

本课最好由小组完成，一次只能与一个小组一起学习。另一组可能正在访问有水资源活动的网站。水循环歌曲，水循环图片，测验和拼图。在开始小组任务之前，用便利贴覆盖海报上的文字，以便学生根据他们在以前的探索课程中知道或发现的内容提出想法，而不是从海报中读取文字。

课程步骤（从略）。

简评：该教学设计方案在"水"这个大概念下，运用 5E 教学框架，将有关水的多方面内容统合起来，既涉及水的科学知识与原理，又涉及水的价值与功用、水的使用与管理、水资源与保护等内容。学生运用观察、拼图、测量、制作、收集、设计、访问、讨论、宣传等学习方式，通过 10 课时的学习与活动，展开多视角、多维度、多环节的综合学习与探究体验，多方位地认识水、了解水、珍惜水、保护水，将科学、技术、数学、文学、环境有机融合，获得对"水"概念的整体认识与深度理解。

（3）澳大利亚小学科学教学方法

澳大利亚小学科学教学方法多样，如调查式探究、体验式学习、引导式教学等。

调查式探究

澳大利亚鼓励学生对自己关心的问题进行调查，采取行动予以解决。如奥尔博特斯（Orbost）小学重视提高科学在学校和当地社区中的地位与影响，开展了"科学研究计划"，要求学生参与到"真"科学中。如学校开展了"恢复雪河计划"，给予学生活动自主权，也培养他们的价值观。在科学课上，学生还可以利用网络研究本地的鱼类，管理河流中的水质量，参与读书活动等。

体验式学习

鼓励学生采取科学观察、戏剧表演、创造性艺术等形式，经历科学过程，获得直接经验，建构知识、技能和价值观。如，环境保护委员会和澳大利亚联邦政府共同倡导的"烟雾管理者项目"，目的在于使小学生参加减少烟雾等活动。该项目为小学提供一些学习材料和信息，提倡使用环保工具，来减少形成温室效应的烟雾的产生，改善城市的空气质量。例如，师生步行或骑自行车上学，一天结束时，把学校人员所走的路程加起来，再和学校的交通工具相比较，两者之差就是减少的污染（广东省教育研究院 等，2016）[160]。

引导式教学

为了实施探究教学，澳大利亚科学教师用书向小学科学教师展示了探究式教学的操作示例，鼓励教师在教学中有计划地引导学生来完成探究活动。下面选取了水循环部分"水出现和消失"一课的教学设计作为示例。

案例：蒸发和冷凝知识的学习（王瑶，2006）。

教学目标：能够推断出在冰冷物体的表面收集到的液体来自空气；能够对周围环境中发生的汽化和冷凝现象提出问题并进行描述；学会使用温度计来进行调查，并且准确读数；解释实验中需要的条件；示范操作在汽化和冷凝中需要的材料和仪器；自己设计实验来验证假设；能够概括出汽化和冷凝的重要性；写一份关于水循环的摘要；画一份水循环的示意图；能够归纳出在日常生活中发生的汽化和冷凝的现象；用自己的话定义汽化和冷凝并且正确使用这些术语。

教学内容：我们如何加速水的汽化？什么使得水冷凝？什么是水循环？

教学方法：参与讨论、阅读、实验、观察和活动。

主题	探究活动	科学概念和思想
1. 如何加速汽化 A. 加热	准备两盘子水，一盘放在太阳下，另一盘放在阴凉处，或者对一盘进行加热，另一盘保持室温，多次对溶液的温度进行读数，最后把液体倒入量筒测量，并进行比较。	加热能够使水的汽化加快。
B. 风	在黑板上滴两滴水，用扇子扇其中一滴，观察水滴消失的时长。	风能够使水的汽化加快。
C. 暴露的表面积	1. 在宽口罐和窄口罐中加入等量的水，每隔一段时间比较水平线，最后在量筒中称量并比较。 2. 把两块湿手绢拧干，一块展平，另一块揉成球状，把它们放在盘子里，比较干的速度（也可以称重比较）。	湿的物体在空气中暴露的表面积越大，干得就越快，当水蒸发的时候就转变成水蒸气。
2. 什么使水冷凝 A. 温度	把冰和水放在金属容器中，测量温度，与另一杯中的热水进行比较。收集从金属上滑落的水滴，对水滴的来源提出疑问。有些学生可能会说水是从盘子中渗透出来的，我们如何来进行检验？在容器中的水中加入蔬菜汁，杯子外面的水滴是否有颜色呢？	冰块可以使杯子里的水温度下降，杯子冷了后，杯子外面的水会凝结成水滴。

续表

主题	探究活动	科学概念和思想
B.湿度	在干燥的天气和潮湿的天气里做上面的实验。	
3.什么是水循环	1.在干净、干燥的烧杯中加入 1 英寸热水，在加入水的时候不要将烧杯壁弄湿，盖上盖子，然后观察水蒸气在烧杯壁和盖子上冷凝，又滑落的现象，讨论什么是水循环。 2.在热的茶杯上方放一个冷的盘子或者烤盘。 3.画出自然界水循环的示意图。 4.写一首关于水循环的诗歌或者故事，例如，我是雨滴，我是雪花。	水蒸气来自江、河、湖、海。 云是由小液滴或者小冰晶组成的，从而形成雨。 水是以从海洋到空气，到雨水或者雪，从陆地到河流到海洋的形式不断循环的。

简评：采用几组对比实验，让学生观察、推理，得出结论，凸显科学概念的理解，培养了科学思维。此外，将科学与美术、文学联系起来，运用多元智能进行科学学习，更能激发学生的学习热情，这个教学设计颇具创意。

（4）澳大利亚小学科学课程实施的特点

①探究式教学制度化。

澳大利亚将科学探究纳入科学课程，作为一个单独的学习领域，进行阶梯式训练。科学探究步骤包括识别和提出问题，制订计划，调查与反思，探究，分析和解释证据，交流发现，这些步骤在不同年级进行单项学习与实践，并随着年级的上升，螺旋式提升。

②综合主题教学。

澳大利亚的小学科学课程标准强调：在科学实践里，科学理解、人类科学史和科学探究技能这三条线是紧密整合的，三者必须以综合的方式来教授，使学生能清楚他们所学的探究技能和科学家的工作之间的关系，思考科学进步背后的一些人和故事，以增强对科学知识的理解与运用。主题统合包括三大领域的整合、5E 教学的整合等。科学探究、科学调查、科学故事等构成澳大利亚科学课程实施的基本方式。

3.新加坡小学科学课程实施

（1）课程文本的"课程实施"

新加坡《小学科学教学大纲》中有独立的一个部分——"探究式教学"，对探究式教学的基本概念、特点、教学策略、探究式课堂进行说明。此外，还列举了探究式教与学可能存在的误区，以便为探究式教学的实施提供切实指导。

新加坡《小学科学教学大纲》指出科学探究是科学家和学生从事研究自然和物理世界的活动和过程。科学探究具有两个关键特征：了解我们生活的世界的内容和过程是什么。作为探究的教学必须向学生展示科学家是如何获得科学调查结果的以及向学生提供这些机会；询问与他们日常生活、社会和环境有关的知识和问题；积极收集和利用证据；确切地阐述和表达科学知识的解释。通过探究性学习，学生在研究基础上掌握知识，认识世界，运用研究的技巧和过程，形成对科学实践至关重要的态度和价值观。新加坡探究教学的特征如表4-6所示。

表4-6 新加坡探究教学的特征

探究的本质特征	多←学生自主程度→少			
	多←教师或材料的引导程度→少			
1.问题 学生探究一个事件、现象或问题时，他们……	提出一个问题	在问题中选择	明确或澄清提出的问题	接受教师提供的问题
2.证据 当学生……时，学生优先取证	确定构成证据并收集证据	定向收集某些数据	教师给出数据并要求分析	教师给出数据并告诉如何分析
3.解释 当学生……时，学生建构解释	在总结自己的解释后找出证据	在解释证据的过程中被引导	教师提供使用证据进行解释的可能方法	教师提供证据
4.连接 当学生……时，学生评估他们的解释	检查其他资源并形成解释	指向知识的来源	教师提供可能的联系	教师提供联系
5.交流 学生沟通和证明他们的解释	形成合理的和有逻辑的结论	在发展交流之中受到指导	教师提供交流指南	教师提供沟通步骤和程序

关于探究式教学的实施策略，大纲列举了14条。

①概念可视化。使用最少的语言，用视觉图像动画呈现概念、思想或问题。

②概念图。图示概念之间的意义与关系。

③合作学习。在合作学习中，设计活动结构使每个学生承担一定的责任，有助于他们完成任务。在与他人合作时，学生在达成共同目标时会接触到不同的观点和解决方案。

④示范。为学生提供支架，在学习活动不安全或过于复杂时采用。

⑤实地考察。实地考察是指学校以外的任何学习活动。它给学生提供了探索的机会，帮助学生在日常生活中发现和体验科学。

⑥游戏。游戏使学生参与模拟学习，获得相应技能，有助于学生想象现实世界的展开过程。

⑦调查。在科学调查中，学生从事的活动反映了科学家如何思考和他们在决策过程中做什么，如提出问题和设计调查。

⑧解决问题。运用科学知识和技能找到解决问题的方法。

⑨课题研究。学生在几周内调查和研究一个对象、事件、过程或现象。

⑩提问。提问是科学探究过程中有用的工具。教师和学生应该在学习过程中经历问答的循环过程。

⑪角色扮演、戏剧、舞蹈与运动。让学生以创造性方式表达对科学概念和过程的理解。

⑫讲述故事。在日常生活中的科学故事和科学家的故事可以激发学生的兴趣以及促进他们谈论科学，教师或学生都可以是故事的创造者或叙述者。

⑬主动与自主学习策略。教师利用计划好的学习活动，融入信息技术和国家教育。

⑭信息与通信技术。使用信息与通信技术，支持探究过程。

《小学科学教学大纲》指出，为进一步强调科学探究的学习，教师可以将科学问题、证据、解释的特征与学生交流，为学生提供不同的指导。

（2）新加坡小学科学教学方式

新加坡小学科学教学方法丰富多彩，主要学习方式有实验教学、实地考察、旅行参观、课外活动、科学展览、自由调查、项目研究等。基本调查（观察、分类、测量、预测、推理等）和综合调查（识别问题、假定、控制变量、解释数据、得出结论、进行推广等）并行。小组活动、科学写作、实践活动、计算机辅助教学、实验室教学共用，呈现出一幅多姿多彩的画卷。下面主要介绍新加坡的分流教学与探究教学及其实施。

分流教学

新加坡科学教育体系有一个重要的特色，即实施分流教学。学生按照学业成绩和学习能力进行分流，进入不同的科学课程学习。同一阶段不同分流课程的区别主要在于课程内容的深度和广度，学生可以根据自己的情况进行选择。就科学课程而言，小学 5—6 年级设置两种类型的班级，即标准班（Standard）与基础班（Foundation），课程内容的水平有所不同，以适应学生的差异。采用分流教学可以适应学生学习速度、能力和倾向性上的差异，为学生提供适宜的教育，发挥学生的潜力。新加坡科学课实施时间较为充足，3—6 年级每周科学课的节数分别是 3、4、5、5，而且 5—6 年级每周还有两节科学拓展课（针对优秀生）或补习课（针对后进生），足见新加坡对科学教育的重视程度。

探究式教学法

新加坡《小学科学教学大纲》对探究式教学进行了较为详细的解释与说明。科学探究需要并促进过程技能的发展。科学过程技能包括思维技能和实践技能。初级科学教学大纲旨在发展基本的过程技能，并在更复杂的综合过程中使用这些技能。基本过程技能包括观察、比较、分类、测量和使用设备、沟通、分析、生成评估。综合过程，综合过程是复杂的操作，需要使用几种基本的过程技能。在小学阶段，学生期望的综合过程是创造性地解决问题、作出决定、展开调查。

（3）新加坡小学科学教学设计

案例：Phyzwurx 体验学习（Phyzwurx Experiential Learning）

亨利公园小学开展了几项由教师发起的革新项目，其中最具新意的项目名为"Phyzwurx"，代表物理工作无处不在。这个革新项目侧重于学校物理科学的教学和学习，为了获得期望的教育成果，培养创新和企业精神，构建学生的核心生活技能和态度。自 2003 年以来，亨利公园小学开展了多项创新项目，Phyzwurx 体验学习的设计与实施吸收了 5E 教学模式和库伯（Kolb）的体验学习理论，强调科学探究精神的培养。

Phyzwurx 以有意义的游戏和第一手经验为基础，通过有趣的第一手经验和学习，联系关键概念，获得持久的理解，更好地了解科学世界。该项目旨在为高能力学生提供实现卓越成就的机会。

在 Phyzwurx 体验学习中，学生通过操作玩具和周围的"日常用品"学习物理。2005 年，Phyzwurx 在亨利公园小学首次推出，在初级科学教学大纲的物理教学中广泛应用。通过 Phyzwurx 体验学习，学生认识到科学概念或技能在现实生活中是如何运用的。校园分为四个主要区域，每个区域都有一个主题。主题的选择将根据学生的兴趣，与 Phyzwurx 的游戏概念和日常体验保持一致。

课程包。课程包由四个关于材料探索的课程组成，由学校的教师设计和开发。例如，学生了解聚合物的概念，并研究不同类型的塑料。

物理设施：①游乐场科学。探索在游乐场物品背后的原则和概念。②运动科学。探索物理法则在运动和游戏中的运用。③探索现代材料。例如聚合物、复合材料等。④每日科学。认识到普通设施（如坡道、电梯）中物理学原理的普遍性。

实验结果显示：Phyzwurx 体验学习增强了亨利公园小学三年级学生的科学认知领域，科学态度和参与水平。

简评：亨利公园小学以"学术卓越创新与独立前瞻性精神相结合"著称，享誉全球。Phyzwurx 体验学习吸收了 5E 教学和库伯体验学习等理论成果，打通了科学世界与工作世界，基于儿童生活经验，确定信息主题，运用游戏、操作、经历、探究等方式，面对真实的任务，运用科学知识技能，体验科学的魅力。

（4）新加坡小学科学课程实施的特点

①科学教育实施分层教学。

新加坡高年级科学教学实施分流，将学生分为标准班、基础班两个层次，根据学生的不同水平，设置有差异的课程，在课程内容与教学方法上尊重学生差异，体现了因材施教的原则，这在世界范围内颇具特色。

②重视科学探究活动的开展。

新加坡在《小学科学教学大纲》中对科学探究进行特别的说明，描述了科学探究的特征、步骤，并对学生的自主程度与教师的引导程度进行了区分，划分了科学探究的不同层次，如"问题的提出"分为接受问题、澄清提出的问题、在问题中进行选择，提出一个问题。教师可以根据学生的不同水平，制订不同层次的教学设计，保证了探究教学的实施。探究学习的主题包括：三年级（动物、安全），四年级（植物、恐龙），五年级（健康、机器人），六年级（火灾、环境）。

4. 俄罗斯小学科学课程实施

（1）课程文本中的"课程实施"

俄罗斯联邦 2014 年出版的 1—4 年级《周围世界》设有大量实践性作业，例如，物候观察、物理实验、使用仪表做检测、判断当地方位、照料动植物、研究人体、对客体和过程做模拟实验等。此外，教学过程的组织形式多样化，学生可以在陈列馆、博物馆、地理专室、物理专室、实验园地、公园、树林、居民小区等地上课；自然课型多样化，有正常的课堂教学、旅游参观、假设、幻想、组织会议等形式。

科学教材中的学习方式设计

《周围世界》第四册上第一单元"地球与人类"第三课"为什么在地球上会有昼夜交替和四季变化"，除了正文，包括以下栏目。

实际操作。如利用地球仪演示地球是怎样绕着地轴自转的；利用光源和地球仪演示地球是怎样围绕太阳公转的。请说明为什么会发生四季变化。

讨论。水星上的温度能达到 480℃，火星上很少能达到 0℃以上，木星上的温度接近零下 130℃，而土星上的温度接近零下 170℃。你怎样看待这一现象？

自我检验。简单讲述太阳系中的行星；解释昼夜交替现象是怎样产生的。

家庭作业。如观察夜晚天空中的月亮：分别用肉眼、双筒望远镜和学校的天文望远镜进行观察，对比用不同方法观察的结果；通过课外书籍、网络查找有关太阳系行星的新的科学资料，准备一份专题报告。

可见，《周围世界》中的探究性实践活动设计特别关注发展学生的分析归纳和规划探究能力。《周围世界》中提出的问题都较为简单，难度由浅入深，并给出一定的提示，需要学生查阅资料，得出答案。对于需要动手实验探究的问题，教科书提示学生从哪些方面着手，给出思考的方向。当然，教科书中的探究活动更多的是让学生去理解科学知识，掌握相关概念。可见，俄罗斯重视科学基础知识的学习。就科学探究而言，《周围世界》注重向学生讲述科学知识，而科学方法则涉及相对较少。

（2）俄罗斯小学科学教学设计

树枝讲的是什么故事？（What Story Could a Twig Tell？）

设计者：Alla Andreeva（莫斯科国立大学植物园）。

授课对象：10~13 岁的学生。

授课时长：3 小时。

课程目的：研究过去 3 年（或更长时间）花园中各种树木的年增长情况，并确定哪些树木的生长速度最快、最慢；确定所有物种的增长率是否相同；建立一个观察到的关于树木年增长率差异的假设；解释年增长率如何取决于天气（气候条件）和相对于太阳的树枝方向；确定植物生长的最有利条件和最不利条件；要求学生构建关于为什么某些树在相同条件下比其他树生长更快的假设。与学生讨论气候变化如何影响植物生长，并预测这些植物在经历了几年的气候变化后是什么样子。

学习成果：学生认识到树枝结构的形态特征。学生可以识别年轮并测量枝条的年度增长，学生可以构建假设，制订研究计划，并测试这些假设。学生可以从他们观察到的内容中得出结论，并根据他们的结果进行预测。根据生长条件（潮湿或干燥，温暖或寒冷），学生可以在实际条件下观察每年树木枝条的年增长情况，并且认识到这最终与气候变化有关。学生可以讨论气候变化如何影响附近植物的生长，确定哪些条件对植物生长有利和不利，哪些条件下树木生长最快，哪些条件下生长速度更慢，以及这是不是由于它们的起源（例如来自寒冷地区的花园植物比来自温暖地区的植物生长得更快）。

知识：学习芽的形态和年轮的由来；学会区分不同树种的树枝，识别冬季树木（从芽中），如何测量每年枝条的生长变化，比较3年以上不同树种的生长，建立假设来解释这些现象及其与气候变化的关系。学生通过分析发现得出结论，并检验他们的假设。

技能：社会学习和个人发展；沟通技巧，小组工作；培养批判性思维和分析性思维，阐明思想并构建假设；提出想法并评估其他学生的观点；进行思想实验。

课程内容：学生发展理论知识：芽的结构（植物学类）、气候以及气候因素和光的方向（在自然研究和地理课程中），以及数学技能和知识（编制图表，计算平均值），能够使用放大镜和显微镜工作，并使用尺子进行测量（在自然研究课程中）。

活动概述。活动步骤包括：①学生小组工作，用放大镜研究从树上砍下的枝条，注意它们的结构特征和年轮。在田间，各小组独立测量3年以上的年增长率，不同树种的枝条（生长在植物园、公园、学校附近等）。②比较结果以确定年增长率的差异，并讨论这些差异是否可能与气候变化有关。③进行独立测量，以小组形式工作。④观察和比较枝条结构（属性）的差异。⑤使用双筒望远镜或（立体）显微镜拍摄照片；以图形的形式呈现结果并比较它们（如果学生有相关技能，可以使用计算机软件创建图表）。

课前学习：学生必须了解枝条结构、芽，植物如何生长以及生长是什么。他们需要知道 3~5 种不同的树种，它们之间的差异并能够识别它们。他们还必须知道气候是什么以及哪些气候因素影响植物生长（温度、湿度）。最后，他们必须能够使用双筒显微镜，构建图形和图表，并用尺子进行测量。

设备和材料：放大镜（双筒显微镜），尺子，指南针，6~7 根从各种树木切割的冬枝（取决于学生人数），6~7 根倒下的树枝，野外日记。

课程计划

活动 1：拟订计划

学生分成 2~3 组。每组都有从各种树木切割的树枝、放大镜和尺子。教师要求学生通过放大镜研究树枝并确定：它们有什么不同；它们属于哪些树种（借助芽和芽的图纸）；使用标尺查找年度环并测量过去 3 年的年增长率。每个小组的测量值都输入一张表，教师在一张桌子上画画。然后，教师要求全班讨论为什么每个小组都有不同的测量结果并构建假设，例如因为树枝来自不同种类的树或正在不同的条件下生长。假设如：①所有树木的生长都不一样；②不同类型的树木有不同的增长率；③生长取决于发芽条件（讨论哪些条件）。讨论如何找到这个问题的答案。建议学生编制研究计划以找到这些问题的答案。讨论拟订计划并将任务分配给每个小组。

活动 2：实地观察

邀请学生前往植物园（校园等），根据他们编制的研究计划进行独立观察。当他们走进植物园时，教师为学生提供方向（指出哪个方向是北方，哪个方向是南方），并给每个小组一个指南针。教师告知学生，应该测量的不是一个，而是 3~4 个在相同条件下生长的树枝。每个小组选择一棵树，找出它是什么物种以及它来自哪里（从表中），然后测量过去 3 年在北部和南部下部分枝的年度增长。将测量结果记录在笔记本中，并输入教室中预先准备好的表格（资源 4）。

活动 3：绘制表格

学生在教室或实验室继续工作，以表格和构建图表的形式呈现结果（计算年平均值并以图表的形式说明结果）。

活动 4：小组讨论

请学生根据他们的假设思考他们的发现并得出结论（他们是对还是错？）。结果是否显示南北两侧的树枝增长情况不同？（讨论原因）

活动 5：全体会议

每组都介绍其结果和结论。讨论问题包括：哪些年份枝条增长最大，哪些最小？树枝生长最大年份与最小年份，所有枝条生长相同吗？请学生提出假设来解释他们的发现。问题提示，如请学生确定结果是否与每个年份的气候条件有关，并回答"哪些条件对植物生长有利或不利？"哪些树具有最小或最大的增长？围绕假设进行讨论。比较汇总表中的数据，并得出关于树木原产地与植物园年增长率之间是否存在联系的结论。

评估活动。①学生提出未来气候变化如何影响附近各种植物（自然环境、城镇、学校附近等）生长的假设，并对植物的生长状况（有利的或不利的）展开思想实验。②教师以草图的形式呈现结果。③教师给每个小组一些来自不同树种的枝条，并请他们描述每根枝条的历史，通过观察来证实这一点。他们还应该从枝条中的芽和芽的结构中识别树的种类。

背景资料。芽的年增长主要取决于气候因素（温度、湿度和活跃生长期）。在有利条件下增长率最高，在不利条件下（干旱或长期霜冻）最低，因此气候变化是影响增长的主要因素。芽的生长取决于在树的哪一侧（通常在北侧较少）。在冬季，可以从芽和芽的结构中鉴定植物（乔木和灌木）。有一些特殊的指南，可以根据以下属性帮助识别冬季植物：芽的位置、枝条的颜色、芽的形状和大小、芽鳞的数量、绒毛的存在、形态和叶疤的大小、荆棘或倒钩的存在。主枝（从顶芽）的生长通常大于侧枝。

简评：本课以树枝为切入点，以小见大，内容涉及树的类型、差异及其生长条件等跨学科内容。学生运用测量、实地观察、绘制图表、讨论、评估等方法对树木的形态、增长速度、生长条件、影响因素等问题展开研究，让学生形成科学假设、实地检验，有助于培养学生的科学观察能力、思维能力，培育学生的科学精神。该活动内容丰富，目标明确，学习过程多种多样，但内容偏深，需要较多的时间与具体指导，对学生来说很有挑战性。

（3）俄罗斯小学科学课程实施的特点

①扎实的知识教学。

俄罗斯《周围世界》注重科学知识的教学，活动开展是手段，目的在于科学知识与技能的掌握。教科书的内容主体是科学知识的叙述。《周围世界》不仅设置了课后习题、家庭作业，还提供了一本配套的练习册，通过练习让学生自我检测。

如"星空是我们大自然美丽的一本书"一课,自我检测为:(1)怎样正确地观测星空?(2)说出我们在课堂上所讲的星座。(3)我们认识了哪些星座?(4)天文学家把星空按区域划分——这就是星座。总共有88个星座,其中有小熊座、大犬座、金牛座。在这些星座中最有趣的是天狼星、北极星、毕宿五。《周围世界》这门课程传授了大量的科学知识,内容较为广泛且有相应难度,教科书中有大量丰富细致的习题,系统的复习能帮助学生更好地巩固知识并在生活中加以运用。练习的设置,能帮助学生进行自我评价,促进知识掌握。

②实践性活动丰富。

《周围世界》在第2课"太阳系里有多少颗行星"的课堂上有三个操作需要学生完成。第一,学生要在地球仪上找到主要国家的地平线、北极、南极;利用地球仪演示地球是如何绕着地轴自转的。第二,随意找一个光源(电灯),把它比作太阳。在它的对面放一个地球仪,绕着地轴转动地球仪并观察,光和影子在地球表面是怎样转动的。借此想象一下地球的昼夜交替是怎样进行的。第三,利用光源和地球仪演示地球是怎样围绕太阳运转的,借此说明四季变化的理由。在家庭作业中要求学生观察夜晚天空中的月亮:分别用肉眼、双筒望远镜和学校天文望远镜进行观察,并对比用不同方法观察的结果。教科书中的实践作业要求学生学会地图上的各种符号、比例、标记。在地图和地球仪上找出祖国及家乡的位置,寻找大陆、海洋的位置;说出俄罗斯本国的山脉、江河、湖泊和海的名称;写日记,记录物候观察的内容。

(二)中等发达国家小学科学课程实施的特点

1. 关注科学探究及其实施

中等发达国家均重视科学探究的学习,都将科学探究纳入课程标准或教学大纲,提出探究学习的明确要求或实施准则。有的国家对科学探究教学寄予厚望,在教学大纲中有关探究教学或探究学习的阐述颇为详细,如,加拿大将科学探究分为集中话题、探索和调查、解释和反思三个阶段,对学生展开科学探究的训练。新加坡在《小学科学教学大纲》中比较了探究课堂与传统课堂的区别。该大纲对探究教学进行了更为深入的解释,提出了明确的要求。同时,新加坡还将科学探究的主题年级化,根据不同年级的特点与学生发展水平,规定了不同年级探究的主题，使科学探究活动能不断深入。教学设计案例中的学生活动安排大多是教师引导学生开展不同形式、不同类型的科学探究活动。通过科学探究，完成规定的学习任务，发展学生的科学素养。有的教学设计中的科学探究持续时间长达 1~2 周，学生探究时间充足，能持续而深入地开展科学探究学习。如俄罗斯的"树枝讲的是什么故事"、澳大利亚"水——为了生活"主题的教学设计。其中，"水——为了生活"运用著名的 5E 教学模式，设计了 10 节课的探究活动，围绕水展开多维度、多层次、长时段的探究学习。尽管俄罗斯使用"探究学习"一词并不多，但其《周围世界》的教学仍然体现了探究教学的思想。部分中等发达国家的科学课堂教学也显示，科学探究全面渗透在课堂活动之中，可以说，探究学习已成为学生日常学习的基本方式。

2. 形成富有特色的科学教学方法

中等发达国家基于本国国情与实际，探索形成了具有各自特点的科学教学方法。如，加拿大在以往 STS（科学、技术和社会）教学的基础上，增加环境要素，提出 STSE 教学，实现科学、技术、社会与环境的整合。澳大利亚奥尔博斯特学校开展的"科学研究计划"，要求学生参与到"真"科学中，进行真正的科学实践。新加坡亨利公园小学创造的 Phyzwurx 项目，将科学概念与工作世界联系起来，让学生通过操作玩具、日常材料，进行游戏活动，体验科学知识与技能在现实生活中的运用。俄罗斯的实践性作业形式丰富多彩。多种科学教学方法的探索与实施，丰富了学生的科学学习过程，提高了科学学习的效果，对提升学生的科学素养发挥了积极的作用。同时，也对世界其他国家、地区的科学教育产生了影响。

3. 课内课外结合，多种教学方法并用

通过对中等发达国家科学课程实施的考察，我们看到，在实际的科学教学活动中，学生科学学习的方式多种多样，丰富多彩，如阅读、讨论、观察、实验、测量、记录、操作、制作、角色扮演、展示、报告等。如澳大利亚"水的出现和消失"一课，围绕三个话题，运用观察、实验、测量、记录、讨论、画图、创作等方法，大大丰富了学生的科学学习过程。除了课堂教学，不少国家组织学生开展课外学习活动，诸如参观、访问、考察，如澳大利亚的"水——为了生活"学习内容涉及科学、技术、环境、道德、数学、语言、艺术等领域，对教学方法的

要求较高，为了完成特定的学习任务，教师需要指导学生采用阅读、提问、游戏、观察、收集、测量、记录、讨论、访问、设计、制作、展示等学习方式，开展跨学科综合性学习。

三、发展中国家的小学科学课程实施

本章主要介绍印度、埃及、南非、巴西、中国等发展中国家小学科学课程的实施状况。

（一）印度、埃及、南非、巴西、中国小学科学课程实施

1. 印度小学科学课程实施

（1）课程文本的"课程实施"

关于科学课程的学习，印度 2005 年《国家课程框架》（NCF）提出，孩子们通过各种方式学习——通过经历、做事情、做实验、阅读、讨论、询问、倾听、思考和反思，并在演讲、运动或写作中表达自己。2014 年小学环境研究学习指标（NCERT）列举了科学课程学习的方式，如观察和报告、讨论、表达、解释、分类、提问、分析、实验、合作等（Bansal，2017）。2016 年印度《小学课程：1—5 年级》指出，3—5 年级科学课程需要考虑如下因素：①将科学学习与儿童的日常生活经验联系起来。强调通过"动手实践"来学习，利用当地可获得的材料和环境作为学习资源。处理各种主题的方式是鼓励学生探索和使用各种资源，使他们能够在课堂学习内容与其日常生活的相关性之间建立联系。②主题教学法。课程以主题的方式呈现，重点在于学生如何在日常生活中体验科学的内容，而不是仅涵盖独立的主题。在此相互作用的过程中使用儿童自己的经验、想法、观点作为学习资源。③关注技能、方法发展。教学大纲的重点是技能、方法的发展，而不仅是内容的覆盖。通过技能发展，促进了科学概念、内容的发展。课程重在培养学生的科学素养、好奇心、分析性和批判性思维，以及思想和概念的综合能力。

同时,《小学课程:1—5年级》就不同学习领域的教学提出了具体建议,既有教学过程的建议,还有学习资源开发建议,可为教师的教学与学生的学习提供切实的指导。如"食物与健康"部分的教学建议如表4-7所示。

表4-7 "食物与健康"部分的教学建议

关键概念	教学建议	学习资源建议
重温以前的学习。①均衡饮食。平衡饮食的组成部分,饮食的重要性。②垃圾食品:含义和例子;吃垃圾食品的不利影响。③多吃健康食品。④与食物有关的疾病。习惯、生活方式(肥胖、贫血、糖尿病、高血压);疾病的症状。如何从非技术角度预防这些疾病。⑤虚弱性疾病。一些常见的虚弱性疾病(夜盲、贫血、坏血病、脚气病、甲状腺肿等);以及预防方法。⑥食品掺假的含义。一些常见掺假的示例。	以先前的学习为基础。①提供机会,让学生讨论食物的成分及其对健康的影响。②组织简单的活动,对垃圾食品和健康食品进行分类。③进行项目化学习,如何避免垃圾食品和写标语,并探索其他各种可行的解决方案。④与学生一起进行小组活动,找出掺假食物的种类及其影响(支持材料)。⑤提供机会观看与生活方式有关的疾病的电影并就其预防进行讨论。⑥组织讲座和与医生互动,与学生讨论日常生活有关的经历。⑦展示富含糖类(碳水化合物)、蛋白质、脂肪、维生素和学生的各种食品。呈现各种垃圾食品。⑧列举富含糖类(碳水化合物)、蛋白质、脂肪、无机盐、维生素、膳食纤维和水的各种食品实例。⑨呈现各种疾病的资料(教科书除外)。⑩呈现健康食品清单(示例)。⑪呈现有关各种缺陷疾病的资料、图片。⑫了解有关健康饮食习惯,预防疾病方法的更多信息。⑬在学生周围、当地社区进行调查。讨论与生活方式有关的疾病及其避免方法。⑭讨论与食物成分不足有关的疾病。	学生回顾与日常生活有关的经历。①显示富含糖类(碳水化合物)、蛋白质、脂肪、维生素和无机盐的各种食品。显示为垃圾食品的各种食品。②显示富含糖类(碳水化合物)、蛋白质、脂肪、无机盐、维生素、膳食纤维和水的各种食品实例。③展示各种疾病的资料(教科书除外)。④展示健康食品清单(示例)。⑤展示有关各种缺陷疾病的资料、图片。⑥展示有关缺陷、生活方式的叙述。

印度EVERGREEN版3—5年级《科学》设置的栏目如下。①阅读与学习。②科学课堂小游戏,如三年级第一单元"生物与非生物"的学习,将学生分为两组,然后让一组说出生物的名称,另一组说出非生物的名称。画出生物及非生物的图画。③每单元分别设置2~3项课堂练习作业,主要包括解读重组字母,对单

词的正确认识及拼写；判断科学知识的正误；关键词填词练习以完成段落；回答有关科学学习的问题；写出图片所示内容的名称。④课堂复习，科学知识的罗列与回顾。⑤每个单元后七大题练习作业，涉及选择、填空、匹配、拼写、认图、简答、判断正误等题型。

3—5年级教科书中的科学探究活动如下。①讨论探究，如三年级第二单元"人体"部分设置课堂讨论，为什么正确的呼吸过程对人体是必不可少的？②科学观察，如注意吸气和呼气时胸部的扩张和收缩。深呼吸并屏住呼吸，用卷尺快速测量胸部区域的大小；再用力呼气，用卷尺再次测量胸部区域的尺寸。比较吸气和呼气时胸部的变化。③科学实验，如用嘴呼气，完成呼出气体中二氧化碳与石灰水反应的实验，观察并记录实验现象。④自我探究，如比较图片，思考并写出至少三点，为什么早晨空气污染较少。

（2）印度小学科学教学设计

关于科学教学的设计，印度2005年《国家课程框架》特别强调课程内容的综合化，并以"水"的学习内容为例，提示从不同角度进行设计与研究，探讨与水相关的问题。

水与环境。 主要问题有：①水从哪里来？②江、河、湖、海是如何形成的？③我们当地的水资源是什么？④为什么井干了？⑤泵是如何工作的？⑥大水坝比小水坝更有利吗？⑦沙漠地区的人们如何获得水？⑧什么原因导致干旱？

水的社会问题。 主要问题有：①谁能控制好村庄？②谁取走了水？③我们有足够的水吗？④为什么干净的水必不可少？

天然水源。 河流、湖泊、海洋、地下水。

水资源分布。 本地的、区域的、国家的（民族的）。

人工资源。 了解地下水泵灌溉系统对大坝的环境影响。

生态系统。 主要问题有：①沙漠地区的水源。②山区水源。③干旱和洪水。

健康。 主要问题有：①身体对水的需求。②饮用纯净水的权利。③水传播的疾病。

（3）印度小学科学学习方法

除了动手实践、主题教学法等，印度还重视下述教学方法。

探究学习

印度2005年《国家课程框架》指出，科学方法包括下述步骤：观察、寻找规律和模式、提出假设、设计定性或数学模型、推导出其结果、通过观察和控制实验来验证或修改理论。

以"空气"教学为例（Bansal，2017）。

关于"空气"的内容，主要是在教师的不断提问中进行学习。印度小学生在二年级已观察过蜡烛上放空杯子，蜡烛熄灭的实验，在此实验中学生认识到蜡烛燃烧是靠空气来支持的。四年级开始学习"空气无处不在"这一知识点。教师运用实物教具直接提问："敞开的杯子里是否有空气？""倒置的杯子里呢？"学生在已有的学习基础上，会对倒置的杯子产生误解，认为蜡烛熄灭是因为杯子是倒置的，倒置的状态阻挡了空气。教师在学生的回答中发现问题，通过一步步的询问，如"封闭的柜子、土壤、人体里是否有空气？"等问题，进行有针对性的解释，让所有学生纠正对空气的有关误解，真正掌握"空气无处不在"这一概念。

环境研究

印度 2005 年《国家课程框架》指出，在每个课题和涉及户外项目工作的广泛活动中，应强调与环境有关的问题。这些项目的一些信息和理解有助于制订一个可公开获取的，透明的印度环境数据库，从而成为最有价值的教育资源。可以说，组织学生开展周围环境问题的研究，是印度科学教学的常见活动，堪称印度教育的特色。

博物馆学习

基于博物馆的非正规科学教育是科学课程实施的一条有效途径，如加尔各答的比尔拉工业技术博物馆和尼赫鲁科学中心，接受学生前往学习、参观、考察。中小学校与博物馆合作组织四类活动：常设展览教育活动、专题教育活动、常设活动和特定活动教育，对中小学生开展科学知识普及、科学精神传播、专才培养、参与式互动、针对性教育活动（见表4-8）。依据印度科学博物馆协会提供的数据，印度共有 25 座科技博物馆，在 2012 年度共接待参观者超过 876 万人（王晶莹 等，2018）。

表 4-8　尼赫鲁科学中心有关中小学科学教育的统计

类型	整体概况	内容形式	开放时间	收费情况
常设展览教育活动	10 个主题	儿童科学馆，声音、光和光线、计算、进化、人类与机械、技术变迁、史前生命、核动力、航天、气候变化	10：00—18：00	不单收费，收取门票公众 25 卢比/人，学生 10 卢比/人
专题教育活动	2 个形式：3D 影院、科学奥德赛	3D 影院：利用偏振成像技术	每半小时一次	公众 25 卢比/人，学生 10 卢比/人
		科学奥德赛：利用球形投影系统，让学生和公众身临其境感受科学	11：00；13：00；14：30；16：30	公众 50 卢比/人，学生 25 卢比/人
常设活动教育	3 个类型：热门科学讲座、科学体验展示、天文观测探索	热门科学讲座：趣味科学展示，内容涉及空气、声音、化学	12：00；14：00；16：00	免费
		科学体验展示：两个专题，"我是一个母亲"和"电火花的世界"。"我是一个母亲"是以透明女性人体为模型，引导公众了解人体各项机能；"电火花的世界"则是利用电力制造有趣的电现象	"我是一个母亲"：10：30；12：00；14：00；16：00 "电火花的世界"：11：00；15：00	免费
		天文观测探索：场馆提供望远镜，以便学生在场馆中观测天空	周末 18：00—19：00	免费
特定活动教育	科技园	在绿色植物的围绕下充满大量互动展品，内容包含能量守恒、机械、交通、电力等	10：00—18：00	免费

（4）印度小学科学课程实施的特点

①基于日常生活的科学教学。

印度科学教学内容与主题一般以生产、生活中的问题为主，基于学生经验组织科学学习活动。关注科学学习内容与日常生活的联系，科学学习方式多种多样，如观察、讨论、观看影视等。

②重视校外科学学习活动。

印度强调利用当地资源，实施科学课程，博物馆学习颇具特色，如前文提到的尼赫鲁科学中心的博物馆学习涉及四种类型、多种方式，内容丰富，形象生动，让学生在博物馆中观察、体验、参与、测量等，在动手实践中学习科学知识与技能。

2. 埃及小学科学课程实施

（1）课程文本中的实施建议

2011 年埃及《教育活动质量文件 科学活动》中的"教学活动总目标"部分提出科学教学活动应遵循 9 条核心理念：①学生是教学过程中的核心，要根据其倾向、需要和能力来传授教学经验，开展教学活动。②只有在学生有意愿学习的情况下，才能开展教育，教育是围绕着教学活动和学生同周围环境的互动进行的。③学生的正面参与是开展教学、实现教学目标的基本条件。④教学活动把教学经验和学生的现状相结合，训练学生解决日常问题。⑤教学活动是提高学生内在动力的主要路径。⑥教学活动让教学过程更加有趣，更加有吸引力。⑦通过教学活动，锻炼学生的思维能力和他们与周围环境的互动能力。⑧学生在确定自己将要学习的东西的过程中发挥基础性作用，通过建立在研究、实验、观察和阐释的基础上的科学思考，来发现其所学的东西。⑨通过对教学方法的调整来改进学生的表现，这种教学方法有别于传统方法，这是通过具有现实价值的经验和技巧来实现的，包括面试、测评、评语、考试、管理员报告、完成文件。除了核心理念，该文件规定了科学课程的实施，描述了科学活动的展开方式。教师要管理和指导学生的学习过程，包括观察学生的行为，纠正学生的错误，为学生指引可靠的知识来源，鼓励学生就学习内容发表意见。2011 年埃及《教育活动质量文件 科学活动》提出了科学活动需遵循以下原则：①教学活动要丰富多彩，与学生的兴趣、关注点和年龄阶段相适应，要有吸引力和趣味性。②培养学生积极主动、坚持和承担责任的能力；培养学生处理和应对危机的能力。③与高阶思维互通；为学生准备适合观察、探究、发现和练习的环境。这些理念与规定成为科学教学设计与实施的基本指南。

此外，埃及《教育活动质量文件 科学活动》列举了科学活动实施的主要资源类型，比如教科书、动画电影、范例、百科全书、知识界、地图和其他资源。文件特别分析了各种资源类型的特征与适用范围、使用要求等。

教科书中的学习活动设计

埃及小学1—3年级读本分为《指导》《技能》和《家政》三个部分。《指导》是教师参考用书，《技能》是给学生看的读本，《家政》包括家庭活动、动手活动，让学生看图片动手做针线活、织毛衣、做布偶、做腰带等，培养动手能力与探索精神。1—3年级的读本是正式开设科学课程前的一种预备课程。科学教科书涵盖4—6年级，共六册。埃及四年级科学课本称为《科学——探索与学习》，5—6年级的教科书称为《科学与你》。教科书分为三个板块："概念介绍""实验研究""总结与练习"。概念介绍板块体现主题知识建构过程。实验研究板块分为实验器材准备、实验步骤、观察到的结果、尝试总结、知识应用几部分，体现对学生动手操作能力的技能要求。总结与练习板块体现对知识与技能的深化理解与掌握应用。

纵观埃及教科书，可以发现，单元教学思路大致分为"目标""概念""活动""生活应用""拓展信息""练习"等环节。例如，在"氧气"一节中，目标栏是这样阐述的：在这节课结束后，你应该掌握：空气的组成成分；辨别氧气的性质；定义氧气的重要性和用途。帮助学生建构知识框架，培养思维的连贯性。"生活应用"和"信息拓展"栏目链接人物资料或是生活中可以拓展应用的小知识，突出了科学知识运用与实践动手能力的培养（金菁，2018）。

（2）埃及小学科学教学方法

2011年的《小学课程大纲总体框架》列举了小学课程教学的一般策略：角色扮演、对话与讨论、头脑风暴、合作学习、解决问题、概念图、认知图、发现学习、自学等，这些策略对科学教学具有指导意义。《教育活动质量文件 科学活动》提出了科学活动展开的标准及其指标，包括活动选择、健康与安全、学生与活动管理者间的人际关系、活动互补、活动管理、教育计划与活动六大方面。该文件就科学活动的展开方式进行了较为详尽的规定与阐述，认为学生科学活动可以使用的主要方法和策略有如下几种。

合作学习。合作学习包括了解、升华、生产、收尾等阶段，合作学习的基本形式有集体学习小组和参与小组。

角色扮演。学生扮演角色（如学者、负责人等）并和他人互动，传播信息，它为学生提供了表达自身、调整行为的机会，并训练学生讨论交流、接受他人。

头脑风暴。教师有序地提出问题，激励学生创造性地思考、实践解决问题的方法。

知识展示。包含三种展示。①自然途径的展示，采取自然的或生动的方式。比如生命体或生命体中的各个独立部分，枝干—根—种子，心—大脑—眼睛—骨骼，泥土—岩石—环境中心，学生可以通过感官直接观察从而增加理论知识的真实性。②人工途径的展示，比如图片—静态电影—动画电影—透明胶片—光板—玻片等。③科学实验展示，干预和控制条件以及改变目标，从而向学生展示能够控制表象条件或实现特定目的的个别因素或几个因素。展示阶段包括为展示准备和计划、实际的操作、展示的评估、保存设备。

探究教学。探究教学包括引导探究和自由探究两种形式。在引导探究中，教师为学生提供研究步骤和指导帮助，以便学生获取知识，完成研究过程。在自由探究中，教师给学生极大的自由来计划试验并按他们的意愿进行。教师只是给予学员切实的指导，保证他们课程进度的正确性。

科学调查。调查要求学生掌握规划的技能、评估，将计划付诸行动、阐释而获得成果。学生对问题的解决提出假设或解答并通过调查进行检验。调查包括的技能主要有：①制订计划，②预测（提出猜想），③进行试验、收集证据，④获取成果、撰写报告，⑤阐释与评估。科学调查的具体步骤及其基本策略如下。①规划。包括你尝试发现什么？可以改变的是什么？可以改变的东西被称为变量；选择一个因素作为变量；确定实施调查的步骤（你将要做的是什么？）。②预测和提出假设。提出下述问题：其中一个变量（自变量）的改变影响了其他变量（因变量）吗？③实验操作（收集证据）。包括实验实操，仔细观察发生了什么。④记录和显示结果。包括制作结果表格，绘制显示结果的数据图，撰写实验报告。⑤阐释与评估，包括是否存在结果所涉及的标准（趋势）？可以推断的是什么？预测（假设）是正确的吗？阐释结果。

（3）埃及小学科学课程实施的特点

①科学教学程式化。

单元教学六环节，知识展示活动、科学调查、合作学习都有自己的框架与程序，科学活动有据可循。如单元教学思路大致分为"目标""概念""活动""生活应用""拓展信息""练习"等环节，合作学习包括了解、升华、生产、收尾等阶段，增强了教学的可操作性，以确保科学教学的质量。

②广泛开发多种教育资源。

《教育活动质量文件 科学活动》列举了多种科学活动类型，分析各种活动的特征，提出较为具体的活动要求，包括选择教材的标准与步骤；与学生有关的标准（年龄、能力、兴趣、协调等）；选择教材的环境标准（场所性质、时间、设备完善、操作技巧）；学生收获标准（学生人数、获益时间、获益程度）；选择教材的总体标准（内容细致正确、设计简单、使用简单、安全性完备、有吸引力）。这些标准与要求有助于为科学活动的开展提供指导，保证活动质量。

3. 南非小学科学课程实施

（1）课程文本中的"课程实施"

南非教育部 2002 年《国家课程声明（修订稿）》指出，自然科学学习的前提是，所有的学生都应该有机会接受有意义的科学教育。有意义的教育必须以学生为中心。它不仅要帮助学习者理解科学知识是如何产生的，还要帮助他们理解环境和全球问题。自然科学领域的学习旨在为学习者提供一个终身学习的基础。南非 2011 年《R-9 国家课程声明》提出秉承"以学业结果为基础"的教育理念，要求教师知道课程结束时学生应达到的要求，有效设计教学内容与方法，帮助学生掌握知识，教学活动结束后，根据学生的学习结果评估学业达成水平。对优秀学生进行额外教育，加强科学能力的培养。"以学业结果为本"体现了以学生为中心，改变了以往以教材为中心的做法。倡导进行科学调查，让学习者通过实践来学习，以取代菜谱式练习（cookbook exercises）。自然科学学习包括：①科学调查：学习者对自然现象产生好奇，研究科学、技术和环境的关系并解决问题。②建构科学知识：学习者了解、诠释和应用科学、技术与环境知识。③科学、社会与环境：学习者能够理解科学与技术、社会与环境之间的相互关系。

南非 2012 年修订出版的《自然科学与技术》教科书设置的栏目有关键问题、讨论、科学活动探究、科学问题探究、科学实验、要点总结、回顾等。讨论问题都设置成科学活动或科学实验探究，正文内容较少，学生在参与讨论、实验中获得科学知识。还有与教科书配套的科学知识漫画《闪电小子》，以"闪电小子"这一小主人公遇到的科学难题引导学生对科学学习产生浓厚的兴趣。下面以南非四年级（上）科学教科书第一单元"生物与非生物"为例进行说明。

关键问题。活着意味着什么？非生物是什么？死的生物意味着什么？……

讨论。什么是生物，什么是非生物？如何区分生物与非生物？

正文。生物的七个生命过程；生物可以转变为非生物（死亡）。

科学活动探究。根据生物的七个生命过程判断是不是生物。(图表题)

科学问题探究。看起来是非生物的东西(种子、种蛋、酵母菌等)能否变成生物?

科学实验。使一颗种子发芽;使酵母菌生长。

要点总结。我们可以把地球上的东西归类为生物和非生物。所有生物都有七个生命过程。非生物不能执行所有七个生命过程。生物可以死亡。有些东西,如种子或鸡蛋,似乎没有生命但它们可以再次"复活"。

回顾。阅读文章回答问题:说出故事中提到的 5 种非生物;说出故事中所有需要氧气的东西……

(2)南非小学科学教学设计

案例:火是每个人的战斗(Fire is Everyone's Fight)[①]

单元主题:①火是什么?②野火产生的原因。③火三角(The Fire Triangle)。④火行为三角(The Fire Behaviour Triangle)。⑤火灾天气(Fire Weather)。⑥火灾危险指数。⑦土著和外来入侵植被。⑧与火有关的物种。⑨有用的火灾和有害的火灾。⑩温室效应,气候变化和火灾,全球变暖。⑪ 碳足迹。⑫ 健康生态系统。⑬ 城郊结合地。⑭ 可防御空间。⑮ 财产保护。⑯ 保护自然。⑰ 火灾适应。⑱ 火灾和烟雾报告。下面以"与火有关的物种"为例加以说明。

主题8 与火有关的物种

学习目标:①知识。明白并非所有火灾都是坏事。一些植物如帝王花依赖火来维持生存。②行为。认识到如何保护帝王花的自然生命周期。

准备材料:活动挂图、绘图设备、连接互联网的计算机/手机。

知识介绍。在教室挂好活动挂图,使所有学习者都能看到。教师提问:活动挂图上显示的是什么类型的鲜花?"土著"和"地方性"的术语是什么意思?告诉学习者所有帝王花的共同点就是它们需要火才能生存。普罗蒂亚需要恰到好处的火(活动挂图)。在火灾中存在两种帝王花,重新播种者(resprouters)和非重新播种者(non resprouters)。重新播种者释放种皮硬且能防火的种子生存。重新播种者被火烧死,但火也触发了它们的种子库的释放。非重新播种者有粗壮的地下茎,其中有很多休眠的芽,火灾过后,这些芽就会复苏,继续生长,开出鲜艳的帝王

---

① 资料出处:西开普省灾害管理处:火和救援服务.

花。鲜花由喜欢花蜜的鸟类授粉，如当地特有的太阳鸟。当这些鸟将长喙深入到每朵小花深处吸食花蜜时，它们头上的羽毛会沾满花粉。当它们移动到下一朵花并做同样的事情时，它们头上的花粉就会沾到下一朵花上，从而使花授粉。蜜蜂和各种虫子也通过将花粉从一朵花转移到下一朵花来完成授粉。

火灾会刺激它们释放种子。其中大部分都被风吹散。有的被啮齿动物吃掉了（活动挂图）。其他种子被本地蚂蚁带走并埋在蚁穴中。种子的外壳含有非常有营养的油，蚂蚁特别喜欢这种物质。蚂蚁吃掉外壳并将种子埋下去。这些种子只有暴露在冬季潮湿的条件下，才会发芽。幼苗需要 5 到 11 年才能成熟并产生自己的种子。

活动：①让学习者画出一个蚂蚁洞穴，将种子带入巢穴。提醒他们，地下有不同大小的沙粒、鹅卵石甚至是岩石。他们还应该在图中画出蚂蚁洞穴周围土壤中各种不同植物的根。②外来蚂蚁。学生可以对这只蚂蚁及其外来蚂蚁对帝王花的影响做一些研究。他们也可以查看本地蚂蚁，看看两种蚂蚁之间的关系。

简评：这是一个有关火及其影响的综合主题教学设计，学习内容涉及科学、技术、历史、生活、环境等领域，十分广阔，既有知识介绍，问题讨论，又有参观考察、调查研究，还有方案设计、宣传展示，学习场域除了课堂，还有社区、政府、野外。当然，该方案内容太广、活动太多，费时耗力，不可能全部一一实施，可以有选择地加以实施。

（3）南非小学科学教学方法

以学生为中心的教学方法

在南非"以学业结果为本"的课程设计中，课程教学都是围绕学业结果设计的，这样的教育方法体现了以学生为中心，而不是以教科书或是时间为中心。在这种教育思想的指导下，南非标准规定在第一阶段，以观察自然为主，教师要把自然的特征教给学生，让学生能领略到自然界中最具普遍性的科学。在第二阶段，要让学生掌握科学技能，让学生在学习科学理论的同时，在行动中探寻自然现象。教师有责任通过知识传授，让学生养成基本的思考能力，培养他们的判断和创新能力，激发学生的学习兴趣。

地方知识与科学知识整合的教学

南非根据本国实际，开发出基于本土知识的科学教学方法。如一些研究者提出了许多地方知识教授和学习策略，他们指出，地方知识（Indigenous Knowledge,

以下简称 IK）是关于整体的、基于情境的、综合的人与环境的相互关系的知识，最好能够在以实践为导向的活动中获得。具体地讲，基于本土知识的科学策略包括：①观察，许多地方实践可以通过观察或通过活动参与嵌入日常实践中，即体验式学习，边做边学。②调查，了解学习者社区的地方实践。③审议：课堂讨论可以揭示 IK 的特定价值，这是一个"相互学习"的过程。④讲故事，作为一种传统的传播方式，也可以在课堂上练习讲述故事。⑤邀请长者或其他具有 IK 的人到教室分享他们的知识或展示地方实践。那么，如何计划在课堂里将 IK 整合到课程之中。表 4-9 是一份教师设计的地方知识与科学知识整合的课程单元计划（Seehawer，2018）。

表 4-9　课程计划：五年级地球的表面（$2\frac{1}{2}$周，$8\frac{3}{4}$小时）

信息来自南非 CAPS	
内容和概念 岩石。①地球表面被称为地壳，它由岩石（甚至在海洋下）和土壤组成；②土壤、空气、水和阳光支持地球上的生命，土壤来自岩石；③土地由岩石、底土和顶土组成；④土壤支持地球上的生命；⑤顶部土壤位于表面——当岩石随时间破碎成小颗粒后逐渐形成顶部土壤。 土壤类型。①土壤通常是不同比例不同类型土壤颗粒的混合物。砂质土，砂粒比例较高；黏质土，具有高比例的黏粒；壤质土，混有砂粒、黏粒和其他土壤颗粒。壤质土中还含有腐殖质（腐烂的堆肥）。②土壤中还含有空气，水，死亡生物的残余物和非常小的生物体。③土壤在自然界中形成非常缓慢——土壤一旦遭到毁坏，便再也无法恢复，因此我们需要保护它。	**活动建议** 不同的土壤类型调查。包括： 书写和绘制土壤的颜色，气味和质地； 在桌子上测量和记录不同土壤可容纳的水量； 使用柱状图绘制调查结果； 在不同土壤类型中种植幼苗（与生活相结合）； 测量、记录和比较幼苗的高度； 使用柱状图绘制结果。
地方知识的整合 ①如何使土壤肥沃（在有肥料之前）。②在哪种土壤中种植什么，水果排序。③关于土壤的其他地方知识（例如土壤的地方用途，用于防晒或房屋涂料）。 **活动与教学策略**	**整合模式** IK 将在所有的课程中与西方科学相结合，以证明知识可以互相补充，知识之间不存在矛盾。 对学生可能的好处

信息来自南非 CAPS	
①在家庭、社区调查，访问老年人获得当地／地方知识。②课堂讨论学生带来的知识（把这种知识与学习者在课堂上进行的科学经验和观察联系起来，例如在不同的土壤中种植豆类等）；讨论使土壤肥沃的土著方法与化学方法。	①利用和评估当地可利用的资源（在家种植的土壤和作物）。②使学习更贴近、更直接地应用于学生的日常生活。③架起课堂科学与"地方知识"之间的桥梁（在本土知识中发现科学）。④让家长和社区回到教育中来。⑤提供西方知识的替代品（例如，如何使土壤肥沃）。

简评：该计划表格的上半部分是课程标准中的课程内容，下半部分是与课程内容相关的地方知识及其实践活动、教学策略，地方知识与课程内容有机地结合，科学知识不再那么抽象，而是体现在日常生活与劳作之中。可见，IK 与特定课程内容直接关联，课程知识完全可以和本土知识相互补充，结合地方知识学习科学知识与技术，能促进学生对科学知识的理解与运用。地方知识与科学课程的有机整合的教学探索对于发展中国家的科学教育具有示范意义与借鉴作用。

（4）南非小学科学课程实施的特点

①"以结果为本"的科学教学。

南非坚持"以学业结果为本"，围绕确定的目标，组织学生学习科学，以保障学生对系统知识的掌握。同时，重视科学实验、调查、讨论等探究活动，建构科学知识，以实践学习取代"菜谱式学习"，实现知识结论与过程方法的统一。

②本土取向的科学教学。

南非追求科学教学的本土化，即基于地方知识，通过寻找地方知识与科学知识的连接点如土壤、火等，将科学知识与南非本地的传统知识、经验结合起来，在对地方知识的挖掘过程中理解科学知识，重构地方知识的意义，深化对科学知识的理解，谋求科学知识与地方知识的有机整合。

4. 巴西小学科学课程实施

（1）课程文本中的"课程实施"

巴西强调科学语言的运用。巴西教育部 2017 年颁布的中小学课程标准——《国家共同课程基础》（简称 BNCC）指出，许多课程提案将语境化作为教学的方向。在社会、历史和文化领域探索语境化，有助于深化自然科学研究与其发展背景之间的联系。自然科学使用共享语言和科学知识每个领域特有的语言方式，这些语言的使用提供了科学思想和知识的概念思考、交流和论证。从这个意义上说，BNCC 将语言作为形成轴，强调其在科学教学和学习过程中的重要性以及使用信息和通信技术传播科学。示例如下。

科学：物质状态

工作的关键技能：公平地调查，预测和展示结果。

● 根据材料是固体、液体还是气体，将材料进行比较和分组。

● 观察某些材料在加热或冷却状态下的变化，并以摄氏度（℃）测量或研究发生这种变化的温度。

● 识别水循环中蒸发和冷凝所起的作用，并将蒸发速率与温度联系起来。

学生应该探索各种日常材料并进行简单的物质状态的描述（固体保持其形状，液体形成池而不是堆，气体从未密封的容器中逸出）。水有固体、液体和气体三种状态，学生应注意在加热或冷却时观察水的变化。

学生可以通过以下方式科学地工作：对各种不同的材料进行分组和分类；探索温度对巧克力、黄油、奶油等物质的影响（如为聚会制作巧克力、酥脆蛋糕和冰激凌等食物）；研究材料变化状态（如当铁熔化或氧气凝结成液体时）的温度；观察并记录一段时间内水的蒸发，如操场上的水坑或洗过的衣物，并研究温度对衣物晾干或雪人融化的影响。表 4-10 为巴西小学科学双月计划。

表 4-10　第二双月：双月计划（科学：五年级）

所学知识	能力培养
消化、呼吸、循环系统之间的整合（人体，健康，身体活动，脉搏，能量，心脏，循环，呼吸）	在本双月中将要学习的主题如下：①在讨论中锻炼学生的注意力。②表达和自我评估将要学习的与主题相关的概念：人体、身体活动、呼吸运动、心跳、能量消耗、卡路里。③了解哪些身体部位能感觉到脉搏。④在不同场景下测量心跳次数及呼吸运动。⑤列表分析不同场景下的心跳及呼吸数据。
消化、呼吸和循环系统的整合（人体，健康，运动，脉搏，能量，日常生活，心脏，循环，呼吸，吸气，呼气）	①认识到坚持运动的重要性。②了解不同类型的运动，如游泳、篮球等，或舞蹈、散步等。③区别呼气及吸气。④讨论我们在进行激烈运动时的感受。⑤制作海报以宣传体育锻炼。⑥做不同场景下的心跳及呼吸数据的报告。⑦分析不同场景下的心跳及呼吸数据。⑧讨论不同场景下的心跳及呼吸数据的差异。

所学知识	能力培养
身体营养（食物）。消化、呼吸、循环系统之间的整合（能量，工作，卡路里，人体，健康，体育活动，能量，日常，心脏，呼吸）	根据对儿童和年轻人的习惯的分析（食用食物的类型，体育锻炼等），讨论儿童和年轻人营养失调（例如肥胖）的发生。①认识到日常活动中不同的能量需求。②根据自己的能量需求来安排日常活动。③计算一段具体时间内一组活动的能量消耗。④分析运动员的能量需求。⑤比较坐着的人和运动的人的能量需求。⑥为运动员和久坐的人制订饮食建议。
身体营养。消化、呼吸、循环系统之间的整合（人体，健康，心脏，血管，循环系统，呼吸系统，气管，肺，消化系统，胃，肠，血液，细胞），拍照记录	①表达和自我评价与人体、机体、器官、循环、呼吸和消化有关的概念。②研究人体内部图。③画人体内部图。④指出人体某些器官的位置。
消化、呼吸和循环系统之间的整合（人体，健康，心脏，血管，循环系统，呼吸系统，气管，肺，消化系统，胃，肠，血液，细胞）	在确定消化和呼吸系统的功能的基础上，选择证明消化和呼吸系统对人体营养过程共同负责的论点。证明循环系统的功能、营养在体内的分布和人体废物处理之间的关系是合理的。①对心脏和肺进行文献研究。②识别循环和呼吸系统的某些结构。③用图例表示循环和呼吸系统的结构。④通过图表和文本总结关于循环和呼吸系统的信息。
身体营养（食物）。消化、呼吸和循环系统的整合（人体、健康、消化道、胃、肠、口、肝、消化、胰腺、血液、细胞）	在确定消化和呼吸系统的功能的基础上，选择证明消化和呼吸系统对人体营养过程共同负责的论点。证明循环系统的功能、营养在体内的分布和人体废物处理之间的关系是合理的。①对消化系统进行文献研究。②认识一些消化系统的结构。③用图例表示消化系统的结构。④通过图表和文本总结关于消化系统的信息。
消化系统，呼吸系统和循环系统之间的整合（人体，健康，循环系统，血液，红细胞，白细胞，细胞），显微镜	设计和制造用于远距离观察（镜头、潜望镜等）、放大观察物体（放大镜、显微镜）或记录图像（照相机）的设备，并讨论这些设备的社会用途。①推断血液的红色外观是由于存在许多红色的微观结构。②分析放大的血液图像。③识别血液的微观结构。④区分红细胞和白细胞。⑤从微观的角度解释什么是血块。⑥承认有肉眼看不见的结

续表

所学知识	能力培养
	构。⑦利用显微镜观察微观结构。⑧设计和制造模拟显微镜工作的透镜设备。

（2）巴西小学科学教学设计

巴西的幼儿园从4岁开始。6年小学和6年中学都是义务教育。巴西一位教授为小学三年级学生设计了一份科学教学计划，该设计的主题是地球生态系统，涉及多个领域的知识如表4-11、表4-12所示。

表4-11　巴西小学生态系统教学计划

天文：宇宙产生	地球：生态系统生产	社会历史：人类存在的产物
1.宇宙的基本组成部分——物质与能量①发光恒星及不发光行星的物质和能量；②太阳：（能量）光和热；③能源：氢和氦。2.地球——我们在宇宙中的"家"①太阳系：地球与太阳的距离；②形状和大小：与太阳，其他行星和月球的比较（距离）。	1.物质和能源——生态系统中的相互作用和转化1.1系统的物质和能量基本组成①系统：一组集成组件（零件）；②非生命系统（非生物）：例如，太阳系；太阳、重力、土壤和空气的相互作用，水的运动；阳光、水和空气相互作用的地表运动；③生命系统（生物）：生物在与物质和能量（太阳、空气、水、土壤和其他生物）的相互作用下进行更新，生物细胞的运动。例如，细胞（所有生物的形成及运行的单位或基本组成部分）；④非生物（太阳能，土壤，水和空气）；⑤生物（微生物，植物，动物，人类）；⑥生态系统：一组不断相互作用和转变的生物与非生物环境系统:森林，湖泊，菜园，城市陆地，生物圈——最大的生态系统。	1.2垃圾处理家庭垃圾，学校垃圾，医院垃圾，工业垃圾和城市垃圾（商业点）；垃圾场，垃圾填埋场和堆肥。1.3对人类（疾病）和环境（生物迁徙、死亡和灭绝，例如，鱼类，藻类……）的影响1.4替代方案进行有机垃圾、无机垃圾及其他垃圾的分类；回收，焚化，堆肥和垃圾填埋。

表4-12　教学目标和评估标准

目标	评估标准
区分生物和非生物的定义；认识到物质和能量是宇宙的基本元素；意识到保护环境的重要性，探寻人为污染的解决方法。	以画图的形式阐释是否了解何为生物及非生物；了解世界是由物质组成的；认识太阳的能量是地球上生命的基础；认识需要采取哪些措施来保护环境。

时长：大约 7 节课。

评估方式：活动 13、20、21、26、28。

教学资源：纸质练习，DVD，电视，剪刀，剪贴簿，地球仪，透明图像……

参考资料（略）。

学生作业方法指导及建议

集体讨论：①你知道我们周围的一切由什么构成吗？②周围的一切都由相同的材料制成吗？③构成物质的材料之间有什么区别？

解释我们周围的一切都是由某种东西组成的，这就是我们称为"物质"的"东西"。该物质可能会发生一些变化，并且为此发生作用力，该作用力被称为能量。

1. 阅读以下信息：物质构成了世界上的一切。物质可以被能量转化。生物和非生物的物质，分别构成生物系统和非生物系统。根据先前信息中阅读的概念查阅词典。

2. 在教师的帮助下，查一下这些前面读到的单词：物质、能量、系统、生物、非生物。说明所有具有生命的事物都是生物的，即生物。所有没有生命的事物都被称为非生物。

3. 从教师的解释中，画出三个例子：

非生物	生物

4. 现在让我们列出生物及非生物清单：

生物	非生物

使用惊喜盒子，里面放入各种代表不同物质的材料。

5. 每个学生都会从这个惊喜盒子中拿出一个材料，通过画和写来代表它（生物、非生物、吃的、装饰用的，玩具大小、用途是什么）。

6. 现在让我们一起回答：①所有分析的对象都是由同一种材料组成的吗？②哪些是生物？③哪些是非生物？④哪个最重？哪个最轻？

7. 制作非生物材料剪贴报：

塑料	玻璃	木头	布料	金属	橡胶

8. 现在让我们来制作生物剪贴报

探索材料之间的异同；

解释在我们生活的环境（生态系统）中，生物和非生物之间存在不断的相互作用和变化。

9. 我们能否将生物环境及非生物环境分开来？为什么？

10. 我们都共同生活在一个更大的环境中，即生态系统，在这个环境中，生命和非生命彼此相互依赖。①现在写下或画下我们生存所需的一种非生物及一种生物。②解释自然界中有几种原始物质，没有它们，就不可能有生命，例如阳光，空气，土壤等。③强调太阳是地球上生命形成所必不可少的因素之一。

观察代表太阳的图像。

11. 让我们看一下这张图片：①你们在观察什么？②太阳是干什么的？③谁创造了太阳？

12. 用图画来形容没有阳光时的生活。

集体讨论：①我们是否需要按下按钮或拉电线以"打开"太阳？②每天太阳是如何出现的？③除了阳光，我们还能如何获得光和热？

13. 让我们一起思考和回答：太阳是自然的光和热源吗？为什么？

14. 除了太阳以外，还有什么其他形式的物体可以发光和发热？请写下并画出来。

戏剧化地描述地球的自转及围绕太阳的公转运动，以"证明"太阳不会移动或上升。

15. 让我们进行双重角色扮演。一个学生扮演太阳，另一个学生扮演地球。代表地球的学生一边自己转圈，一边绕着"太阳"转圈。太阳保持不动。

16. 探索太阳系中的其他元素；

观看视频：《宇宙：太阳系》。

17. 视频展示了太阳、地球和太空中存在的其他元素是如何产生的。

集体讨论：①这部影片在讲什么？②除了太阳，你观察到太空中还有哪些其他元素？③为什么地球是唯一具有生命的行星？

说明地球与太阳的距离"适中"，因此其光和热对于生命至关重要。展示一幅太阳系的图片。

18. 让我们看一下太阳系（视频中认识到的）的图像。

集体讨论：①在这张图中，行星地球在哪里？②还有哪些其他行星？有几个？③哪个离太阳最近？哪个最远？

19. 阅读文章：《太阳系》。

太 阳 系

除地球外，还有七颗绕太阳公转的行星，没有一颗能自身发光。太阳及其周围存在的行星、自然卫星以及小块岩石和冰被称为太阳系。以太阳为起点，我们将行星从近到远进行排序：水星，金星，地球，火星，木星，土星，天王星和海王星。

20. 画图（A3 纸）：画一张代表太阳系的图片。

21. 集体写短文；现在，让我们记述一下太阳系是什么样的。

22. 在看到的太阳系所有行星中，我们生活在地球之上。让我们一起观察地球仪。

23. 画一幅画来代表它。

24. 阅读一篇有关地球的文章。

行 星 地 球

地球是距太阳第三近的行星，是太阳系第五大行星。地球实际上是圆形的，两极稍扁。据我们所知，我们赖以生存的行星——地球是太阳系中唯一存在生命的行星。这是因为该行星具有一些独特的条件，例如其 71% 的表面被水覆盖，能产生大气层及强大的磁场。科学家认为，地球是在约 46 亿年前形成的。

集体讨论：①这篇文章在讲什么？②地球的形状是什么样的？③为什么我们的星球是唯一存在生命的星球？④需要做什么来维持我们星球上的生命？

建立地球与自然保护之间的联系，强调我们需要采取哪些措施来保护地球。

观看视频《自然保护》。

25. 让我们观看视频《自然保护》并进行讨论。

26. 画一幅画来展示保护视频中出现的地球的一些方法。

27. 保护自然的一种方法是做好垃圾处理。让我们阅读以下文本。

垃 圾 分 类

将有机垃圾与可回收物分类是很重要的。为此，你应该进行垃圾分类，至少得准备两个垃圾袋。在有机垃圾或湿垃圾袋中，放厨余垃圾等。在可回收物中放玻璃、纸、塑料和金属。

制作有关环境保护的手册：

28. 现在，让我们制作一本手册，讨论环境保护和垃圾处理应注意的问题。

剪切，绘画。带其他小册子来做示范。

简评：这是一个比较完整的单元教学设计方案。教学内容涉及天文、地球、人类社会等领域，知识要点较多，如物质、能量、系统、生物、非生物、材料、环境、生态、太阳、地球、自然保护、垃圾处理等。学习方式主要包括阅读、讨论、画图、制作、扮演，通过7个课时的学习，达到以下目标：区分生物和非生物的定义，认识到物质和能量是宇宙的基本元素，意识到保护环境的重要性，探寻人为污染的解决方法。评估标准与预设目标匹配，能促进教学目标的有效达成。

（3）巴西小学科学教学方法

巴西小学科学课程教学方法较多，如观察、实验、种植、养殖、设计、制作等，其中特别关注科学语言与思维的教学，语境化教学颇具特色。

巴西科学教学吸收了语言学科教学的思想，在重视科学知识教学的同时关注科学知识的表达形式，提出"语境化教学"的概念。在英语学科中，语境就是言语交际所依赖的环境，它是语言行为和事件发生时所有环境因素的综合。语境化教学就是利用一定的语境来开展语言教学。语境化教学既注重语言在上下文中的意义，也注重真实的语言交际情景和整个社会文化背景。语境化教学有助于培养学生的语言运用能力和综合文化素养（安萍，2010）。有研究者认为，语言不仅是科学学习的工具，也是科学学习的目标之一。听、说、读、写的语言技能不但是人文类课程关注的重点，而且在科学课程学习特别是科学探究学习中的作用也受到人们的重视（陈庆朋，2007）。巴西科学教学注重引导学生关注科学语言独特的表达方式，强调科学术语、概念的日常使用，使用科学的概念与术语处理、加工生产生活经验，进而养成科学的思维方式。巴西对科学语境及其教学的关注值得我们借鉴。

（4）巴西小学科学课程实施的特点

巴西小学科学教学方法多种多样，其语境化科学教学富有特色。巴西在BNCC

中将科学语言列入学生课程学习的基本内容，作为一个单独的形成轴（维度），这在世界范围内并不多见。语境化科学教学在重视科学知识的具体内容的同时不忽视科学知识的表达形式，创设科学文化语境，引导学生在科学探究过程中学习像科学家那样去表达，将科学认识结果与科学知识表达紧密结合，进而促进学生科学思维与表达的发展，颇具特色。

5. 中国小学科学课程实施

我国 2001 年颁布的《全日制义务教育科学（3—6 年级）课程标准（实验稿）》"实施建议"部分包括：教学建议、评价建议、课程资源的开发与利用、教材编写建议、教师队伍建设建议、关于科学教学设备和教室的配置。2017 年颁布的《义务教育小学科学课程标准》中的"实施建议"部分包括教学建议、评价建议、教材编写建议、课程资源开发与利用建议。其中，"教学建议"含教学目标建议、教材使用建议、教学活动建议、科学学习场所建议、学科关联建议。在《义务教育科学课程标准（2022 年版）》中，"课程实施"包括教学建议、评价建设、教材编写建议、课程资源开发与利用、教学研究与教师培训。《义务教育科学课程标准（2022 年版）》在"教学建议"中特别指出"科学教学要以促进学生核心素养发展为宗旨，以学生认知水平和已有经验为基础，加强教学内容整合，注重教学方法改革，精心设计教学活动"。具体建议包括：基于核心素养确定教学目标，围绕核心概念组织教学内容，以学生为主体进行教学设计，以探究实践为主要方式开展教学活动。《义务教育科学课程标准（2022 年版）》对每条建议进行了解释与说明，更具指导意义。总之，我国 21 世纪以来的三个课程标准，关于科学课程教学的建议颇为丰富，特别是《义务教育科学课程标准（2022 年版）》中除了"课程实施"部分提出较为宏观的"教学建议"，还结合具体的课程内容，在"课程内容"部分围绕每个学科核心概念，先描述"内容要求"与"学业要求"，再给出较为具体的"教学提示"。如在学科核心概念"工程设计与物化"的内容要求与学业质量后，列出了相应的"教学提示"，具体包括"教学策略建议"和"学习活动建议"。其中，教学策略建议包括：创设符合学生年龄特点的真实情境中的工程问题；注重训练学生工程实践能力；让学生通过亲身体验，发展实践能力与创新能力；学习过程的评价不追求标准答案；培养学生的团队合作精神；开展丰富多样的展示交流活动。学习活动建议则按照学段水平高低，分别就 1—2 年级、3—4 年级、5—6

年级、7—9 年级学生提出具体的、可以操作的活动建议。这样，教学实施建议既高屋建瓴，又切实可行，《义务教育科学课程标准（2022 年版）》的指引性与操作性大大加强，有助于为科学课程的教学与学习提供有效指导。

有研究者对我国小学科学课程实施进行调查，结果显示：我国小学科学课程实施成就显著，如按规定设置小学科学课程，部分学校超课时开设；关注知识教学，知识目标达成较好；教材选择范围大，教学内容较为丰富；实验教学运用普遍，学生参与实验率较高；学生喜欢科学探究，学习兴趣浓厚。但也存在一些值得关注的问题：课程设置方面，课时被其他学科占用的现象较为普遍，实验教学设施不足，专职教师太少，兼职教师太多，专职教师工作量大，难负重荷。课堂教学方面，独自进行教学设计的教师偏少，忽视科学探究与情感培养。学生学习方面，学习主动性有待提高，合作学习形式化突出。学习评价方面，学业成就评价的规范性有待加强（潘洪建 等，2018d）。

（二）发展中国家小学科学课程实施的特点

1. 关注科学活动的开展，学习方式多样化

发展中国家的科学教育十分关注学生的科学活动及其指导。如埃及制订了专门的科学活动指导性文件，对科学活动的内容与方法提出了较为明确的学习要求与评价标准（见图 4-1）。印度的环境研究活动富有特色，小学 1—2 年级设置"环境研究"课程，中高年级的环境教育活动持续不断，并渗透在日常的科学教学过程之中。

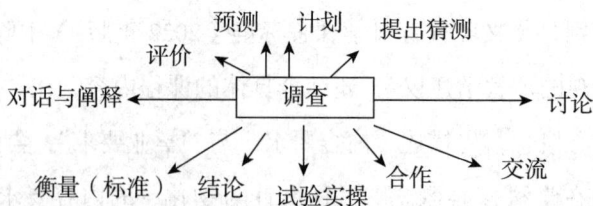

图 4-1　埃及科学调查活动

2. 立足本国实际，科学教学本土化

发展中国家结合本国实际，创设了一些有特色的科学课程实施方法，如印度

开展课外博物馆考察与学习活动。印度一些学校利用社区的博物馆或科学中心，组织学生前往参观、考察，开展科学普及、人才培养活动。近年来，博物馆学习成为一种时尚，许多发展中国家利用博物馆丰富多彩的科技资源，为学生提供便捷而生动的学习材料与立体的学习形式，激发了学生的科学兴趣，受到小学生的广泛欢迎，大大拓展了科学学习空间。为了促进地方知识（IK）和西方科学知识的融合，一些研究者开展参与式行动研究（PAR），如5位南非科学教师和一位德国研究人员组成研究团队，探讨如何将地方知识纳入常规科学课程。5位核心研究人员确定了5个不同年级的合适主题。研究显示，通过利用学生社区资源，本土知识和西方知识的融合在小学和中学都很有效。作者认为，以实践为导向的研究过程也是知识赋权的过程。呼吁教师与家长、社区长老、传统治疗师、学者共同合作，开展自下而上的知识整合（Seehawer，2018）。巴西提出"基于语境的科学教学"，即将学生置于科学语言独特的语言环境之中，学会认识、使用科学独特的语言进行科学学习，不仅学习科学知识内容，还理解科学的语言表达、科学思维，从而形成科学素养。

3. 关注科学教学中的环境教育

印度从小学低年级开始设置环境研究课程，高年级的科学课程也重视环境教育，环境教育成为印度小学科学课程的重要内容。中国颁布的《义务教育科学课程标准（2022年版）》中包括科学、技术、社会与环境的教育，科学课程内容渗透了众多的环境教育内容，同时，许多学校组织学生开展周围环境的考察、调查活动，培养学生的环境保护意识与行为。

4. 课程实施受到各种条件的限制

由于受到各种条件的限制，科学课程的实施在发展中国家难如人意。科学课程的许多理想难以在现实的教学过程中得以实施。如研究表明，在南非，教师对自然科学和技术课关注不够，自然科学教学几乎不能支持学生的概念发展；缺乏必要的基础设施，农村学校的教学和学习几乎不可能；一些教育工作者在自然科学教学方法和内容知识方面缺乏适当的基础。课堂观察结果表明，许多被访问的学校，缺乏适当的学校建筑，普遍缺少有利于学习的教室环境以及适当的卫生设施。65%的农村学校基础设施破旧不堪，超过50%的教室过于拥挤，学生坐在少数几张旧桌子上，破椅子一把接一把地摆放，而在一些教室里，学生分组就座。在 83% 的教室中，教师站在教室前面，活动受限，学习者踩着桌子，到达教室的另一端。只有 17% 的教室有足够的空间让教师和学生四处走动（Bantwini，2017）。在埃及，科学活动实施存在阻碍。例如，材料的缺少，指定工具仪器的稀缺；班级密度大，没有班级实践活动的场地；没有学校领导层关注活动并鼓励实施；监管教育活动的负责人和引导者缺乏对实践活动的重视；缺乏书籍和参考文献，在活动实践中图书馆没有可参考的资料来源；教师在校内因为忙于教学课程和其他的工作任务而未能组织和领导实践活动，加重了负责活动领域的教师的负担；忽视学生的生产创作，没有突出强调并引导它。缺乏师资也是制约发展中国家科学课程实施的重要因素。

四、比较与分析

（一）课程实施建议呈现形式、详略、要求有别

关于科学课程实施的规定与要求主要体现在课程标准或教学大纲之中，也反映在科学教科书的栏目设计中。

美国 2011 年颁布了《K-12 科学教育框架》，2013 年颁布了《新一代科学教育标准》（NGSS），尽管没有提出明确的课程实施要求，但结合不同主题，"科学与工程实践"维度对科学实践提出具体要求。英国 2012 年颁布的《科学——英国国家课程，关键阶段 1—4》中没有单独的"实施建议"部分，但针对每个关键阶段（Key stages）不同目标与内容，提出了较为具体的"指导和说明"与"教学要求"，为教师的科学教育提供参考。德国北威州《常识》中也没有专门的"课程实施"，但"期望和技能"部分中的技能期望则较为具体，提出了具体的实施要求。法国《科学与技术》对不同周期学习主题提出了学生活动、资源资料的示例。日本《学习指导要领》，除了对每个年级的学习目标与内容进行规定，还包括年级内容实施说明、单元主题学习要求。

加拿大安大略省《科学与技术》提示的科学课程教学方法有个别学习、合作学习、独立学习、实践学习、案例学习等，特别强调综合学习。《澳大利亚课程：科学》中并没有专门就科学课程的实施进行单独的阐述，但设置了"探究技能科学"模块，将探究过程技能作为基本的学习内容，规范训练，随着年级的递增，提高要求。新加坡在教学大纲中对"探究式教学"浓墨重彩，阐述了探究式教学的概念、特点、教学策略。

印度在2016年颁布的《小学课程：1—5年级》中倡导"动手实践"、主题教学等方法，并就不同学习领域提出具体建议，既有"教学过程的建议"，也有"学习资源建议"。埃及《教育活动质量文件 科学活动》提出科学活动原则，列举了科学活动实施的资源类型，阐述了各种资源类型的特征、适用范围、使用要求。南非2011年《R-9国家课程声明》倡导科学调查，实践学习，科学、社会与环境关联。巴西BNCC强调科学语言的运用，倡导语境化教学，深化自然科学研究与其发展背景之间的联系。

各国课程文本中的"课程实施"如表4-13所示。

表4-13　各国课程文本中的"课程实施"

类型	国别	课程标准（大纲）中的实施建议		教科书中的实施设计	
		课程大纲	实施建议呈现	教科书栏目	科学学习设计
一流发达国家	美国	《新一代科学教育标准》（NGSS）	每个主题的"科学与工程实践"维度要求具体	探索活动、探究技能、快速实验等	科学中的阅读、科学中的写作、科学中的数学等
	英国	《科学——英国国家课程，关键阶段1—4》	学段教学要求、单元学习指导与说明	让我们观察、让我们应用、让我们记住、让我们创造等	观察空气中存在的水蒸气，回答地球旋转的倾斜虚线是什么
	德国	北威州《常识》	主题学习中提出"技能期望"	阅读与学习、实验探究、提问与回答、提示与讨论、动手操作和实地探索、写作与展示等	水蒸气、蒸发、冷凝实验；询问降雨现象经历；使用仪器研究天气；写出让塑料漂浮于水中的探究过程

第四章　小学科学课程实施比较

类型	国别	课程标准（大纲）中的实施建议		教科书中的实施设计	
		课程大纲	实施建议呈现	教科书栏目	科学学习设计
一流发达国家	法国	《科学与技术》	学生活动、资源资料示例	我想知道、我在找、我意识到等	学生发现问题、假设、实验、证明、找到答案
	日本	《学习指导要领》	年级内容实施说明、单元主题要求	观察、调查、测量、预测、做一做、制作、讨论、思考、阅读、活用等	抬头看看，讨论一下，调查云朵的形状，预测天气的变化，做一做，思考一下，拓展活用
中等发达国家	俄罗斯	《周围世界》	实践性作业	实际操作、讨论、自我检验、家庭作业等	演示、观察、解释、讲述、专题报告
	加拿大	《科学与技术》	多样化教学方法、综合学习	引导类、知识呈现类、探索活动类、概括类等	科学角、猜猜看、试一试、练一练、情景模拟
	澳大利亚	《澳大利亚课程：科学》	不同年级进行探究过程技能	教学准备、教学指引、活动安排、教学评价等	5E学习环
	新加坡	《小学科学教学大纲》	探究式教学	找一找、花絮、科技公民、探索、科学家、情感渗透、互联网等	情感渗透、课题研究、探索、知识拓展
发展中国家	印度	《国家课程框架》	教学过程建议；学习资源建议	阅读与学习、科学小游戏、课堂练习、复习等	讨论探究、科学观察、科学实验、自我探究
	埃及	《教育活动质量文件科学活动》	提出教学原则、科学活动资源类型	概念介绍、实验研究、总结与练习等	目标、概念、活动、应用、拓展、练习

类型	国别	课程标准（大纲）中的实施建议		教科书中的实施设计	
		课程大纲	实施建议呈现	教科书栏目	科学学习设计
发展中国家	南非	《R-9国家课程声明》	科学调查，实践学习	关键问题、讨论、科学探究、科学实验、要点总结、回顾等	问题、讨论、探究、实验等
	巴西	《国家共同课程基础》（BNCC）	语境化教学	观察与思考、实践活动、实践并记录、拓展阅读	观察、探索、讨论、解释、图画、角色扮演、制作、阅读、写作
	中国	《义务教育科学课程标准（2022年版）》	教学活动建议：动手动脑做科学、探究性学习	聚焦、探索、研讨、拓展四大板块、科学家这样做、提示、资料、安全提醒等	观察、动手、思考、交流、阅读、记录、拓展等

可见，单独提出课程实施建议的国家较少，大多结合具体内容提出不同要求。总体来讲，前者显得笼统，后者不免琐碎，各有利弊。我国《义务教育科学课程标准（2022年版）》将两者结合起来，既有总体说明，又有不同课程内容的实施要求，不失为一种比较完善的方式。从教科书设计看，各国教科书均安排了一定的引导学生进行多样化科学学习的活动，体现了科学课程标准中关于课程实施的要求，与课程实施建议具有较高的一致性。从教师的科学教学设计来看，在科学教案或计划中设计的学生科学学习活动丰富多彩，对学生具有较强的吸引力，有助于课程目标的达成。

（二）科学探究与实践成为课程实施的基本途径

有研究者指出，发达国家理科课程的教学，除讲授活动，还十分重视科学知识的探求，通过观察、描述、演示、量度、预测、探究、分析、实验等活动，引导学生真正接触由科学家们建立起来的科学事实、原理、定律和概括。"教授—理解—接受""告诉—验证—实践""探究—获得—拓展"等多形式并存，有力地促进了知识的掌握和思维的培养（汪霞，1999）[162]。纵观各国课程实施，可以发现，探究学习已成为世界大多数国家倡导的一种科学学习方式，但不同国家对探究的教学与学习要求有别。

美国的《K-12科学教育框架》提出由"科学探究"转向为"科学与工程实践"，"科学与工程实践"成为 NGSS 的一个基本维度，贯穿所有知识主题，科学实践比科学探究更加深入。英国在不同时期对科学探究提出不同的表述与要求，2012 年提出"科学工作"，细化了科学探究的步骤与策略：提出问题，观察和测量；计划和建立不同类型的探究，识别和分类；执行测试，收集和记录数据；使用设备，报告、呈现和交流数据／结果。德国北威州《常识》提出科学探究的 5 个环节：确定主题、制订计划、采取行动、实施考察、进行反思。法国的《科学与技术》提出科学探究、动手做，其中"动手做"活动包括 6 个环节：确定适宜的主题、内容和任务，提出相关的问题，进行猜想和假设，实验验证，记录与描述，结果与讨论。日本 2017 年颁布的《学习指导要领》对小学理科的学习内容几乎都提出不同类型与水平的"探究"要求，具体而明确。

加拿大鼓励学生使用多种设备、材料和策略，以及技术工具和技巧，探讨科学和技术概念，发展解决问题的能力。《澳大利亚课程：科学》标准中设置了"科学探究技能"模块，将科学探究技能作为基本的学习内容，有步骤、分年级对学生进行科学探究技能训练。新加坡《小学科学教学大纲》指出，科学探究是科学家和学生从事研究自然和物理世界的活动和过程，科学探究具有了解我们生活的世界的内容和过程两个关键特征，提出了探究教学的相关准则。俄罗斯的《周围世界》标准倡导实践性作业，例如，物候观察、物理实验、使用仪表做检测、模拟实验等。

印度 2005 年颁布的《国家课程框架》指出，科学方法包括观察、寻找规律和模式、提出假设、设计定性或数学模型、推导出其结果、通过观察和控制实验来验证或修改理论。埃及《教育活动质量文件 科学活动》提出科学调查步骤及其策略，包括规划、预测和提出假设、实验操作、记录和显示结果、阐释与评估。南非《R-9 国家课程声明》倡导进行科学调查，让学习者通过实践来学习，以取代菜谱式练习。巴西 BNCC 强调科学工作技能的学习与运用，如公平地调查，预测和展示结果等。各国科学课程标准中的科学探究与实践如表 4-14 所示。

表 4-14　各国科学课程标准中的科学探究与实践

类型	国别	课程文件中的呈现	课程标准中的科学探究与实践	教科书中的科学探究与实践
一流发达国家	美国	科学与工程实践	八大科学实践深化了科学探究	课本中的"探究技能"训练；《实验活动手册》
	英国	科学工作	使用设备严密观察，执行简单的测试，识别和分类，记录调查结果	观察、测量、实验，收集证据，进行解释，发表评论，参与争论；练习栏目中的科学实践活动
	德国	科学探究	确定主题、制订计划、采取行动、实施考察、进行反思	阅读、实验、讨论、观察、记录、写作、展示
	法国	科学探究、动手做	发现问题、提出假设、定性或定量地验证	问题、假设、实验、证明；"动手做"活动
	日本	自然探究	观察、实验、设计等	观察、调查、测量、预测、做一做、制作、讨论
中等发达国家	加拿大	科学与技术探究	使用多种设备、材料和策略	猜猜看、试一试、练一练、情景模拟
	澳大利亚	"科学探究技能"模块	识别和提出问题，制订计划，实行和反思调查，操作、分析和解释证据，交流发现	—
	新加坡	探究式教学	问题、证据、解释、连接、交流	联系、探索、伟大的科学家、情感渗透、互联网、课题研究
	俄罗斯	实践活动	物候观察、物理实验、使用仪表做检测、模拟实验	观察、讨论、制作、模拟等
发展中国家	印度	科学探究	科学问题；分析数据；解释评估；传达和证明	观察、讨论、表达、解释、分类、提问、分析、实验、合作
	埃及	公平地调查	规划、预测和提出假设、实验操作、记录和显示结果、阐释与评估	实验器材准备、实验步骤、观察到的结果、尝试总结、知识应用

续表

类型	国别	课程文件中的呈现	课程标准中的科学探究与实践	教科书中的科学探究与实践
发展中国家	南非	科学调查	观察、实验等	阅读、讨论、实验等
	巴西	科学工作技能	公平地调查，预测和展示结果等	—
	中国	科学探究	探究活动要素、问题探究	观察、动手、思考、交流、阅读、记录、拓展等

表 4-14 显示，在各国的课程标准文件中，科学探究成为科学实践的基本方式，尽管所使用的名称各异，如科学工作、自然探究、技术探究、科学调查，但基本精神是一致的，即让学生像科学家那样经历科学探究实践，学习科学，理解科学，科学探究成为科学实施的基本理念与重要途径。科学课程标准中的"科学探究"，大多从科学探究的阶段、过程加以引导，让学生经历较为完整的科学探究过程。科学教科书中的科学探究设计，有的从探究历程加以设计，有的则从探究类型与方式加以设计，显示出不同的特色。其中，一流发达国家大多关注科学探究历程的训练而非探究技能的训练，这与一流发达国家对科学教育高质量的追求密切相关。

（三）科学教学方法多样化，不同国家特色各异

各国科学教学方法丰富多样，他们根据自身的实际，创造、形成了各具特色的教学方法与模式。1996 年颁布的《美国国家科学教育标准》指出："科学教学是一种复杂的活动"，倡导学生也要像科学家那样，在积极地参与科学探究活动中学习科学，2011 年颁布的《K-12 科学教育框架》提出八大科学与工程实践。加利福尼亚的《科学》中的"探究技能"包括观察、推断、比较、分类、测量、使用数据交流预测、整理数据、分析数据、实验、使用模型、阅读与写作、设计等学习活动。英国 2012 年颁布的《科学——英国国家课程，关键阶段 1—4》中涉及的学习策略有科学观察、测量、实验，收集证据，进行解释，发表评论，参与争论。德国北威州《常识》阐述了收集资料、观察现象，探究问题、解决问题等方

法。法国《科学与技术》倡导多种多样的方法，如观察、操作、实验、模拟、制作等。加拿大安大略省《科学与技术》对科学课程的教学方法做了一些特别的说明与提示，特别强调合作学习、实践学习、案例学习、综合学习等方式。《澳大利亚课程：科学》中的科学探究技能包括一些基本步骤：识别和提出问题，制订计划，实行和反思调查，操作，分析和解释证据，交流发现。澳大利亚倡导多种教学方法，如观察、调查、资料收集、提出计划、实验、操作等。新加坡2013年颁布的《小学科学教学大纲》对探究式教学浓墨重彩，详尽阐述，列举了多种教学策略。一些教学文件将科学调查区分为基本调查和综合调查两种类型，分类实施。印度2016年颁布的《小学课程：1—5年级》强调通过"动手实践"来学习科学，围绕学习主题组织教学活动。埃及的《教育活动质量文件 科学活动》倡导学术与周围环境的互动，将教学建立在研究、实验、观察和阐释的基础上，提倡合作学习、角色扮演、探究教学、科学调查等。南非教育部2002年颁布的《国家课程声明（修订稿）》强调以学业结果为本，以学生为中心，倡导科学调查与问题解决。巴西BNCC指出，将语境化作为科学教学的方向，引导学生使用科学语言进行思考与交流。

表4-15 各国小学科学教学方法与模式

类型	国别	课程标准倡导的教学方法	教学设计中的教学活动	典型教学模式
一流发达国家	美国	科学探究、工程实践	观察、推断、比较、分类、测量、实验、使用数据交流预测、整理数据、分析数据、实验、使用模型、阅读与写作、设计等	5E教学、项目化学习、CER教学、STEM教育等
	英国	科学工作，如科学观察、测量、实验、收集证据，进行解释、发表评论，参与争论	观察、预测、调查、设计、制作、探索、规划、评估等	HPS教育、基于证据的教学等
	德国	收集资料、观察现象，探究问题、解决问题	计划、研究和分析、海报创作、演讲和讨论、竞赛等	实践教学、户外学习、体验学习等

续表

类型	国别	课程标准倡导的教学方法	教学设计中的教学活动	典型教学模式
一流发达国家	法国	观察、操作、实验、模拟、制作等	实践、实验，以及语言、操作、感觉、体验、交流、技术探索等	"动手做"活动、实践工作等
	日本	科学探究	实验、观察、比较、调查、测量、讨论等	探究活动结构等
中等发达国家	加拿大	合作学习、实践学习、案例学习、综合学习	知识学习、实验观察、对比分析、问题探究等	探究式教学、STSE教学、展览会、个案研究等
	澳大利亚	观察、调查、资料收集、提出计划、实验、操作等	观察、拼图、测量、制作、收集、设计、访问、讨论、宣传等	5E教学，调查探究、体验式学习、引导式教学等
	新加坡	探究式教学，列举诸多教学策略	观察、分类、测量、预测、推理等	分流教学、探究式教学等
	俄罗斯	课堂教学、参观考察	测量、实地观察、绘制图表、讨论、评估等	—
发展中国家	印度	动手实践、主题教学法	观察、实验、讨论、观看影视等	主题教学法、环境研究、博物馆学习等
	埃及	合作学习、角色扮演、探究教学、科学调查等	目标、概念、活动、生活应用、拓展信息、练习等	单元教学、合作学习等
	南非	科学调查、问题解决	知识介绍，问题讨论，参观考察、调查研究，方案设计、宣传展示等	地方知识与科学知识整合的教学等
	巴西	科学语言的运用与思考	阅读、讨论、图画、制作、扮演等	语境化教学等
	中国	探究学习、表演、科学游戏、模型制作、现场考察、科学辩论会等	观察、实验、讨论、设计、制作等	主题活动教学、问题探究教学、任务驱动教学、思维导图教学等

表 4-15 显示，各国科学课程标准（大纲）倡导的科学教学方法呈现多元化特

征，鼓励多种方法的运用。从教学设计方案看，有关科学学习方式的设计大多关注科学实践，围绕科学探究设计丰富多样的学习活动。就教学模式而言，发达国家已经形成了较为成熟、影响较大的教学模式，如美国的 5E 教学、项目化学习、STEM 教育，英国的科学工作，法国的"动手做"，加拿大的 STSE 教学。发展中国家也形成了一些颇为独特的教学模式，如印度的环境研究、博物馆学习，南非的本土知识与科学知识整合的教学，巴西的语境化教学。但总体上看，科学教学的多数模式还不是真正意义上的教学模式，因为许多科学教学模式不够完整，呈现的仅仅是一种操作流程，缺乏理论基础的说明与阐释，科学教学模式还有待完善。

（四）发展中国家科学课程实施不够理想

由于经济发展水平的限制，发展中国家的小学科学课程实施不够理想，美好的设计与规划在实施过程中大打折扣。有关研究显示：印度科学教育存在三个问题：科学教育还远未达到公平目标；科学教育关注能力培养，但鼓励创造力不够；压倒性的考试制度是大多数科学教育的基本问题。为此，一些印度专家建议：第一，必须将科学课程作为社会变革的工具，以减少与经济阶层、性别、种姓和地区相关的鸿沟。必须将教科书作为公平的主要工具之一，因为对绝大多数儿童和教师而言，它是唯一可获得和负担得起的教育资源。第二，学校应更加重视旨在激发调查能力、创造力的课外活动，扩展大规模非正规渠道，如技术博览会。第三，建议改革考试制度，采用新的方式测试学生，减少高水平考试带来的压力，遏制疯狂的入学考试，并研究测试多种能力，而不仅仅是学术能力。在南非，有研究者对东开普省的小学科学教学进行调查，通过 22 个课堂观察收集数据，研究结果表明：大多数教师的教学都采用了非激励性教学方法，缺乏促进科学内容深度学习、发展学习者探究能力的实践活动；课堂环境对于科学教学和学习来说是贫乏的。研究显示，南非科学课程中，教师没有要求学生使用更高级的思维技能。1997 年启动的南非"2005 年课程"，原计划从 1998 年开始推行，2005 年在所有年级全面铺开。尽管课程设计的理念很新、起点很高，亦符合新的社会政治理念，然而全新的观念和话语体系、复杂的设计、笼统的说明，加上本身受教育水平就不高的教师队伍，导致这场课程改革实施不到三年就无法推行了（王琳璞 等，2014）[127]。

不过，尽管如此，不同国家的科学教育可以相互学习与借鉴。

第五章

小学科学课程评价比较

科学课程评价包括科学课程文本的评价、科学教师教学的评价与学生科学学习的评价三个方面，限于篇幅与资料，本章主要聚焦学生科学学习的评价。小学科学课程评价比较研究有助于完善小学科学课程设计，改进小学科学课程的教学，优化学生的科学学习。

一、一流发达国家小学科学课程评价

一流发达国家的社会、经济、科技发达，科学教育处于世界一流水平，科学课程评价理念比较先进，科学学习评价方式也丰富多彩，值得关注与研究。

（一）美国、英国、日本小学科学课程评价

由于资料的限制，本章主要以美国、英国、日本三个国家为例，介绍与分析这三个国家的小学科学课程评价的进展及其特点。

1. 美国小学科学课程评价

（1）课程文本中的"评价标准"

1996 年颁布的《美国国家科学教育标准》对科学课程评价提出了系列原则性要求，诸如，必须对学习科学的成绩和机会进行评价。收集的学习成绩数据要集中在对学生最重要的科学内容上。评价工作必须真实可信，学生必须有足够的机会来展示他们的成绩，评价数据能够保证评价结果准确等，并由此提出 ABCDE 评价标准。其中，评价标准 D 包括：①评价行为必须公正。必须从多个角度对评价工作进行评估；②大型评价必须采用统计学方法来识别亚群之间的潜在偏见；③必须对评价工作进行适当的修正，以适应残疾学生、有智力障碍的学生和英语能力有限的学生的特殊情况；④评价工作必须在不同的情境下进行，必须让具有不同兴趣和经历的学生参与，不可以采用特定性别、种族或民族群体的视点和经验。评价标准 E 包括：①根据评价结果对学生成绩和学习机会所进行的推论必须

坚实。②进行推论就是通过理论、个人信念和个人经验的棱镜对实证数据进行审视。③教师利用评价数据进行下述判断：科学内容是否适合学生的年龄段；学生对内容的兴趣；活动对获得欲达到的学习结果的有效性；所选择的案例的有效性；学生要想从所选择活动和案例中获益所必须具备的理解力和能力（美国国家研究理事会，1995）。

针对 1996 年科学课程标准罗列太多，显得琐碎等问题，《K-12 科学教育框架》进行了改进，将评价的有关事项列入内容主题之下，NGSS 以"预期表现"的形式加以呈现，包括"目标""澄清说明""评价边界"三个部分。评价更加具体，操作性更强了。

（2）学生科学学习的评价

美国 1996 年实施的科学课程标准建议将科学理解作为评估的重点，关注学生理解力的评价，并将科学学习的评价划分为两个部分：课堂活动表现考察和学习成果分析。2006 年美国国家研究委员会制订了《国家科学评价体系》，明确了科学教育评价的主体包括班级评价、学校和学区评价、州的评价。班级评价的目的在于获取信息，促进教师的教与学生的学，学校和学区评价旨在获取信息，监督科学课程的实施，州的评价在于监管，评估项目，并实施问责（Committee on Test Design for K-12 Science Achievement，2006）。2011 年颁布的《K-12 科学教育框架》规定，科学课程评价内容主要包括四个知识体系：物质科学、生命科学、地球与空间科学、工程设计。此外，还包括科学与工程实践，以下简称科学实践。科学实践包括四个部分：对科学原理的认识、科学原理的运用、科学调查、技术设计。科学实践的评价强调学生亲身经历科学实践时能否考虑当前的科学研究以及认知的复杂性，重视学生对科学概念的理解，强调学生对科学原理的运用。换言之，美国科学课程的评价不仅考查学生对科学知识内容的认识与理解，还要考查学生科学课程的学习方式，鼓励学生用亲身经历的方式进行科学学习。《K-12 科学教育框架》指出，科学教育评价分为形成性评价（旨在了解教学过程信息，获得诊断性反馈，指导教学过程）、总结评价（旨在用于教室、学校或学区一级的单元或学年测试，以确定学生的学业水平）、对教学计划的评价（用于在教室、学校、地区、州或国家之间进行比较，旨在测试不同教学计划结果差异）。下面主要审视其形成性评价与终结性评价。

①形成性评价。

形成性评价是对学生科学学习过程特别是课堂活动表现进行评价。活动的类型包括在课堂上和公开场合下所作的小型报告，与同学或教师讨论科学问题以及在实验室进行试验。学生的学习成果包括考试成绩，参与科学和工程实践的笔记、撰写的报告、图表、数据、物理模型和数学模型及收集的自然标本。

下面展示美国威斯康星州评价工作组根据《威斯康星州科学标准》和 NGSS 制订的 K-2 学生生命科学课堂学习三维表现任务评价规则的案例，解析美国小学科学学习评价的状况与问题。该案例由格林贝的莎拉·阿杜马特（Sarah Adumat），奥什科什（Elsh Hoffman）和艾丽莎·霍夫曼（Elissa Hoffman）开发。评价工作要求学生观察林地和极地栖息地中的动物，列出每种环境中的动物特征，描述这些特征如何帮助它们生存，然后在维恩图上比较生物。

评价主题：动物栖息地

这项表现任务旨在测验学生对下述 NGSS 标准的理解：

表现期望：观察植物和动物，并比较不同栖息地生物的多样性。

［澄清说明：重点是各种不同栖息地中生物的多样性。］

［评估范围：评估不包括特定栖息地中特定的动植物名称。］

SEP：参与基于证据的论证

所需材料：①每名学生一张栖息地图（黑白或彩色）。如果栖息地图是黑白的，则教师应投影彩色的栖息地照片或打印足够的彩色副本以供学生查看。②每名学生一张维恩图纸。③每名学生一张学生记录纸。

时间：此任务可能需要 10~15 分钟。根据学生的年级和写作能力，可能需要更长的时间。

管理任务：①首先，为学生提供栖息地图片，以观察和记录他们可能对栖息地及生活在那儿的生物所做的任何观察。②其次，学生根据栖息地图片和观察结果来完成维恩图，比较每个栖息地中生物之间的异同（维恩将被计分）。③最后，学生使用记录表列出有助于所列动物在其栖息地中生存的特征/适应性，以及这些特征/适应性为何有助于这些动物的生存。

计分任务：①在任务的两个部分上给学生打分——学生在维恩图中写的内容以及在 SEP 记录表上建立的联系。②专栏建议学生应该达到 1、2、3 或更高的分数。

森林栖息地

观察这个栖息地中的生物，你有何发现？

1. _____

2. _____

极地栖息地

观察这个栖息地中的生物，你有何发现？

1. _____

2. _____

学生记录表（SEP）：基于证据的论证

森林栖息地	列出有助于这些动物在其栖息地中生存的特征／适应性，以及这些特征／适应性有助于这些动物生存的原因
狐狸	
鹿	

续表

森林栖息地	列出有助于这些动物在其栖息地中生存的特征/适应性，以及这些特征/适应性有助于这些动物生存的原因
猫头鹰 	

极地栖息地	列出有助于这些动物在其栖息地中生存的特征/适应性，以及这些特征/适应性有助于这些动物生存的原因
海鸟 	
北极熊幼崽 	
鱼 	

维恩图纸

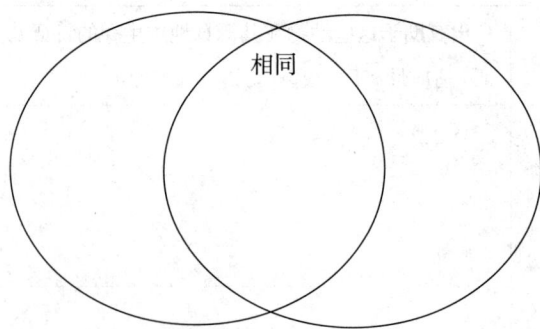

两个栖息地中的动植物如何保持相同和不同？

学生记录纸（略）

评价标准

2-LS4-1。观察植物和动物，比较不同栖息地中生物的多样性（来自维恩图）

［澄清说明：重点是各种不同栖息地中生物的多样性。］

［评价范围：评价不包括特定栖息地中特定的动植物名称。］

1	2	3	+
陈述仅在一个栖息地（森林或极地）中观察到的动植物的情况；在"相同"类别中没有列出或仅列出一个不相关的比较（例如"鸟""水"或"空气"）。	陈述每个栖息地（森林或极地）至少对植物/动物的两次观察；在"相同"类别中列出一个准确的比较（例如"需要食物""有住所"或"水"）。	陈述每个栖息地（森林和极地）至少有两次植物/动物观测；列出至少两个"相同"类别中的准确比较，并提供示例（例如"需要食物—列出食物""需要庇护所—列出庇护所"或"有水"）。	陈述每个栖息地（森林和极地）动植物的观测结果；在"相同"类别中列出两个以上准确比较，并提供示例。将食物、住所、水和空气以外的属性列为这些栖息地中生物的相似方面，或提及另一种类型的栖息地，以及如何将它们与该栖息地中的生物进行比较。

SEP：参与基于证据的论证（来自 SEP 学生记录表）

1	2	3	+
只列出两种栖息地中一种动物的特征；在陈述有助于动物在该栖息地生存的因素时，仅依靠观点而不是证据（例如"可爱"）；或者在陈述有助于动物在该栖息地中生存的因素时，找出错误的证据（例如"人猎鹿"）。	列出每个栖息地中所有动物的特征；为每种动物提供准确的证据，但证据不包括为什么该动物适合环境（例如"有毛皮""会游泳"，有翼）。	列出每个栖息地中所有动物的特征；为每种动物提供准确的证据，证据包括该种动物（至少两只）适合的环境（例如"毛皮保暖"，"水中觅食并避开捕食者"，"颜色有助于其躲避环境中的捕食者"）。	列出每个栖息地中所有动物的全面特征；明确地将每种动物的证据与为什么它有助于在那种环境中生存联系起来，而不是在庇护所和食物之外的不同环境中生存（例如"可以快速奔跑逃避陆地上的捕食者，但是不能游泳以避免水中的危险"，"具有较厚的皮毛可以抵御寒冷，但在炎热的沙漠中会太热""虽然可以从水中捕鱼，但无法在没有海洋的树木繁茂的环境中生存"）。

②终结性评价。

终结性评价指学期末或学年末对学生学业成就的评定，属于目标参照评价。《K-12科学教育框架》主要采用三种类型的题目评价学生的学科知识理解和科学实践能力，包括选择性题目、结构性反应题目、综合性题目。考试形式包括纸笔测验、动手操作、人机互动。下面以美国新泽西州小学科学四年级考试题样本（纸笔测验）为例，分析其评价的特点。

1.大卫想测量不同昆虫爬行的速度。他必须有一把尺子来帮助他测量速度。他还需要用什么工具？

A.有秒针的钟   B.不同速度的风扇

C.末端有刷子的长棍   D.摄氏温度计

2.如果该地区的青蛙数量减少，最有可能发生什么？

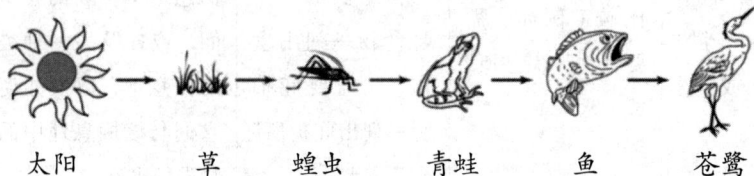

太阳   草   蝗虫   青蛙   鱼   苍鹭

A.草会长得更高   B.苍鹭会有更多的鱼吃

C.鱼的数量会增加   D.蝗虫数量会增加

3.如果某物是有生命的，下列哪一项最能证明？

A.手感柔软   B.是绿色的

C.繁殖后代   D.能吸收水

4.下图显示了山坡上四个不同的岩层。

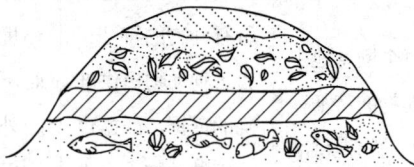

这些岩层中有一层是在海洋下面形成的最好证据是什么？

A.岩层的厚度   B.岩层的化石类型

C.岩层中洞穴的数量   D.岩层高于海平面的高度

5.珍妮特想买能发出最低音高的风铃。她应该买哪种风铃？

A.   B.   C.   D.

简评：上述试题涵盖了美国 NGSS 中的生命科学、物质科学等领域，试题编制依据 NGSS 中有关科学课程学习目标及其评估边界的说明，通过情境化的问题设计，考查学生对基本概念的理解水平，以及运用科学知识解决实际问题的能力，试题具有较高的挑战性。

（3）美国小学科学评价的特点

①建立了较为完善的评价制度，形成了相应的评价标准与规范。

1996 年颁布的《美国国家科学教育标准》制订了科学课程评价的标准与原则，2011 年颁布的《K-12 科学教育框架》与 2013 年 NGSS 将评价事项与学习目标、知识内容结合，提出"澄清声明"，明确了"评估范围"，帮助教师把握科学学习评价的程度，使得评价具体而细致，评价活动在操作上可行。

②形成性评价与终结性评价结合。

除了终结性评价，美国特别关注形成性评价，为此，制订了形成性评价的标准，该标准将学生的形成性表现分为 4 个等级，评价标准清晰明确，操作上可行，形成性评价不再停留在观念层面，教师可以据此对学生的科学学习过程展开评价。

③注重考查学生知识理解与科学实践能力。

为了考查学生知识理解与科学实践能力，美国采用三种类型的题目评价学生的科学知识与科学实践能力。一是选择性题目，如单项选择题；二是结构性反应题目，如简答题；三是综合性题目，主要有检索数据、对信息检索进行分析、设计并完成一项科学调查，侧重考查学生科学知识组织结构的概念地图等。

2. 英国小学科学课程评价

（1）课程文本中的"学习评价"

评价范围与标准

在 2012 年颁布的《科学——英国国家课程，关键阶段 1—4》中，目标是确保所有学生：通过生物学、化学和物理学等特定学科来发展科学知识和理解概念；通过实践活动发展对科学的本质、过程和方法的理解；具备必要的科学知识，以了解其今天和未来的用途与含义。这些规定实际上界定了评价的基本范围。2017年政府咨询委员会发布《英国小学评价》(*Primary assessment in England*)，以下为部分内容展示。

二年级。关键阶段 1 结束时国家课程评价：教师评价的判断使用临时教师评价框架，并以数学、英语阅读（以国内课程测试为依据）、科学和英语写作进行报告。这些教师评价由地方当局进行外部审核，每年对 25% 的学校进行抽样检查。这些评价构成衡量关键阶段 1 和关键阶段 2 之间进展的基线。在国家和地方当局级别（而非学校级别）上发布在英语阅读、英语写作、数学和科学方面达到预期标准的学生比例。

六年级。关键阶段 2 结束时国家课程评价：学生参加外部标记的数学、英语阅读以及英语语法、标点和拼写测试。教师评价判断以英语阅读、英语写作、数学和科学为基础。在国家、地方当局和学校各级公布在阅读、数学（基于测试数据）和写作（基于教师评价判断）的所有方面达到预期标准的学生比例，并用于计算学生在两个学习阶段之间取得的进步。科学抽样测试每两年进行一次。

英国关键阶段 2 的评价如表 5-1 所示。

表 5-1 关键阶段 2 的评价[①]

学习计划描述	建议的评价准则
描述磁铁具有两极（三年级）	科学地工作，建立简单的调查，比较和公平地测试学生对于磁铁两个相反磁极（南极和北极）的认识。 **过程** • 学生可以识别条形磁铁的相反磁极。 • 标记一系列磁铁以显示两极；认识到这些磁体与地球的磁极相关。 • 研究一系列不同形状的磁铁，能够识别正确的磁极，并解释为什么一个条形磁铁分成两块时，会变成两个新的磁铁。
预测两块磁铁是否相互吸引或排斥取决于什么磁极面对面（三年级）	科学地进行简单的实际调查，比较和公平地测试学生面对相同或不同磁极放在一起时，会有什么发现。 **过程** • 认识到如果磁铁不能像预期的那样相互吸引或排斥，它需要转动。 • 学生可以解释异性相吸（N 和 S）和同性相斥（S 和 S；N 和 N）。 • 学生能够准确、一致地预测将已知磁极放在一起的结果。

---

① 表格内容引自 Essex Education Services 团队 2007 年发表的《科学评价声明》.

学习计划描述	建议的评价准则
识别声音是如何产生的，将其中一些声音与振动的物体联系起来（四年级）	科学地进行简单的实际调查，比较和公平地测试学生描述产生声音的多种不同方式，例如敲击、摩擦、摇晃、吹动一些物体或乐器。 **过程** •学生通过观察和报告，简单地说，当一个发出声音的物体（如音叉）被放在皮肤上、水里或一个悬着的乒乓球上时，会发生什么。 •学生进行声音调查，并将物体或物体的一部分的快速运动与单个声音联系起来。 •学生识别乐器的哪个部分"发出"噪声，并将其描述为振动。
认识到声音的振动通过介质传到耳朵（四年级）	科学地进行简单的实际调查，比较和公平地测试学生描述振动的物体或乐器发出的声音是如何传到耳朵里的。 **过程** •一名学生把耳朵放在桌子上，当另一名学生在桌子的另一端轻敲时，说出他听到的声音，并给出原因。 •学生解释为什么他们在游泳时能听到音乐，或者鲸鱼和海豚如何在海里交流。 •使用粒子模型，学生可以解释为什么把钟放在真空罐中时，几乎听不到或根本听不到声音。
找出声音的音高和产生声音的物体的特征之间的模式（四年级）	建立在二年级日常使用材料的基础上，学生科学地提出相关问题，并使用不同类型的科学调查来回答这些问题，研究改变发声物体的物理尺寸或材料的音高的结果。 **过程** •学生用简单的词语描述声音发生器长度改变时发生的事情，例如用剪刀剪下吸管，吹一下不同大小的管子，敲击不同长度的钉子或管子。 •学生使用不同的材料。塑料管发出的声音和金属管一样吗？钟琴和木琴的声音一样吗？ •学生利用他们的知识和对音高的理解，设计或构建他们自己的可变音高乐器。

学习计划描述	建议的评价准则
找出声音的音量和产生声音的振动强度之间的模式（四年级）	在先前关于声音是如何产生的工作的基础上，学生进行一系列公平的测试实践活动，研究创造声音的动作的物理维度变化产生的结果。 **过程** • 学生用简单的术语来描述动作越大发出的声音越大，例如越用力敲鼓，发出的声音越大。 • 学生可以根据振动产生声音给出大声播放音乐可能对他们的耳朵有害的原因。学生可以提出一些为卧室隔音的方法。 • 使用粒子模型；学生可以给出一些理由，解释为什么敲击一个消音处理过的钟不会像没有消音的钟那样响。学生可以提出汽车消声器工作的原理，以及消声器内部可能含有什么材料。
认识到随着与声源距离的增加，声音变得越来越微弱（四年级）	学生科学地进行系统和仔细的观察，在适当的情况下，使用标准单位进行准确的测量，使用一系列设备，例如数据记录器或声速计来调查距离如何影响音量。 **过程** • 学生用图形表示他们的发现，并以简单的方式报告：音量随着与声源距离的增加而减小。 • 学生可以在不同的语境中解释音量和距离之间的关系，比如在夜间过马路时，或者在雾中接近危险的岩石时，这些知识是如何有用的。 • 使用粒子模型，学生可以解释振动 / 位移如何随着声能耗散而减小。

评价的原则及其实施

第一，评价的原则。温·哈伦（Wynne Harlen，2012）指出，评价系统应该提供严格、可靠和可信的数据，这些数据可以作为更广泛的信息的一部分，用来准确地衡量学校，并让学校对学生取得的进步负责。实际评价的内容不可避免地是潜在评价内容的样本。不同的样本会产生不同的结果。所以评价的结果只是一个估计，而不是一个精确的测量，或者说是对学生所知道和能做的一切的陈述。初级科学评价的原则如下：①最终提高学生的学习成绩。②与整个学校课程的学习目标保持一致。③成为教学中不可或缺的一部分，使学生了解他们活动的目的，并提高他们的学习质量。④结合不同种类的定性和定量数据，从各种个人和团体学习活动中，包括学生的自我评价，来决定学生的学习和成就。⑤以近似和样本的形式提供有关学生学习结果的数据，当然，数据会不可避免地受到变化的影响。⑥促进学生积极参与他们的学习和评价，授权和激励他们展示他们的所知和所能。

⑦要有明确的过程，以确保信息是有效的和全面的。⑧满足从课堂实践到国家政策等各个层面所达成的广泛共识的标准。⑨对学生和教师来说，要实事求是、易于管理、透明以及满足时间要求。

英国科学课程的评价分为两个层次：国家测试与学校测试。

国家测试。长期以来，英国义务教育每一个关键阶段结束后，学生均需要参加全国统一考试（Standard Assessment Tests，SATs）。这个考试是运用纸笔测验对学生的科学知识、探究技能、科学方法的掌握状况进行评价，以检验学生的学习情况和科学教育的质量。测试结束后，测试结果常常以书面的形式将成绩反馈给学生、教师和家长。小学的法定国家测试提供了有关学生在全国范围内相对于其他学生表现的信息，可以帮助教师理解国家的期望，并使父母、教师和学校可以参考本地和全国范围内的其他学校来衡量学校的学习进度。但随着SATs的实施，不少家长聘请家教辅导自家孩子的学习，以期提高成绩，加重了学生的学业负担，导致学生厌恶学习、精神紧张，偏离了科学教育的目标。同时，科学教师也反映，由于课程内容数量多、难度大，无法完全讲授所有教学内容，教师面临较大的考试压力，由此引发了社会的不满和有识之士的批评，2009年，英国取消了11岁学生科学课程的国家统一书面考试，用教师的非正式主导评价，代替国家测试。但仍在国家层面展开科学评价抽查，以把握全国的整体状况。

学校测试。学校测试实际上是教师进行评价。教师评价是小学科学教学中最合适的评价形式，这是一个共识。在这个阶段，科学的主要目标是使学生能够"科学工作"，这是不能单独通过外部书面测试来评价的。教师在进行科学调查时可以观察学生，通过听、问、检查作业来确定他们是否理解。另外，学生是否掌握科学词汇和事实知识可以通过教师在适当的时间进行的短期测试或测验来有效地评估。教师主导评价依据国家科学课程的达成目标，重点评价不同关键阶段学生拥有的知识、技能和理解能力，达成目标分为8个水平。每个水平均有相应的具体目标、典型表现。其中，学生在科学探究能力上的达成目标列表如表5-2所示，这些目标成为评价的标准。

表 5-2　学生、学校和国家各级的评价数据和使用情况 [①]

评估层面	时间	数据	使用
个别学生评价及记录	年度层面	• 在这一年内，科学教师收集每个学生的数据，作为他们教学的一部分。	• 在每个关键阶段，教师使用形成性评价记录所有学生的进步情况。 • 每年年底，教师为家长/监护人提供一个报告，概述他们的孩子的成就和有待提高的地方，这些信息会传递给下一任教师或学校。
个别学生评价及记录	在 KS1、低 KS2 和高 KS2 的末尾	• 教师通过判断每一个小学生是否已经达到全国课程测试的总体水平（"科学知识和理解"和"科学工作"）总结每个学生的成绩。这些判断在学校内部进行。	• 在每个关键阶段的末尾记录每个学生在校的整体进步状况。
班级及学校记录	在每个关键阶段的末尾	• 将每个班级和学校的学生个人记录汇总在一起，给出学生在"科学知识和理解"和"科学工作"方面取得学习成果的人数（或百分比）。	• 记录各班、全校学生的学习成绩，由学校高级管理团队用于学校内部考核。 • 在每个关键阶段，学生达到预期学习成果的比例能为学生取得的进步提供依据，比如那些在 KS1 结束时可能无法达到预期的学习但在之后阶段能达到要求的学生。
班级及学校记录	高 KS2 的末尾	• 六年级学生中，每年有一定比例的学生被评为达到了高 KS2 的学习目标。	• 期末 KS2 成绩上报家长和管理者，并在学校网站上公布，作为学校对外公开信息的一部分进行评价。
国家测试表现	每年对六年级学生进行抽样调查	• 从一组测试项目中随机抽取六年级的学生。使用几组项目扩展调查范围，减少测试的影响。国家评价报告每年涉及"科学知识和理解"和"科学工作"方面。	• 提供一个可以跟踪比较的全国性测试成绩图表。 • 关于"科学知识与理解"和"科学工作"方面的报告使学校能够在全国范围内反思自己的表现。

---

① 　表格内容引自温·哈伦（Wynne Harlen）教授团队 2012 年 7 月的研究报告.

评价资料的收集

评价是收集、分析和解释依据，并利用这些依据推断学生知道什么和能做什么的过程。那么如何收集评价资料呢？评价资料的收集包括如下内容。

个别学生评价及记录。为了确定和报告个别学生的成绩，教师可以通过多种方式收集信息。比如观察、讨论、简短测试及学生的书面报告和口头报告。这些信息可以形成学生评价的基本资料，上述资料可附在年终报告内传达给家长及学生的下一任教师或学校。因此，学校需要保留关于个别学生成绩的关键阶段记录，报告其组成部分。可使用四个关键期目标，也可将这些简化为两个部分，如"科学知识和理解"和"科学学习"，然后将学生成绩的证据与关键阶段的预期学习结果（即在关键阶段要教授的知识、技能和理解）进行比较。

汇总班级和学校的记录。学校收集学生的群体数据，在关键阶段特别是在KS2结束时，记录每个关键阶段取得学习成果的学生比例。每个学生的成绩也可以用不同的方法加以汇总，用来研究特定学生群体的成绩，如可以按性别、背景或其他核心科目的成绩来分类，以便帮助那些年底KS1没达标的学生在以后的阶段继续学习。班级和校级数据可用于内部报告和学校年度报告，并用来指导教师的教学和未来学习的改进。

全国性评价资料。在全国范围内收集学生作业范例，可以增进教师对如何选择标准和应用标准的理解。教师应该根据每个学生的学习范围来作出总结性判断，因此最有用的范例材料是以作品集的形式出现的。在可能的情况下，范例应该涵盖教师在评价中使用的证据类型——学生的谈话、行动、写作、绘画和手工制品。对全国学生群体的抽样测试可以提供有关全国情况的数据，这些数据反过来又反馈给学校，为学校教学提供参考。

第二，评价的方法。在英国，学生日常评价主要包括当堂检查、单元考试和期中考试，这些评价完全由任课教师决定。评价方法主要有以下几种。

专栏评价。专栏提供评价学生学习情况的标准。它们可用于评价几乎任何产品或行为，例如论文、研究报告、作品集、艺术品、独奏会、口头演讲、表演和小组活动。专栏可用于向学生阐明期望，向学生提供形成性反馈，为学生评分或评价课程。有两种主要类型：整体评分，即产品或行为的整体评分；分析专栏，即对产品或产品的特定特征进行单独的评分。

练习作业。教师利用相应的测试题，让学生进行测试。练习作业包括在校完成的专题作业（独立或小组合作完成）和在家中由家长监督完成的作业。

学期结束时，教师结合日常教学手册和学生练习作业，合理评价学生的成绩等级，并将学生的成绩等级上传机构的评价平台。

（2）学生试卷举例

2016 年，英国举行了全国性科学抽样测试，编制了不同阶段的科学测试样题，下面是 2016 年关键阶段 2 科学活动部分的全国课程测验。

在校园里，一些孩子得到三棵毛茛。他们将每棵植物放在条件不同的地方。两周后，毛茛生长情况如下图所示。

A地 （黄色叶子） B地 （绿色叶子） C地 （绿色叶子）

在下表中写下 A、B 和 C，并将每个地点与那里的条件匹配。

地点	条件	
	植物需要阳光吗？	植物需要水吗？
	√	√
	√	×
	×	√

植物之间存在差异。这些差异有助于人们将植物分类。在解释将植物分类的每个原因旁边写上对或错。

防止植物灭绝　　　　　　对□　　　　错□

可以帮助人们识别植物　　对□　　　　错□

可以帮助植物繁殖　　　　对□　　　　错□

孩子们在校园里看到了不同的植物。他们记录了不同地方 1 平方米草坪中车前草和毛茛的数量。

车前草　　　　毛茛

下表显示了其结果。

每个地方有多少孩子在玩耍	植物数量（1平方米）	
	车前草/株	毛茛/株
许多	12	0
一些	4	3
很少	1	9

描述一个地方有多少孩子玩耍与该地方发现的车前草数量之间的关系。

毛茛的茎细长。

毛茛的细长茎使它们无法在有许多孩子玩的地方存活。

解释这是为什么。

_____

_____

（3）英国小学科学评价的特点

①设置不同层面的评价，国家考试与学校考试并存。

英国教育和科学部、威尔士事务部 1987 年颁布的《全国统一课程（5—16 岁）》指出："我们将为数学、英语和科学这 3 门核心学科设立成绩目标。这些目标将确定通常我们期望学生在 7 岁、11 岁、14 岁和 16 岁应该掌握的知识、技能和应具备的理解力；这些目标还将使我们能根据确定的全国统一标准来评定每一个学生的进步；这些目标还将反映学生（要使自己学业进步，成为有理想、有知识的人）所必须达到的那种成绩水平。成绩目标的范围应该满足各种能力水平，而且应该在所有水平上都具有充分的挑战，以提高期望水平，尤其是提高那些（经常对自己要求不高的）中等成绩学生的期望水平，并进一步发展和激励那些最能干的学生。这是提高学业成就水准的一个已被证实了的基本方法。"尽管 2009 年实行教师主导的评价，但英国小学生毕业时要参加全英国统一的毕业考试，考试成绩不作为学生的升学依据，只作为学校教学质量评价的一个方面。

②注重发挥评价的多种功能，尤其是评价对教师教学与学生学习的形成性作用。

SATs 在支持教师提高所有学生的教育成果方面可以发挥关键作用，并实现若干目的。它提供关于学生在全国范围内与其他学生相比表现如何的信息，帮助教师了解全国的测试表现，并使家长、教师和学校能够将自己学校的进步与地方乃至全国其他学校进行比较。它还使政府能够让学校对他们为学生所做的工作负责，

第五章 小学科学课程评价比较

监督国家标准和衡量教育政策的影响。同时，评价重心下移，注重教师主导的评价，通过教师评价，将形成性评价作为日常教学实践的一部分，发现问题，改进提高，帮助学生取得学习成果。在形成性评价的基础上进行终结性评价。形成性评价耗时较长，终结性评价仅仅在关键阶段结束时进行，能减轻学生的考试负担。

③关注学生的学习表现，开展科学工作的评价。

为了让学生表现出他们在"科学学习"方面的能力，需要置评价于提出问题、计划调查、观察、测量、分析、辩论和评估的环境中。学生必须用论据和证据支持他们的结论，并与他人合作。这种情况也为学生提供机会，使他们发展并表现出愿意考虑与证据有关的态度。为了能够展示他们的知识和理解，学生被要求把他们的想法应用到新的事件和现象中。收集知识、理解、技能和态度的证据涉及一系列不同的评价方法。"科学工作"的能力只有在学生处于科学工作的情况下才能得到有效的评价，例如计划和进行调查。知识的应用最好通过讨论学生不熟悉的事件和现象来评价。

3. 日本小学科学课程评价

（1）课程文本中的"学习评价"

对于学生科学学习的评价，日本提出详细要求，分别为"对自然的事物和现象的关心、热情、态度""科学的思考表达""观察、实验的技能""关于自然的事物和现象的知识、理解"4个方面，如表 5-3 所示。

表 5-3　日本小学科学评价的维度和具体要求

评价维度	对自然的事物和现象的关心、热情、态度	科学的思考表达	观察、实验的技能	关于自然的事物和现象的知识、理解
评价要求	亲近自然，积极进行调查自然的事物和现象的活动，热爱自然，同时将这种情感或态度运用到生活中去。	从自然的事物和现象中发现问题，有目的地进行比较，寻找关联、控制条件，多方面地进行探究、调查、研究、分析结果，科学地认识自然事物和现象，从而解决问题。	观察自然的事物和现象，有计划地进行实验，根据实验目的选择、使用实验器材，并把过程和结果准确地记录下来。	关于自然的事物和现象的性质、规律及相互关系等的理解，并具有对自然事物或现象的看法、见解。

（2）评价的实施

下面以三年级"磁铁的性质"为例加以说明。

磁铁的性质——通过行动观察和记录分析，进行"观察、实验的技能"方面的评价，如表5-4所示。

学生学习前的情况（略）。

教材特点·教具准备。准备并提供让学生在玩的过程中，能够注意到磁铁的性质的教具（略）。

表5-4　日本小学科学评价具体目标（评价标准）

对自然的事物和现象的关心、热情、态度	科学的思考、表达	观察、实验的技能	关于自然的事物和现象的知识、理解
使用磁铁，调查各种各样的物体，进行制作活动。	能够用科学的观点解释关于磁铁性质的事实。	为了验证自己的想法，思考用必要的方法进行科学探究活动。	理解有的物体能被磁铁吸住，有的物体不能被磁铁吸住。此外，能被磁铁吸住的物体，被磁铁吸住之后，就具有了磁铁的性质。理解磁铁异极磁极相吸引，同极磁极相排斥。

目标和指导计划

调查能被磁铁吸住的物体和磁铁的性质，对调查中发现的问题产生兴趣，并进行探究、制作活动。通过这样的活动，对磁铁的性质形成科学的看法和观点。

［第一部分］调查磁铁（4课时）

［第二部分］调查磁铁的性质，包括指向性、磁极、磁化作用（6课时）

［第三部分］使用磁铁制作玩具和游戏（4课时）

评价与指导（观察、实验的技能；记录和发言分析）

评价标准：

观察、实验的技能（比较能力）

在使用磁铁进行钓"鱼"的活动中，把"鱼"的各种情况与磁铁的作用进行比较，能够提出解决问题的大致方案（行动观察和记录分析）。

评价情境：

在每组的桌子上放一个装有水的盆。首先，把红色的"鱼"放入水盆里，观察它的游动，让学生能够注意到它们都朝一个方向游动。

然后，把红色、橘黄色、黄色和绿色的"鱼"都放进去，在盆底部放上一块磁铁作为钓鱼工具，进行钓鱼活动。让学生体验到：本应该钓不到的"鱼"却钓到了。有的到处逃跑怎么也钓不到，钓到的"鱼"排列的情况不一样。

通过分析学生的记录卡，观察学生在活动中的发言和行为，比较学生在使用磁铁的活动中的体验等，评价学生是否能够提出解决问题的大致方案。

评价指标：

A 能够注意到与磁铁的指向性、磁铁的性质、磁化作用的相关现象，在第一次课使用磁铁，有了一定体验的基础上，能够提出解决问题的大致方向，并预测结果。

B 能够注意到与磁铁的指向性、磁铁的性质、磁化作用的相关现象，能够发现与磁铁的作用相似的现象，并记录下来，进行发言等。

C 能够记录与磁铁的指向性、磁铁的性质、磁化作用的相关现象，也能发言，但不能发现与磁铁的作用相似的现象。

附：学习记录分析案例

1. 进行钓"鱼"活动，并进行记录

能够尽量地把注意到的"鱼"的各种各样的动作表达出来，也能够了解其他同学注意到的问题，同时，为了便于教师评价，把注意到的和了解到的问题写在记录卡上，然后贴在黑板上。

2. 整理大家注意到的问题，讨论解决问题的方案

在了解了所有"鱼"的情况之后，在全班进行讨论和汇报。首先，对每个人提出的问题进行整理；然后，为了能对需要解决的问题提出大致的解决方案，尽量让他们回想"鱼"的动作，对解决方法和结果进行大致的回顾。

特别是关于磁铁的指向性问题，很少有人注意到。因此，可以让学生回想使用指南针时的情况，再次进行试验并讨论，使他们能够与大家一起共享注意到的问题。

最后，整理信息记录中注意到的问题以及解决问题的想法等。根据评价标准对每个学生分别进行分析后，有针对性地进行个别指导和帮助。

（3）日本小学科学课程评价的特点

①注重科学态度的评价。

与其他发达国家相比，日本特别重视科学态度评价，在评价的四个维度之中，"对自然的事物和现象的关心、热情、态度"被置于首位，表明日本特别重视培养学生的科学情感与精神。

②评价与教学统一。

日本将评价过程贯穿教学设计与实施过程，在教学活动开展的同时进行评价，教学目标、实施过程与教学评价保持一致。日本科学单元教学目标包括"对自然的事物和现象的关心、热情、态度""科学的思考、表达""观察、实验的技能""关于自然的事物和现象的知识、理解"四个方面，每一节课都对这些目标有所设计。例如，"水"单元的第一课"1.水跑到哪儿去了？"中，对于洗的衣服里水的去向问题，就是侧重"技能、表现"方面的评价。主要评价学生是否在自己思考的基础上，考虑实验方法并进行验证，以及评价学生是否能够把实验结果与时间、温度和水的状态变化联系起来进行考虑。因此，教学评价就是对课程标准中规定的各年级、各单元教学目标的具体评价。由此可以看出，日本小学科学的教学目标与教学评价的一致性（孟令红，2009）。

表5-5是日本"水"单元教学评价标准与教学目标的对应。

表5-5　日本"水"单元教学评价标准与教学目标的对应

部分名称	课时安排	具体活动	评价标准与教学目标的对应关系
1.水的蒸发	3课时	活动（1）：观察烧杯中水的变化	观察、实验的技能
		活动（2）：比较朝阳处和背阴处水蒸发的情况	关于自然的事物和现象的知识、理解2 科学的思考表达1
2.水的沸腾	4课时	活动（3）：给水加热，观察水的变化	对自然的事物和现象的关心、热情、态度1 观察、实验的技能1、2
		活动（4）：调查水沸腾时产生的泡泡是什么	对自然的事物和现象的关心、热情、态度2 科学的思考、表达2 观察、实验的技能1 关于自然的事物和现象的知识、理解2

部分名称	课时安排	具体活动	评价标准与教学目标的对应关系
3. 水的凝结、结冰	2 课时	活动（5）：用电子秤测量装有冰块烧杯的质量变化	科学的思考、表达 2 关于自然的事物和现象的知识、理解 2
		活动（6）：冷却试管里的水，观察发生的现象	对自然的事物和现象的关心、热情、态度 2
4. 水状态变化与温度	1 课时	总结温度与水状态变化之间的关系	科学的思考、表达 1

（二）一流发达国家小学科学课程评价的特点

1. 形成了一些较为完善、影响较大的科学课程评价模式

美国研究与尝试了多种评价方式，形成了较为完备的体系，提供了多种有前途的选择，主要评价模式（体系）有："2061 计划"评价（Identifying for Science Literacy: A Project 2061 Evaluation tool）、NAEP 科学测试（National Assessment of Educational Progress）、CBAS 评价等。

"2061 计划"的评价体系。该评价体系围绕学生科学学习展开评价，强调评价对学生科学学习的促进功能，如表 5-6 所示。

表 5-6　美国"2061 计划"的评价体系

教学评价类型	教学评价标准
明确学习目标	明确单元学习目标；明确每节课或活动的学习目标；使课文或活动的顺序合理
关注学生的观点	关注已有知识和技能；提醒教师注意学生普遍持有的观念；帮助教师确认学生的观念；转化学生普遍持有的观念
使学生专注于相关的现象	提供各种现象以支持核心概念；提供生动的体验
发展和运用科学概念	有意义地介绍科学术语；有效地表述科学概念；示范知识的应用；提供实践使学生练习技能或掌握知识
促进学生对现象、活动和已学的知识进行思考	鼓励学生解释他们的想法；指导学生进行解释和推理；鼓励学生反思所学的知识

教学评价类型	教学评价标准
评价学生的进步	教学评价与教学目标一致；为理解而测试；运用评价来指导教学
加强学习科学的环境	为教师提供内容支持；鼓励学生的好奇心和质疑精神；使所有学生获得成功

NAEP 科学测试。美国"国家教育进展评价"，是美国国内一项连续、长期的中小学生学业成绩评价系统，又被称为国家教育报告卡（Nation's Report Card）。NAEP 科学测试包括交互式计算机任务，旨在测试学生参与科学探究实践的能力。它在美国教育领域占据着独特的地位，在世界范围内也产生了重要影响，成为其他国家建立教育质量监测体系的范例，被多个国家借鉴和模仿。

上述科学评价关注学生对科学内容和科学方法理解的测试，通过收集相关资料，证明学生可以适当地运用他们现有的知识和技能，关注知识的理解与运用，评价学生对科学和工程实践、跨学科概念和学科核心概念的了解程度。

2. 科学学习评价内容具体、细致，为评价提供指导

1996 年颁布的《美国国家科学教育标准》制订了系列评价标准，如评价标准B：待收集的学习成绩数据要集中在对学生最重要的科学内容上。内容标准确定了所有学生需要掌握的科学内容。这些标准描述了丰富而多样的科学教育成果，其中包括探究的能力；了解和理解科学事实、概念、原理、定律和理论；进行科学推理的能力；运用科学进行个人事务决策和形成对社会问题的看法的能力。2011年颁布的《K-12科学教育框架》中的评价涉及科学与工程实践、学科核心概念、跨学科概念的评价三个方面。从科学测试题目看，科学学习的评价不仅考查科学知识与概念的理解，还特别关注科学知识运用的评价。英国对科学知识与理解的评价特别细致，制订了评价的基本要点，为科学学习评价测试提供了切实的指导。如英国四年级的科学知识和概念理解期望。表5-7呈现了英国四年级的科学知识和概念理解期望。

表 5-7　英国四年级的科学知识和概念理解期望

材料性质和变化—物质状态	声音	电流
● 根据材料是固体、液体还是气体，对它们进行比较和分组。 ● 观察一些材料在加热或冷却时的状态变化，并测量或研究其温度（摄氏度）。 ● 确定水循环中蒸发和冷凝所起的作用，并将蒸发率与温度联系起来。 ● 固体、液体和气体可通过其可观察的特性进行识别。 ● 固体具有固定的大小和形状（大小和形状在外力作用下可以发生改变）。 ● 液体可以倾倒并形成放置它们的容器的形状。 ● 液体形成一个水池，而不是一堆。 ● 粉末状的固体可以像液体一样倾倒，但会成堆而不会成池。 ● 气体会充满放置它们的容器。 ● 气体会从未密封的容器中溢出。 ● 通过压缩/加压可使气体变小。 ● 液体和气体可以流动。	**振动** ● 识别声音是如何发出的，将其中一些声音与振动的物体联系起来。 ● 认识到声音的振动通过介质传到耳朵。 ● 找到声音的音量和产生声音的振动强度之间的模式。 ● 意识到随着离声源距离越来越远，声音变得越来越微弱。 ● 认识到可以使用多种物体（乐器、日常材料、身体）以多种方式（弹奏、敲打、摇晃、吹奏）发出声音。 ● 声音从源头向四面八方传播。 ● 振动可能并非总是肉眼可见。 **音调** ● 找出音调和产生音调的物体特征之间的模式。 ● 声音可以是高音或低音。 ● 音调可以改变。 ● 音调可以通过改变振动物体的材料、张力、厚度、长度或者改变振动空气柱的长度来改变。 **消音/阻挡声音** ● 认识到声音的振动通过介质传到耳朵。 ● 当声音进入我们的耳朵时就会被听到（尽管在这个年龄阶段耳朵的结构的学习并不重要）。 ● 通过使材料振动，声音可以穿过固体、液体和空气/气体。 ● 改变振动通过的介质可以减少声音的传播。 ● 声音的传播可以被阻止。	● 识别用电的常用电器。 ● 构造一个简单的串联电路，识别并命名其基本部件，包括电池、电线、灯泡、开关和蜂鸣器。 ● 根据灯泡是不是电池完整回路的一部分，确定灯泡是否会在简单的串联电路中被点亮。 ● 识别到开关可打开和关闭电路，并将其与简单串联电路中的灯是否被点亮相关联。 ● 识别一些常见的导体和绝缘体，并将金属与良好的导体联系起来。 ● 电是危险的。 ● 电源可以是输电线或电池。 ● 电池在电路中"推动"电力，可以使灯泡、蜂鸣器和电机工作。 ● 可以通过系统地测试连接来发现电路中的故障。 ● 图纸、照片和图表可用于表示电路。

3. 关注科学探究的评价，指导探究教学活动

1996 年实施的《美国国家科学教育标准》提出改变评价的重点：从评价分割的知识到评价具有良好结构的丰富知识；从评价科学知识到评价科学理解力和推理能力；从只评价成绩到既评价成绩，又评价学习机会；从由教师在期末评价到学生参与对自己和他人学习成果的评价。美国 2013 年的 NGSS 将评价标准与学习目标合并为"预期表现"，提示"评价边界"，以追求教学评一体化。

1995 年英国颁布的《国家科学教育课程标准》提出科学探究能力的组成要素：科学知识、过程理解、基本技能、情景。要求探究学习的评价必须包括部分探究能力和整体探究能力，评价必须同科学知识相联系，在解决实际问题的活动中进行评价，因为解决问题的能力受到问题呈现的背景的影响（见表 5-8）（陈彦芬 等，2005）。英国 2013 年《英国国家课程框架文件》对学生各个领域学习后的成绩标准提出了明确而清晰的要求，能为科学学习评价提供有力支持。

表 5-8　学生在科学探究能力方面的发展

进步和发展	KS1	KS2	KS3	KS4
背景	学校和家庭中的常见事物和现象	地区、环境和生产的背景	日常的更广阔的背景（生产、社会和历史等）	运用科学知识（包括抽象概念）解决生产、社会、环境和历史背景的问题
概念	日常应用的熟悉概念	KS1-KS2 中的科学概念	KS1-KS3 中的科学概念	KS1-KS4 中的科学原理、理论和模型等
技能促进	观察；提问；预测	作出可检验的预测；鼓励可检验假说的叙述	可检验的假说；推测相关变量的关系	基于理论和模型的预测
变量	对物质、事物进行直接的分类、分组和描述；应用简单的测量思考实验的可靠性	在可靠实验中识别和测量关键变量；应用一些仪器进行测量	识别、描述和控制多于一个的关键变量；应用复杂的测量仪器	应用相关变量设计多于一个变量的实验过程；考虑实验误差

续表

进步和发展	KS1	KS2	KS3	KS4
解释	鼓励对结果的解释	根据探究问题解释数据； 基于实验作出简单的解释	发现数据变化的趋势； 运用数学关系考虑证据的不同解释	运用抽象推理发现数据的变化趋势； 解释结论的可检验性
评价	反思所做的实验	评价探究过程	理解证据的有限性； 反思性评价实验	思考证据或证明的性质； 批判性评价； 误差分析

二、中等发达国家小学科学课程评价

由于资料的限制，本章主要介绍与分析加拿大、澳大利亚、新加坡三国的小学科学课程评价。

（一）加拿大、澳大利亚、新加坡小学科学课程评价

1. 加拿大小学科学课程评价

1984年，加拿大科学理事会发表了一份题为《每个学生的科学：为了未来世界的加拿大人》的报告。该报告指出，科学教育必须以参加技术社会为基础，它是持续教育过程的一部分，是为工作世界做的准备，是学生个人发展的手段。

（1）科学学习评价的维度

1996年，加拿大教育部将 SAIP 科学（School Achievement Indicators Program Science）作为科学素养评价。SAIP 科学的评价项目要求学生将他们对科学的理解与他们所熟悉的现实情况联系起来。学生对科学概念的知识及其对周围社会的应用，以及对科学本质的理解，都是通过对多项选择题和建构性问题的回答来衡量

的。SAIP 科学包含了一个实践任务部分，要求学生展示他们将科学探究和解决问题的技能应用到简单的实践任务中的能力。1997 年，加拿大教育部发布了《K-12科学学习目标共同框架》，作为学校课程协作的泛加拿大协议的一部分。该文件描述了学生科学素养的四个基础：科学、技术、社会与环境（STSE）。2007 年，加拿大安大略省对科学课程评价进行了修订，修订后的评价指标包括四大方面、四种水平：①知道和理解：获得具体学科的内容并理解其意义和重要性。②思考和探究：运用批判性和创造性思维，解决问题的技能或过程。③交流：通过各种形式传达意图。④应用：在各种情境中利用知识与技能。评价项目与评价等级如表5-9 所示（广东省教育研究院 等，2016）[126-128]。

表5-9 加拿大安大略省科学学习评价水平

项目	细目	水平1	水平2	水平3	水平4
知道和理解	知道有关内容（如事实、术语、定义，一些工具、设备和材料的安全使用）	知道有限的内容	知道一些内容	知道相当多的内容	知道全部的内容
	理解有关内容（如概念、事实、观点、理论、原理、程序、过程）	理解有限的内容	理解一些内容	理解相当多的内容	理解全部的内容
思考和探究	运用制订计划的技能和策略（如明确问题、拣出难点、提出假设、排出日程、选择策略和资源、制订计划）	有限地运用	有效地运用	相当有效地运用	非常有效地运用
	运用过程技能和编制技能与策略（如开展和记录、收集证据和数据、观察、安全地使用材料和设备、维持平衡、校正）	有限地运用	有效地运用	相当有效地运用	非常有效地运用
交流	运用批判性/创造性思维过程、技能和策略（如分析、解释说明、问题解决、评价、基于证据形成和证实结论）	有限地运用	有效地运用	相当有效地运用	非常有效地运用
	以口头、视觉或书面形式（如图表、模型）组织和表达一些想法和信息（如清晰地表达、有逻辑性地组织）	有限地组织和表达	有效地组织和表达	相当有效地组织和表达	非常有效地组织和表达

续表

项目	细目	水平1	水平2	水平3	水平4
交流	以口头、视觉或书面形式与不同的对象（如同伴、成年人）进行不同目的的交流（如通知、劝说）	有限地交流	有效地交流	相当有效地交流	非常有效地交流
	在口头、视觉或书面形式的交流中使用相关学科的惯例、词汇和术语（如符号、公式、科学的标注、国际单位）	有限地使用	有效地使用	相当有效地用	非常有效地用
应用	在常见情境中应用相关知识和技能（如应用概念和方法、使用器材和技术、应用科学的调查技能）	有限地应用	有效地应用	相当有效地应用	非常有效地应用
	将知识和技能（如应用概念和方法、使用器材和技术、应用科学的调查技能）应用到不熟悉的情境中	有限地应用	有效地应用	相当有效地应用	非常有效地应用
	将科学、技能、社会、环境相联系（如评价科学技术给人类、其他生物以及环境带来的影响）	有限地联系	有效地联系	相当有效地联系	非常有效地联系
	提出采取实际行动的建议，以处理和应对与科学、技能、社会、环境相关的问题	有限地提出建议	有效地提出建议	相当有效地提出建议	非常有效地提出建议

简评：该评价强调从学生的作业、日常观察、交流讨论、项目研究、成果展示、表现和测试中获取信息，评价学生科学学习的优点与不足，并通过叙述性的意见反馈，指导学生改进与提高。小学科学四个维度（知道和理解、思考和探究、交流、应用）四种水平的等级评价能显示学生科学学习的不同水平，由低到高分别描述评价指标，可对学生的科学学习质量进行客观的判断，帮助和指导教师开发评价任务和工具，对学生的科学学习进行有效评价，同时也能为教师的科学教学提供依据，有助于教师改善教学活动。

2013年，泛加拿大评估项目（Pan-Canadian Assessment Program，PCAP）将科

学素养定义为：学生运用与科学相关的态度、技能和知识来进行调查、解决问题和科学地推理，从而理解科学的本质，并对与科学相关的问题作出以证据为基础的决策。基于上述定义，加拿大2013年颁布了《泛加拿大评估计划：科学评估框架》，将科学领域划分为三种能力、四个子领域和特定环境中的态度。分述如下。

三种能力：①科学探究：了解科学研究是如何进行的，以便为自然现象提供基于证据的解释。②解决问题：运用科学知识和技能解决社会和环境问题。③科学推理：能够运用科学知识和技能进行科学推理，建立联系，作出决策，解决涉及科学、技术、社会和环境的问题。对于每种能力，根据学生对相关实践和过程的理解进行评价，见表5-10。

表5-10 科学探究、解决问题、科学推理（能力）

科学探究	解决问题	科学推理
制订假说； 使用观测； 设计和调查； 组织和沟通信息； 分析和解释数据（例如，使用图表和表格）； 应用科学调查的结果； 根据所提供的证据，选择可供选择的结论； 根据所提供的证据，为结论提供理由； 得出结论时识别所作的假设	定义问题； 描述问题； 确定与问题相关的目标； 通过认识科学思想来解决问题； 针对确定的问题选择适当的解决方案； 验证和解释结果（沟通、反映）； 概括解决方案（在通常不被认为是科学的环境中认识并应用科学）； 提供解决方案的理由，以及它如何满足解决问题的标准； 确定在解决问题时所作的假设； 在处理问题时表现出可持续发展和管理的意识	识别模式； 提出合理的论点； 验证结论； 判断论点的有效性； 从证据中构建有效的论点和解释； 依据科学原理，在已有基础上建立一个连贯的整体； 使用推理，以便对与证据相关的特定问题作出明智的决定； 运用推理来理解与科学相关的问题； 根据所提供的证据，为决定提供理由； 确定针对该问题所作决策的假设和限制； 开发和使用模型； 尊重和支持基于证据的知识； 对与科学相关的问题表现出兴趣和意识

四个子领域：自然科学、生命科学、物理科学和地球科学，每个子领域包含

一些具体的指标，这些评价指标或问题具体见表5-11。

表 5-11　自然科学、生命科学、物理科学和地球科学（领域）

自然科学	生命科学	物理科学与地球科学
• 了解科学知识发展过程中收集证据、发现关系、提出解释之间的关系。 • 区分过程和术语，哪些是科学的，哪些不是。 • 描述基于证据的决策过程中的科学探究和问题解决。 • 区分定性和定量数据。 • 识别测量的特征（例如，重复性、变异性、设备和程序中的准确性/精密度）。 • 区分不同类型的科学解释（如假说、理论、模型、定律）。 • 举例说明导致技术发展的科学原理。 • 根据科学问题的性质展示科学素养。	• 解释和比较负责维持有机体生命的过程。 • 描述生物的特征和需求。 • 区分细胞和细胞成分。 • 描述与能量、营养和废物的输入与输出相关的系统的功能和相互依赖性。 • 展示与生命科学相关的科学素养。	物理科学 • 描述物质的属性和成分，并解释这些成分之间的相互作用。如物质的状态（即固体、液体和气体）；物质的性质和变化；粒子理论；质量和体积。 • 展示与物理科学相关的科学素养。 地球科学 • 解释水是如何成为社会资源的。 • 解释变化模式及其对地球水资源的影响（例如，水分布；天气；风化和侵蚀；水对区域气候的影响）。 • 展示各自对地球科学问题的科学素养。

特定环境中的态度：①对科学相关问题的兴趣和意识；②尊重和支持基于证据的知识；③对可持续发展和管理的认识。

PCAP评价单元包括一个开放的情境，通常随后有3~6个评价项目来评价一个能力和一个子领域。例如：

选择最符合你对卡罗尔和纳萨莉决定把病菌从沼泽中移出并带到学校的意见的选项。这个问题没有对错之分。

A. 我同意把病菌带到学校的决定，因为保护环境的责任属于政府。

B. 我同意把病菌带到学校的决定，因为它只是一个小病菌。

C. 如果我的同学不带病菌回学校，我也不会带。

D. 即使我所有的同学都决定这样做，我也不会把病菌带回学校。

（2）小学科学课程评价的方法

加拿大提出多种评价方法或策略，如2013年的《泛加拿大评估计划：科学评估框架》列举了一些基本的评价方法。

故事写作。故事可以帮助人们理解自然世界中的观察结果。讲故事、读故事是一种引人入胜的表达信息的方式。

信函写作。信函和说服性写作对于科学和数学过程以及科学与社会之间的关系至关重要。信函写作为学生提供了机会，可以证明他们交流和运用在科学领域学到的概念的能力。

广告。广告将事实和想法汇集在一起，传达一种观点。广告中通常会使用统计数据或实验结果。学生具有直接的媒体经验，当他们创建科学"商业"时，常常会产生兴趣。

反思。当教师要求学生以开放的方式反思他们对某个主题的了解或想知道的内容时，它将扩大学生对重要内容的看法。书面反思可以记录为日记条目、有说服力的文章、学校出版物的文章或报告。

游戏。当学生参加科学游戏时，技能和知识就会生动地展现出来。对于许多学生而言，游戏比正式测试或口头和书面演示文稿更具挑战性和吸引力。

后期测试。在最终测试中表现出色的学生可能在单元开始之前已经了解了这些概念；表现欠佳的学生单元学习开始时存在误解，单元学习期间这些误解发生了变化。如果在单元前后对学生进行评价，不仅可以衡量学生知道的内容，还可以评价他们学到的东西。

模型制作。模型是对世界的简化表示，使我们能够以新的方式进行思考，作出预测并检验想法。建模是科学实践的基本组成部分，它使学生以更深入的方式使世界可视化。

探索。探索新景观或新情况是科学学科的关键部分。探索能促进学生使用技能，例如，运用所有感官进行观察，记录观察结果，进行比较，提出问题和假设以及进行推论。

实验。当学生设计、实施和分析实验时，教师有机会观察学生：描述变量，进行比较与控制，确定适当的结果，反思实验并得出结论。

调查。科学调查涵盖提出和回答问题的整个过程，并使用各种工具和策略来获得最佳答案。学生运用所学内容和技巧来构建解决问题的途径，进行观察，收集和分析数据并得出结论。

大会、会议和辩论。在科学大会上，参加者分享想法。他们了解彼此的研究，展开争论，辩论和评估彼此的工作。

应用概念。当一项活动需要应用知识时，教师让学生在新的或现实的情况下应用概念。

教师观察。基于特定标准，对学生的学习进度进行开放式观察，开展评价工作，尤其是在小组学习或独立学习期间，也可以与学生自我评估有效地结合起来。课堂中的教师观察项目包括对科学的欣赏、对科学的兴趣、科学探究、协作、安全等，具体内容如下。[①]

对科学的欣赏（略）。

对科学的兴趣。①尝试通过试验和仔细观察来回答他们自己的问题。②与同学分享和讨论从书本或其他渠道收集到的与科学相关的信息，或与家庭成员、教师、同学和专家进行个人讨论。③询问科学家在特定领域的工作。④表达阅读科学书籍和杂志的乐趣。⑤愿意表达他们个人看待世界的方式。⑥对他们的科学能力表现出信心。⑦培养与科学相关的爱好。⑧以业余科学家的身份参与探索和科学探究，得出自己的结论，而不是别人的结论。⑨要求使用额外的科学设备来更详细地观察物体。⑩通过探索和进行简单的实验来表达寻找答案的渴望。

科学探究。①积极回答其他同学提出的问题。②认真倾听其他同学的想法，并考虑尝试他们自己以外的建议。③开放地考虑非传统的科学方法。④在作出决定前寻求更多的信息。⑤基于证据得出结论，而不是先入为主的想法或预感。⑥报告并记录观察到的内容，而不是他们认为应该是什么，或者他们认为老师期望什么。⑦面对新的信息或证据时，愿意考虑改变行动和观点。⑧收集证据时，准确记录所见或所测。

协作。①完成小组活动或项目，愿意参与合作解决问题。②在整个活动期间与团队成员在一起，愿意为团队活动或项目作出贡献。③乐于与他人合作，无论他们的年龄、性别、身体或文化特征如何。④乐于考虑他人的世界观。

安全。①寻找材料上的标签，并寻求帮助来解释它们。②确保遵循程序的所有步骤或给出的所有指示。③运输材料时反复使用安全技术。④在处理任何材料之前，先征求教师的意见。⑤必要时愿意穿适当的安全服装。⑥认识到他们对安

---

① 选自加拿大新斯科舍省（Province of Nova Scotia）2011 年版《科学 4—5：联合课堂教学手册》。

全程序关注不足所导致的问题负有责任。⑦活动期间待在自己的工作区域，尽量减少分心和事故。⑧立即向教师报告溢出物、破损或异常情况。⑨参与活动后的清洁工作。⑩对于伤口、烧伤和异常反应等急救问题，立即寻求帮助。

（3）试卷分析

下面以亚伯达省教育局2017年编制的小学6年级科学省级成绩测试为例加以说明与分析。

2017年省级成绩测试题

1. 詹妮弗（Jennifer）和以西结（Ezekiel）进行了一项实验，以了解空气的特性。詹妮弗盖住了注射器底部的开口，而以西结推动活塞。他们观察到活塞在注射器筒中移动。以下哪个说法最能说明为什么活塞可以在注射器筒中移动？（　　）

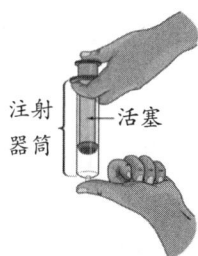

A. 注射器外部的气压较小

B. 注射器内部的空气正在被压缩

C. 注射器外部的气压更高

D. 注射器内部的空气在重力作用下被下拉

2. 马塞尔（Marcel）在他的教科书页面之间放了一张纸，使一半的纸悬在书的正面。如果马塞尔将空气吹到纸张顶部，则这张纸很可能会（　　）。

A. 抬起，因为纸张下方存在低压区域

B. 抬起，因为纸张上方存在低压区域

C. 保持静止，因为纸张下方存在低压区域

D. 保持静止，因为纸张上方存在低压区域

3. 杰里米（Jeremy）在动物园观察企鹅时，向他的兄弟解释说，由于企鹅无法飞翔，所以围墙没有屋顶。杰里米解释说企鹅不能飞是因为（　　）。

A. 身体形状产生的阻力阻止飞行

B. 腿部肌肉不能产生推力

C. 重力小于其鳍肢可产生的升力

D. 重力大于其鳍肢可产生的升力

4. 雨燕具有圆锥形的头部和细长的翅膀。这些特征有助于雨燕进行迅速的长距离飞行。上述特征主要是在雨燕飞行时（　　）。

A. 增加升力和阻力

B. 降低升力和阻力

C. 增加升力和减少阻力

D. 降低升力并增加阻力

5. 飞机的哪一部分功能与飞行中的鸟的胸肌功能最相似？（　　　）

A. 引擎　　　　　　　　B. 舵　　　　　　　C. 副翼　　　　　　　D. 机身

6. 飞机上舵的主要功能之一是（　　　）。

A. 控制升降　　　　　　　　　　　　B. 控制辊

C. 协助改变飞行速度　　　　　　　　D. 使飞机向左或向右转弯移动

7. 副翼是操纵面，主要负责（　　　）。

A. 调整飞机的横滚动作　　　　　　　B. 调节飞机的速度

C. 左右转向飞机的机头　　　　　　　D. 上下指向飞机的机头

月的月相

8. 在上面显示的哪个月相中，月亮离太阳最远？（　　　）

A. 新月

B. 上弦月

C. 满月

D. 下弦月

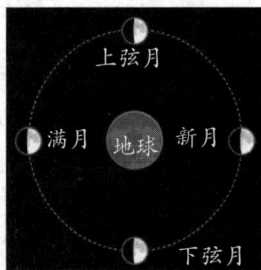

比较木星和地球

	木星	地球
直径 / 千米	142 984	12 756
日长 / 地球小时	10	24
年长 / 地球年	12	1
卫星数（天然卫星）/ 个	63	1

9. 当比较木星与地球时，木星有一个（　　　）。

A. 较小的直径　　　　　　　　B. 绕太阳转的较短轨道

C. 天然卫星数量较少　　　　　　D. 绕轴旋转的时间较短

简评：以上是加拿大亚伯达省的小学科学学习评价试题。可以看出，该试卷结合小学生的实际生活经验，创设问题情境，提出符合小学生发展水平的问题，让学生灵活运用科学与技术知识回答问题。该测试包含了较多的本土生活与生产中的问题，具有较为浓厚的地方色彩。

（4）加拿大小学科学课程评价的特点

①形成了比较完整的评价体系与规范。

加拿大重视科学课程的评价，20 世纪 90 年代制订科学素养评价标准，评价学生的科学素养状况，特别是 PCAP 科学素养测评方案的颁布，形成了比较完整的科学学习评价体系，该体系涉及三大能力、四大领域与三个方面的态度，评价内容完整。PCAP 属于国家评价，1—8 年级学生，每三年为一个评估周期，它的实施对科学课程开发与教学质量提高发挥了积极作用。

②评价方法多样、丰富。

2013 年颁布的《泛加拿大评估计划：科学评估框架》提出了 13 种科学学习评价方法，并对这些评价方法的意义、范围与要求进行了说明与指导，质性评价与量化评价、形成性评价与终结性评价、个体评价与群体评价结合，显示了评价方法的多元化特征。纸笔测验注重创设情境，考查学生对科学知识的运用能力。一些评价建议颇具特色，如信函写作、广告、会议辩论，使得科学学习的评价更加生动活泼、丰富多彩。

2. 澳大利亚小学科学课程评价

（1）关于评价的一般规定

21 世纪初，澳大利亚颁布的《课程内容与标准框架》（*Curriculum and Standards Framework*），描述了从学前班到十年级学生学习内容和成就标准，以衡量学生的学习质量。其内容包括知识掌握程度、理解的深度和复杂技能的掌握。成就标准包括书面的说明和学生作品样本。教师根据课程内容与学习标准进行教学设计，并在教学过程中开展形成性评价，一个教学时段结束后进行终结性评价，判断学生是否达到标准。如到四年级末的成就标准。

到四年级末，学生可以申请有特殊性质的材料来解释这些物体和材料是如何被利用的。他们利用接触力和非接触力去解释物体间的交互现象。他们要讨论自然发展和人类进化对地表的影响。能描述现存生物间的关系，并对动植物生命周期的各个阶段进行排序。能提出科学问题，并运用科学知识作出推测。能描述科学知识对自己及别人的行为产生影响的情形。

学生按照一定的指导去辨别可调查研究的问题，通过前后调查内容预测可能出现的结果。讨论如何进行调查和安全使用制造设备进行记录。他们运用图表来组织数据并识别数据中的模式。对他们的观察进行解释，并对他们的发现和预期作出比较。能对为什么他们的方法是对的或不对的作出解释。做一个简单的报告以便于交流他们的办法及发现。

澳大利亚小学科学评价类型与方法丰富多样，常用的评价类型与方法有发展性评价、表现性评价、档案袋评价、纸笔测验（标准化测验与教师自编测验）等。

发展性评价。一般采取进步图表的形式，具体做法为制作进步图表、收集证据、利用现有证据对学生的进步进行观察记录或功课评分，以此方式促进学生的发展。该评价颇具特色。

表现性评价。即对学生参加的一项活动进行评价，主要是对学生的表现、行为或互动所做的现场评价，它侧重考查学生的创造性行为（杨智慧，2013）。

档案袋评价。根据一定的标准，对收集起来的学生的学习成果进行评价。如，对学生的作业、图画、表格、文章、手工作品等进行分析，评价其学习水平与进步状况。如三年级科学课的成就标准：到三年级结束时，学生可以运用对地球运动、物质和热力学特征的理解去解释日常生活中的观察。学生能描述生物共同的特征，描述如何运用科学调查回应问题并找出科学知识在人们生活中的用处。那么，如何运用档案袋评价呢？以三年级成就标准中的"描述生物的共同特征"与"用图画展示自己的成果"为例，教师给学生布置任务，学生需要选择两种生物，通过比较，认识两种生物的共同点与不同点，运用维恩图展示工作成果。在"描述生物的共同特征"方面，如能指出老虎和蛇两种生物的共同特征是进食、喝水和呼吸，概括出所有生物的共同特征是呼吸、进食、喝水、运动、繁殖（非常满意）；能指出蛇和老鼠两种生物的共同特征是进食和呼吸，概括出所有生物的共同特征是呼吸（满意）；指出猫和蝴蝶两种生物的共同特征是呼吸（满意程度低）。[①]

纸笔测验。纸笔测验包括标准化测验与教师自编测验，澳大利亚运用较为普遍的纸笔测验是国家科学素养评价计划（The National Assessment Program-Science Literacy，NAP-SL）。澳大利亚课程、评估与报告管理局（Australian Curriculum Assessment and Reporting Authority，ACARA）负责开发和实施国家科学素养评估，衡量学生的科学素养，报告学生初级科学方面的知识、技能和理解。NAP-SL目的在于测试学生对自然现象的理解，对有关科学问题的解释。在这里，科学素养一

① 选自澳大利亚课程、评估和报告局的《生物特征维恩图分析》.

般指探究可调查的问题，进行调查，收集和解释数据，并作出决定。NAP-SL 三年一个周期，评价学生在科学和技术日益改变他们生活的世界中进行科学思考的能力，它包括技能和概念理解，在实际情况下进行调查的能力，而不是仅仅关注科学知识。2012 年评价了三个主要的科学素养领域：①制订或确定可调查的问题和假设，计划调查和收集证据。②解释证据并从自己或他人提出的数据中得出结论，批判他人的证据和主张的可信性，并交流调查结果。③用科学的理解来描述和解释自然现象，并完成解释现象的报告。

（2）试题举例

澳大利亚 NAP-SL 要求参与的学生必须完成一个客观的纸笔测验和一个实际的任务。客观评价约 40 项，包括 39 个选择题和 1 个开放式问题。选择题和开放式问题只有一个正确答案。开放式问题要求学生构建自己的答案，它分为需要回答一个或多个单词项目（简短回答项目）和需要实质性回答 1~3 句话的项目（扩展回答项目）。实际任务要求学生三人一组进行一项调查活动，收集并记录活动数据，然后单独回答一组有关调查的问题（10~11 个项目）。科学素养评价要求学生60 分钟完成客观题，45 分钟完成实际任务。实际任务的反应时间包括两个部分，其中 A 部分是小组活动，学生三人一组（25 分钟）；B 部分是学生单独回答小组活动中的问题（20 分钟）。

测试题目举例如下（Australian Curriculum，Assessment and Reporting Authority，2012）。

沙漠中的生活。辛普森沙漠位于澳大利亚中部。这是一个干燥的环境，长期没有降雨。该图显示了辛普森沙漠一年中每个月的平均昼夜温度。

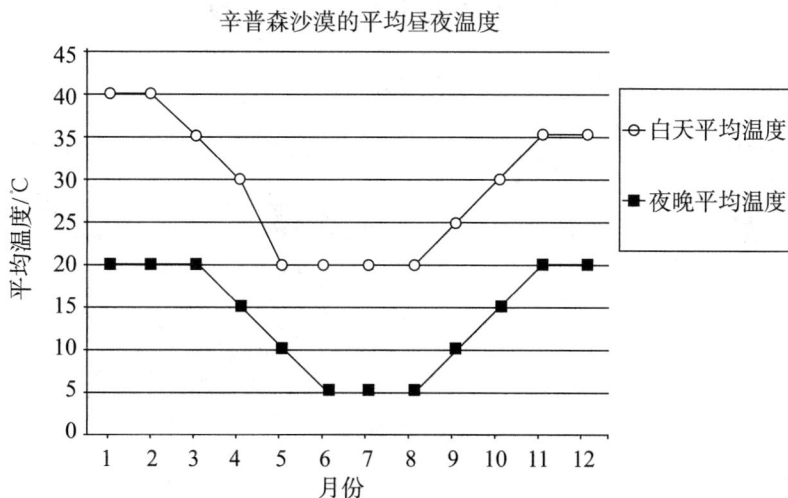

辛普森沙漠的平均昼夜温度

问题 1：辛普森沙漠的平均日最高气温是多少？ _____℃

问题 2：在辛普森沙漠生活的跳鼠，有几种适应方式帮助它在沙漠中生存。

哪种适应方式有助于跳鼠在没有降雨的情况下生存？

勾选所有可能的答案。

□ 它有一条长长的尾巴。

□ 它的后腿很粗壮。

□ 天气热的时候它就待在地下。

□ 它从吃的种子中获取水分。

光影。照片上有一个男孩和他的影子。

问题 3：阴影形成原因为：

□ 灯关了。

□ 光线从物体上反射出来。

□ 光线透过物体。

□ 光的路径被一个物体挡住了。

问题 4：卡尔把一本书放在两个相同的灯泡前。图为灯泡 A 亮起时书的影子。

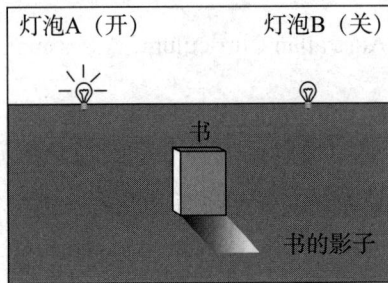

灯泡A（开）	灯泡B（关）

书

书的影子

哪张图片显示了当两个灯泡都亮起时会发生什么？

没有影子

○　　　○　　　○　　　○

卡尔和塔尼娅想知道白天影子的长度是如何变化的。他们在一天的不同时间测量旗杆的影子长度。

问题5：你认为旗杆的影子大概在什么时候最短？

☐ 上午9点　　　☐ 中午12点　　　☐ 下午3点　　　☐ 下午5点

问题6：为什么旗杆影子的长度在白天会改变？

_____

_____

_____

　　混合液体。凝乳是由牛奶和酸性物质如柠檬汁或醋混合制成的乳制品。琳达把三杯热牛奶和一杯醋混合在一起。

当她搅拌时，混合物开始迅速地变化。

问题7：看上面的照片，发生了什么变化？

☐ 混合物变成了液体　　　　　　☐ 混合物变成了两种固体

☐ 混合物变成了两种液体　　　　☐ 混合物变成了液体和固体

问题8：以下哪一项表明形成了一种新物质？

☐ 还有液体　　☐ 产生了固体　　☐ 变化很快　　☐ 醋溶于牛奶中

食物和能源、试纸毛巾（略）。

　　制作果冻。果冻是将果冻晶体溶解在热水中制成的。晶体溶解后，混合物冷却，使果冻凝固。果冻凝固后就可以吃了。

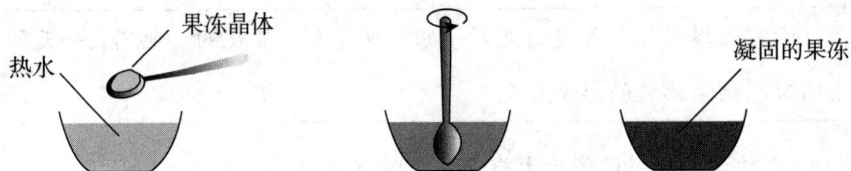

热水　果冻晶体　凝固的果冻

鲍勃用五个碗做果冻。他做了以下事情。

A. 他在每个碗里装满两杯热水；B. 他在每个碗里加入果冻晶体；C. 他搅拌混合物；D. 他把碗盖好放进冰箱。

鲍勃测量了每碗果冻的凝固时间，并把结果记录在下表中。

碗	果冻晶体的数量 / 汤匙	凝固时间 / 分钟
1	2	210
2	4	185
3	6	未记录
4	8	115
5	10	90

问题 9：鲍勃想回答什么问题？

_____

_____

问题 10：鲍勃根据结果做了下面的图表。

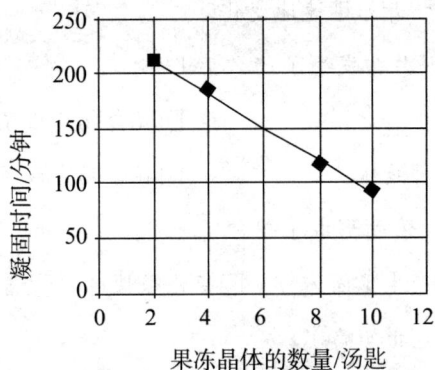

鲍伯忘了记录在碗 3 中凝固果冻需要多长时间。利用曲线图预测碗 3 中果冻的凝结时间。

_____分钟。

问题 11：鲍勃可以做什么来改进他的调查？鲍勃可以

□用冷水使果冻晶体溶解得更快

□把果冻混合物放进不同的冰箱里

□在每个碗里使用不同类型的果冻晶体

□重复实验以检查他的结果

简评：以上是澳大利亚小学科学素质评价中的客观评价部分的试题样本，通过创设情境、提出问题，让学生在问题的分析与逻辑推理中进行判断选择，考查学生对科学知识与概念的理解情况，反映学生的科学素养水平。

（3）澳大利亚小学科学课程评价的特点

①形成科学课程评价制度。

设置专门部门负责研究评价的方法与技术，评价工具的研制程序化、规范化，保证评价工具的科学性和先进性。澳大利亚中小学使用的评价工具，主要是由澳大利亚教育研究理事会研制开发的，既有科学课程试卷样本，又有评价的数据处理软件，以供中小学参考使用。

②评价的层级性、服务性功能突出。

澳大利亚教育研究理事会提供下述报告：学生个体评价报告、班级评价报告与学校评价报告。这些报告的管理较为严格，如学生个体评价报告只给学生；班级评价报告包含学生的成绩排名，只给教师，不能公布学生的成绩排名；学校评价报告包含班级成绩排名，只给校长，也不能将班级的成绩排名公布。这些规定凸显了评价的发展性功能，有利于学校管理与教学改进，有利于保护学生的自尊心，激励学生努力学习。

③评价方法多样化。

澳大利亚科学评价内容涉及科学知识的理解、科学观察技能的掌握等内容。评价方法包括纸笔测验、成果性评价、表现性评价、档案袋评价等，多种评价方法共用有助于多方面评价学生科学学习的进展与成就，发挥评价的多种功能，避免单一评价的局限性。

3. 新加坡小学科学课程评价

（1）有关评价的一般规定

2014 年新加坡颁布的《小学科学教学大纲》第五部分对小学科学课程的教学评价作出了规定。《小学科学教学大纲》指出，评价是教学过程的一个组成部分，它涉及收集信息，运用各种评价技术和作出明确判断。评价为教师提供有关学生成绩与学习目标有关的信息。借助这些信息，有助于教师作出明智的决定，以提高学生的学习和改进教学方法。

小学科学的目标是获取知识、理解和应用科学概念、培养过程技能的能力、发展科学实践态度。评价内容包括科学概念知识、理解与应用评价，技能与过程评价，态度与价值观评价。评价可以采取多种形式。除了笔试，教师也可以使用实习、项目、教师观察、清单、反思 / 日志、模型制作、海报、游戏和测验、辩论、戏剧 / 表演和讲述、学习创新等评价方式。其中，特别需要提倡的是档案袋评价。档案袋评价是一个系统收集学生作品的过程，收集学生发展和进步的连续记录，如获取知识、理解科学概念、应用过程的技能和态度的发展，它为学生提供自我评价和反思、重新审视自己成果的机会。借助档案袋评价可以更好地引导与促进学生的发展。

（2）有关科学课程评价的具体规定

为了指导中小学课程评价，新加坡颁布了《小学毕业考试》（ *Primary School Leaving Examination*，PSLE）。2018 年 PSLE 科学试卷根据 2013 年科学课程大纲中规定的初等科学教育目标评价学生的科学成就，包括以下内容。

Ⅰ. 知识的理解，学生应该能够展示对科学事实、概念和原则的理解。

Ⅱ. 通过对知识和过程技能的应用，学生能够：①将科学事实、概念和原则应用于新情境。②解释信息（包括图片、表格形式），并使用多种处理技能进行调查，如推断、预测、分析、评估、创造可能性、提出假设、沟通。

考试由一份书面试卷组成，包括 A 和 B 两部分。A 部分由 28 道单项选择题组成，每题四个选项，每道单项选择题为 2 分，共 56 分。B 部分包含 12~13 个开放性问题。每个开放式问题为 2、3、4 或 5 分，共 44 分。要求考生回答两部分中的所有问题。考试持续时间：1 小时 45 分钟。

（3）试题举例

南华小学 2018 年 3 月 7 日小学 6 年级科学试卷（节选）

A 部分（28×2 分 =56 分）

1. 一朵花在变成果实之前，经历的两个过程是什么？

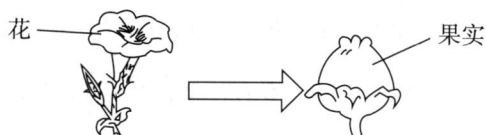

花 → 果实

（1）授粉和施肥 （2）发芽和授粉 （3）发芽和施肥 （4）授粉和种子传播

2.关于人类生殖系统，下列哪种说法是正确的？

A.精子产生于睾丸 　　　　　B.胚胎在女性的子宫内发育

C.一个卵子可与多个精子受精 　　D.卵子受精发生在女性的生殖系统中

（1）只有 C 　　　（2）只有 A 和 C　（3）只有 B 和 D　（4）只有 ABD

3.下面的图表显示了一个标有 ABCDE 部分组成的植物细胞。

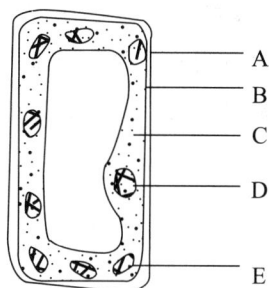

下列哪一项正确地识别了细胞的各个部分？

选项	可能在动物细胞中找到	控制细胞物质进出的	包含吸收光的叶绿素
（1）	ABD	A	C
（2）	ABC	B	D
（3）	BCD	B	E
（4）	BCD	A	E

4.丹在一株植物上发现了有机体 X，有机体 X 以植物果实和有机体 Y 为食，有机体 Y 以植物的叶子为食。

然后，他写下了以下陈述：

A.植物从它生长的土壤中获取能量

B.有机体 Y 以植物为食时，从植物中获取能量

C.有机体 X 从植物和有机体中获取能量，它以二者为食

以上哪个是正确的？

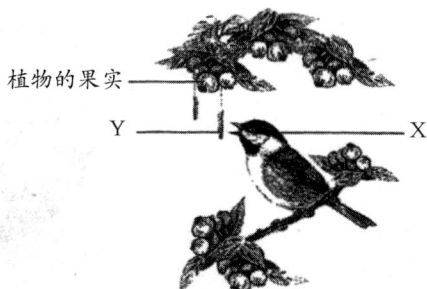

植物的果实

Y　　　X

（1）任何一个　　　（2）只有 AB　　　（3）只有 BC　（4）ABC

5.下表显示了四种生物 P、Q、R、S 的特征，打勾 $\boxed{\sqrt{}}$ 表示该生物具有的特征。

生物	有羽毛	生活在水里	产卵	身体有三个部分
P			√	√
Q			√	
R	√		√	
S		√		√

下面关于生物 P、Q、R、S 的叙述哪一个是正确的？

（1）P 是爬行动物　　（2）Q 是昆虫　　　（3）R 是鸟　　（4）S 是鱼

6.艾瑞克想要观察甲虫的生命周期，他把甲虫的幼虫 W、X、Y、Z 分别放在四个容器里。幼虫处于不同的发展阶段，然后他在每个甲虫的幼虫旁边放了 20 克食物。两天后他测量了容器中剩下的食物质量，并将结果记录在下面的表格中。

小甲虫	两天后剩下的食物质量／克
W	16
X	8
Y	10
Z	20

以下哪个幼虫可能处于蛹期？

（1）W　　　　　（2）X　　　　　（3）Y　　　　　（4）Z

……

10.艾米最近买了一个生态球，如下图所示。

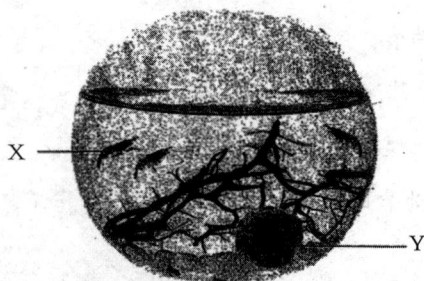

生态球是一个完全封闭的系统，其中 X 是动物，而 Y 是植物。X 以 Y 为食。生态球中的生物不需要任何额外的食物来源，但是艾米需要确保生态球放置在有阳光的地方。下面哪项是艾米把生态球放置在有阳光处的原因？

A. Y 从太阳那里直接获得能量

B. X 从太阳那里间接获得能量

C. 太阳为 Y 的生存提供了营养

（1）只有 A　　　（2）只有 C　　　（3）只有 AB　　（4）ABC

......

12. 仔细研究下列图示。

A.　　　　　　B.　　　　　　　　C.　　　　　　　D.

什么活动不需要推力？

（1）只有 AB　　　（2）只有 AD　　　（3）只有 BC　　　（4）只有 CD

......

15. 弗兰克创建了一个如下所示的电路测试器，因为他想测试一些材料的电导率。他将 S 点和 T 点与他要测试的材料连接起来。

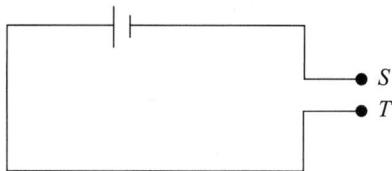

然而，他的老师告诉他，他的电路测试器不会工作。弗兰克能做什么来确保他的电路测试器能让他知道他测试的材料是否导电？

（1）加一个灯泡　　　　　　　　（2）加一个开关

（3）使用较短的电线　　　　　　（4）用两节电池而不是一节

......

18. 艾斯默对 A、B、C、D 四种规格相同、形状相同、厚度相同的瓷砖进行了导热性测试，他在每块瓷砖上滴了一模一样的蜡，并将瓷砖放在热板上，如下图所示。

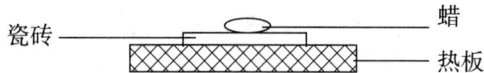

瓷砖 —— ——蜡
—— 热板

下表记录了蜡完全融化的时间。

瓷砖	蜡完全融化所需要的时间 / 秒
A	45
B	89
C	27
D	103

以下哪个选项正确地排列了从最佳导热瓷砖到最差导热瓷砖？

（1）ABDC　　（2）CABD　　（3）DBAC　　（4）BACD

……

23. 下图显示了一个电路。

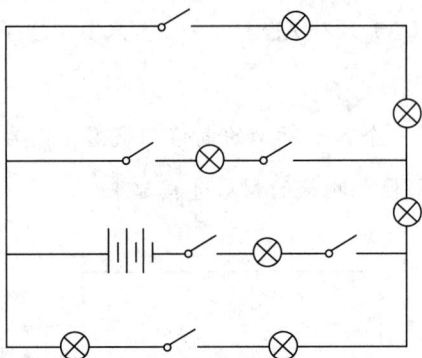

为了只点亮 3 个灯泡，需要关闭的开关的最小数量是多少？

（1）5　　　　（2）2　　　　（3）3　　　　（4）4

……

25. 研究下面的水循环。

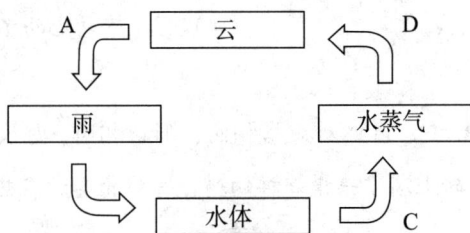

以下哪一项正确地显示了 A、B、C 和 D 点的水的状态变化？

点	状态变化
A	气态变成液态
B	没有变化
C	液态变成气态
D	气态变成液态

（1）只有 A 和 C　　　（2）只有 B 和 D

（3）只有 A、B 和 C　　（4）只有 B、C 和 D

B 部分（44 分）

……

29. 贝蒂用一些材料做了一个人体呼吸系统的模型。

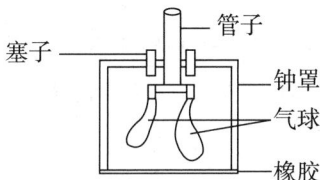

（a）说出气球代表的呼吸系统的部分。

_____

（b）说明呼出气体和吸入气体的两个不同之处。

_____

……

33. 一个由塑料布、一块重物和几根绳子组成的降落伞从同一高度降落了好几次。

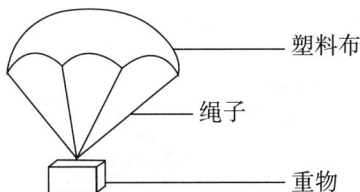

它保持浮的状态几秒钟才降落到地面，结果记录在下表中。

次数	第 1 次	第 2 次	第 3 次	平均
降落到地面所需的时间 / 秒	6	7	6	6

（a）说明是作用在降落伞上的什么力使它落到地面上的。

_____

（b）在不改变降落伞的重量和高度的情况下，提出一种让降落伞在空中停留更长时间的方法，并给出解释。

_____

_____

（c）为什么实验要重复几次？

_____

_____

......

37. 当一个骑自行车的人想要停下他正在骑的自行车时，他会按下把手上的刹车，把手连接着一个刹车片，刹车片会使车轮停止，然后，自行车将移动一段距离，然后停止。

从骑行者按下刹车到自行车完全停止的距离称为制动距离。

彼得想更换自行车的刹车片，他测试了四种类型的刹车片。以下为四种刹车片的制动距离。

刹车片	A	B	C	D
刹车距离 / 厘米	200	70	110	30

（a）彼得应选择哪一种刹车片，以便他能以最快的速度停下自行车？说一说你选择的理由。

_____

_____

（b）彼得换了新的刹车片后，天刚下过雨，他在路上骑自行车。他发现当他试图停车时，制动距离变长了。解释原因。

_____

_____

......

41. 纳尔逊研究了生物 A 的生命周期，如下图所示。

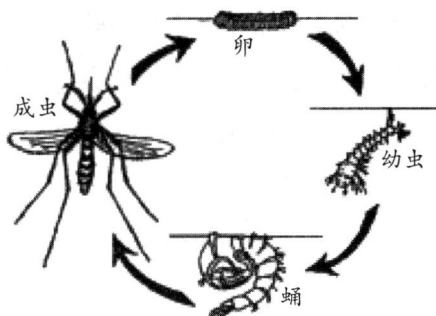

纳尔逊把生物 A 归类为昆虫。

（a）说出一个帮助纳尔逊把生物 A 归类为昆虫的特征。

_____

生物 A 一次产很多卵。

（b）解释每次产很多卵是怎样有助于生物 A 确保其物种的连续性的。

_____

纳尔逊研究了周围温度对生物 A 生命周期的影响，并将观察结果记录在下表中。

温度 /℃	一个完整生命周期的天数
20	27
25	18
30	11
35	9

（c）根据纳尔逊的观察，温度会如何影响生物 A 一个完整生命周期的长度？

_____

生物 A 的幼体生活在水里，而成体生活在陆地上。

（d）说出幼体和成体生活在不同的环境中的一个优点。

_____

（4）新加坡小学科学课程评价的特点

①评价的规范性较强。

新加坡小学科学课程评价既有科学教学大纲的规定，又有专门的考试大纲，两份文件对评价目的、内容、方式、记分等方面均提出了明确的规范，为科学学习评价工作的展开提供了明确的指导。

②关注科学实践评价。

新加坡的《小学科学教学大纲》指出，纸笔测验、书面作业可以有效地用于测试学生对科学概念的理解，但不适合评价学生的实际技能。应使用其他评价模式，如实际工作、多媒体演示、模型制作、辩论、戏剧、创意作业（棋盘游戏、测验、海报等）特别适合用于评估学生的创造力和思维。新加坡小学科学教学的评价非常注重评价的实践和应用。如在格致小学，每年的期末考试，实验是必不可少的测试项目。不同的实验在各小组中轮流操作，教师会根据学生的实验操作和报告给出成绩。即使是全国统一测试，也会在试题中给出实验器材，间接考核学生的科学应用能力。

（二）中等发达国家小学科学课程评价的特点

1. 科学课程评价聚焦学生科学素养发展

科学素养发展成为中等发达国家科学课程评价的核心，通过评价引导科学素养教育，促进学生科学素养的发展。如加拿大 PCAP 科学将科学素养定义为：学生运用与科学相关的态度、技能和知识来进行调查、解决问题和科学推理，从而理解科学的本质，以证据为基础进行决策。基于科学素养评价目的，科学领域被划分为三种能力、四个子领域和特定环境中的态度，科学课程评价围绕这些方面加以展开，科学学习评价围绕这些领域与维度加以展开。澳大利亚则从知识理解与运用、技能掌握等方面进行科学学习的评价。

2. 关注科学理解，科学课程评价生活化

从中等发达国家的小学科学试卷来看，对学生科学知识学习的考查不要求学生死记硬背科学事实与概念，而是侧重考查学生对科学知识与原理的理解程度，特别考查学生运用科学知识解决实际问题的能力。如下面的新加坡南华小学科学试题。

拉克西米进行了一项实验，以查明光合作用的速率是否在一天内随时间而变化。她把一盆植物放在开阔的田野里，每隔一段时间从一株植物上摘一片叶子，然后，她用碘溶液测试叶子中的淀粉的含量。当淀粉存在于叶子中时，碘溶液会变成深蓝色。①她观察到，下午6点后，叶片中的淀粉含量开始下降。请给出两

个理由来解释这种淀粉含量减少的情况。②拉克西米最近买了一个室内花盆，里面有一盏灯，她在下午6点开了灯，第二天早上6点关灯。她意识到这个室内花盆里的植物比放在同样位置的普通花盆里的植物生长得更快。解释为什么室内花盆里的植物生长速度更快？

该题目把对光合作用的考查与学生的实际生活联系起来，既能考查学生的知识理解程度，又能促进学生将知识与生活相联系。

3. 创设评价情境，评价方式多样化

中等发达国家小学科学学习的评价均注重创设问题情境，提出生活与生产中的实际问题，让学生根据对科学知识的理解回答问题，以考查学生对科学知识理解和掌握的程度。如新加坡期末考试例题创设这样的情境：一批学生在某一海岛野外露营，水用完了，附近没有淡水，他们随身的物品中有锅、塑料袋等，山上有石块、树木等，用什么方法可以获取淡水？又如经济合作与发展组织1999年的一道科学试题要求学生阅读简短的文本，其中包括有关免疫史的摘录。

早在11世纪，中国医生就在操纵免疫系统。通过将天花患者的干痂磨成粉吹入患者的鼻孔，他们通常会诱发该病的轻度病症，从而在以后阻止更严重的感染。在18世纪，人们用干了的痂擦皮肤以保护自己免受疾病侵袭。这些原始做法被引入英格兰和美洲殖民地。在1771年和1772年，在一次天花流行期间，波士顿一位名叫扎布迪尔·博伊尔斯顿（Zabdiel Boylston）的医生在他6岁的儿子和其他285人身上划伤了皮肤，并将天花伤疤上的脓液揉进伤口。除6名患者外，其他所有患者均幸存。

示例项目1：扎布迪尔·博伊尔斯顿可能在测试什么？

示例项目2：给出另外两个你需要的信息来判断扎布迪尔·博伊尔斯顿的方法有多成功。

评价说明：

示例项目1根据答案包含的信息量给出2、1或0的得分。（按照"划伤皮肤并将脓液直接注入血液中会增加对天花产生免疫力的机会"的思路，该想法可获得2分。）该项目评价过程1——利用生命和健康科学领域中的有关人类生物学知识识别可科学调查的问题。

示例项目2根据是否提及一项或两项信息（未经扎布迪尔·博伊尔斯顿治疗

的存活率以及患者是否在治疗期间暴露于天花），其得分也为 2、1 或 0。它评价过程 2——利用人类生物学知识来识别科学研究所需要的证据，并将其应用于生命与健康科学领域。

三、发展中国家的小学科学课程评价

由于资料所限，我们着重介绍印度、埃及、巴西、中国等发展中国家的小学科学课程学习评价状况。

（一）印度、埃及、巴西、中国小学科学课程评价

1. 印度小学科学课程评价

根据《国家课程框架》（2005）的建议，印度修订了评价实践。自 2009 年以来，中央教育委员会（CBSE）管理的所有学校都实施了持续的综合评价，建议最小化地使用基于内容的纸笔测试，鼓励使用多样化的真实的学生评价方法。然而，有研究者指出，基于学校的评价实践仍过多依赖基于内容的纸笔测试，评价有待革新（Bansal，2017）。

（1）有关科学课程评价的规定

印度国家焦点小组在 2006 年的《国家关注科学教学》提出"持续和综合评价"（Continuous and comprehensive evaluation，CCE）和"包容性课堂"概念，希望通过各种活动来吸引学生，并以此作为评价的依据。工作组强烈坚持，应建立基于学校的持续和全面评价体系，减轻考试对学生的压力，全面而定期地评价，提供教师进行创造性教学的空间；提供诊断工具和培养学习能力更高的学习者。从精英学校到农村或部落地区的任何学校，CCE 计划应该简单、灵活且可行，每所学校都应制订一个简单的、适合其教师实施的计划。全国考试改革小组（National Focus Group on Examination Reforms）2006 年提供的评价指标如下。

1. 观察和记录：报告，叙述和绘图，图片阅读，制作图片、表格和地图等。

2. 讨论：倾听，交谈，表达意见，回应他人等。

3. 表达：绘画，身体动作，创作写作，雕刻等。

4. 说明：推理，建立逻辑联系等。

5. 分类：分类，分组，对比和比较等。

6. 提问：表达好奇心，批判性思维，发展问题等。

7. 分析：预测，作出假设和推论等。

8. 实验：即兴创作，制作和做实验等。

9. 对正义与平等的关注：对弱势群体或不同群体的敏感性，关注环境等。

10. 合作。

ASSET 评价。学业技能测试与评价（Assessment of Scholastic Skills through Educational Testing，ASSET）是一种科学设计的诊断测试，通过多项选择题提问，确定学生对概念的理解水平。该测试会为学生生成详细的报告，以说明他们的进步以及需要关注和改进的方面。教师会收到一份特别报告，其中会提供班级与全国其他学校相比的表现。报告附有指导性补充，提供学生和教师未来的行动方针。

IAIS 评价。印度学校的国际评价（The International Assessments for Indian Schools，IAIS）是一项教育测量和评价服务，帮助学生实现他们成长和达到国际标准的最佳潜力。IAIS 旨在评估学生在主要学习领域的学术技能：批判性思维；推理、理解、解决问题。IAIS 对 3—12 年级的学生开放，课程包括英语、数学、科学和计算机技能。IAIS 能帮助学校：监督和比较学生的在校表现；确定学生的成长潜力；发现学生的潜在能力；把学生的表现和其他国家的学生进行比较。IAIS 评价在解释数据方面的技能包括观察、测量、解释、表格和图形。应用数据技能包括推断、预测和结论；高级技能包括调查、推理和解决问题。这些技能都包含在所有关键学习领域的教学大纲文档中。

表5-12 印度小学国际学校科学课程试卷构成

年级	问题数量	持续时间
3 和 4	30 多项选择题	45 分钟
5 和 6	40 多项选择题	55 分钟
7 到 12	45 个多项选择题	60 分钟

EAM 评价。通过多种方法进行评价（Evaluating through Alternative Methods，

EAM），多元评价是一个笼统的术语，涵盖了标准化测试的任何选择方案。虽然传统的纸笔测试可以评价一些技能，但并不全面。采用多元评价的理由：捕捉复杂的结果，如创造性思维、解决问题、总结、综合和反思；解决有日常意义背景的现实任务；为了适应不同学生的学习风格，它提供了广泛的、可能的评价方式；与学生协作和互动。多元评价方法（Alternative assessment）可能包括：①真实评价（Authentic assessment），将传统学术内容的评价与使用各种"现实世界"情境的终身学习的重要知识和技能相结合。②基于绩效的评价（Performance based assessment），这是多元评价的形式。它要求学生构建答案、创建产品或展示知识的应用。

除纸笔和其他传统评价外，学生可以通过以下方法进行评价，其评价技术与工具有以下几种。

• 单元测试和成就测试：用于测量从特定概念中学到的技能或知识水平，它可以涵盖广泛的正式和非正式评价，可以在学习指导期间或完成学习指导的不同时间点进行。通过问题和回答，人们可以发现学生的知识、想法、想象和感受。教师可以开发各种类型的问题，如陈述类型问题（论文、简答、填空）；转换类型问题（图画、解释等），选择类型问题（如真/假、匹配、多选等）。

• 口试：为了正式评价学生是否具备课程的一些关键概念的知识并能够理解。在口语测试中，教师或教师小组向学生询问一组预定的口语测试题，并倾听和评价他们对这些问题的回答。教师会详细记录每名学生的回答，通常使用包含问题答案的评级表。为了客观，学生的答案应该记录在数字录音机上或纸上。

• 作业：系统地呈现观察或信息，围绕特定主题组织材料的能力；依据为这些能力和技能设计的特定任务进行评价。这些可以作为课堂课程、自我评价情境的延伸或特定主题的详细研究而发展。

• 轶事记录：用于记录与学习成果相关的学生个人行为、技能和态度的具体观察。这些笔记提供了有关学生学习的累积信息。它们简洁、客观，专注于具体成果；理想情况下，在活动期间或之后准确记录。这些是故事形式的非正式书面观察记录，教师记录学生的学习内容、学习成绩、学习行为、成就和社交互动。

• 项目：在一段时间内进行，通常涉及数据的收集和分析。它们基于主题，可以作为个人或小组完成的课堂作业和/或家庭作业，并应基于教科书以外的环境，并与学生的环境、文化、生活方式、社区社会计划相关。

·作品集：展示学生在特定技能和知识方面的表现，通常与州内容标准相关。档案袋内容是个性化的，可能包括广泛的学生学习样本，不限于实际的学生作业，多人多次记录的观察，测试结果，记录评论，甚至包括视频或音频。

·技能清单：由熟悉学生的人员进行审核，他们观察或回忆学生是否能够掌握相关技能及其水平。报告的分数通常是学生能够成功执行的技能数量，以及观察技能的设置和目的。它是识别概念知识、技能或行为是否存在的工具。它可用于验证学生是否已遵循要完成的过程或活动中的关键任务。清单在一列中逐项列出任务描述，并在每列旁边提供空格以标记任务的完成。

·评定量表：评级技术是可以量化的判断。评定量表是一种方法，可以是关于特征／对象／事件或人的意见表达。它提供了一组带有一组点的刻度，这些点描述了被观察属性的不同尺寸。

·评价量规：使用一组标准来评价学生的表现。它包括固定的测量范围及其性能水平的详细描述。这些描述侧重于产品质量或性能。它通常是一套连贯的学生工作标准，包括对标准的绩效质量水平的描述。

·其他一些技巧：如基于图表的工作表，填字游戏工作表，自我评价和同行评价表，学生报告论文（反馈表），对话，叙述报告等。

（2）评价标准与方法

在印度教育体系中，评价过于倾向强调学术方面，而忽视了共同学术方面（co-scholastic）。死记硬背优先于解决问题和创造性思维等高级思维能力和技能。实际上，学生的真正潜力并没有被评价（Tapas Kumar Sarkar，2012）。

按照有关文件规定，印度初小教育阶段，1—2年级时，在学生积极参与班级活动的基础上，运用观察法和口头考查技术对他们进行评价，从3—5年级引入书面考查的方式，采用绝对评价，评价学生是否已掌握必要的知识，高小教育阶段，除了口头的、书面的考察，还要通过让学生进行方案设计和完成作业的方式实施评价（赵中建，2007）[62-63]。

（3）试题举例

以下是印度旁遮普邦考试委员会考试2019年，五年级理科试题（节选）。

五年级科学课程，A部分（客观题），50分，B部分（主观题）：50分，总计：100分

A部分，单项选择，1小时（说明：本部分给出了25道单项选择题，每道题

2分)。

1. 以下哪种动物没有脊椎?

(a) 海豚　　　　　(b) 蛇　　　　　(c) 蚊子　　　　　(d) 蜥蜴

2. 以下哪些生物通过鳃呼吸?

(a)　　　　　(b)　　　　　(c)　　　　　(d)

3. 以下哪些植物的种子中有两个子叶?

(a) 燕麦　　　　　(b) 芒果　　　　　(c) 小麦　　　　　(d) 大米

4. 以下图片中哪张是昆虫?

(a)　　　　　(b)　　　　　(c)　　　　　(d)

5. 种子中只有一个子叶的植物开的花拥有_____瓣花瓣。

(a) 3　　　　　(b) 4　　　　　(c) 5　　　　　(d) 8

6. 以下哪种生物会导致植物生病?

(a) 藻类　　　　　(b) 病毒　　　　　(c) 细菌　　　　　(d) 真菌

7. 以下哪种病可以通过空气传播?

(a) 流感　　　　　　　　　　(b) 登革热

(c) 破伤风　　　　　　　　　(d) 脊髓灰质炎

8. 抗生素可用于治疗_____。

(a) 肝炎　　　　　(b) 艾滋病　　　　　(c) 霍乱　　　　　(d) 癣

9. 工厂烟囱排放污染物会造成以下哪种污染?

(a) 噪声污染　　　(b) 空气污染　　　(c) 土地污染　　　(d) 水污染

10. 以下哪组仅包含不可生物降解的材料?

(a) 金属,玻璃,陶瓷　　　　　　(b) 塑料,棉,陶瓷

(c) 纸,羽毛,草　　　　　　　　(d) 蔬菜,纸,金属

11. 未经处理的污水会导致_____死亡。

（a）细菌   （b）病毒   （c）鱼   （d）真菌

12. 固定形状和固定体积的物质为以下哪种？

（a）蒸汽   （b）牛奶   （c）水   （d）冰

13. 下图展示的过程是：_____。

固体   液体

（a）蒸发   （b）融化   （c）沸腾   （d）冻结

14. 树叶表面的微小液滴被称为_____。

（a）露水   （b）雾   （c）雨   （d）霜

15. 滚珠轴承是用来减少_____的。

（a）摩擦   （b）质量   （c）重量   （d）速度

16. 是什么力量使地球和月球保持在它们固定的轨道上？

太阳

地球

月球

（a）摩擦力   （b）磁性   （c）电   （d）引力

17. 下列图片中，支点位于着力点和阻力点之间的杠杆是_____。

W   X   Y   Z

（a）W   （b）X   （c）Y   （d）Z

18. 图中物体 W 被照亮的表面与以下事实相反：_____。

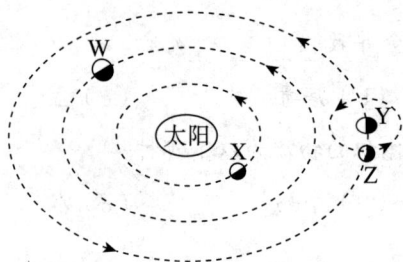

（a）光是能量的一种形式　　　　　（b）光沿直线传播

（c）光能照亮物体　　　　　　　　（d）光传播速度快

19. 下列选项正确的是_____。

选项	物体的类型	举例
（a）	发光的	月亮
（b）	透明的	薄纸
（c）	半透明的	清水
（d）	不透明的	墙

20. 以下说法正确的是_____。

（a）负电荷相互吸引　　　　　　　（b）正电荷相互吸引

（c）负电荷吸引正电荷　　　　　　（d）负电荷排斥正电荷

21. 在下图所示的电路中放置一个固体 Y，灯就亮了。固体 Y 是什么？

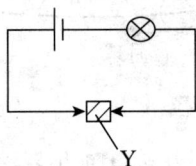

（a）铁　　　　　（b）塑料　　　　　（c）橡胶　　　　　（d）木材

22. 下列选项正确的是 _____。

选项	设备	功能
（a）	电池	防止设备电流过载
（b）	开关	推动电荷移动
（c）	保险丝	切断或连通电流
（d）	电流计	测量电流

23. 电磁体仅在电流_____的情况下起作用。

（a）打开　　　　（b）关闭　　　　（c）增加　　　　（d）减弱

24. 地球围绕太阳公转一周需要一_____。

（a）天 　　　　　（b）周 　　　　　（c）月 　　　　　（d）年

25. 标为 X 的行星是_____。

（a）天王星 　　　（b）土星 　　　　（c）木星 　　　　（d）海王星

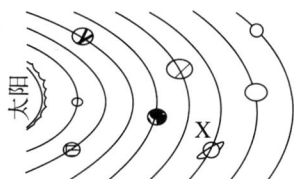

试卷 B（主观题）

26.（a）写出鱼的两个特征。

_____

（b）鱼与两栖动物有何不同？写出至少两个区别。

鱼	两栖动物

（c）从以下动物中圈出四条鱼。

27. （a）将 A 列中的微生物与 B 列中由它们引起的疾病进行匹配。

A：微生物	B：疾病
病毒	霍乱
细菌	植物的锈病
菌类	登革热

（b）病毒如何进入人体？

_____

（c）写出两种预防病毒性疾病的方法。

_____

_____

（4）印度小学科学课程评价的特点

①形成了可供选择的评价模式。

印度科学教学焦点小组提出"包容性课堂"概念，开发出"持续和综合评价"（简称 CCE 模式），CCE 模式简便易行，可实施推广。此外，ASSET 评价也在科学学习评价中广泛运用，ASSET 模式是一种科学设计的诊断测试，通过多项选择与提问，确定学生对科学概念的理解水平，为教学设计提供依据。还有 IAIS 评价，该模式评价学生在主要学习领域包括科学学习的学术技能与潜能。

②重视多元评价。

印度确立了运用多种方法进行评价的制度，该评价既包括传统学术内容的评价内容，也包括针对"现实世界"的情境性知识和技能，还包括真实评价，要求学生构建答案，创建学习产品或展示知识的应用，基于学习成果进行评价。使用包括纸笔在内的多种评价技术与工具，评价方式多样。

2. 埃及小学科学课程评价

埃及小学科学课程评价的规定主要体现在 2011 年的《教育活动质量文件 科学活动》文件之中。

（1）有关科学课程评价的规定

《教育活动质量文件 科学活动》指出，综合评价系统本身并不是目的，而是实现多种目的的途径，最重要的是改善教学过程，提高教学质量。所以教师从传统的依靠背诵、口授的教育框架转变到通过评价实现积极的教学。

科学活动的评价目标。①为了实施积极教育过程，反复强调教育的作用，促进教师和学生的互动，创建对学生来说有吸引力的环境。②拓展教师的角色，从仅仅是知识的搬运工到学习环境的设计者、教学态度的促进者。③发挥学生的价值和积极导向，让他们体会以学生为中心的教学过程。④在教育机构促进教学民主和民主教学。⑤将学校作用扩展到社会机构，实现社会和学校的互补。⑥发现、关怀并鼓励人才。⑦消除对考试的恐惧，采用多种体系，给予多个评定机会，支持自我评定。⑧诊断并克服弱点，鼓励优势从而达到表现的持续进步。

科学活动评价的基础。①在所有阶段，评价都伴随着教育和学习过程。②评价与实际生活事务、学生在日常生活中所实践的实际相联系。③将评价过程集中于学生成长的所有方面，那样的话可以了解到学生在获得知识、发展技能、独立思维能力等方面的成长。④评价是根据鉴别清单、成果文件以及学生所获得的成就进行的，在每次成就中确定优势和弱点，因此引起教师和学生间的互动。⑤评价是教师、学生和家长共同参与的过程。

科学活动评估的主要方式。包括学生成就文件（文件夹）与期末测验。

学生成就文件（文件夹）。无论是在学校里还是在学校外，它旨在在教师的监督下，有目的地对学生的作业进行收集，以便提供整个学年（学生）的实际完整图景，包括以下几种类型。①笔头作业：它是各种各样的笔头测验，卷子保存在成就文件中。②口头表现和讨论：它是评价技巧和情感两方面的评价方法之一，包括室内讨论、学生和教师间的互动、实际展示或是方案项目等。③一系列的活动、作业和与材料相联系的各种各样的任务，要求学生在不同的生活情境中实践所学，并与其兴趣爱好相联系。

期末测验。①在学期末进行全校规模的期末测验。②在每学期可以观察每个学生的所有活动。③在每个学期末，成绩文件的每个部分的等级都是根据学生在该部分评级中所获得最高等级来确定的。

（2）科学活动评价的指标

埃及《教育活动质量文件 科学活动》文件中的"教育成果"部分，明确了科学活动的标准与指标，其主要构成包括八项一级指标，每项指标具体化为四级指标，形成了一个规范的指标体系，可以作为科学活动评价的标准。其一级指标为：发展高级思维能力和创新能力；在面对日常生活中的问题时，使用科学思维的技巧；培养社交技巧；发展感官、运动、协调能力和灵活性；提升文化、社会、品行和宗教价值；安排和利用时间；鼓励对社会承担社会和道德责任；关注当代问题。一级指标下设二级指标（略）。

（3）试卷介绍

开罗省小学四年级科学试卷（第一学期）

一、判断对错

1. 用于测量物体重量的单位是"克"。

2. 溶解是把固体转化为液体。

3. 太阳是恒星，因为它发光发热。

4. 碳是液态非金属元素。

二、连线

测量体积	铁
拥有固定的形状和大小	化学变化
蜡的融化	物理变化
用于制造车辆外壳	量杯
	固体

三、填空

1. 银有光泽，所以它属于_____，硫黄没有光泽，所以它属于_____。

2. 离太阳最远的星球是_____，离太阳最近的星球是_____。

3. _____用于制造首饰珠宝，_____用于制造电线。

四、写出术语

1. 放在空气中时，铁的表面会形成一层易碎层。

2. 液态金属元素。

3. 所有占据空间且具有质量的东西。

4. 太阳表面上的暗点。

五、选择括号中正确的答案

1. 化学变化的例子：（雪的融化，水果腐烂，蜡烛的融化）

2. 把一块铁放进装满水的 50 毫升的量杯中，溢出 20 毫升的水，则这块铁的体积为（50 毫升，20 毫升，30 毫升）

3. 昼夜交替是因为（太阳、地球、月亮）围绕太阳公转，同时自己转动。

卡柳比亚省小学四年级科学试卷

一、填空

1. 蒸发是在_____温度下，把液态物体转变为_____。

2. 皮尺用于测量_____，天平用于测量_____。

3. 黄金属性柔软，加入_____可用于制造首饰，加入银或者白金可以增加_____。

4. 火星被称为_____星球，因为在它的岩石中存在_____金属。

二、写出术语

1. 穿过地球中心的假想直线。

2. 当点燃蜡烛灯芯时发生的变化。

3. 当地球围绕它的轴心转动时会发生什么。

三、判断对错

1. 液体拥有固定的体积，容器变化时它的形状也发生变化。

2. 铝不导电。

3. 星星看起来很小，因为它们离我们太远。

当把一块石头放入装着40毫升水的量杯中后，水面上升到60毫升，那么石头的体积为_____。

四、分析说明原因

1. 铁被用来制造桥梁。

2. 被磨碎的糖的甜味不会改变。

（4）埃及小学科学课程评价的特点

①注重基础知识考查。

埃及的科学测试关注学生对科学事实、基本概念的理解状况，测试题以知识性题目为主，有利于引导学生对基本概念的学习与掌握。但测试情境创设不够真切，题目表述机械单调呆板，缺乏生活气息，学生容易死记硬背，难以测试学生的创新精神与实践能力。

②评价方式多样化。

根据埃及科学考查的评价文件，埃及的评价方式较多，除了传统的纸笔测试，还有口头表述、问题讨论，以及系列活动，通过学生参与实践活动，根据学生的兴趣表现，任务完成状况，考查学生的学习成就。

3.巴西小学科学课程评价

（1）巴西课程文本中的"评价"

巴西课程标准 BNCC 对课程的评价没有进行明确的规定，仅仅在每个学年的主题单元与知识主体后列举了具体的"技能"，这些技能具体明确，可以作为评价的依据。如"地球和宇宙"单元中的"地球的形状，结构和运动"知识主体的技能要求如下。

（EF06CI11）识别构成地球的不同层（从内部结构到大气层）及其主要特征。

（EF06CI12）识别不同类型的岩石，将化石的形成与不同地质时期的沉积岩相关联。

（EF06CI13）选择能表明地球是球体的论据和证据。

（EF06CI14）我们可以通过木棍（日晷）在一年不同时期中，相同时间的影子来得出地球在进行自转和公转以及地球旋转轴与其围绕太阳公转轨道的夹角。

不过，巴西各州教育部门制订了不同的教学文件，如巴西圣保罗市制订了小学科学教学的双月计划，对小学科学教学的内容、进度以及评价进行了原则性的规定，并提供相应的示范例子。

（2）巴西小学科学试卷举例

下面以巴西圣保罗市的科学试卷为例，展示小学科学学习的评价。（节选）

1.观察下面的图片。

为了继续运动，图中所示的水轮需要_____。

（a）电

（b）水的推力

（c）风向

（d）风力

水车　　　　　　　　水磨

2.仔细观察下面的水磨。

将磨机的哪个部件连接到水车上，能使其也随着水车的转动而转动？

（a）水车支撑杆　　　　　　　（b）水车桨

（c）水车的齿轮　　　　　　　（d）磨谷物的石头

3. 观察并想象。

按照图片 1、2 和 3 的顺序，这三个发明应用的要素是什么？

（a）电力、天然气和运动

（b）运动、电力和天然气

（c）气体、电力和运动

（d）运动、气体和电力

4. 观察日晷和它的影子在不同时间的位置。

日晷

上午的影子   下午的影子

在上面的图中，早晨的影子朝向地平线的哪一边？

（a）北   （b）西

（c）东   （d）无法确定

5. 安娜正在盖一栋房子，她希望她房间的窗户朝向太阳升起的那一边。

在这种情况下，安娜应该把窗户朝哪边？

（a）西   （b）东   （c）北   （d）南

6. 在下面的图表中找到五个单词。然后用这五个单词组成一个句子来解释水车的工作原理。

_____

_____

_____

_____

K	X	U	Y	B	L	V	I	D	M	T	E	I	G
C	N	Á	N	D	M	B	P	T	E	F	H	H	U
B	U	G	R	X	P	A	Á	J	T	F	E	E	R
E	N	U	O	S	J	D	S	Á	C	I	D	E	M
A	N	A	S	M	O	S	G	R	O	R	C	I	M
C	Y	D	P	J	L	G	O	H	L	M	O	M	A
Q	O	R	O	D	A	N	T	R	K	J	V	P	B
W	U	A	S	E	O	F	N	C	F	Y	I	K	T
V	O	G	E	N	G	R	E	N	A	G	E	N	S
R	Q	J	J	C	T	F	E	M	H	I	V	O	U
C	C	E	R	T	Á	S	A	Á	U	R	P	I	Á
E	I	Q	G	Q	C	R	L	M	Y	A	Q	D	S
Á	S	N	J	V	T	M	R	U	D	R	V	E	L

7. 在上节科学课上，劳拉和同事们用塑料瓶、软木塞和木签做了一个水车。然后他们把它放在水龙头下面。

微微打开水龙头和全开水龙头的情况下，水车的运作有区别吗？为什么？

8. 观察下面的图片。

请说明图中所示厨房设备的操作步骤。

9. 卡米拉周末去露营了，并计划于周日下午在营地附近的一座山的北边和她的姐姐见面。

然而，卡米拉把指南针忘在家里了。卡米拉如何利用太阳的运动来确定方向并找到南北方向？

10. 彼得在森林里散步时迷了路。他发现地上有一块木牌，如下图所示。

信息中心
往正北方向走

考虑到这块牌子在地上，佩德罗不知道正北方在哪里，你有什么建议：用木牌还是指南针来找到正确的路？

（3）巴西小学科学学习评价的特点

①评价情境的创设。

巴西科学学习的评价，创设问题情境，如水车、水磨、厨房图片，创设相对真实的测试情境，或创设想象的情境，让学生置身其中，测试学生对科学概念与知识的理解和掌握的程度，这与埃及的评价大不相同。

②重视开放性评价。

巴西科学评价除了创设测试情境，还鼓励学生进行科学表达。巴西科学测试题目中的开放性题目占有较大比例，通过问题的提出与描述，例如，"没有指南针，水手用日晷来定位，能找到自己所藏的宝藏吗，为什么？"这样的评价设计富有吸引力，可以考查学生运用科学知识解决实际问题的能力。这与巴西科学课程标准倡导的基于语境的科学教学是密切相关的。

4. 中国小学科学课程评价

我国 2001 年颁布的《全日制义务教育科学（3—6 年级）课程标准（实验稿）》"实施建议"部分包括"评价建议"，涉及评价主体、评价内容、评价方法。2017年颁布的《义务教育小学科学课程标准》中的"评价建议"规定："学习评价的目的在于了解学生在学习过程中的表现及其存在的问题，鉴定学习的质量水平。评价的内容包括科学知识、科学学习能力和探究能力，以及对科学和科学学习的情感、态度与价值观。通过学习评价确保课程实施的质量，促进学生科学素养的发展"，提出了科学学习评价的原则、内容和方式。《义务教育科学课程标准（2022年版）》中的评价建议指出：义务教育科学课程评价"以课程目标和学业质量标准为依据，构建素养导向的综合评价体系，发挥评价与考试的导向功能、诊断功能和教学改进功能"。建议包括"过程性评价"与"学业水平考试"两个部分，其中，过程性评价提出"以评价促进学生核心素养发展""以评价改进和优化教学""评价主体多元和方法多样"等原则，并指出应重点关注课堂评价、作业评价，以及单元与期末评价等环节，提出一些较为具体的要求，以发挥过程评价的效益。学业水平考试阐述了考试性质和目的，提出了导向性、科学性、规范性等命题原则，并对命题规划、题目命制进行了说明和举例，以增强学业水平考试的指导性和操作性。

21 世纪以来，我国小学科学课程评价处于不断完善之中。如果说 2001 年颁布的《全日制义务教育科学（3—6 年级）课程标准（实验稿）》关于评价的建议还比较粗糙的话，2017 年颁布的《义务教育小学科学课程标准》则走向完善，该标准将学习评价方式分为过程性评价与终结性评价两大类，改变了以往简单罗列评价的做法，逻辑更加清晰。《义务教育科学课程标准（2022 年版）》关于评价的建议更为清晰、合理，过程性评价的描述既完整，又可行，评价的操作性明显增强，课堂评价、作业评价,以及单元与期末评价并列,确保过程性评价贯穿教学过程始终,以发挥评价的改进功能。特别是,首次将"作业评价"纳入过程性评价,改变了以往忽视科学作业的偏差,强调作业难度要适切于学生的发展水平和学习基础,作业形式应多样化,包括书面作业,如知识内容的巩固练习、单元练习等;动手操作类作业,如实验设计和探究、科学设计与制作等;主题学习的考察类作业,如参观科普场馆、研究某一具体的主题或课题等;调查类作业,如调查公众对重大技术问题的看法、调查区域垃圾分类实施情况等。这些规定对于完善科学课程评价具有积极的意义。《义务教育科学课程标准(2022年版)》对学业水平考试性质、目的、命题原则的描述和规定,对于规范科学课程学业水平评价具有重要的指导作用。以上表明,我国小学科学课程评价已步入制度化、规范化、程序化的发展轨道,评价的科学性水平大幅提升。

有研究者对我国小学科学探究学习进行调查,结果显示:我国小学科学教师重视科学学习评价,开始把评价学生动手动脑"做"科学的过程、方法、兴趣、思维水平和活动能力作为评价重点,较多地对学生探究学习进行积极鼓励,部分评价实践符合小学科学探究学习评价的特征要求。但也存在将形成性评价应用到探究教学中的意识不足,学生的评价主体地位缺失,评价结果反馈失当等问题。这可能与教师对评价的理解深度还不够、探究学习评价缺乏可操作性的技术指导有关(耿宏丽,2010)。

(二)发展中国家小学科学课程评价的特点

1. 大多未形成完整的评价体系,评价制度有待完善

与发达国家相比,发展中国家小学科学课程评价尚未制度化。课程标准或教学大纲中有关评价的规定与说明较为简略,没有专门的科学课程学习的评价文件,未形成国家层面的评价体系。如,印度提出了"持续和综合评价"的理念,但完整的科学评价文件没有形成。埃及、巴西均没有专门的、系统的科学课程评价文件,整体上看,发展中国家科学课程评价体系与制度建设较为滞后,有待建立与完善。

2. 密切联系实际，关注科学知识在生活中运用的评价

由于社会、经济发展相对落后，发展中国家的科学课程评价关注科学知识的运用，注重知识学习与社会生活实际的联系，科学学习评价重视考查学生运用科学知识解决实际问题的意识与能力，如印度的科学测试题包括了较多的卫生常识与身体保健方面的题目，埃及科学试题要求学生解释说明"铁用来制造桥梁"的原因，巴西科学试题要求学生观察水磨图片，说明哪个部件连接到水车上可以使它随着水磨的转动而转动。注重基础知识及其运用，对科学探究能力的评价较为忽视，这一特点在埃及的试卷中表现较为突出，知识性测试题目太多，而科学探究类的题目太少。

3. 评价形式仍以纸笔测试为主，其他形式运用不够

纵观发展中国家的科学学习测试，可以看出，尽管相关课程文件倡导多样化评价，但由于办学条件、师资水平、升学压力、传统观念等因素的影响，大多数国家小学科学学习评价，仍以纸笔测试为主，其他评价方式的运用不够。如在印度，《国家课程框架（2005）》指出，必须扭转前期考试压力，鼓励学生选择不同的成绩测试方式，运用多种方式评价学生的科学学习，但在实际的评价中，纸笔测试仍是主流，其他评价方法运用很少。

四、比较与分析

（一）一些国家或区域形成了比较完善的评价模式

就世界范围看，科学教学评价已形成较为完备的评价体系，其中影响较大的是 PISA 与 TIMSS。上述两种评价影响了一些国家的科学课程的政策与教学。

PISA 是一项由经济合作与发展组织（OECD）统筹的学生能力国际评价计划。主要对接近完成基础教育的 15 岁学生进行评价，测试科目包括数学、语言、科学，

测试学生能否掌握参与社会所需要的知识与技能。PISA 测试三年一个周期。科学领域的评价包括"科学知识"和"关于科学的知识"两大方面。"科学知识"是指横跨物理、化学、生物科学、地球和空间科学以及科学技术等主要学科的自然世界知识。"关于科学的知识"是指对科学探究过程与方法、科学本质理解的知识。

TIMSS 是国际教育成就评价协会（IEA）发起和组织的国际教育评价研究和评测活动项目，TIMSS 是一项对四年级和八年级学生进行的数学和科学的国际评价。自 1995 年以来每四年进行一次，TIMSS 2015 是 TIMSS 系列的第六次评估，它针对不同年级的科学课程内容展开评价。该项目是通过对参与国正在使用的课程政策、教科书和其他课程材料的分析而制订的。它主要考查学生面对与科学相关的问题，能否作出明智的决定。该框架围绕两个维度组织：一个是内容维度，指定要评价的内容；另一个是认知维度，指定要评价的思维过程。基本内容为：对科学的一些基本思想、原理和理论的一般理解；关于科学知识产生、验证和传播方式的一些知识；有一定的理解科学数据并评价其有效性和可靠性的能力；批判性地理解科学和技术的目的与目标，包括它们的历史根源和它们所体现的价值；了解科学、技术、社会和环境之间的相互关系；对科学的兴趣和在未来更新与获得新科学知识和技术知识的能力。TIMSS 评价包含近 800 个评价项目，每个课程领域约 200 个。TIMSS 的大部分项目评价学生的应用和推理能力。

通过 TIMSS、PISA 评价及其结果比较，我们可以发现不同国家数学与科学教育的成就与问题，从而为一国数学与科学教育改革提供信息，为改革决策服务。如 2015 年 PISA 和 TIMSS 的高级成绩表明，俄罗斯学校的科学教育更多地着眼于获取和展示知识，而不是应用知识或学习科学过程和实践（A. Pentin et al.，2018）。这项结果能为俄罗斯科学教育改革提供指导。

此外，还有一些国家或区域性的评价。例如，美国 2061 计划中的评价体系，美国国家层面的 NAEP 科学测试。加拿大的 SAIP 科学的评价，澳大利亚的 NAP-SL 测试，印度的 EAM 评价。区域层面的科学学习评价，如印度开发的 ASSET 评价，通过测试评价学生的学业技能，是一种科学设计的诊断测试，考查学生对概念的理解水平，并为学生提供详细的报告。印度与澳大利亚合作开发的 IAIS 评价，旨在评价学生在主要学习领域的学术技能与潜能，该评价适用对象为 3—12 年级学生。

（二）关注实践活动，基于科学素养开展学习评价

科学素养是学校科学课程的基本目标，也是科学学习评价的根本标准。科学素养教育面向全体学生，它既面向那些选择在科学领域继续深造的人，也面向那些选择其他与科学无关的职业和兴趣的人。科学素养指的是欣赏科学和技术的本质，科学与技术之间的关系，以及它们的社会和环境背景，它包括科学知识与概念的理解，科学方法与技能的掌握，以及科学情感态度的形成等。因此，基于科学素养的评价既关注对科学本身及其产品和过程的评价，也关注学生对科学在社会和日常生活中所扮演角色的理解的评价。从各国小学科学试卷的编制可以看出，科学学习测试不仅考查学生对科学知识、概念的理解，同时关注学生对科学技能、方法掌握的考查，此外，还涉及科学、技术、环境的态度。

美国科学测试题目包括学科知识理解和科学实践能力两大部分，知识理解的测试通过创设情境，考查学生对概念的理解，评估一个概念的理解程度需要对一个事件、数据进行解释，或对一些概念应用进行预测，如"山坡上四个不同的岩层"一题，涉及科学实践中的科学证据与推理问题，而不仅仅是科学知识与概念。英国 2011 年试题"一些孩子参观蝴蝶公园。他们使用下面的图片识别看到的蝴蝶"，"奥利弗尝试使用莎莉的笔记来识别蝴蝶。说明奥利弗为什么无法使用莎莉的笔记来识别蝴蝶"，涉及科学知识与方法。加拿大试题"鳍（skeg）是固定在冲浪板后下侧的固定鳍。它提高了冲浪板的稳定性。冲浪板上的尾鳍在功能上与飞机的哪一部分最相似？"既涉及科学原理的知识，又涉及工程技术问题，而"卡罗尔和纳萨莉各写一封把病菌从沼泽中带到学校的信，选择最符合你的意见的那封信"。这个问题的回答没有对错之分，是对学生科学情感与态度的考查。新加坡试题"玛丽用家里找到的一些普通物品做了一个弹弓。她想知道皮筋被拉长后，球通过的距离会受到什么影响"，此题考查的内容涉及科学知识、技术原理与工程实践，考查学生运用科学知识解决实际问题的能力，能较为全面地反映学生的科学素养水平。印度的科学测试题如"抗生素可用于治疗_____"，"工厂烟囱排放污染物会造成以下哪种污染？"，"写出两种预防病毒性疾病的方法"，这些题目除了考查学生对科学概念、知识、原理的理解，还涉及科学方法、技术与工程实践、环境保护等内容。

（三）科学学习评价方式呈现多元化特征

形成性评价包括通过提问、课堂对话和观察来获取学生持续学习的技能和知识。但最大的挑战是利用这些信息，然后采取任何必要的行动来帮助实现学习目标。

美国科学评价方法主要包括形成性评价如科学实验、科学问题讨论、研究报告，终结性评价如纸笔测试、操作考试等。英国采用专栏评价，包括研究报告、作品集、艺术品、独奏会、口头演讲、表演和小组活动。此外，还有练习作业、纸笔测试等。加拿大提出多种评价方法，如故事写作、信函写作、广告、反思、游戏、模型制作、探索、实验、调查、会议和辩论、教师观察、测验等。澳大利亚小学科学评价类型与方法丰富多样，包括发展性评价、标准化测验与教师自编测验、成果性评价、表现性评价、档案袋评价等。印度学生科学学习评价方法涉及单元测试和成就测试、口试、作业、轶事记录、项目、作品集、技能清单、评级量表、报告论文等。印度学校国际评价（IAIS）关注科学技能的评估，在解释数据方面的技能包括观察、测量，解释表格和图形。应用数据技能包括推断、预测和结论。高级技能包括调查、推理和解决问题。埃及科学学习评价包括笔头作业、口头表现和讨论、系列的活动、作业、期末测验等。

可以看出，大多数国家小学科学评价的方法走向多样化，通过多种途径、方式，运用多种手段、工具考查学生科学素养发展水平。

（四）科学学习评价具有相对独立性

纵观以上国家小学科学课程评价，可以看出，尽管不同国家科学学习评价存在一定差异，如评价的内容范围、难度水平等，但在评价维度、评价方法等方面无明显差异。如各国均重视科学知识、技能、态度的评价，特别是注重基本概念的理解水平、运用状况，注重科学技能如探究技能的考查，科学学习测试设计密切联系社会生产、生活实际，科学学习评价内容考虑当地自然环境、经济发展、文化特点、历史传统，具有浓厚的本土特色与地方色彩。例如，加拿大的科学测试题中有在动物园观察企鹅，解释为什么企鹅不能飞翔。印度试题中涉及一些地方性动物、植物。巴西科学试题中有水车、水磨、地方日历等。这可能是因为科学学习评价相对独立于经济发展水平，与一国经济发展关系不大，它可能更多地与科学知识、技能本身的性质关系密切，如科学知识与技能是关于自然特征、规律的普适性认识，独立于特定的历史文化传统与经济发展状况，而受制于课程目标、内容的特点，也与评价的理念与追求相关。如关注科学核心概念的理解与知识运用，鼓励科学探究技能掌握与能力培养，因而注重考查学生科学概念的理解水平，考查学生对自然现象、科学技术的兴趣与态度，科学素养成为各国科学学习评价关注的基本内容。各国小学科学学习评价如 5-13 所示。

表 5-13　各国小学科学学习评价

类型	国家	评价文件	评价内容	评价方法	评价类型	评价模式
一流发达国家	美国	《K-12科学教育框架》、NGSS、《国家科学评价体系》	物质科学、生命科学、地球与空间科学、工程与技术、科学与技术实践	小型报告，讨论科学问题、科学实验；纸笔测验、动手操作、人机互动	形成性评价、总结评价	2061计划评价、NAEP科学测试、CBAS评价
	英国	《国家科学课程：关键阶段1—2草案》	科学知识和理解；科学的本质、过程和方法的理解；科学知识的用途	当堂检查、单元考试和期中考试、专栏评价	国家测试（SATs）、学校测试	—
	日本	《学习指导要领》	自然态度；科学的思考；观察、实验、表达技能；知识、理解	行动观察和记录分析，探究、制作	—	—
中等发达国家	加拿大	《K-12科学学习目标共同框架》	科学能力；自然科学、生命科学、物理科学和地球科学的知识；对环境的态度	学生作业、日程观察、实验、讨论、项目研究、成果展示、测试	国家评价、形成性评价与终结性评价	SAIP科学的评价

第五章　小学科学课程评价比较

367

续表

类型	国家	评价文件	评价内容	评价方法	评价类型	评价模式
中等发达国家	澳大利亚	《课程内容与标准框架》	地球和空间、能量和力、生物和物质	发展性评价、成果性评价、表现性评价、成长档案袋、纸笔测试	形成性评价、终结性评价	NAP-SL 测试
	新加坡	《小学科学教学大纲》	科学概念的知识、理解与应用，技能与过程，态度与价值观	笔试、观察、日志、模型制作、海报、游戏和测验、辩论、戏剧表演、成长档案袋	全国测试、学校测试	PSLE 考试
发展中国家	印度	《国家关注科学教学》	科学知识，科学探究性质，科学思维，科学、技术和社会的相互作用	笔试、口试、轶事记录、方案设计、工作表、作品集、成长档案袋	真实评价、基于绩效的评价	CCE计划、EAM 评价
	埃及	《教育活动质量文件 科学活动》	获得知识、发展技能、独立思维、社会和道德责任	笔头作业、口头表现和讨论、展示、方案项目、系列活动、实践	学生成就文件夹、期末测验	—
	巴西	BNCC，双月计划	科学重视生活技能	观察、提问、笔试等	平时观察、双月检测、期末测验	—
	中国	《义务教育科学课程标准（2022 年版）》	科学观念、科学思维、探究实践、态度责任	对话、提问和追问、观察、检查作业；纸笔考试、表现性考试、成长记录	过程性评价、终结性评价	—

从表 5-13 可以看出，就世界范围来看，各国科学课程标准（大纲）均关注科学学习评价，均对小学生科学学习成就评价进行了规定与说明。有的国家如美

国、英国、日本、加拿大、新加坡、印度，专门制订了有关科学学习评价的文件。小学科学学习评价主要围绕规定领域的内容加以展开，评价类型与方式多种多样，既有量化评价，也有质性评价；既有形成性评价，也有终结性评价；既有国家层面的评价，也有学校层面的评价。相对而言，发达国家更为重视科学学习质量评价。不少发达国家建立了国家测试制度，对全国学生进行国家测试，而发展中国家科学课程质量评价大多局限在地域或学校层面，这种方式尽管照顾了地方与学校的差异，但不利于对全国小学科学课程整体质量进行监控。从评价模式看，现已形成比较完善的科学评价模式如 PISA 测试、TIMSS 测试，不少国家总结、提炼形成了具有一定特色的评价模式，并在一定范围内推行，但课程学习评价是一项较为复杂的工作，对其科学性、合理性、可行性要求较高。总体上看，小学科学课程评价模式仍存在水平差异，许多评价模式尚待优化与完善。

第六章

迈向科学实践：小学科学课程改革展望

在科学教育领域中，"科学实践"概念的正式提出相对较晚。2011 年美国颁布新的《K-12 科学教育框架：实践、跨学科概念和核心概念》（以下简称《K-12 科学教育框架》）提出"科学与工程实践"一词（以下简称"科学实践"）。2013 年美国颁布的《新一代科学教育标准》进一步阐述了该概念，并将科学实践具体化、进阶化，自此"科学实践"成为科学教育改革的重要方向。那么，如何理解"科学实践"，如何实现从"科学探究"到"科学实践"的转变，科学实践观对未来小学科学课程改革有何影响？这些问题值得我们关注与研究。

一、科学实践的概念与维度

（一）科学实践概念的提出

"科学实践"这一概念主要是针对"科学探究"实施引发的系列问题提出的，它是对科学探究的拓展与深化。"科学探究"一词源于 20 世纪 60 年代美国课程改革领导人物布鲁纳的"发现学习"和施瓦布的"探究学习"，作为一种新的学习方式运用于科学教育领域便是"科学探究"。在布鲁纳看来，中小学生的学习与科学家的研究没有实质的区别，差别仅仅在于科学家探索的是人类未知的世界，而中小学生探索的是自己未知的领域，尽管发现对象有别，程度有异，而发现活动在本质上是一样的。布鲁纳（1982）认为，无论哪里，在知识的尖端也好，在三年级的教室里也好，智力的活动全都一样。一位科学家在他的书桌上或实验室里所做的，一位文学评论家在读一首诗时所做的，正像从事类似活动而想要获得理解的任何其他人所做的一样，都属于同一类的活动。其间的差别，仅在程度而不在性质。此外，布鲁纳还强调，发现学习有利于培养美国社会急需的科技精英。在布鲁纳极力倡导发现学习的同时，美国科学教育专家施瓦布提出"探究学习"的概念，他主要从科学的探究本质来阐述"探究学习"，认为科学本身是人类对自然世界的探索，作为科学探索结果的科学知识具有不确定性，它是暂时的结论，随着科学调查的展开与科学实验的深入，原有的科学结论暴露其局限性，需要调整、更新与修正。在他看来，如果我们把科学结论作为简单的、确定的解决问题的方法来教授，"我们就犯下一系列罪行"，将会"产生学术偏见和理智的偏狭"。换言之，施瓦布主要从科学研究的内在特点、局限来论证"探究学习"，正如科学家的研究是一种探险，学生的科学学习亦是一种智力的探索与冒险。布鲁纳、施瓦布的学习理论为美国 20 世纪 60 年代的课程改革提供了重要的理论支撑，引领了美国乃至世界课程改革特别是科学教育改革的方向，是世界科学教学变革的风向标，对科学教育产生了持久而深远的影响。

但令人遗憾的是，承载着美国梦想、以先进理论武装、使用优质教材、耗资数百万美元的 20 世纪 60 年代的课程改革效果却不尽如人意，调查显示，实验学校学生的学科知识学习、技能掌握很差，更不用说发展学生的创造力了。这一调查结果令人沮丧，引发了美国公众的广泛批评与深度反思，20 世纪 70 年代美国出现了"回归基础"的运动，探究学习、发现学习陷入低谷，甚至偃旗息鼓。1983年《国家处在危机中：教育改革势在必行》报告的发表，又触痛了美国人敏感的神经，"教育质量"成为社会公众关注的热门话题，引爆了新一轮以提高质量为目标的教育改革运动。进入 20 世纪 90 年代，"科学素养"概念广为传播，几乎家喻户晓。如何提高学生的科学素养？"科学探究"再次进入人们的视野，科学探究成为科学素养的重要构成部分和培养途径。1996 年颁布的《美国国家科学教育标准》以法定文本的形式确认了这一"共识"，"科学探究"迅速上升为美国科学教育的"国策"，成为科学教育的基本方式和主要途径，并引领世界科学教育改革潮流。然而，科学探究实施十余年后，善于反思的美国人惊讶地发现，正如 20 世纪60 年代课程改革那样，科学探究实施效果甚差。那么，是哪些原因导致美国科学教育重蹈历史的覆辙呢？归纳起来，原因有三：其一，科学探究需要大量的时间，学校不可能为科学探究安排足够的教学时间。其二，科学探究需要充分的物质设施、技术支持，巧妇难为无米之炊，对于那些个性化、复杂化的科学探究，许多学校的物质条件捉襟见肘，力不从心。其三，更为重要的是，中小学生的科学探究需要教师指导和专业支持。然而，大多数中小学教师缺乏相应的训练，不具备引导学生开展科学探究的能力。众多中小学教师不像大学教师那样从事过真正的科学研究与探索，不能深入领会科学探究的实质与规范，指望他们指导学生开展真正的科学探究如同纸上谈兵，其效果不言而喻。美国中小学科学探究受挫，"科学实践"的概念应运而生，并成为科学教育改革的新方向。

（二）科学实践的基本内涵

那么，何谓"科学实践"？"科学实践"与"科学探究"的实质区别何在？"科学实践"的本质特征是什么？

1. "科学实践"的含义

与"认识""理论"相对应，"实践""行动"是哲学中的基本概念。有研究者指出，对古希腊人来说，理论与实践的问题不是抽象的学说及其实际应用问题，而是他们生活的不同方面的问题。但到了培根，科学要用它的实践有用性来证明自己，科学等同于技术，实践也开始等同于技术。唯理论的思想把理论和科学变成了方法，而实践则只是方法的应用。至此，近代理论与实践的教条已基本形成：理论只是方法，它必须能有"用处"，实践则是方法的运用（张汝伦，1999）[308]。随着科学技术的发展，特别是工业革命以后，实践被窄化为人们改造客观世界的物质化活动，科学实践则被理解为在科学研究领域中的对象化物质活动。科学活动被理解为科学认识与科学实践，与以认识客观世界的规律、法则、关系为目的的科学认识不同，科学实践是指利用一定的工具与手段，对外在对象加以改造的活动。但也有研究者指出，科学活动不能简单地区分为科学认识活动与科学实践活动，因为"科学活动离不开独特的物质手段，但在本质上是精神的、智力的活动"（刘大椿，2010）[4]。与静态的、作为结果的科学理论不同，科学实践更多的是动态的、发展的，是科学知识与科学理论生产与再生产（科学知识的获得与运用）的过程，它包括科学、技术、工程、社会等领域。教育领域中的科学实践，又不同于科学家、技术工程人员开展的科学领域中的科学知识、技术的生产与运用，以产生特定社会效益的科学实践。教育学领域中的科学实践更多地属于科学知识的学习与探索活动，是一种仿真的、模拟的知识再生产与运用，它关注的是科学活动过程的教育价值而非活动结果的使用价值。科学实践强调经历科学创制与课程开发的过程，运用多种活动方式进行学习，不是简单的、机械的、静观的、被动的记忆、冥想、背诵、练习，而是参与丰富多彩的科学活动，开展基于经验的科学学习，是"做科学"而不是"学科学"。英国的"科学工作"、法国开展的"动手做"计划即是对这一概念的有力诠释。

美国的《K-12科学教育框架》指出，科学教育的主要目标就是培养学生科学思维的习惯，开发他们从事科学探索的能力，教会他们如何在科学的背景下解释原因。如果仅是注重书本内容，那么很不幸的结果是将使学生远离科学研究本真的自然观念，他们会认为科学仅是孤立事实的组合。使用"实践"术语而不是"技巧"一词，是为了强调从事科学研究需要协调知识和技能。

我国研究者认为，科学"实践"取代"探究"实际上是为"探究"正名，主要是为了强调在科学研究中不仅需要技能，还需要针对实践的特定知识（王保艳等，2015）。与"探究"不同的是，"实践"更加强调各种能力的发展及运用，不再是按部就班地执行，而是亲身地参与，每一种能力都可能是实践的开始。科学实践不是简单的动手操作，还需要结合学科知识和学生已经具备的数学、科学推理、科学论证、科学解释等能力加以展开（邓阳 等，2014）。

"科学实践"包括科学探究与工程实践，科学探究与工程实践密切相关，但又有所不同，它们是两种不同的实践类型，其研究、解释与评估有着各自的性质与特点，如图6-1所示。

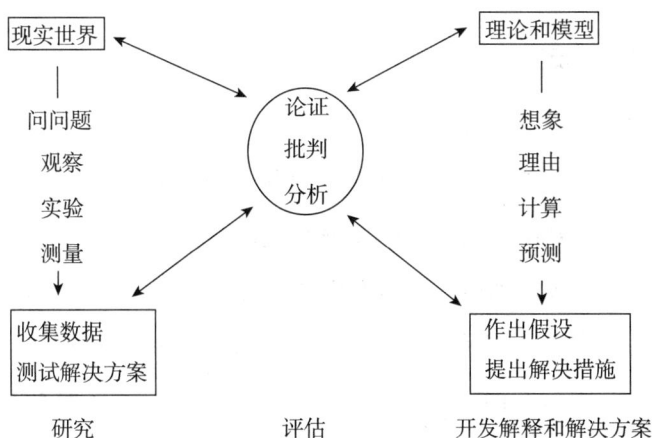

图6-1　三种科学家和工程师的活动

为了科学教学的方便，《K-12科学教育框架》对科学探究与工程实践进行了尝试性整合，划分了科学与工程实践的类型：提出问题（基于科学）与界定问题（基于工程），发展与使用模型，策划与实施科学调查，分析和解释数据，运用数学与计算思维，建构解释与设计解决方案，基于证据的科学辩论，获取、评价和表征信息。不同类型的科学实践具有不同的进阶水平，有着不同的教学策略要求。

科学实践大致包括两个基本维度：认知—技术维度与社会—文化维度。现有的科学实践类型主要是从方法角度进行的划分，突出了科学实践的认知特征，对于科学实践的文化特征则凸显不够。这可能是为了便于课程标准的实施，也考虑到中小学教师现有的专业水平，因而淡化了科学实践的社会—文化维度。

2. 科学实践的外延

与"科学探究"相比，"科学实践"的外延更加广泛。尽管科学实践包括模拟的科学探索与研究，但它不止于、不限于科学探究，还将科学参观、科学考察、科学制作、技术改进甚至科学阅读、辩论等纳入自己的范畴。同时，还将工程实践纳入其中，让学生运用科学知识与技术解决实际生产生活中的工程问题。科学实践既包括科学探究，又涵盖工程实践，它既是一种认知、理性的活动，是对物质世界的认识，又是技术改造与工程实践，还是一种科学文化活动，具有浓厚的社会文化色彩。科学实践既包括封闭的实践、实验室实验，也包括开放的、想象的科学实践（思想实验、科学阅读、科学辩论）。

3. 科学实践的界定

科学实践的基本特点有主体性、开放性、多维性、过程性、社会性。它是指学生自主参与、开放多维、与科学知识获取和运用相关的科学探索与工程实践活动过程（潘洪建，2018b）。从对科学实践维度的认识和 NGSS 前言的解读，结合学者们对科学实践内涵的解析，科学实践可以被理解为对外部世界的探索与改造，揭示自然的关系、特点、法则，获得规律性认识，同时，运用科学知识、技能、技术，改造自然，创造一个能满足人的生产、生活、交往需要的人工世界的活动。

（三）科学实践的基本维度

有研究者指出，"科学实践"一词凸显了融合社会、认知、行为三个维度的实践观，它折射出近 20 年来美国科学教育研究者扭转课堂探究模式化倾向的努力（唐小为 等，2012）。我们认为，科学实践可以分为两个维度：认知—技术维度与社会—文化维度，因为科学的认知—技术维度与社会—文化维度体现在行为之中，行为不必单独作为一个维度。作为一种认知—技术的活动，科学与工程实践有其基本规范、程序与类型。作为社会—文化的活动，科学与工程实践是在一定的社会与文化背景下展开的活动，受到特定历史、社会、文化、传统的影响。科学实践不能外在于特定的社会文化背景，它处于一定的社会历史文化之中，科学研究与工程实践过程本身就是一种社会历史与文化过程，不可能不打上社会历史文化的烙印。英国科学史家史蒂文·夏平（Steven Shapin）分析了科学研究中的社会影响，诸如研究者的身份、地位、角色，研究过程中的社会磋商，政治斗争等（潘洪建，2017）。美国科学哲学家约瑟夫·劳斯（Joseph Rouse）分析了科学研究中的社会权力问题，以及科学实践对自然的涉入问题（潘洪建，2018c）。以大卫·布鲁尔（D. Bloor）、巴里·巴恩斯（Barry Barnes）为代表的爱丁堡学派和以布鲁诺·拉图尔为代表的巴黎学派是科学知识社会学（Sociology of Scientific Knowledge，SSK）研究的两大流派，爱丁堡学派具有英国经验主义的学术背景并沿袭了曼海姆（Karl Mannheim）的知识社会学传统，巴黎学派则更多地延续了涂尔干（Emile Durkheim）以来的法国传统，致力于以人类学方式从事具体的实验室研究，他们对科学实践的社会文化维度展开了大量而深入的研究。

1. 科学实践的认知—技术维度

科学实践首先是一种理性的实践活动，是人们运用科学的概念、原理与技术手段、工具对物质世界进行的探索与改造过程。在这一过程中，发生着复杂的系列观察、知觉、记忆、思维、判断、想象、设计、制作等认知与操作行为，通过这些认知与操作行为，获得外部世界的过程性信息与数据，对信息进行加工、整理、归类，形成对客观世界的认识。

认知—技术的科学实践可以从科学探究、工程实践的认知构成要素与流程加以分析。

就科学探究而言，其认知—技术维度涉及科学思维与方法，包括逻辑思维、直觉思维、类比思维等，其中逻辑思维是最基本的思维。逻辑的方法主要包括以观察、实验为主的归纳法与以三段论进行推理的演绎法。归纳法即在观察事实的基础上进行概括、推论，从个别的、特殊的事实上升到一般的、普遍的结论。穆勒的归纳法主要有求同法、求异法、剩余法、共变法等，以探求自然界中的因果关系。但在休谟看来，归纳法所揭示的不是事物的因果关系，而仅仅是事物时间上的先后与空间上的彼此接近的关系，演绎推理所获得的结论既不能保证结论的正确性，也不能创新知识。直觉的方法主要是科学猜测与想象，通过对可能结论的设想，探求事物间的联系。当然，通过直觉而获得的假设是否正确，最终还需要接受观察、实验的检验，无法检验的假设与猜想将被修正或抛弃。类比的方法主要表现为对事物结构与功能的研究，以某一已知事物的结构推测、比拟另一新的事物的结构，将某一认识成果迁移到另一领域。当然，这些认知—技术的方法并非相互孤立，在实际的科学探究中可以结合起来，形成一定的科学探究序列、步骤，如杜威的反省思维。在杜威看来，科学方法的精髓是实验，科学方法就是实验方法，它是在行为中、实践中对事物的种种探求，反省思维需要经历情境、问题、假设、逻辑、验证等步骤，通过反省思维解决问题，排除行动的障碍。

就工程实践而言，它主要涉及工程技术领域的实践，包括技术革新与工程创造。技术是较为复杂的、与解决实际问题相关的操作程序，大多属于程序性知识。当代技术不同于以经验为基础的古代技术，它往往以科学知识为基础，建基于一定的陈述性知识。工程制造则比单一的技术知识更为复杂，它涉及更多的知识领域与具体问题。一项真实的工程实践可能涉及科学、技术、数学、历史、社会、经济、生态、环境等众多繁复问题。工程设计与制造包含大量的认知因素、认知活动与过程，如观察、测量、计算、数据分析与处理、材料加工、成本核算、生态分析，以及工具、手段的使用等。

2. 科学实践的社会—文化维度

科学实践的社会—文化维度可以从科学知识的对象、过程、结果及其表达方面加以分析。

（1）科学知识对象的社会文化特征

一般认为，科学研究的对象是不以人的意志为转移的客观实在的自然现象。实际上，科学知识的对象并非纯粹自然，它具有社会建构性质。科学对象不仅技术性地在实验室中被创造出来，而且符号性、政治性地被建构。通过科学家在形成同盟与调动资源的过程中使用的政治策略，或通过从中建立科学成果的选择与决定转换而被建构（诺尔－塞蒂纳，2001）[序言]。实验室中的科学实践是文化性的，不能简化为方法论规则与实施技能的简单应用，由实验室实践而产生的"科学事实"，同样应被视为由文化所形成的东西。

科学家所处理的大多数对象不是自然实体，而是改造过的对象。科学家所处理的大部分实体，即使不是完全人工的，也是在很大程度上被预先建构起来的。作为实验科学的科学，如物理、化学等学科，其研究对象不是纯自然现象、事物，而是人参与自然，对自然物进行选择、加工、提纯、优化后的对象，是由科学家建构起来的。实验室是科学研究的重要场所，卡林·诺尔－塞蒂纳指出，实验室是一个由桌子、椅子构成的工作空间。"抽屉里充满了一些小器具，架子上摆满了化学用品和玻璃仪器，冰箱和冷藏箱里放满了仔细贴上标签的样品和原材料：缓冲溶液、磨得细细的苜蓿叶子、单细胞蛋白、来自被化验的老鼠的血液样品与溶菌酶。所有原材料被特地种植并有选择性地培育出来。多数物质和化学药品被净化，而且从服务于科学的工业或者从其他实验室中得到。但无论是科学家本人去购买还是自己去准备，这些物质与测量仪器、桌面上的论文一样，都是人类努力的成果。看来似乎不能在实验室里找到自然，除非从一开始自然就被定义为科学研究的成果。"（诺尔－塞蒂纳，2001）[6] 即科学探索的对象特别是科学实验室是在极为特殊的人工制造的环境中的，实验的对象不是纯粹的、未加工的自然世界，而是经过选择、改变、净化后的"自然"。现代科学研究的对象完全不同于科学早期的自然观察与资料整理，而是在一定的社会与文化环境中建构起来的独特对象，并在此基础上划为"科学事实"。

（2）科学知识生产过程的社会建构

第一，科学知识生产环境的建构与纯化。就人们在自然界中对可以观察的材料进行选择的过程而言，它既是纯粹逻辑（和纯粹数学）的产物，也是纯粹的权力评价过程的产物。而且只有在这第二种权力因素内部，才存在与这种对自然现象进行选择的原则有关的、社会学方面的共同条件（舍勒，1999）[163]。让我们想象一下，深夜，一位观察者进入寂静无人的实验室，打开照片 2 中的大冰箱。"我们知道，试管架上的每种样品都与提纯的某一阶段相符，并且上面贴着按实验记录编写的一长串数字编码标签。观察者把样品一个个地取下来，揭掉标签并把它扔掉，然后把无标签的样品放回冰箱。毫无疑问，第二天清早，观察者会看到一片狼藉的场面。没有任何人能够说清哪个样品是哪个阶段的。这可能要花上 5 年、10 年甚至 20 年的时间给这些样品重新贴上标签，除非在此期间化学技术有了长足的进步。"（拉图尔 等，2004）[239] 即科学知识生产的环境是根据一定的目的，选择性地建构起来的。

第二，科学知识生产建立在一定文化资源的选择与运用之上。科学家从社会争论中选择解释性资源，支撑自己的科学主张，论证结论。科学家直觉地运用那些通常被用来限定他们的学术问题的性质和弥补他们分析的不足的外部的解释性资源。这里主要的解释性问题并不直接依赖于对生物现象的观察。相反地，它们是从实践活动和哲学的、神学的和社会的争论的广泛领域中得出的，这些方面提供了有科学意义的观察的框架。在达尔文理论产生期间，似乎已有一种与斗争和适应问题相关的观点，它是各种不同的学术探讨的主要解释性源泉（马尔凯，2001）[141]。弗兰克尔认为，波动说在法国迅速兴起到占据主导地位，不仅是由认知因素导致的，也是由社会政治因素导致的。特别是，这两种有关光的理论的辩论与法国共同体整体上反对拉普拉斯派系的胜利恰好吻合。结果在各种不同的领域中发生了大范围的对解释观点的修正。科学研究与理论建立在一定的假设之上，然而，在开展大多数科学研究的背景中，全部假设是如此牢固地存在着，以致对它们的任何修改或反驳都是根本不可能想象的，科学命题的意义是随着它所应用的学术背景的不同而有所变化的（马尔凯，2001）[55]。不仅如此，科学研究通过运用隐喻来发展它们的信念和文化，扩展科学知识，如"原子"的概念。原子的概念在今天已被广泛接受与认可，但在概念产生之初却不是这样，原子被假设为一些不可见的微小的物体；根据假定，它们永远也无法被观察到。这样，这个模型注定仍然要停留在思辨状态，它无法得到科学中有着巨大价值的"经验"方法的充分证明。作为个体，化学家对道尔顿的原子论的反应有很大的差异。有些人根据一种强硬的和明确的实证主义完全拒绝它，其他一些人在形式上拒绝它，但却认为，它作为一种启发法是可以接受的。另一方面，有些人认为它是一种"假设的"理论，它有可能是正确的，还有些人则承认，它是对物质的精巧结构的真实描述（巴恩斯，2001a）[73]。通过不断的社会互动，原子概念最终得以确立。

此外，通过类比，实现科学论证逻辑上的跨越。爱丁堡学派的代表人物之一的巴恩斯指出，整个科学的历史就是经验知识从一个范围扩大到另一个范围的沿革。科学家们发现，他们在发展的每一个阶段都会由于接受了所涉及的"仅仅是"比拟的东西而受到批评。力学的一个重大突破来自有人把天上的物质看作与地上的物质类似，并且认为行星的运动与地球上物体的运动遵循同样的基本规律。当人们把有机化合物当作与无机物类似的，并且认为它们的形成和结合方式是相同的时候，人们也跨越了类似的门槛。人体与机械系统的类比，在遭到最初的抵制后又被接受了。

第三，科学生产过程是一种人对自然的实践涉入。实践总是包含着做的事和做事者，以及这些事情相关之物，实践因此不仅仅是行动者所做的，还有复杂的相互关系。行动者处境的有意义性，既不是由个人举止也不是由从物质实现中抽象出来的社会规范所决定的，相反，它来自行动者与其物质环境和相互之间的不断互动。科学实践既是一种物质活动，也是一种话语实践，对科学知识不能进行简单的表象主义的说明。总之，科学首先不是表象和观察世界的方式，而是操作、介入世界的一种（或多种）方式。科学家是实践者，而不是观察者。科学是实践而不是表象。用理论描述世界和（部分地通过使用理论）科学地掌握介入世界的方式是有区别的（劳斯，2004）[39]。科学研究是一种实践活动，这种实践不仅重新描绘了世界，也重构了世界（劳斯，2010）[117]。一句话，科学实践的重要特征是介入世界。

第四，科学知识生产是一个社会互动、磋商建构的过程，而不仅仅是理性的认知过程。布鲁诺·拉图尔在《科学在行动——怎样在社会中跟随科学家和工程师》一书中描绘了一位实验室主管的旅行路线，他在全世界飞来飞去，与政府官员交谈，以争取更多的投资；与杂志编辑交谈，以说服他们开辟一个新专栏；与各种公司交谈，以使公司改进它们的仪器，从而使其实验室里进行的研究更有效率。在科学成果形成过程中，科学家不断地把他们的决定和选择与所期待的"实证者"共同体特定成员的反应联系起来，或者与他们想在其中发表论文的杂志的规定联系起来，决定基于哪些是"最新的"与哪些是"过时的"东西，基于一个人"能"做什么或"不能"做什么，基于他们遇到的反对者以及通过提出某一特定观点而不得不与之联系的那些人。简言之，实验室的发现基本上是着眼于潜在的批评或接受（以及关于潜在的盟友与敌人）作出的，它是发现的实质性的重要组成部分（诺尔‐塞蒂纳，2001）[13]。在对知识决断作出反应时，正是科学共同体本身赋予了发现情境以决定性地位。科学知识生产首先考虑的不是"符合"，而是成果的认同与接受。在多种可供选择的解释中，研究者接受一种解释而不是其他解释的程度，是社会互动或社会磋商过程的结果；即成员们交换观点且相互之间试图进行说服、劝说和施加影响，在这一过程中，这些观点可以得到修改、摒弃或加强（马尔凯，2001）[122]。科学知识是通过切磋过程而确立起来的，即在社会互动过程中通过对文化资源的解释而确立的。

总之，观察"正在形成的科学"（science in the making），而不是"已经形成的科学"（ready made science）或者"既成科学"（all made science）有助于我们深化对科学知识社会性质的理解。在大多数人看来，科学就是"已经形成的科学"，就是科学的结论，是成品；而在拉图尔看来，科学研究与工程实践是一连串的行动，是形成科学、制造结论和物品的过程。科学知识生产具有浓厚的社会文化特质，是科学共同体建构的产物。

（3）科学知识结果与产品的建构性

①科学研究资源的选择。

科学知识是在选择的基础上进行的一种建构。"建构过程包含了决定与商谈的链条，通过这一链条，得出了建构过程的结果。换句话说，建构的过程要求必须作出选择。选择转过来只能在前面所做的选择的基础上作出，即它们基于向进一步选择的转化"（诺尔-塞蒂纳，2001）[9]。科学家根据任务与目的在多种可能性中进行选择。因此，科学成果不大可能在不同条件下以相同的方式被再生产。当然，"选择可能会受到质疑，恰恰因为它们本身就是选择，即恰恰因为它们包含了两项取一的选择的可能性。如果科学对象是选择性地从现实中挑出来的，那么它们可能通过挑战它们所包含的选择而被解构。如果科学事实在它们从决定中得到的意义上是被建构出来的，那么这些事实也可以通过强加可替代性决定而被销毁。在科学研究中，一些选择被结合到以前的科学工作中，这些选择的选择性本身就是更深入科学研究的主题"（诺尔-塞蒂纳，2001）[11]。同时，在科学选择之中，以前工作的选择构成新的科学研究得以继续的一种资源，成为科学家在自己的研究过程中可以利用的解释。"先前研究的选择成为科学活动持续下去的资源，并成为进一步研究过程中问题化的主题。所以，一种知识论断的实证者常常就是科学家在争夺声誉和科学权威过程中最'危险的'竞争者和敌对者"（诺尔-塞蒂纳，2001）[14]。科学研究并非描述性的，而是建构性的，科学成果可以被视为根据它们所包含的选择性，依据各自资源，内在地建构起来的东西。

②科学研究结果的构建。

从论文初稿到终稿，部分内容被扩展、丰富，而部分内容被压缩、删除，存在明显的掩饰。作品中的掩饰"主要不是由作者们造成的，而是由评论家们和书评者们共同造就的结果，并且导致了终稿的产生"（诺尔-塞蒂纳，2001）[223]。此外，结论的建构需要其他结论的支持，科学论文通过对其他论文和实验结果的引证，建构自己的结论。这些引证、引用和图形被加以层层布防，从而形成了一个由支持者和盟友构成的强大阵营。每一个特定理论的拥护者都努力获得他或她所能获得的尽可能多的支持和尽可能多的盟友，而这些支持和盟友的数量在理论构造过程的每一个层次上都增生繁殖，因此，试图反对一篇被加以精心设计的论文简直就是不可能的。科学成果正是通过自己的数据论证与他人成果的引证，逻辑地、社会性地建构起来。

二、走向实践的小学科学课程

科学实践的双重维度分析，为我们展示了一种完整的科学实践概念，对科学教育有着重大的参考价值。如同科学探究既是教育的目的，也是教育的内容，还是教育的方法一样，科学实践同样可被视为教育的目的、内容与方法。运用科学实践的概念可以重新审视科学课程的目标、内容与方法。

（一）课程目标的实践取向

参照国外做法，我们可以把科学教育目标大致分为知识目标、技能目标、态度目标。

1. 重新审视科学课程的知识目标

由于科学知识是情境化、社会化科学实践的产物，科学知识具有地方性，它是一种地方性知识，不是主体的人对客体的自然的镜像式的反映。劳斯认为，科学知识、理论不过是一种模型、案例而已。维恩强调，在科学知识的创造、证明和维护的过程中，科学发展所依赖的理论倾向不是定型的，而是易受多种社会因素的影响。科学的形式合理性至少部分是借助于社会和学术倾向而建构的辩护形式。如此，科学教育就不能将科学知识的理性把握置于首位，不能把科学知识的掌握作为科学教育的首要目标。我们应正视知识的社会性、情境性与不确定性。近代实验科学兴起以后，确定性不再是追求的终极实体，而在于追寻控制事物的方法。杜威指出，思想对象的有效性依赖于界说这种思想对象的操作所产生的后果。当然，这里无意否定知识的认知性、确定性、稳定性，只是强调知识是认知过程与社会过程共同作用的产物，知识是人类选择、介入、控制对象的成果，是社会实践的产物，应关注知识生产中的社会建构问题，让学生意识到科学知识的社会建构特征。

2. 重新审视科学课程的技能目标

科学技能具有一定的规范与策略，但又不是一成不变的模式和普适性的操作方式，技能及其运用具有情境性、默会性，正如观察技能、实验技能的获得需要一定的概念框架、背景知识，并且基于一定的经验基础。经验主义者认为，观察是主体的一种感知能力，比如对仪表读数、颜色或粒子轨迹的观察。但是，这样的理解太狭隘了，因为观察需要太多的技能、经验和背景知识。哈金告诉我们，观察是一项技能，如果没有以往的观察经验，没有受过相应的训练，很可能观察就无从谈起。普通人与一位天文学家同样观察夜空，但他们看到的东西迥然有别。迈克尔·波兰尼甚至认为，技术和科学这两类知识在很大程度上是互不相干的……事实上，我们对这样一件东西所获得的详细知识越多，我们的注意力就越是分散，就越看不清它到底是什么（波兰尼，2000）[509]。技能的操作需要足够的默会，需要对经验的情境把握和创造重组。对于科学探究的技能，我国颁布的《义务教育科学课程标准（2022年版）》将探究实践分为8个要素：提出问题、作出假设、制订计划、搜集证据、处理信息、得出结论、表达交流、反思评价。实际上，科学探究是在一定的情境中展开的，十分复杂。探究技能既建立在认知探究实践的基础之上，是一种认知技能，同时又是在一定的社会情境中展开的。不仅社会规范是因社会而易变的，而且认识/技术规范在任何特定的研究领域中也会有相当不同的解释（马尔凯，2001）[123]。事实上，科学实践包括社会活动，需要社会技能，它是一种文化实践。"一个陈述，一种技艺，或一个模型，在孤立状态下或瞬时状态下没有知识意义，而是依赖于它与很多其他实践和能力的关系，特别是依赖于这些关系被再生产、改变及扩展的方式。……这样，孟德尔关于豌豆遗传的工作在19世纪中叶杂交研究中有其意义，而随着其原始语境变得孤立于其他进行着的研究计划越来越边缘化，但到了20世纪初通过它的'再发现'而获得新的、增强了的意义。"（劳斯，2010）[170]科学技能不能从复杂的、具有社会意义的科学实践中独立出来，它与一定的社会背景、文化相关联，非情境的、纯客观的、仅仅通过语言文字进行叙述的技能没有生命活力，技能学习不是简单的示范、操作和训练，它不能从外部掌握，而需要情境关涉，需要情感投入，只有在科学文化具体实践中才能领会、掌握。总之，科学技能不是客观地摆在那儿有待我们去掌握的操作系统，它具有情境性、个人性、缄默性、文化性特征，使得它难以从外部简单掌握与迁移运用，需要在科学实践与社会互动中默会地加以把握（潘洪建，2018c）。

3. 重新审视科学课程的情感目标

罗伯特·默顿在《科学社会学》一书中提出科学的精神气质。在他看来，科学具有诸如普遍主义、公有主义、无私利性、条理性怀疑等特征。在默顿研究的影响下，我们赋予自然科学以客观、中立、实证、无私、批判等精神特征。实际上，"科学的精神气质"提法背后隐含的是科学实在论假设，即认为科学知识是对客观真理的揭示，与个人情感、社会利益无关。实际上，科学知识社会学（Sociology of Scientific Knowledge，SSK）对科学实验活动的调查显示，科学实验既包含物质设备操作，也充满社会、文化交往，科学研究活动存在着研究人员之间的社会切磋、争论、协商，以及对资金的追逐，对影响力的争夺，它同时是一种社会活动。夏平研究了波义耳与霍布斯之间关于实验方式的争论，分析了倡导实验方法的波义耳在争论中战胜了倡导演绎推理方法的霍布斯的原因，最后得出这样的结论：实验方法"代表了一种生活形式，而这种实验生活形式确保了王政复辟时期政权的安全"（刘海霞，2007）。换言之，科学研究不仅是对实验仪器、设备材料的简单使用与菜谱式操作，也是一种多因素参与的社会实践活动，它具有政治的、功利的、文化的色彩。当然，也不能说科学研究可以随心所欲，正如劳斯指出的那样，科学是对自然的选择、介入与改造，会受到自然的限制、抵制与抗拒，科学研究仍具有物质规定性与经验制约性。可见，科学态度亦非独立于科学的社会文化实践，科学不仅是制造知识，更为重要的是对世界进行介入和改造，以便建立一个人工世界。工程技术领域对自然的介入与改造更为显著，它涉及复杂的社会文化背景和现实考量，并非单纯的科学精神所能解释与说明的，而是多种因素、精神、情感混杂交错其中，强烈地影响着工程设计与技术创新。科学教育应直面科学实践的真实状况，正视科学精神、情感的多维性、复杂性、情境性，培养学生积极、正面的科学态度。

综上所述，我们目前对科学教育目标的理解主要是基于对科学研究结果的认识，还未深入科学研究内部过程，未涉及科学实践的真实历史及其复杂性、情境性与社会性。如果从知识社会学来审视科学教育目标，我们会对科学教育目标产生新的理解，离开了科学实践及其情境性、复杂性谈论科学教育目标，我们的认识不免肤浅，不免将复杂问题简单化。SSK 研究为科学教育目标提供了一种全新的视角，有助于我们对科学课程目标展开另类理解，进而丰富科学教育活动。可以说，科学既是一种理智的成就，也是一种方法，还是一种社会事业。在这一认识下，需要重构科学教育目标的概念与内涵，在重视科学课程的同时，关注科学教育的社会文化目标，更有助于激发学生的科学学习热情。各国小学科学课程目标的认知与社会维度如表 6-1 所示。

表 6-1　各国小学科学课程目标的认知与社会维度

类型	国别	科学课程总目标	认知—技术要素	社会—文化要素
一流发达国家	美国	帮助学生奠定科学素养，培养学生在STEM（科学、技术、工程、数学）领域的兴趣	科学知识、科学技能	科学兴趣、情感
	英国	促进学生精神、道德、社会、文化的发展	科学知识、技能	道德、社会、文化发展
	法国	提高共同基础，促进智力、身体、情感、社会、文化、审美和道德的和谐发展	智力发展	社会、文化、审美和道德发展
中等发达国家	加拿大	科学技术与社会环境的联系、科学与技术思维、科学与技术的基本概念	科学与技术思维、科学与技术的基本概念	科学、技术与社会环境
	澳大利亚	科学兴趣、科学理解、科学探究、问题解决、科学文化	科学理解、科学探究、问题解决	科学兴趣、科学文化
	新加坡	科学经验、科学理解、探究态度、科学与生活、科学与环境	科学经验、科学理解	探究态度、科学与生活、科学与环境

类型	国别	科学课程总目标	认知—技术要素	社会—文化要素
发展中国家	印度	科学知识、科学方法、科学与环境、科学技术、科学性格	科学知识、科学方法、科学技术	科学与环境、科学性格
	南非	科学知识、科学技能、科学与社会、科学道德	科学知识、科学技能	科学与社会、科学道德
	巴西	科学理解、科学方法、问题解决、科学与社会、科学与环境、科学发展	科学理解、科学方法、问题解决	科学与社会、科学与环境、科学发展
	中国	科学观念、科学思维、探究实践、态度责任	科学观念、科学思维、探究实践	态度责任

观察表 6-1 可以看出，在不同国家科学课程总目标中，均包括科学知识、技能、方法、能力等认知—技能目标，同时也包含一定的情感类文化目标与社会环境目标，但关注知识、技能认知目标胜于社会、文化目标。其中，英国、法国、澳大利亚等国对科学课程的社会文化目标则予以了较多的重视，值得借鉴。关注社会文化目标将是未来科学课程目标改革致力的方向。

（二）课程内容的实践取向

长期以来，人们认为，科学知识内容具有客观性、确定性、普适性（潘洪建，2012b），科学教科书便确定无疑地为我们呈现系统的科学研究成果。如此一来，我们头脑中的科学形象便与真实的科学实践相去甚远。正如库恩所说，今天支配我们头脑的科学形象主要源于对最终的科学成果的研究，它们载于经典著作与教科书之中，但这类书目是说教的，其科学观决不会比旅行指南或语文所描述的民族文化更合乎实际。教科书观点错误地重构了科学的发展，把科学发展描述为科学研究成果的稳步积累，忽视了科学发展的真实历程（劳斯，2004），忽略了科学知识的社会—文化之维。科学知识不仅是理性的认识和成就，而且包含了大量的社会磋商结果，是智慧探索与文化交流相互作用的结果。中小学科学课程内容的选择、组织与呈现，应体现科学知识的实践特征。

1. 再现科学知识生产情境

科学知识是情境化科学活动的产物，是人们在一定社会背景和条件下运用特殊手段、工具、材料，对自然进行实践涉入的结果。科学家不可能创设完全相同的实验条件，展开完全相同的实验过程。他们基于不同的概念框架和理论假设，可能对同一实验作出不同甚至迥异的解释。随着社会环境、科学语境的变化，科学理论及其意义也会发生不同程度的改变，这种改变只有科学共同体成员才能察觉到。卡特莱特认为，科学并非纯粹的理性行为，它是一项情境性的事业，科学知识语义复杂多变。科学是对现象的改造，模型是人工的产物，它仅仅是方便我们对现象进行观察，作出解释，获得对现象的某种理解。实际上，意义不是理论的属性，而是一个场或者情境，在其中，语句与事物之间更为丰富、更加复杂的联系被建立起来。"我们得出科学的事实陈述既不是独立于理论，也不是在意义上是永恒不变的。即使当印刷在科学教科书上的符号在一个相当长的时期内保持不变时，但在研究共同体成员的眼中随着研究的解释背景的发展，其意义很可能是不断变动的。"（马尔凯，2001）[46] 可见，科学知识内容会随着不同时代、不同社会甚至科学共同体兴趣的变化而发生某种程度的改变。因此，教科书对科学知识内容的呈现，应将科学知识置于一定的社会文化背景之中，适当展现科学知识、科学理论产生的实践背景，包括实验的创设、工具的运用、环境的安排等，让学生走进不同的科学知识生产境域，了解科学家基于不同的预设、概念对同一现象可能作出的不同解释（如达尔文、拉马克对进化现象的不同解释），理解科学研究中的分歧与争论，感受科学知识产生的社会背景与情境特征。它提示我们，科学实践的特殊目的、条件与环境，不可去情境地、抽象地呈现科学研究的结果。如果我们将科学研究的结论从科学实践的社会文化情境中剥离出来，仅仅教条式呈现抽象的结论性知识，去情境的科学知识会成为孤零零、冷冰冰的知识，学生既感枯燥，又难以理解，无助于学生形成恰当的科学内容观。

2. 彰显科学知识的文化特征

科学教科书给我们呈现的基本上是一幅不断进步的历史画卷，大多回避了科学发展中的社会、文化问题，不能反映科学实践的真实面貌。在现行的科学教科书中，科学的形象完全是逻辑自洽、相互融贯的，忽视了科学实践经历的曲折、艰辛，以及其科学实践共同体之间的冲突、矛盾。科学事实的内容不应该被视为一个不受文化调节的、对永恒的外部世界的反映。事实和理论、观察与假设都以复杂的方式内在地关联着；而且科学的经验结论必须被视为解释性的建构物，因为它们的意义依赖于一定环境并受一个特定社会群体在特定时点上所拥有的文化资源的制约（马尔凯，2001）[155]。因此，教科书不能仅仅呈现科学研究认知结论，还应纳入科学实践的真实过程，特别是一些争论，开放性地、对称性地呈现科学问题、研究背景、争论过程，将科学史话、科学中的切磋、协商、论辩作为科学课程内容，让学生了解真实的科学研究实践，感受科学知识创制的历史文化特征，即科学知识的生产不是在绝对、纯粹的真空中进行的，而是在一定背景下，众多科学家参与其中，彼此协作，对话协商，共同推进科学进步。科学知识文化特征的呈现可以让学生看到科学问题是如何转换的，科学家是如何进行交流与切磋的，这样的呈现可以让学生形成对科学生产社会性、文化性的了解，更加深入地理解科学及其本质。同时，还可将当代有争议的科技问题纳入教科书，让学生直面科学实践中有争议的问题，围绕科技议题展开讨论与交流，感受当下科学知识的社会特征。各国小学科学课程内容的认知与社会维度如表6-2所示。

表6-2　各国小学科学课程内容的认知与社会维度

类型	国别	课程内容维度	认知—技术要素	社会—文化要素
一流发达国家	美国	科学与工程实践、学科核心概念、跨学科概念（3）	物质科学、生命科学、地球与空间科学、工程技术	工程技术与科学应用
	英国	科学探究、科学理解	生命过程和生物世界、物质及物质性质、物理过程、学习的广度	科学工作
	法国	—	物质，运动，能量，信息；生命，多样性及其作用；材料和技术对象；地球环境中的生物	科学文化
中等发达国家	俄罗斯	人与自然、人与社会	物质世界、生命世界；探究技能	人类与自然的关系
	加拿大	科学、技术与环境；科学研究与解决技术问题的技能；科学和技术的基本概念	生命系统、结构和机制、物质和能量、地球和空间系统	—

续表

类型	国别	课程内容维度	认知—技术要素	社会—文化要素
发展中国家	澳大利亚	科学理解、人类科学史、科学探究技能	物理、化学、生物，地球和空间科学	人类科学史
	南非	—	生活与生存，能量与变化，星球、地球和其他	—
	巴西	知识概念；自然科学知识的社会、文化和历史背景；自然科学的过程和研究实践；自然科学中使用的语言	物质和能量、生命和进化、地球和宇宙	自然科学知识的社会、文化和历史背景
	中国	跨学科概念、学科核心概念	—	—

表 6-2 显示，美国、英国、澳大利亚、巴西将科学的社会、文化实践作为一个维度或领域，有助于呈现、揭示科学的文化与社会特征，但多数国家关注的是科学的认知—技术维度，忽视了科学的社会—文化维度。我们认为，对于高年级学生，科学课程应或多或少地渗透一些科学实践的社会文化要素，让学生理解科学实践及其内容，获得对科学内容的全面理解。

（三）课程实施的实践取向

现行的科学课程实施强调传授既有的科学成果，进行基本的科学技能训练，关注科学知识的认知—技术维度，学生很少有机会对科学知识与科学技能本身进行审视，忽视了科学知识的文化维度与科学方法的情境性、社会性，长此以往，学生便形成了对科学结论的全盘接受与对科学技能的简单模仿。科学实践观为科学课程实施提供了新的向度。那么，如何坚持科学课程学习的实践取向呢？

1. 在科学的社会情脉中学习科学

正如海德格尔指出的那样，我们只有在与事物际遇、交往的过程中，在操作、控制、改变事物的活动中才能真正理解事物。"希腊的旁观者立场误解了知识的本性。对知识的理解，只有基于参与者的立场，只有通过对参与过程和互动过程的考察，才有可能。"（孟强，2008）[23] 因此，科学的学习不能仅仅静观、静听、静思，需要变"在手"为"上手"，在上手状态接触事物、操作物体、改造物体，在"做中学""做中思""做中悟"，从而理解"自然现象"，把握科学的本质。科学理论总是与特定的历史文化相关的，因此科学知识学习应与科学情境关联。"有经验的化学家对化合物的构想，不是一种可以用文字陈述表达的知识形式。它可能是由一种形式定义再加上（例如）对吸收化合物、夹层化合物、水合物、聚合物、成分可变的矿物、自由基、互变异构体、晶格空位以及合金等的体验构成的。有经验的化学家可能会确信（并且有理由确信），他知道化合物是什么，但他还无法构造一个完全能使他满意的文字定义。所有重要的科学概念都是如此。富有经验而老练的科学家有一个特点，这就是他无法'给他的术语下定义'。对定义的盲目崇拜可能会成为做好科研工作的巨大障碍。"（巴恩斯，2001a）[89-90] 因此，科学知识学习不仅仅是客观的科学知识的理性把握过程，应该在理论的情脉运用之中学习理论，科学的学习不是对某个实际动作或思维模式的简单重复，而是对可能性领域进行实践性把握。科学方法的学习同样如此，今天，我们对科学方法的界说与理解往往是去情境、去文化的，似乎科学方法是与情境无关的，是一套不变的客观存在的程序，它有一套固定的标准化流程与规范，似乎只要按照标准的规程操作就能达到研究的目的。实际上，科学方法并非与情境无关的、一成不变的操作规程。"科学方法"可以被视为一种当地性定位和当地性扩散的实践形式，而不是一种非当地的普遍性范式。科学方法是与境孕育的，而不是无与境的。而且，它正如同社会生活的其他形式一样，也可以被视为根植于社会行动的场景之中（诺尔 - 塞蒂纳，2001）[88]。那种相信确实存在着"科学方法"的信念，是持续理想化的产物；一旦面对科学多样性的具体说明，它就无法持续下去了（巴恩斯，2001a）[64]。技能不是某种诀窍，它是社会性的、情境性的，技能学习不是通过简单地、机械地学习规则，而是通过操作、模仿，在长期的社会实践活动中得以形成。巴恩斯认为，没有人能讲授一种普遍的"科学方法"，因为科学方法不仅仅是一般的思维模式，它与社会情境相关，不能以一种类似程序化的烹饪书那样的方式予以传授。

2. 鼓励多元观察与探索实验

传统的科学观认为，科学观察是客观中立的，应该消除偏见、成见，避免感情卷入。而事实上，我们从来不是简单地接受和记录来自外部世界的信息。我们通常看到的是三维的，充斥着固体的、恒定的物体的世界，但是我们没有这些物体的持续的光学记录。我们的眼睛实际所记录的结果是处于变化中的瞬间的、二维的和影像颠倒的物体，我们从这些记录中建构出了稳定的视觉性的日常知识。观察者必然要对他所感知的材料加以整饰，因为从原始材料中不会得到关于自然界物体或过程的稳定的和全面的记录（马尔凯，2001）[58]。观察者需要根据他所获得的文化资源对这些观察经验作出解释。我们认为自己观察到的相对不变的结构，是我们从有限范围的感知中推论出来的。观察总是渗透概念与理论，在某种程度上讲，观察就是通过概念范畴而寻找预期的事物和事件，观察不是简单的看、听，它包括根据语言和理论框架对感知到的现象进行认识与解释。概念和理论总是贯穿在科学观察的行动之中。受过训练的观察者与未受过训练的观察者不会看到相同的事物或同一事物，例如，未受过训练的观察者看到的可能就是一种颜色而已，受过训练的观察者却能看到某种化学变化。随着理论框架的变换和实践技术的发展，我们观察到的现象会发生变化。在遗传学实验领域，观察的标准随着遗传学知识的增长而不断变化。同样，观察标准的变化也改造着遗传学的知识面貌。科学观察不是让学生随心所欲、走马观花，而是带着一定的预设、框架，应鼓励学生在多种预设与框架下进行多维观察，去欣赏自然的多维画面与多样精彩，获得对自然的多元理解。

科学除了观察，还需要实验。科学实验是人们介入自然的基本方式，正是通过实验，客观的自然事物才纳入人们的视野，自然才得以敞开、显现，才能为我们观察、审视与理解。通过实验，社会文化介入科学实验研究，人与自然的关系得以重构。"正统观念沿着植根于社会（包括技术的）实践中明显的任意因素而跟跄前行；而且传统的先入之见、社会化的价值、假想和实践等诸如此类的东西都在所谓的'真实的'科学应采取的可能发展道路中发挥着重要作用。"（马尔凯，2001）[107] 正是社会文化因素的介入，使得完整地描述实验程序实际上是不可能的。"科学家们总要面对极大的不确定性和不明确性，但学术倾向是必需的，而且经常变化。然而并不是应用任何一套先定的正式标准就会获得它们。"（马尔凯，2001）[107] 因此，中小学生的科学实验难以简单地、依样画葫芦式地重复科学家的经典实验，除了规范性实验，让学生获得实验技能、规范、规则，还应鼓励学生进行探究性实验，让学生积极介入自然，在与自然的互动中认识、建立模型，进行观察、记录，并给予一定的解释。同时，重视实验过程中的社会建构，关注科学实验中的社会磋商、交流，鼓励学生围绕实验现象，进行交流讨论、分享经验，共同建构对自然的多元理解。要重视实验过程中的科学交流，师生之间、生生之间交流切磋，让学生感受科学实验的情境性、文化性、社会性。科学实验不仅让学生获得科学知识与理解，还帮助学生形成对科学生产的反思性认识，养成探究的态度与合作的品质。

3. 开展 HPS 教育、STEM 教育、CERR 教学

HPS（history，philosophy and sociology of science）教育是英国科学教育学者孟克（M.Monk）和奥斯本（J.Osborne）于 1997 年提出的、将科学史内容融入科学教育模式。HPS 教育有助于沟通科学文化与人文文化，激发学生科学学习的内在动机，理解科学在历史文化和社会中的地位，还可帮助学生更好地把握科学本质，懂得科学究竟是什么，科学知识是怎样产生的，科学在社会发展和进步中的作用，科学和科学方法的优点与局限性等（丁邦平，2000）。

STEM 教育将科学技术教育开展到工程领域，是在工程实践中，解决某一工程学（或操作）的实际问题，而不是某种理论的直接运用。由于工程问题的复杂性，技术的设计与问题解决不可能只涉及一种或几种理论，它可能涉及更多的科学知识。在这里，科学理论的案例、模型作用更加凸显。在技术设计与制作中，科学不再是普适性的真理，而是解决问题的模型与案例，科学知识的运用不再是普遍原理的形式化演绎，而是从一种地方性知识到另一种地方性知识。科学原理的运用需要对相关模型作出相应的调整，以适应特定场合中特定问题的解决。理论为技术设计提供行动框架，最终有助于问题的解决。STEM 教育更关注学生的项目活动和学习活动的社会性，聚焦实际问题，促进学生对科学、技术、工程、教学乃至社会的完整理解。

CERR 教学。CERR 教学是 CER 教学的拓展，CER 教学即主张（claim）、证据（evidence）、推理（reasoning）的教学，CERR 是 CER 的高级形式，除了主张、证据、推理，还增加了反驳（refute）环节，即主张、证据、推理、反驳。它对于促进科学理解、发展科学思维、深化科学探究、培养科学精神具有积极作用。该模式的操作步骤可概括为创造问题情境，提出科学主张；通过多种方式，收集相关证据；链接证据与观点，开展科学推理；小组展示与交流，优化科学解释。其

第六章　迈向科学实践：小学科学课程改革展望

393

实施策略为利用 CERR 框架图表，为科学解释提供支架；使用适当和充分的证据，区分日常经验与科学证据；加强基本概念的教学，为科学推理提供支撑；考虑其他解释，学会进行反驳（潘洪建 等，2019）。在科学反驳与辩论中，学生围绕一些科学话题、难题表达自己的看法，进行科学对话。科学反驳与辩论使科学实践中的种种矛盾、困境、冲突得以彰显，科学的社会建构特征凸显出来，有助于培养学生的科学探究、质疑和批判精神，增进学生对科学实践社会文化特征的理解。

总之，科学知识的运用与实践有多种方式，我们必须在运用中理解科学知识。这种运用涉及地方性的、存在性的知识，它处于对制度、社会角色、工具和实践的塑造的寻视性的把握之中，使科学成为我们世界中的一种可以理解的活动（劳斯，2004）[130]。参与多种科学实践活动，能丰富学生的科学经验，促进学生对科学性质的理解。各国小学科学课程实施的认知与文化维度如表 6-3 所示。

表 6-3 各国小学科学课程实施的认知与文化维度

类型	国别	课程标准倡导的方法	典型教学模式	认知—技术性活动	社会—文化性活动
一流发达国家	美国	科学探究、工程实践	5E 教学、项目学习、CER 教学、STEM 教育等	观察、测量、实验、预测、阅读、写作、设计	展示、交流、合作、辩论、CER 教学
	英国	科学工作，如观察、测量、实验、解释、争论	HPS 教育、基于证据的教学	观察、预测、调查、设计、制作、探索、规划、评价	HPS 教育
	德国	收集资料、观察现象，探究问题	实践教学、户外学习、体验学习	计划、观察、探究、海报创作等	演讲和讨论、竞赛
中等发达国家	俄罗斯	课堂教学、参观考察	—	测量、实地观察、绘制图表、讨论、评价	讨论、考察
	加拿大	合作学习、实践学习、案例学习、综合学习	探究式教学、STSE 教学、展览会、个案研究	知识学习、实验观察、对比分析、问题探究	STSE 教学、展览会
	澳大利亚	观察调查、资料收集、提出、计划、实验、操作	"5E" 学习环、调查探究、体验式学习、引导式教学	观察、拼图、测量、制作、收集、设计	访问、讨论、宣传

类型	国别	课程标准倡导的方法	典型教学模式	认知—技术性活动	社会—文化性活动
发展中国家	印度	动手实践、主题教学法	主题教学法、环境研究、博物馆学习	观察、实验、讨论、观看影视等	讨论、环境研究、博物馆学习
	南非	科学调查、问题解决	地方知识与科学知识整合的教学	知识介绍、调查研究、方案设计	问题讨论，参观考察、宣传展示
	巴西	科学语言的运用与思考	语境化教学	阅读、讨论、图画、制作、	扮演、讨论
	中国	科学探究、小组合作	主题活动教学、问题探究教学、任务驱动教学、STEM 教育	观察、假设、调查、设计、制作、实验、种植、养殖	问题讨论、小组合作

表 6-3 显示，大多数国家科学课程实施（科学学习）方式较为丰富，除了认知学习，理解科学概念、原理，还包括一定程度的社会文化学习，如合作、讨论、辩论、考察，有助于让学生体验科学探究，感受技术操作、工程实践的社会文化特征。当然，相对于认知学习方式的多样化，社会文化学习的方式、途径相对单一，未来科学课程改革应进一步丰富科学实践的社会文化之维。

（四）课程评价的实践取向

1. 重视科学认知的评价，引导学生理解科学的理论

科学首先是一种认识过程，是对自然现象、规律的认知性成果，它表现为科学领域已形成的事实、概念、公式、原理、模型等。同时，科学又是人类认知的过程，是人类运用一定的工具、手段、技术，通过对自然的实践介入、拷问，获得对自然世界的认识，或创建一个人工的、技术的世界，让人们的生活更加便利、舒适。因此，科学认知评价包括科学知识的理解与科学技能的掌握，科学课程评价既涉及科学实践的知识成果，又涉及科学实践的过程与方法，应采用多种方式，特别是观察实验、模型创建、设计制作、种植养殖等活动，评价学生科学认知能

力发展水平。

关注科学理论的情境特征。不同类型的理论可以用于做不同的事情，"它们并不构成一张天衣无缝的信念之网。它们相互重叠，可能会对同一个现象作出矛盾的解释。有些现象可能刚好落在我们在某一领域中所拥有的不同理论的缝隙之间，因此任何一个理论都不能恰当地处理它们。理论提供给我们的不是'世界图景'，而是范围广泛的表象和操作。科学理论提供的不是我们所相信的那一类事物，而是我们据以行动的多种事物。"（劳斯，2004）[90-91]科学的理论、观点也因不同环境、问题、目的而发生一定的变化，没有固定不变、去情境化的绝对正确的真理，真理有时甚至可能表达的是一种态度，而不是事实。科学家在不同的情境中有时也使用"对""错"这样的字词，但它服务于不同的目标，在科学家的评价中，绝对的真理和谬误似乎并不起主要作用。因此，对科学知识学习的评价，不应仅仅关注对科学事实与概念的理解，还应联系科学知识与理论的情境化运用来加以评价。通过评价，引导学生根据不同的情境、需要、目标，选择与运用适当的科学理论，发挥科学理论的情境解释力。

关注科学假设与解释的评价。"一个科学假设的真实性或虚妄性，并不是一个与某个固定不变的客观事物世界的相符合或相矛盾问题，因为根本不存在这样一个有待发现的世界。一个假设的证明仅仅是确定它在多大程度上与整个科学观念世界（即根据数量范畴加以构想的世界）相一致的问题"（奥克肖特，2005）[193]，因此，应鼓励学生提出假设，选择相应的方法对假设进行检验。科学假设的检验，除了实验的检验，还必须与既有的科学概念、理论保持一致。科学学习评价应注重对科学假设与现有科学概念、理论的逻辑关联的评价，对科学假设进行逻辑检验，检验它与相关理论的一致性，在已有理论的基础上作出合理的推论。

2. 关注科学文化的评价，引导学生理解科学的文化特质

科学不仅是一种理智成就，同时也是一种文化事业。在今天这个时代，无论是科学研究还是工程实践都是精心组织起来的复杂活动，远非实验科学诞生之初的基于自然兴趣的分散活动。在当今的科学研究与工程实践中有着大量的社会互动、切磋协商，充满争论、竞争、选择，历史的、现实的社会文化因素对科学与工程产生重要影响，致使科学知识生产过程与结果有着浓厚的社会文化色彩，无视科学的社会—文化维度的科学课程评价就有失完整与真实。科学的假设在意义

上不是固定不变的，随着它们从一个社会环境到另一个社会环境的变动会得到重新解释。那么，如何将科学实践的社会文化之维纳入科学课程评价的范围呢？

将"科学本质"理解纳入评价的范围。科学学习评价不仅应包括对学生理解科学知识、掌握科学技能的认知评价，帮助学生把握科学的认知特征，还应引导学生借助科学实践活动思考科学究竟是什么。看到科学知识生产与实践中的人际互动、问题讨论与社会切磋，看到科学社会实践活动对科学研究结论可能造成的影响，既包括积极的影响，也包括消极的影响，获得对科学文化特质的理解，将科学研究与实践看成一种理智的、技术的、文化的社会实践事业。

鼓励科学实践活动中的合作、交流，考查学生合作的态度与水平。合作学习有助于思想交流、意义建构、责任培养，让学生参与小组合作，担任不同角色，完成不同任务，同时相互支持，共同讨论，在此过程中，可以评价学生的社会意识与交际水平。当然，对于小学生而言，科学学习评价更多的是形成性评价，而不是终结性评价。到了中学阶段，随着学生思维水平的发展和能力的提升，可开始适当的终结性评价。

开展科学讨论、辩论活动，考查学生参与科学文化实践状况。围绕学生所关心的日常生活中的科学问题如转基因食品问题，或当代社会生活中与科技有关的公众议题如垃圾分类与处理，组织学生运用相关的科学理论、观点、主张，围绕科学问题或公众议题，进行一定的科学讨论、辩论，这样的科学讨论与辩论能显示学生对科学社会文化特征的理解水平。各国小学科学学习评价的认知与社会维度如表 6-4 所示。

表 6-4　各国小学科学学习评价的认知与社会维度

类型	国家	评价内容	评价方法	有关认知—技术的评价	有关社会—文化的评价
一流发达国家	美国	物质科学；生命科学；地球与空间科学；工程与技术；科学与技术实践	小型报告，讨论科学问题、科学实验；纸笔测验、动手操作、人机互动	测量、实验、操作	报告，讨论

续表

类型	国家	评价内容	评价方法	有关认知—技术的评价	有关社会—文化的评价
一流发达国家	英国	科学知识和理解；科学的本质、过程和方法的理解；科学知识的用途	当堂检查，单元考试和期中考试；专栏评估	理解、运用、检查、考试	专栏评价
	日本	自然态度；科学的思考；观察、实验、表达技能	行动观察和记录分析；探究、制作	观察、实验、表达	—
中等发达国家	加拿大	科学能力；自然科学、生命科学、物理科学和地球科学的知识；对环境的态度	学生作业、日程观察、项目研究、测试	作业、观察、测试	讨论、展示、项目学习
	澳大利亚	地球和空间；能量和力；生物和物质	发展性评价、成果性评价、表现性评价、档案袋评价、纸笔测试	测试、档案袋	表现性评价
	新加坡	科学概念的知识、理解与应用，技能与过程，态度与价值观	笔试、观察、日志、模型制作、海报、游戏和测验、辩论、戏剧表演、档案袋	观察、测试、制作	辩论、戏剧、表演
发展中国家	印度	科学知识，科学探究性质，科学思维，科学、技术和社会的相互作用	笔试、口试、轶事记录、方案设计、工作表、作品集	测试、设计	轶事记录
	埃及	获得知识、发展技能、独立思维、社会和道德责任	笔头作业、口头表现和讨论、展示、方案项目、系列活动、实践	知识、技能、思维	社会和道德责任

类型	国家	评价内容	评价方法	有关认知—技术的评价	有关社会—文化的评价
发展中国家	巴西	科学知识、生活技能	观察、提问、笔试等	作业、设计	展示、讨论
	中国	科学观念、科学思维、探究实践、态度责任	定性评价和定量评价相结合，单项评价与整体评价相结合，纸笔测试与表现性评价相结合	关注课堂评价、作业评价，以及单元与期末评价	展示、交流

表 6-4 显示，大多数国家科学学习评价的内容丰富，涉及不同领域的科学知识、技能、态度，包含了科学、技术、社会、道德的相关内容，评价方式多样，如科学观察、制作、测验、讨论、报告等。在多种评价方式中，认知性评价方式多于社会性评价方式，这可能既与社会性实践评价不够成熟有关，也与对科学实践社会评价的重视不够有关。未来的科学学习评价应关注创设真实的科学实践情境，采用有效的方法，评价学生对科学实践社会特征的认识状况。

参考文献

中文文献

安萍，2010.试论网络时代下语境化教学的实施［J］.教育理论与实践30（16）：61-63.

奥克肖特，2005.经验及其模式［M］.吴玉军，译.北京：文津出版社.

巴恩斯，2001a.科学知识与社会学理论［M］.鲁旭东，译.北京：东方出版社.

巴恩斯，2001b.局外人看科学［M］.鲁旭东，译.北京：东方出版社.

白彦茹，2005.论德国中小学课程的改革与发展［J］.外国教育研究（09）：40-45.

波拉克，宋含静，1995.德国家乡常识课"自由学习"的教学［J］.小学自然教学（04）：22-25.

波兰尼，2000.个人知识：迈向后批判哲学［M］.许泽民，译.贵阳：贵州人民出版社.

布鲁纳，1982.教育过程［M］.邵瑞珍，译.北京：文化教育出版社.

蔡其勇，2009.中英小学科学课程标准中的科学探究比较［J］.重庆教育学院学报22（03）：24-28.

陈庆朋，2007.语言技能与科学课程学习［J］.课程·教材·教法（01）：62-65.

陈晓萍，2007.德国小学科学教育改革及启示［J］.新课程研究（教师教育）（02）：26-28.

陈亚伟，李娟，2006.巴西基础教育十年进展述评（1995～2004）及启示［J］.外国教育研究33（08）：32-36.

陈彦芬，2007.科学本质教育及其教学研究与实践：以英国国家科学课程标准为例［J］.衡水学院学报9（04）：122-125.

陈彦芬，高秀岭，2005.英国国家科学课程标准中的科学探究［J］.上海教育科研（06）：33-36.

陈元，2004.法国基础教育［M］.广州：广东教育出版社.

陈之华，2009.芬兰教育全球第一的秘密［M］.北京：中国青年出版社.

程莹，2005.当代印度基础教育阶段科学课程发展研究［D］.广州：华南师范大学.

邓阳，王后雄，2014.科学教育的新篇章：美国《下一代科学教育标准》及其启示［J］.教育科学研究（05）：69-74.

戴婷婷，2014.中日小学科学课程标准比较研究［D］.扬州：扬州大学.

迪娜，2015a.一些对于埃及基础教育改革的建议［J］.科技风（08）：208.

迪娜，2015b.当代埃及基础教育改革研究［D］.哈尔滨：哈尔滨师范大学.

丁邦平，2000.HPS教育与科学课程改革［J］.比较教育研究：（06）：6-12.

董束宇，陈鸣，潘洪建，2020.美国小学科学"热的传递"课堂教学观感录［C］.当代教育评论（第10辑）：138-143.

段素芬，2017.芬兰国家核心课程改革的最新动向及启示［J］.淄博师专学报（01）：17-21.

范文贵，2016.新加坡小学科学课程大纲（2014）内容及特点［J］.现代中小学教育32（02）：118-123.

方展画，吴岩，2004.南非国家课程的实施、调整及启示——评南非"2005课程改革"［J］.课程·教材·教法（10）：91-96.

冯增俊，潘立，张璇，等，2006.当代小学课程发展［M］.广州：广东高等教育出版社.

耿宏丽，2010.小学科学课探究学习评价的问题与对策研究［D］.重庆：西南大学.

光霞，2014.21世纪英国小学科学教学的特色及启示［J］.教育导刊（11）：51-54.

光霞，樊文芳，2014.日本小学科学教学的特色及启示［J］.课程教学研究（10）：30-33.

广东省教育研究院，小学科学课程教材改革与发展研究课题组，2016.小学科学课程教材改革与发展研究［M］.广州：广东高等教育出版社.

胡献忠，2001.新版英国《国家科学教育课程标准》及其启示［J］.全球教育展望（03）：44-49.

胡玉华，孙昕宇，2016.德国科学教育改革：从知识导向到能力导向［J］.中小学管理（05）：17-19.

黄志成，1998.巴西加强基础教育的重大措施［J］.外国教育资料27（01）：50-56.

黄志成，2000.巴西教育［M］.长春：吉林教育出版社.

江山野，1991.简明国际教育百科全书：课程［M］.北京：教育科学出版社.

姜晓燕，赵伟，2015.俄罗斯基础教育［M］.上海：同济大学出版社.

角屋重树，2008.日本小学科学课的学习指导与评价［M］.孟令红，译.南京：江苏教育出版社.

金菁，2018.中埃小学科学教科书关于"空气"内容的比较研究以中国苏教版和埃及部编版为例［D］.扬州：扬州大学.

靳玉乐，肖磊，2013.美国科学课程改革百年回眸［J］.西南大学学报（社会科学版）39（06）：60-66+174.

瞿葆奎，1991a.印度、埃及、巴西教育改革［M］.北京：人民教育出版社.

瞿葆奎，1991b.联邦德国教育改革［M］.北京：人民教育出版社.

瞿葆奎，1991c.日本教育改革［M］.北京：人民教育出版社.

瞿葆奎，1993a.国际教育展望［M］.北京：人民教育出版社.

瞿葆奎，1993b.英国教育改革［M］.北京：人民教育出版社.

康建朝，尤丽雅，2013.新南非国家教育政策制定机制探微［J］.比较教育研究（03）：70-74.

孔令涛，沈骑，2018.埃及"2030愿景"教育发展战略探析［J］.现代教育管理（10）：110-114.

拉图尔，伍尔加，2004.实验室生活：科学事实的建构过程［M］.张伯霖，刁小英，译.北京：东方出版社.

李爱萍，杨梅，2004.20世纪德国基础教育改革政策的演进与启示［J］.外国教育研究（11）：25-29.

李春辉，苏振兴，徐世澄，2001.拉丁美洲史稿（下卷）［M］.北京：商务印书馆.

李建民，2015.英国基础教育［M］.上海：同济大学出版社.

李建忠，1996.战后非洲教育研究［M］.南昌：江西教育出版社.

李淑淑，2013.国内外小学科学课程标准目标和内容的比较研究［D］.重庆：西南大学.

李婉婷，2005.综合科学课程标准的国际比较研究［D］.上海：上海师范大学.

李万涛，2006.新加坡小学科学教育给我们的启示［J］.科学课（10）：52-53.

李伟，2013.战后日本基础教育课程的改革历程及特征［J］.教育评论（04）：159-161.

李湘，2017.基于核心素养的澳大利亚国家课程标准研究［D］.南京：南京师范大学.

李旭，2004.南非《2005课程》改革透视［J］.当代教育科学（11）：31-33.

李有发，1988.法国小学的科学教育［J］.外国中小学教育（05）：14-16.

梁志喜，2009.美国小学科学课程改革的历史回顾与启示［J］.中国科技信息（20）：222-223+229.

刘大椿，2010.科学活动论［M］.北京：中国人民大学出版社.

刘海霞，2007.夏平对传统科学观的反思［J］.科学技术与辩证法24（02）：50-53.

刘占兰，2006.加拿大小学科学教育对我们的启示［J］.课程·教材·教法（12）：85-89.

刘占兰，2003.法国"动手做"科学教学实验计划［J］.幼儿教育（Z1）：26-28.

陆真，林菲菲，魏雯，2007.加拿大科学教育中STSE理念及在化学教材中的体现［J］.外国中小学教育（01）：56-59.

吕达，周满生，2004a.当代外国教育改革著名文献（美国卷 第一册）［M］.北京：人民教育出版社.

吕达，周满生，2004b.当代国外教育改革著名文献（日本、澳大利亚卷）［M］.北京：人民教育出版社.

吕达，周满生，2004c.当代国外教育改革著名文献（英国卷二）［M］.北京：人民教育出版社.

吕达，周满生，2004d.当代国外教育改革著名文献（德国、法国卷）［M］.北京：人民教育出版社.

吕晓丽，2013.英国课堂教学评价的特点探析［J］.课程教育研究（31）：194-195.

马尔凯，2001.科学与知识社会学［M］.林聚任，等译.北京：东方出版社.

梅杰，2013.澳大利亚小学科学教材 *Linking science with literacy* 的分析研究［D］.西安：陕西师范大学.

孟令红，2009.日本小学科学课程的一体化教学特征及改革的系统性［J］.外国中小学教育（02）：52-56+62.

孟强，2008.从表象到介入——科学实践的哲学研究［M］.北京：中国社会科学出版社.

孟引变，2010.当代世界基础教育发展研究［M］.太原：山西人民出版社.

诺尔－塞蒂纳，2001.制造知识：建构主义与科学的与境性［M］.王善博，等译.北京：东方出版社.

潘洪建，2012a.小学自然·科学课程60年（1949—2009）［M］.长春：吉林出版集团.

潘洪建，2012b.科学知识与课程开发［J］.当代教育与文化4（02）：58-63.

潘洪建，2014.知识形式：基本蕴涵、教育价值与教学策略［J］.课程·教材·教法34（11）：40-45+56.

潘洪建，2017.从夏平的科学实践观看科学教学的实践转向［J］.当代教育与文化9（05）：35-41.

潘洪建，等，2018a.中外小学科学课程标准比较研究［M］.兰州：甘肃教育出版社.

潘洪建，2018b.科学实践：科学教学转型与科学素养提升［J］.绵阳师范学院学报37（12）：1-6.

潘洪建，2018c.劳斯的科学实践观及其对科学教育的意蕴［J］.山西大学学报（哲学社会科学版）41（02）：98-110.

潘洪建，张静娴，2018d.小学科学课程实施：成就、问题与政策建议［J］.当代教育与文化10（04）：39-45.

潘洪建，盛群力，2019.CER教学：引导学生建构科学解释［J］.开放教育研究25（05）：64-72.

綦春霞，洪厚柞，王瑞霖，2012.韩国新修订的国家课程及其启示［J］.外国中小学教育（04）：1-7.

秦琳，2015.德国基础教育［M］.上海：同济大学出版社.

曲鹤，王晶莹，边均萍，2017.中美科学标准改革内容结构解读［J］.中小学教师培训（07）：74-77.

阮晓菁，2002.简析澳大利亚中小学科学教育［J］.福建教育学院学报（10）：57-58.

舍勒，1999.知识社会学问题［M］.艾彦，译.北京：译林出版社.

沈敏，2016.中国近代小学科学教育研究（1902—1937）［M］.北京：人民教育出版社.

沈有禄，2011.中国、印度基础教育比较研究［M］.北京：人民教育出版社.

石少岩，2007.俄罗斯普通教育国家标准研究［D］.北京：首都师范大学.

水原克敏，2005.现代日本教育课程改革［M］.方明生，译.北京：中国科学出版社.

宋怡，周志华，2000.新加坡科学教育的现状及改革［J］.外国教育研究27（06）：35-37.

孙启林，杨金成，2001.面向21世纪的韩国基础教育课程改革：韩国第七次教育课程改革评析［J］.外国教育研究（02）：4-9.

索丰，孙启林，2015.韩国基础教育［M］.上海：同济大学出版社.

唐小为，丁邦平，2012."科学探究"缘何变身"科学实践"？：解读美国科学教育框架理念的首位关键词之变［J］.教育研究33（11）：141-145.

田辉，2015.日本基础教育［M］.上海：同济大学出版社.

汪霞，1998.国外中小学课程演进［M］.济南：山东教育出版社.

汪霞，1999.课程改革与发展的比较研究［M］.南京：江苏教育出版社.

汪霞，2000.当前澳大利亚课程改革的特点、困难和问题［J］.外国教育研究（03）：10-15.

王保艳，冯永刚，2015.美国《新一代科学教育标准》探析［J］.中国教育学刊（04）：96-100.

王怀宇，2006.埃及义务教育的改革与发展［J］.中国民族教育（06）：42-44.

王晶莹，张跃，陈怡，李佳，2018.印度基于科技博物馆的中小学非正规科学教育研究［J］.自然科学博物馆研究 3（04）：65-72.

王琳璞，毛锡龙，张屹，2014.南非教育战略研究［M］.杭州：浙江教育出版社.

王敏，2005.巴西 20 世纪中叶以后的义务教育普及与保障情况［J］.经济研究参考（46）：54-64.

王素，2000.埃及教育［M］.长春：吉林教育出版社.

王小静，2011.美国小学科学教育课程研究［D］.保定：河北大学.

王瑶，2006.重视发挥教师在探究学习中的引导作用：介绍一节澳大利亚小学科学课［J］.中小学教学研究（12）：6-7.

王岳，1992.英国小学的科学教育［J］.课程·教材·教法（12）：30+51-53.

韦志榕，1984."探究—研讨"法小议［J］.课程·教材·教法（05）：56-57.

肖甦，周耀慈，2004.俄罗斯基础教育阶段课程管理政策变化评述［J］.全球教育展望 33（01）：71-75.

徐妍，2015.俄罗斯小学《周围世界》课程标准研究［D］.长春：东北师范大学.

徐玉红，高芳，周华松，2011.澳大利亚科学课程标准分析与启示［J］.当代教育论坛（综合研究）（04）：126-127.

闫守轩，朱宁波，2015.英国新一轮小学科学课程改革及其启示［J］.课程·教材·教法 35（10）：120-124.

杨慧敏，2004.美国基础教育［M］.广州：广东教育出版社.

杨智慧，2013.当代澳大利亚小学教育的独特性及启示［J］.现代教育科学（02）：63-65.

殷梅青，2014.20 世纪 90 年代以来发达国家小学科学课程改革研究：以美国、英国、澳大利亚、加拿大为例［D］.重庆：重庆师范大学.

于建云，2010.芬兰"奇迹教育"对我国新课改的启示［J］.中国农业教育（02）：7+8-10.

袁运开，蔡铁权，2003.科学课程与教学论［M］.杭州：浙江教育出版社.

劳斯，2004.知识与权力：走向科学的政治哲学［M］.盛晓明，邱慧，孟强，译.北京：北京大学出版社.

劳斯，2010.涉入科学：如何从哲学上理解科学实践［M］.戴建平，译.苏州：苏州大学出版社.

臧佩红，2010.日本近现代教育史［M］.北京：中国科学出版社.

张崇善，1989.法国小学的科学启蒙教育［J］.外国中小学教育（02）：1-5.

张桂春，1996.德国小学常识课教学的任务与课业重点［J］.学科教育（10）：46-48.

张英洪，2013.北京市城乡基本公共服务发展研究［M］.北京：中国政法大学出版社.

张磊，2009.关于生物学科学史教育的一些思考［J］.生物学教学34（01）：78-79.

张汝伦，1999.思考与批判［M］.上海：上海三联书店.

赵中建，等，2007.印度基础教育［M］.广州：广东教育出版社.

周静，潘洪建，2019.美国探客教育的内涵、发展与价值探析［J］.比较教育研究41（07）：44-50+90.

祝怀新，吴瑛，2006.关注科技、社会与环境：加拿大科学课程模式探析［J］.比较教育研究（07）：86-89.

英文文献

A. PENTIN，G. KOVALEVA，E. DAVYDOVA，E. SMIRNOVA，2018. Science Education in Russian Schools as Assessed by TIMSS and PISA［J］. Voprosy obrazovaniya / Educational Studies Moscow. No 1. P. 79–109.

ALAMAAKI A.，1999.Technology Education in the Finnish Primary School［J］. Journal of Technology Education Vol. 11 No. 1，Fall.

ANDREEVA A.，2013. What Story Could a Twig Tell？ The Inquiry Consortium. Inquiry-Based Science Education Activities：The INQUIRE Lesson Plans［M］. London：BGCI.

BANSAL G.，2017. Teachers' Perception of Inquiry-based Science Education in Indian Primary School［J］. Indian Educational Review，January：26-28.

BANTWINI B.，2017.Analysis of teaching and learning of natural sciences and technology in selected Eastern Cape province primary schools，South Africa［J］. Journal of Education. July. 40-63.

EILK I.，MARKIC S.，WITTECK T.，et al.，2012. Trends in Practical Work in German Science Education［J］. Eurasia Journal of Mathematics，Science and

Technology Education 28（1）：59−72.

MCNEIL K. L., KRAJCIK J. S., 2012. Supporting Grades 5−8 Students in Constructing Explanations in Science［M］. Pearson Education, Inc.

SARKAR T., BENGAL W., 2012. Assessment in Education in India［J］. SA-eDUC JOURNAL Volume 9, Number 2 September.

SEEHAWER M., 2018.South African Science Teachers' Strategies for Integrating Indigenous and Western Knowledges in Their Classes：Practical Lessons in Decolonisation［J］. Educational Research for Social Change, Vol. 7 Special Issue June, 91−110.

SUMATOKHINL S. V., KALINOVA G. S., 2016. Biology Studies in Russian Schools［J］. Journal of Subject Didactics.1（2）：127−132.

TAN. C., 2008. Globalisation, the Singapore state and educational reforms：Towards performativity［J］. Education, Knowledge and Economy（2）：111−120.

后　记

　　本研究涉及我国与国外 15 个国家（9 种外国语言）小学课程的比较，国外资料收集、整理与翻译工作量很大，为了推进比较研究计划的实施，主研人员组织了较为庞大的研究团队，既有国内研究人员，也有国外研究人员；既有高校教师、研究生，也有中小学一线教师。特别需要提及的是，一批博士、硕士研究生参与了本项课题研究工作，他们的参与成为课题研究一支重要的新生力量。历经四年多的研究历程，经过艰苦工作与辛勤劳动，在多方的共同参与、协作之下，该课题顺利完成研究任务。

　　参与课题前期研究的主要成员有：浙江大学盛群力教授，扬州大学张锡娟教授、吕琳副教授、赵明玉副教授、栾慧敏博士，天津师范大学和学新教授，西北师范大学王太军博士，重庆师范大学许应华教授，哈尔滨师范大学陈云奔教授，东北师范大学于海波教授、李君博士，牡丹江师范学院刘志学博士、成都市教育科学研究院岳刚德博士、湖南师范大学郭桂周博士、绵阳师范学院龚劲涛教授。参与课题研究的博士生有：扬州大学周静、付勇、王骏，高雄师范大学赵书栋，华南师范大学刘海华等；参与课题研究的硕士生有：扬州大学朱宝康、潘华靖、周淑慧、邱夏琦、周玲玉、赵翔、杨颖、邵娟、王佳文、徐立旭、刘腾、孙建、赵静、肖一玫、戴婷婷、徐菲、吴旭、戴霞兰、郑陶、程秋焓、许友权、金菁、田钰莹、赵立、张静娴、崔青青、董束宇、陈鸣、朱云秀、张梦颖、周璐莹，哈尔滨师范大学冯阳阳等。来自一线中小学的教师有：扬州梅岭西校区王天锋、苏州大学实验学校曾宝俊、苏州大学第二实验学校高乃定、苏州工业园区教师发展中心蒋波、扬州湾头中心小学裴蕾、扬州广陵小学李玉玲等小学科学教师。

　　开展比较研究需要收集大量的研究资料，参与课题资料收集、翻译的国内高校教师有上海外国语大学德语系朱奇，扬州大学外国语学院韩语系郑义秀、日语系孙扬、法语系李巍、阿拉伯语系房美和毕瑞丹、西班牙语系巢纬、海外学院卜乐等老师，南京师范大学徐文彬教授，浙江师范大学万秀兰教授等。协助资料整理与翻译的硕士、博士研究生有：扬州大学李圣贤、梁晨、盛洁、孙逸凡、陈玉洁、韦琛、晋刚毅、卢婷、戴莹等同学，南京师范大学何灿娟，厄瓜多尔留学生路易斯（Luis），哈尔滨师范大学刘玉梅、埃及留学生迪娜（Dina Mohamed Mahmoud Elshenawi Othman），浙江师范大学阿根廷留学生斯登菲（Stephnie）。

本课题研究充分利用海外学术资源，参与资料收集与翻译的国外高校师生有：美国南伊利诺伊大学 Harvey Henson 教授、卜令国教授，澳大利亚查尔斯顿大学 Steve Pickford 教授、韩京华博士，加拿大滑铁卢大学研究生潘怡君，新加坡南洋理工大学胡宝月教授，巴西圣保罗孔子学院教师熊紫薇，埃及开罗大学博士生龙翔等。

本课题研究还得到了来自陕西师范大学胡卫平教授、首都师范大学丁邦平教授与石鸥教授、湖南师范大学刘德华教授、澳门大学魏冰教授、四川师范大学彭晋蜀教授、重庆师范大学林长春教授等的支持与帮助，在与他们的交流与讨论中，我获得不少启发。对此，特别致谢。

本课题研究涉及国别多、语种多，工作量大，没有上述人员的积极参与和大力支持，该项课题研究难以完成。在此，对他们付出的劳动、智慧与汗水表示衷心的感谢！

此外，为了推进课题研究工作，扬州大学给予了相应的配套经费，如果没有扬州大学的经费支撑，大量的翻译工作无法展开。感谢主研单位扬州大学对课题研究予以的支持与协助。

本书成稿于 2021 年 3 月，并提交出版社。2022 年 4 月《义务教育科学课程标准（2022 年版）》颁布后，本研究又进行了更新，增补了一些新的资料，根据新的课程标准对一些问题进行了新的阐释。感谢教育科学出版社刘灿副总编辑和科学教育中心石雷先主任的支持与指导，感谢责任编辑王峥媚、刘佳雯为该书的出版付出的艰辛劳动。

潘洪建

2024 年 11 月 10 日